朱晓鹏　主编

国学与现代化研究丛书

浙学研究论集

上海古籍出版社

目　录

序

韦 政 通

中国数千年的文明史为我们留下了丰富悠久的历史文化传统,这种历史文化传统我们可称之为国学。面对这种作为国学的传统文化,我们后人当然有责任要予以继承和发扬。然而,我们今天的继承和发扬,不只是要让传统复活,而是要实现传统的创造转化。"创造转化"的观念,在中文世界,最早是由友人林毓生教授提出,近30多年来,这个观念在华人的文化圈、学术界相当流行。这一现象,就我的理解,它代表着不但能克服五四新文化运动以来,西化派与传统派的长期对立与纠葛,也超越了可能缺乏自信的"中国学术思想如何现代化"的命题,将一百多年来学者们有关思想变革的看法,导入至少在心态上是相当健全的方向。"创造转化"其思想的精髓,不但对中国的思想传统在态度上应采取批判地继承,对西方文化也应做到批判地吸收,彻底解除以往"我族中心"或"西方中心"文化交流上的不平衡、不理性的状态。

按照这一思路,从传统到现代的"创造转化",至少要从以下两个方面进行:

一方面,要发扬中国的传统文化,至少要具备现代的基本的能力、基本的知识和思考的训练,要有明确的现代意识。在这个基础上,去消化传统的思想,去思考传统的问题,给传统问题一个属于这个时代的解释。否则,以传统解释传统,还是那个样子,那它们还是不属于这个时代的!因为传统在传统的那个时代,虽然是一个生龙活虎、很活泼的学术思想,但是时代不同了,你要讲活它,你要给它新生命,必须要有现代的生命去承载它,才具有现代的意义。如果还是保存传统读书人那种业已腐朽的心态,反而会把传统弄得更腐朽了!

因此,你要真正搞中国传统的东西,必须先要使自己成为这个时代的人,这时代的知识基础和方法的训练都要有,然后去审视传统的思路,才能把传统讲活过来,成为现代人能够接受的东西。

另一方面,我们生活在东西方文化交融甚至文化全球化的时代,我们受到了西方文化的深刻影响。因此,要对西方文化有很深的了解和吸收,才可以做重建传统的创造性工作。西方文化作为一种异质文化,能使人对自己原有的文化圈产生"距离化",从而有利于对其进行更清醒、理智的审视和批判。可以说通过吸收异质的西方文化而达到对传统文化的批判是思想创造的一个重要途径。所有的创造均起始于批判。

所以,从传统到现代的"创造转化",当然要基于中国哲学的特质,但是又应该不止于此。实际上它也是一个中西古今的融合贯通过程。譬如,我常想:如果一个中国哲学家在世界上要成为被人尊重的哲学家,如果仅仅靠知识性的成就——知识性的成就已经很难,还不能代表中国哲学家,还必须要有一种传统的儒者人格、儒者气象。你把现代种种的哲学训练和传统人格的陶养糅合在一个人身上,只要别人看到你,你是一个哲学家,又是一个中国的哲学家。看到你,中国哲学、中国文化就在你的生命和气象里整个表露出来了。这个很难,但是有这个要求,这个标准应该知道。而且我们现在应该把这个典范创造出来。所以,中国哲学的创造将面临一种很困难的境地。你要一个人在哲学上像个西方哲学家,在人格上又要像个传统中国的哲学家,这两种哲学家的形态要能够糅合在一起,那有多困难!但是如果不那样的话,就好像不能满足中国当代的要求和发展。我觉得中国近几十年来,丧失最大的也是最重要的,就是德行修养那一部分。讲中国文化的人,在人格、气象、光彩这方面都嫌不够!

当然,中国的国学现代化工作才起步不久,须知思想的创造是一个无限开放的过程。思想家不应有固守的堡垒,而要不断地去攻占新的领域,要开放地看待一切思想。所有思想,都应去尊重,不了解的应去了解。哲学是没有荒谬的东西的,哲学永远要向新的领域探求、寻思。哲学有无限的可能性,哲学应朝向无限的可能性去思考、探索。这是哲学的生命力的所在,不能如此也就是哲学萎缩的根本原因。

　　我个人长期从事的主要学术工作就是思考和探索从传统到现代的"创造转化"问题。从 2004 年起,这些年几乎每年我都要受杭州师范大学中国哲学与文化研究所的邀请,在美丽的西子湖畔讲学、工作一个时期,这不仅使我有机会把自己长期从事的从传统到现代的"创造转化"问题的思考和探索讲授给青年学生,而且还与他们研究所的一支同样朝气蓬勃的学术团队有了很多的交流和合作,并借此较多地了解了他们在中国哲学研究、在国学与现代化领域的研究方面已做出的许多富有成效的工作。我不仅十分赞赏他们所做的努力,而且相信他们不但能够深入地研究传统国学,更能够走出传统,实现现代的创造性转化,使中国文化在未来的时代焕发和发展出更强劲的生命力。

2008 年初夏于台北内湖

上篇 浙学概说

浙 学 刍 议

朱晓鹏

在中国历史上,浙江历来以文化之邦著名,早在 7000 年前至 4000
年前,浙江就已建立起了足以与黄河流域的文明相媲美的灿烂的史前
文明,并形成了自己的民族及文化特色。此后,无论是先秦还是汉唐,
浙江的经济文化一直在稳步发展,并逐渐成为全国的中心,尤其是自
宋代以来,更是进入了空前的繁荣状态,并因此造就了许多杰出的大
思想家和影响巨大的学说或学派,如王充、吕祖谦、陈亮、叶适、王阳
明、刘宗周、黄宗羲、全祖望、章学诚和天台宗、事功主义、阳明学派、浙
东史学等等在中国哲学史、思想史上都占据了十分重要的地位。而在
近现代中国的哲学、思想文化的革新和创造中,浙江更是人才辈出、精
英荟萃,如龚自珍、俞樾、王国维、章太炎、蔡元培、鲁迅、马一浮、吴晗,
等等。浙江历史上在哲学、思想文化领域所取得的辉煌成就,早已构
成为整个中国文化的重要组成部分。但是,它们毕竟又是与浙江这一
特定的地域及相关的人文背景相关联的,不能不带有自身的独特气质
和面貌,具有自己的丰富生动、超凡卓绝的蕴含,正因此,我们可以将
其称之为"浙学"。通过考察历史上的"浙学"概念的形式,对"浙学"的
概念及其内涵作出新的阐述、界定,我认为有必要将自古及今的浙江
学术思想作为一门新的学科——浙学——予以全新的、系统的整体性
研究。同时,应对浙学史、浙学的基本精神、浙学对当代浙江的经济社
会发展、文化建设的重要价值和意义、当代浙学的发展创新等问题展
开深入研究。这种浙学研究对于探讨全球化背景下重新评估所谓"地
方性知识"的意义以及当代问题意识下学术思想的本土化途径等问题
都会富有启发作用。总之,从思想学术史上揭示这种具有地域文化属
性的浙学的精神传统及区域人文社会的内在关联性,梳理出其内部演

进的思想谱系和价值意蕴,探寻其在当代延续伸展的生长点和可行路径等,当是一件具有多方面意义和价值的工作。

一、"浙学"概念考

要对"浙学"进行研究,自然应先弄清"浙学"究竟是一个什么概念,因为就目前情况来说,"浙学"还远不是一个具有公认的、确定一致内涵的概念。

我们先来考察一下以往人们对这个概念的认识。在学术思想史上,"浙学"这个概念主要有以下两个不同的含义:

首先,浙学是指南宋浙学,即南宋的事功之学。据笔者的陋见,现在已见到的文献中最早提出"浙学"概念的是著名的南宋哲学家朱熹,不过朱熹提出"浙学"这个概念是为了用来概括和批判当时活跃在浙江金华、永嘉、永康等地的所谓"事功、功利学派"的,因而它是一个带有贬低、责难意味的词汇。朱熹说:

> 江西之学只是禅,浙学却专是言功利。禅学,后来学者摸索一上,无可摸索,自会转去;若功利,则学者习之,便可见效,此意甚可忧![①]

我们历来知道朱陆对立,但很多人大概不会想到朱熹真正更忧惧的是吕祖谦、陈亮等人讲究"功利"的浙学,而不是陆象山的"江西之学"!

不过,尽管朱熹对"浙学"持批判否定态度,连《宋元学案》里也说:"晦翁(朱熹)生平不喜浙学。"[②]但他明确地把当时金华、永嘉、永康等地的事功学派称之为"浙学",这在思想学术史上是有着标志性的重要意义的,因为他赋予了"浙学"这个概念一个重要的基本含义,即是"浙学"并不是一个学派的单一的称谓,而是表示具有浙地之学或浙人之学这种地域性特点的多个学派、学说的统称。"浙学"概念的这种基本含义此后一直延续了下来,并被不断延伸扩展。如元代学者刘埙的

---

① 《朱子语类》卷一二三。
② 《宋元学案》卷八六《东发学案》。

《隐居通议二》中说:"宋乾(道)淳(熙)间,浙学兴,推东莱吕氏(祖谦)为宗。然前是已有周恭叔(行已)、郑景望(伯熊)、薛士龙(季宣)出矣,继是又有陈止斋(傅良)出,有徐子宜(谊)、叶水心(适)诸公出,龙川陈同甫亮则出于其间也。"由以上材料可见,宋元时期学者们已公认存在着一个主要由婺州学派和永嘉学派等所构成的"浙学",并且已了然其学术思想的传承脉络。尤其应该指出的是,正是这种"浙学"构成了一种被人们公认为是可以与当时的朱学、陆学鼎足而立的重要思想学说。著名经学史家周予同在《朱熹与当代学派》中说:"按初期浙学,如陈亮之粗疏,陈傅良之醇恪,其功力与辩解,自非朱熹之敌。但自叶适之《习学记言》出,不仅与朱、陆二派鼎足而三,而且有将破坏朱氏全部哲学之势。"[1]

在思想学术史上第一次对"浙学"进行较系统的梳理、描述的是《宋元学案》。虽然《宋元学案》的作者在该书中十分了解朱熹对"浙学"的批判否定态度,但是大概由于自宋以后围绕"浙学"的言说环境逐渐起了变化,以致在《宋元学案》里,这种语境已发生了明显的转换,即由先前对"浙学"的贬低、否定转而为颂扬、肯定。所以尽管《宋元学案》里对"浙学"概念内容的理解基本上是与朱熹一致的,但范域却更宽一些了,而且显然对"浙学"采取了同情、肯定的态度。它对"浙学"的兴起、演变及其内在的"学统"等都作了生动的解说,从而第一次在中国的思想学术史上这一大的话语背景下展示了一个"浙学"的基本面貌。如:

> 世知永嘉诸子之传洛学,不知其兼传关学。考所谓"九先生"者,其六人及程门,其三人则私淑也。而周浮止、沈彬老,又尝从蓝田吕氏游,非横渠之再传乎?鲍敬亭辈七人,其伍人及程门。晦翁作《伊洛渊源录》,累书与止斋求事迹,当无遗矣。而许横塘之忠茂,竟不列其人,何也?予故谓为晦翁未成之书,今合为一卷,以志吾浙学之盛,实始于此。[2]

> 勉斋之传,得金华而益昌。说者谓北山绝似和靖,鲁斋似绝上蔡,而金文安公尤为明体达用之儒,浙学之中兴也。[3]

---

① 周予同:《周予同经学史论著选集·朱熹》,上海人民出版,1983年,第178—179页。
② 黄宗羲:《黄宗羲全集》第四册,浙江古籍出版社,1990年,第405页。
③ 黄宗羲:《黄宗羲全集》第六册,浙江古籍出版社,1990年,第215页。

四明之专宗朱氏者,东发为最。《日钞》百卷,躬行自得之言也,渊源出于辅氏。晦翁生平不喜浙学,而端平以后,闽中、江右诸弟子,支离舛戾固陋,无不有之,其能中振之者,北山师弟为一支,东发为一支,皆浙产也。其亦足以报先正倦倦浙学之意也夫。①

以上文字,俨然是《宋元学案》的作者为我们勾画的一部以北宋永嘉"九先生"为起始、金华"中兴"、四明胜出为基本线索,具有浙学的渊源、隆盛、中兴等历史事实的"浙学史"。不过,虽然这个浙学史脉络清楚,力求"完整""客观",但由于本书的基本学术史观是以"程朱学、陆学"为中心的学术史观,②因而它所讲述、展示的浙学史过于夸大了程朱理学对浙学的影响,忽视了浙学的独特内涵和精神正在于在很大程度上是对程朱理学的反动,遮蔽了浙学史内部的思想史必然性,从而有意无意地仅仅把"浙学"放在与外来的"洛学"、"关学"、"程学"、"朱学"、"陆学"的相互关系中进行描述和评价,陷入了一种后智论的历史观。

不过,尽管《宋元学案》里对"浙学"概念及浙学史的阐释有其局限和不足,但它毕竟在学术思想史上第一次以同情和肯定的态度系统地整理了"浙学史",保存和梳理了大量的浙学资料,在学术思想史上是极有意义和价值的。它所提出的"浙学"概念,也被许多后学者包括近现代学者所认同,如周予同、吕思勉及不少当代学者所论"浙学"概念,都是指以南宋的浙东事功之学为主的浙学。③

其次,"浙学"主要指清代浙东学派和浙东史学。

自明末清初以来,浙江作为全国学术思想中心的江南地区的中心,涌现了一大批卓越的学者、思想家,他们以犀利的眼光,敏锐的思维,博大的学识,兼综诸说,会其同异,创立新说,大开风气,取得了突出的成就和影响,其中,以黄宗羲、万斯同、全祖望、章学诚为重要代

---

① 黄宗羲:《黄宗羲全集》第六册,浙江古籍出版社,1990年,第394页。

② 参见[日]早坂俊广:《关于〈宋元学案〉的"浙学"概念》,《浙江大学学报》(人文社科版)2002年第1期。

③ 参见周予同:《周予同经学史论著选集·朱熹》,上海人民出版社,1983年;吕思勉:《理学纲要·浙学》,东方出版社,1996年;周梦江:《宋元明温州论稿·婺学与永嘉学派》,作家出版社,2001年。

表。他们一般被称之为浙东学派，也有些学者称之为"浙学"。如曹聚仁说："在浙东，继黄梨洲、万斯同的史学大业，卓然有所建树的，有全谢山、章实斋；实斋倡六经皆史之说，纠正了当时经学家以训诂考订以求道的流弊，可称之为浙学(浙东学派)。"①同时把这种以全谢山、章实斋为代表的"浙学"看作是乾嘉以后清代朴学的主要流派之一，用以与惠栋为首的"吴学"，以戴震为首的"皖学"、以王念孙为首的"扬学"并列。②钱穆在其力作《中国近三百年学术史》中，更从学术思想史的角度生动地描述了浙学的发展史："故余谓晚近世浙学，基址立自阳明，垣墙扩于梨洲，而成室则自实斋。合三人而观，庶可以得其全也。"③在钱穆看来，"浙学"这座大厦的思想渊源的基础来自阳明学，因为就为学来说，"若自梨洲言之，则读书多而不反求之心，仍不免为俗学也。惟会稽章实斋于乾嘉考证学极盛之时，独持异论，谓：'浙西尚博雅，浙东尚专门，各有其是。'而谓'为学须本性情'，自谓即阳明良知薪传。其言足为梨洲扶翼。若为学而一本诸性情，则即是阳明《拔本塞源论》宗旨"。④而黄宗羲作为清初的浙学大师，在经学、政治哲学等各方面都极多创获，于史学尤有最大创辟，因为他强调经史结合，穷经必兼通史，如此才可经世致用。所以黄宗羲治史又有两个突出特点，即重近代当时之史和重文献人物研究。"综斯以观，梨洲论学，虽若犹承明人之传统，而梨洲之为学，则实创清代之新局矣"。⑤也正是由于黄宗羲的巨大贡献，使清代浙学经过数代后学者特别是章学诚的努力，终能卓然挺立，蔚为大观："(黄梨洲)此种重现代、尊文献之精神，一传为万季野，再传为全谢山、又传为邵二云、章实斋。浙东史学，遂皎然与吴、皖汉学家以考证治古史者并峙焉"。⑥不过，依曹聚仁的看法，如果就浙学与吴学、皖学等诸学的比较来说，浙学的价值实在它们之上，而且，他尤其推许浙学大师章学诚的学术地位。他写道："且说在乾嘉年间，皖学、吴学真是如日中天，势焰很高。可是，真正够得上跟皖学大师戴东

---

① 曹聚仁：《中国学术思想史随笔》，三联书店，1986年，第266页。
② 曹聚仁：《中国学术思想史随笔》，第266—270页。
③ 钱穆：《中国近三百年学术史》，上册，商务印书馆，1997年，第34页。
④ 钱穆：《中国近三百年学术史》，上册，第34页。
⑤ 钱穆：《中国近三百年学术史》，上册，第36页。
⑥ 钱穆：《中国近三百年学术史》，上册，第35页。

原切磋研究,争一日之短长的,还得推浙学大师章学诚(实斋)。……在二百年后的今日,我们再来看乾隆年间的学术思想,自觉得章实斋的史学成就,其重要性还在皖学、吴学之上,可以自树一帜的。"①

综上所述,从学术思想史上看,以往人们对"浙学"概念及其内涵的理解归结起来有以下几个要点:

一、从空间上说是他们把在不同地点但又主要集中浙江地域上的具有较多共性的多种学派、学说概括为了"浙学"。

二、从时间上说是他们把宋代事功之学或清代浙东史学这样一种具有特定的时间界限但又处在一个较漫长的历史发展过程之中的学说、学派统称之为"浙学"。

三、从性质上说他们是把在内部虽不是一个统一的学派,也没有严格意义上的师承授受关系,而且也不是处在同一时、同一地,但却都有比较一致的思想观念、思想方法(及治学方法)和价值追求,具有一些较突出的共同特征(如注重实际事功、追求经世致用、长于史学研究等),且相互之间存在着一定的思想影响和承续关系的浙江的学术思想学说、学派归之为了"浙学"。

二、"浙学"新说

为了进一步讨论"浙学"这一概念,现在,我们需要回过头来补充确认一个前提,即鉴于浙江在学术思想史上众所周知的突出成就及其鲜明特色,完全有必要为浙江的这种学术思想确定一个适当的名称。如果确认了这个前提,也就是说,既然浙江的学术思想有必要确定一个名称,那么,究竟什么名称合适呢?

1. "浙学"概念的狭义与广义

事实上,直到目前为止,这还真是一个众说纷纭、见仁见智的问题。著名历史学家何炳松先生在 1932 年所著的《浙东学派溯源》一书中,也主张要给宋以来的浙江学术思想确定"一定的地点和名称"。他

① 曹聚仁:《中国学术思想史随笔·浙东学派》,第 275 页。

对全祖望在《宋元学案》中把宋以来的浙江学术思想有时叫为"浙学"，有时叫"婺学"，有时又称之为"永嘉之学"提出异议，认为这"三个名词都不很恰当，因为前一个太泛，后两个太偏"。他赞成章学诚的意见，认为其所定的"'浙东学术'四个字比较恰当"。[①]我当然很赞成何先生要有一个名称的意见，不过，他对《宋元学案》的上述批评却不对，因为《宋元学案》中"浙学"、"婺学"、"永嘉之学"的名称是各自针对不同的情况、对象而说的，本来就并不是在同一个意义上使用，当然不可完全混同。"婺学"、"永嘉之学"可以分别被称为"浙学"，或一起被概称为"浙学"，但"浙学"、"婺学"和"永嘉之学"三者之间毕竟还有区别，"浙学"是一个泛称、概称，"婺学"、"永嘉之学"则是特称，它们既不能互相代替，也不能完全涵盖"浙学"概念所具有的内涵。显然，三个名称中，"浙学"是能够较恰当地概括当时浙江的学术思想的一个概念。而如前所述，包括《宋元学案》在内，人们的确主要是在这一意义上使用"浙学"这一概念的。

前述以往学者对"浙学"概念的理解，固然有很多很好的地方，在总体上是应该肯定的，但毕竟还是有很大的局限性，即它局限于主要指南宋以陈亮、叶适等为代表的事功之学或清代以黄宗羲、章学诚等为代表的浙东学派，却还不是一个能包括南宋事功之学和清代浙东学派的统一性概念，更不是一个能够涵盖整个浙江历史上学术思想的统一性概念。有鉴于此，我们不妨把原有的"浙学"概念加以改造扩展，使之成为一个不仅能包括南宋事功之学和清代浙东史学的统一性概念，而且是一个能够涵盖整个浙江历史上的学术思想的统一性概念。这样，如果说以往原有的"浙学"概念是一个狭义的概念的话，现在这里所说的"浙学"则是一个广义的概念了。

具体来说，这里所提出的广义上的"浙学"概念，意指：首先，从时间上说，它包括"传统浙学"与"现代浙学"。浙江自古以来那些杰出的思想家和影响巨大的学说或学派，上溯古越文化、下迄浙东学派，都应属于"传统浙学"的范围。而那些在中国近现代思想文化史上风云际会、引领风骚的浙江思想家们及其学说，则可归于"现代浙学"的范围。

---

① 何柄松：《浙东学派溯源》，商务印书馆，1933 年，第 188—189 页。

传统浙学是浙学的主体,现代浙学是传统浙学的延续和创新。因此,"浙学"既是一个古老的学术命题,有着丰厚悠久的历史内涵,又赋有新的意义,是一种体现着文化传承和创新的成功范型。

其次,从空间上说,它包括"浙中之学"和"浙人之学"。浙学,固然是一个标示浙江这个地域上学术思想的统称,但它又不是一个纯粹地理概念,即它并不严格地限于浙江的地域范围。因此,具体来说,"浙学"实又可分为"浙中之学"与"浙人之学"。"浙中之学"主要是指直接在浙江这一地域上产生的学术思想,它的主体是在本土的浙籍人的思想学说,但也包括在浙的那些已在一定程度上受到浙江的社会历史环境和浙学传统影响、熏染的非浙籍人的思想学说。"浙人之学"是指在浙江本土的浙人之学,但也包括虽不在浙江本土但因血缘、教育、传统等影响使其思想、性格、观念等显然继承了浙江学术思想文化的精神血脉的浙人之学。当然,说到浙学的地域问题,它自然还应包括浙东之学和浙西之学,因为浙东之学和浙西之学虽然有些区别,但那仅仅是浙学内部的区别(详论见后),无论是浙东之学还是浙西之学,它们都共同构成了浙学的丰富内涵。

综上所述,尽管浙学概念不能不含有历史和地理的因素,但浙学既不仅仅是一个历史的概念,又不是一个纯粹的地理概念,它应该主要是一个学理上的概念。"浙学",学之谓也,就如"易学"、"数学"、"朴学"是表示某一种、某一门类学术思想的名称,而"浙"只是一个地理的标位。浙学作为"学",它虽产生于浙江地域并因时代不同而存在着或明或暗的传承脉络,发生了这样那样的极大影响,但它并不专属于浙江,而是属于整个中国文化,它构成了整个中国文化中的重要组成部分。可以说,"浙学"固然是一个以地域命名的一种学术思想的统称,但它又远远超出了地域学术的范围,而成为一个具有普遍文化价值的学术形态。

2. 浙学与浙东学派

由此需要进一步说明的是,浙学既然主要是一个学理上的概念,那么也就意味着它主要不是一个学派的概念。由于它不是一个学派,所以它在整体上并没有严格意义上的学术师承关系,即不存在一个统一的学术渊源、一脉相承的学统和有清晰线索可寻的学术谱系。相反,浙学中的许多人物在当时往往是异军突起、自致通达,在并无直接师承授受的情况下作出了了不起的成绩。这竟然差不多是浙学史上的一种普遍现象了。尤其令人惊奇的是,尽管浙学并不是一个统一的学派,缺少脉络可寻的师承关系和统一的学术谱系,但却仍然具有十分相似的精神气质和思想追求,表现了基本共同的学术主张和价值取向,这不能不说是浙学之为浙学所呈现出的一个奇特而有意味的学术思想史景观。

说到浙学与学派的关系问题,则不能不说一说浙学与浙东学派的关系。

“浙东学派”一词,最早大概于清初《明史》馆臣中即已使用,故黄宗羲在其《移史馆论不宜立理学传书》一文中就为浙东学派辩护拒其“浙东学派最多流弊”之说,不过其“浙东学派”概念主要指浙东王学一派。此后,“浙东学派”、“浙东之学”之名逐渐流行,至章学诚著《文史通义》,特辟《浙东学术》篇专论浙东之学,且溯其源流、揭示宗旨,虽未用“浙东学派”之名,实极大地有助于“浙东学派”之名的成立及其影响的推广。近人章太炎、梁启超都曾论及明清嬗代之后的浙东学派,并勾勒了其大致的学术系谱。现代史学家何炳松著《浙东学派溯源》,今人王凤贤、管敏义等编著了《浙东学派研究》、《浙东学术史》等,对浙东学派的研究和关注渐成气候。

考察学界对“浙东学派”概念的理解,可以说与历史上人们对狭义上的“浙学”概念的理解是基本一样的,即或指南宋的事功之学或指清代的浙东史学,所以《辞海》中释“浙东学派”有二义:“浙东学派,①南宋以浙东地区为活动中心的学派。包括以吕祖谦为代表的金华学派(一称婺学),以薛季宣、陈傅良、叶适为代表的永嘉学派和以陈亮为代表的永康学派。……②清初以黄宗羲、万斯大、万斯同、全望祖、章学诚、邵晋涵等为代表的史学派别。……”当然,也有将上述两者合而作为一个具有历史延续、发展的思想文化传统的整体而统称之为“浙东学派”的,如章学诚、何炳松等。不过,不管“浙东学派”具体指向哪种含义,它们在很大程度上都是可以等同于狭义的“浙学”概念的。也正因为如此,不少学者直接把“浙东学派”、“浙东之学”、“浙学”这几个概念混称。如金毓黻说:"考浙东学派起于宋,时有永嘉学派、金华学派之称,……当时号称浙学。"①周梦江说:"南宋时期,在理学盛行之时,两浙东路产生了主张事功反对理学的浙东学派,简称浙学。"②黄百家在《宋元学案》里也指出:"永嘉之学,薛(季宣)、郑(伯熊)俱出程子(颐)。同时,陈同甫又崛兴于永康,无所承接,然其学俱以读书经济为事,嗤黜空疏随人牙后谈性命者以为灰埃,亦遂为世所忌。以为此近于功利,俱目之为浙学。"③

但是,由于"浙东学派"这一概念本身的限制,使它还是与浙学的概念存在着区别。首先,它在地理上主要限于浙东地域。关于"浙东"之名,在古代是与现在有所不同的。清代乾隆元年刊刻进呈的《浙江通志》卷一载:

> 元至正二十六年,置浙江等处行中书省,而两浙始以省称,领府九。明洪武九年,改浙江承宣布政使司。十五年割嘉兴、湖州二府属焉,领府十一。国朝因之,省会曰杭州,次嘉兴,次湖州,凡三府,在大江之右,是为浙西。次宁波,次绍兴、台州、金华、衢州、严州、温州、处州,凡八府,皆大江之左,是为浙东。

这里所说的"大江",指的是钱塘江,即浙江的下游,"大江之左"的"浙东",即我们通常所称的"上八府";而"大江之右"的"浙西",即所谓"下三府"。至于"两浙"之称,起源很早,唐代就置浙江西道、东道;宋改称浙江西路、东路,宋代以后的浙东学派,就出现在"浙江东路"或"大江之左"的地域上。可见,浙东学派所具有的地域性——尽管并不是很严格的、明确不变的——决定了它不可能是真正意义上的"浙学"。因为古代的"浙",仅指钱塘江,而"浙东"仅是"大江之左"的地区,而今天的"浙",是指浙江全境,所以,以往所谓"浙东之学",并没有包括全部"浙学"。如章学诚就提出了与"浙东之学"相对应的"浙西之学":"世推顾亭林氏为开国儒宗,然自是浙西之学。不知同时有黄梨洲氏,出于浙东,虽与顾氏并峙,而上宗王(阳明)、刘(宗周),下开二万(万斯大、万斯同),较之顾氏,源远而流长矣。""浙东贵专家,浙西尚博

① 金毓黻:《中国史学史》,河北教育出版社,2000年,第352页。
② 周梦江:《宋元明温州论稿》,作家出版社,2001年,第100页。
③ 全祖望:《宋元学案》第三册,《龙川学案》,中华书局,1986年,第1832页。

雅,各因其习而习也"。①浙东之学与浙西之学由于地理、经济、社会环境等因素的影响而各具面目、风格有异,如浙东以史学为主,浙西长于经学、文学,浙东贵专门,浙西尚博学等。不过,尽管浙东之学与浙西之学有这些区别,但由于两浙之学都有少门户之见、重经世致用等特点,所以它们在整体上还是有其共性,两浙之学可合称为一整体上的"浙学",正如章学诚所说的,他们"盖非讲学专家,各持门户之见者,故互相推服,而不相非诋。学者不可无宗主,而必不可有门户;故浙东、浙西,道并行而不悖也"。②

---

①　章学诚:《章学诚遗书·文史通义》,文物出版社,1985 年,第 15 页。
②　章学诚:《章学诚遗书·文史通义》,文物出版社,1985 年,第 15 页。

浙学的内涵及其基本精神

吴 光

"浙学",简单地说,就是浙江地区的学术文化,或曰浙江特色的学术传统。然而作为一个独特的学术理论概念,一个专用学术名词,就不能这么简单地理解了。从一般意义而言,所谓"浙学",应是对发生发展于浙江、形成了浙江特色而其影响波及于国内外的一种学术文化传统的理论概括,它代表着一种富有地方特色的人文传统与理性精神。关于"浙学"的理论内涵,从这个概念最初提出至今,学者们就有异同之见,没有一个公认的、统一的定义。即便是在称谓上,也是众说纷纭:有直称"浙学"的,有以"浙东学派"、"浙东学术"代替或等同于"浙学"的,也有视"浙学"为"浙东之学"与"浙西之学"之合称的。因此,很有必要对"浙学"概念的来龙去脉作一番历史的梳理,进而对"浙学"的内涵及其基本精神作出理论的疏解。

一、"浙学"一词的由来

据我所知,最早提出"浙学"概念并加以理论界定的是南宋大儒朱熹。他统称永嘉(陈傅良、叶适)、永康(陈亮)之学为"浙学",并严加批评,说:

> 陆氏之学虽是偏,尚是要去做个人。若永嘉、永康之说,大不成学问。[①]

又说:

---

① 《朱子语类》卷一百二十二,《吕伯恭》,中华书局 1994 年 3 月版,王星贤点校本,第八册,第 2957 页。

江西之学（指陆氏心学）只是禅，浙学却专是言功利。禅学，后来学者摸索一上，无可摸索，自会转去。若功利，则学者习之便可见效，此意甚可忧。[1]

可见，朱熹是将"浙学"视为"专言功利"、误导学者的"异端"而加以批判的。

到明清之际的黄宗羲，则比较理性地意识到了"浙东学派"的存在并对其学术传统有所总结。他在《移史馆论不宜立理学传书》一文中首次使用了"浙东学派"一词，批评当时明史馆负责制定《修史条例》的人"其言浙东学派最多流弊"，并把姚江之学和蕺山之学归入浙东学统。黄氏还于崇祯年间汇编了一部集数十名浙东学者著作于一编的《东浙文统》若干卷。[2]但黄宗羲所谓"学派"，指的是学术脉络，并非现代意义的学派，他对"浙东学派"或"浙学"的理论内涵也未作出明确的界定。

黄宗羲之后，自视"梨洲私淑"的清代大儒全祖望对"浙学"概念作了比较明确的界定并给予浙学以肯定性评价。全祖望所撰《宋元学案叙录》曾多次使用"浙学"一词概括浙江的学术源流、特色和风格，兹录如下：

庆历之际，学统四起，齐、鲁则有士建中、刘颜夹辅泰山（孙复）而兴；浙东则有明州杨、杜五子（慈溪杨适、杜醇、鄞县王致、王说、楼郁）、永嘉之儒志（王开祖）、经行（丁昌期）二子，浙西则有杭之吴存仁，皆与安定（胡瑗）湖学相应……[3]

世知永嘉诸子之传洛学，不知其兼传关学。考所谓九先生者，其六人及程门，其三则私淑也；而周浮止（行己）、沈彬老（躬行）又尝从吕氏（大临）游，非横渠（张载）之再传乎？……今合为一卷，以志吾浙学之盛，实始于此。[4]

勉斋（黄榦）之传，得金华而益昌。说者谓北山（何基）绝似和

---

① 《朱子语类》卷一百二十三，《陈君举》，第2967页。

② 参见拙著《黄宗羲著作汇考》，台湾学生书局，1990年，第244页。

③ 《宋元学案》卷六，《士刘诸儒学案》，《黄宗羲全集》第三册，浙江古籍出版社，2004年，第316页。

④ 《宋元学案》卷三十二，《周许诸儒学案叙录》，《黄宗羲全集》第四册，第405页。

靖,鲁斋(王柏)绝似上蔡,而金文安公(履祥)尤为明体达用之儒,浙学之中兴也。①

　　四明之专宗朱氏者,东发(黄震)为最。……晦翁生平不喜浙学,而端平以后,闽中、江右诸弟子,支离、桀戾、固陋无不有之,其能中振之者,北山师弟为一支,东发为一支,皆浙产也。其亦足以报先正拳拳浙学之意也夫!②

　　全祖望的按语说明了三点:第一,他所说的"浙学"主要是指"浙东之学",但也包括了"浙西之学",其内部各派的学术渊源和为学宗旨不尽一致,但也有共同特色;第二,他认为"浙东之学"与"浙西之学"的学术渊源,都与宋初大儒胡瑗在湖州(地属浙西)讲学时形成的"湖学"相呼应,而安定"湖学"的特色是"沉潜"、"笃实",以"倡明正学"、"讲明六经"、落实"治事"为目的;第三,"浙学"在当时的地位,堪与齐鲁之学、江右之学、闽学、关学、蜀学相媲美、相呼应,蔚为一大学统,对于宋元学风有开创、启迪之功。

　　继全祖望之后,乾嘉时代的浙东学者章学诚在《文史通义·浙东学术》中首次对"浙东之学"与"浙西之学"的学派特色作出区分,并分析了各自的学术渊源。他说:

　　浙东之学,虽出婺源,然自三袁之流,多宗江西陆氏,而通经服古,绝不空言德性,故不悖于朱子之教。至阳明王子揭孟子之良知,复与朱子抵牾;蕺山刘氏本良知而发明慎独,与朱子不合,亦不相诋也;梨洲黄氏出蕺山刘氏之门,而开万氏弟兄经史之学,以至全氏祖望辈尚存其意,宗陆而不悖于朱者也。惟西河毛氏,发明良知之学颇有所得,而门户之见,不免攻之太过,虽浙东人亦不甚以为然也。

　　世推顾亭林氏为开国儒宗,然自是浙西之学;不知同时有黄梨洲氏出于浙东,虽与顾氏并峙,而上宗王、刘,下开二万,较之顾氏,源远而流长矣。顾氏宗朱而黄氏宗陆,盖非讲学专家、各持门户之见者,故互相推服,而不相非诋。学者不可无宗主,而必不可有门户! 故浙东、浙西,道并行而不悖也。浙东贵专家,浙西尚博

---

① 《宋元学案》卷八十二,《北山四先生学案叙录》,《黄宗羲全集》第六册,第214页。
② 《宋元学案》卷八十六,《东发学案叙录》,《黄宗羲全集》第六册,第394页。

雅,各因其习而习也。①

在章学诚看来,"浙东之学"与"浙西之学"的学术渊源及其学风虽然不同,但都是儒家之学,其根本之道是可以并行不悖、互相兼容的。而从章氏所述浙东之学的源流与特色来看,浙东学术的主流是从南宋四明学派、中经明代姚江学派(即阳明学派)到明清之际的蕺山—梨洲学派,其特色是"宗陆(王)而不悖于朱"。值得重视的是,章学诚所讲的"浙东学术",并非单指浙东史学,而是涵括了宋明理学、心学的"浙东经史之学"。后代一些学者,把"浙东学术"或"浙东学派"单纯地理解为"浙东史学"或"浙东史学派",而把明代王阳明及其学派排除于浙东学术之外,是失之偏颇的。②

二、"浙学"内涵之我见

我曾在《试论"浙学"的基本精神——兼谈"浙学"与"浙东学派"的研究现状》一文③中,在引证全祖望、章学诚等论述"浙学"源流、特色的思想史资料的基础上,对"浙学"的内涵作了个初步的理论概括。指出:

> 所谓"浙学",即发轫于北宋、形成于南宋而兴盛于明清的浙东经史之学。它并非单一的学术思潮,也没有形成一个统一的学术流派,而是内含多种学术思想、多个学术派别的多元并存的学术群体——在"浙学"内部,既有宗奉程朱的理学派,也有宗奉陆王的心学派,还有独立于理学、心学之外的事功学派。然而,这个

---

① 章学诚:《浙东学术》,载《文史通义》内篇卷二,中华书局,1956 年,第 51—52 页。

② 对这一偏颇,当代浙江学者已有反思。如王凤贤、丁国顺合著的《浙东学派研究》一书(浙江人民出版社 1993 年 3 月版),即对北宋至清代的浙东学作了系统性研究,将其形成演变分作四个时期,认为北宋是"浙东学术的草昧时期",南宋是"浙东诸学派的形成"时期,明代是"浙东心学思潮的兴起"时期,清代则是"浙东学派的全盛时期"。

③ 该文系笔者于 1993 年 9 月应邀访问台湾"中研院"中国文哲研究所时的演讲稿,首先发表于该所主办的《中国文哲研究通讯》1993 年第 4 期;又于同年 10 月提交"全国首届陈亮学术讨论会",被收入赵敏、胡国钧主编的《陈亮研究论文集》(杭州大学出版社 1994 年 5 月出版)。

学术群体内部的各家各派,在相互关系上并不是绝对排他、唯我独尊的,而是具有兼容并蓄、和霁同光的风格,从而体现了某种共同的文化精神——浙学精神。

现在检讨起来,我的这个概括重视了"浙学"的主流——浙东学派与浙东学术的发展演变及其特色,大体上是可以成立的,但却又是相当粗糙而且有片面性的。之所以说它粗糙且有片面性,是因为这个"浙学"概念仍然是小浙学而非大浙学的概念,且对章氏所谓"浙东、浙西,道并行而不悖"一语未予足够重视,忽略了"浙西之学"在"浙学"中应占有的地位。

我们应当看到,历史是不断发展进步的,学术史及其学术概念的涵义也与时俱进、不断充实进适应新时代要求的新内容,"浙学"概念也是如此。如果说,宋元学者眼中的"浙学"仅限于金华、温州地区的"婺学"与"永嘉永康之学"的话,那么明末清初的黄宗羲、全祖望已经将"浙学"的领域延伸到宁波、绍兴等大浙东甚至包括了浙西地区,而且所包含的学术流派也不限于"婺学"与"永嘉、永康之学",而且包括了"庆历五先生"、"甬上四先生"(即所谓"四明学派"或"明州学派")以及姚江学派与蕺山学派。及至清代乾嘉时期的章学诚,则在区分"浙西之学"与"浙东之学",并强调"浙东、浙西,道并行而不悖"的同时,已经蕴涵着大"浙学"的观念了。

自章学诚以后,近现代以至当代的许多学者,从章炳麟、梁启超、钱穆、何炳松、姚名达、陈训慈到陈荣捷、刘述先、金毓黻、杜维运、余英时、何冠彪、詹海云、郑吉雄,以及当代浙江籍的众多学者(如北京的方立天、张立文、陈来、张义德,上海的冯契、谭其骧、潘富恩、罗义俊、杨国荣,南京的洪焕椿、杭州的徐规、仓修良、王凤贤、沈善洪、吴光、滕复、董平、钱明、何俊、杨际开,宁波的方祖猷、管敏义、金华的方如金、温州的周梦江等等),都发表过有影响的学术论著,从各个角度研讨、评论"浙学"或"浙东学派"、"浙东学术"的理论内涵、历史沿革、学派脉络、精神特质、研究成果等问题,从而把对"浙学"的研究推向了一个"百花齐放,推陈出新"的新阶段。

限于篇幅,本文不拟一一罗列各家论"浙学"的理论观点与学术成就,而试图站在当今时代背景下对"浙学"的内涵作一重新审视,申明并强调笔者关于"浙学"的基本观点。

我认为,关于"浙学"的内涵,应该作狭义、中义与广义的区分。狭义的"浙学"(或称"小浙学")概念是指发端于北宋、形成于南宋永嘉、永康地区的以陈傅良、叶适、陈亮为代表的浙东事功之学。中义的"浙学"概念是指渊源于东汉、酝酿形成于两宋、转型于明代、发扬光大于清代的浙东经史之学。包括东汉会稽王充的"实事疾妄"之学、两宋金华之学、永嘉之学、永康之学、四明之学以及明代王阳明心学、刘蕺山慎独之学和清代以黄宗羲、万斯同、全祖望为代表的浙东经史之学。广义的"浙学"概念即"大浙学"概念,指的是渊源于古越、繁荣兴盛于宋元明清而绵延泽惠于现当代的浙江学术思想传统与人文精神传统。这个"大浙学",是狭义"浙学"与中义"浙学"概念的外延,既包括浙东之学,也包括浙西之学;既包括浙江的儒学与经学传统,也包括浙江的佛学、道学、文学、史学、方志学等人文社会科学传统,甚至在一定意义上涵盖了有浙江特色的自然科学传统。当然,"大浙学"的主流,仍然是南宋以来的浙东经史之学。

从总结浙江学术思想发展史的角度而言,我们自然应当对狭义、中义与广义的"浙学"加以系统的研究与整理,但站在当今建设浙江文化大省的立场而言,则我们应取广义的"浙学"概念即"大浙学"概念,而不应仅仅局限于"浙东学派"或"浙东学术"的视野。

三、"浙学"的基本精神

如果从广义的大"浙学"视野观察与反思浙江的学术文化传统,那么显而易见的是,无论是"浙学"还是"浙东学派",都并非是一个单一学派的连续性发展,而是多个学派"和齐斟酌,多元共存,互相融通"而形成的一种学术格局与学术传统,这样的学术格局虽然是异见纷呈,但也培养了某种共同的人文精神。浙江这块土地,虽然有浙东、浙西之分,但仅仅一江之隔,是不可能从人文地理上将其截然分开或将两者对立起来的。

事实上,在浙江学术史上,浙东、浙西往往是你中有我、我中有你、关系密切、互相影响的。例如,明末的蕺山学派当然属于"浙东学派"之一,但刘蕺山的弟子中却有好几位浙西籍学者,其中著名者如陈确(杭州府海宁县人)倾向浙东王学,而张履祥、吕留良(均为嘉兴府桐乡县人)则属于浙西朱学。在近现代,浙东、浙西之学更有相互融通之势,尤其是在省会杭州更是如此。如出身于浙西杭州府的龚自珍、章太炎,其实堪称浙东学风的继承者与弘扬者。对此,当代浙西籍历史地理学家谭其骧早有所见。他在《近代杭州的学风》(发表于1947年4月5日的《浙大校刊》)一文中指出:"杭州于浙西已属边缘地带,隔钱塘江与浙东学术中心的宁绍相接,故其学风虽以浙西为素地,同时又深受浙东的影响,实际上可说是两浙学术的一个混合体。由混合而融化,迨其融化而后,遂自成一型,既非浙东,亦非浙西。"这是颇为中肯的意见。这对我们在当代坚持"广义浙学"的研究方向也是一个很好的启示。

在经历千百年的学术磨合过程中,"浙学"各派逐渐形成了以"实事疾妄、崇义谋利、经世致用、兼容并蓄"为特色的浙江人文精神。这种人文精神是从王充到陈亮、叶适、王阳明、黄宗羲、陈确、吕留良到全祖望、章学诚以至近现代的龚自珍、蔡元培、章太炎、鲁迅、马一浮等著名浙江思想家都一致认同并且以不同语言予以阐扬的浙江文化精神。

那么,浙江学者所倡导和积累起来的共同文化精神——"浙学"的基本精神是什么呢?我在上述《试论"浙学"的基本精神》文中将它概括为"求实精神、批判精神、兼容精神、创新精神",又在《论浙江的人文精神传统及其在现代化中的作用》[①]一文中从五个方面概述了浙学人文精神的主要内容,即:"一、'天人合一,万物一体'的整体和谐精神;二、'实事求是,破除迷信'的批判求实精神;三、'经世致用'的实学精神;四、'工商为本'的人文精神;五、'教育优先、人才第一'的文化精神。"

只要稍微具体地翻阅一下浙江思想文化史,我们就可以找出许多例证来证明上述浙学人文精神的真实性与普遍性。在此,我不想旁征博引,而仅仅列举浙江思想家中最有代表性的几句名言,期与读者共

① 参见拙文《论浙江的人文精神传统及其在现代化中的作用》,载《杭州师范学院学报》(社会科学版)2001年第2期。

同体悟"浙学"的根本精神。

一是王充的"实事疾妄"精神。我们知道,"实事求是"这句经典名言,最早出自于班固手笔(见《汉书·河间献王传》)。其实在班固之前的王充,已经在《论衡》的众多篇章中表达了这一思想,特别是在《论衡·对作篇》中强调自己的写作宗旨是"《论衡》实事疾妄,无诽谤之辞"。所谓"实事疾妄",就是实事求是、批判虚妄,所体现的正是一种求实的、批判的精神。这种精神,在后来的浙江思想家如陈亮、叶适、黄宗羲、龚自珍、章太炎、鲁迅身上,表现得尤其突出。

二是叶适的"崇义养利"思想。义利关系问题是历代思想家都要讨论的课题。自从孟子对梁惠王讲了句"王何必曰利?亦有仁义而已矣"、董仲舒又说了一句"正其义不谋其利,明其道不计其功"之后,许多人以为儒家是"重义轻利"之辈。其实不然。孟子是以行仁义为大利故不必言利,而董仲舒之说则确有轻视功利之弊,所以遭到叶适的批评,称之为"疏阔"之语,指出"既无功利,则道义者乃无用之虚语尔"(《习学记言序目》卷二十三)。叶适义利观的根本思想是"崇义以养利"(《士学上》,载《水心别集》卷三),是反对"以义抑利"而主张"以利和义"的(《习学记言序目》卷二十七),实质上是一种"崇义谋利"的思想主张。这种敢言功利的思想成了浙江人文精神的一大资源,并成为浙江经济发展的持久动力。

三是黄宗羲的"经世应务"思想。中国知识分子历来有"以天下为己任"的政治参与意识,这在浙江思想传统中的表现尤为突出,而黄宗羲所谓"学必原本于经术而后不为蹈虚,必证明于史籍而后足以应务"、"经术所以经世"(见全祖望《梨洲先生神道碑文》转引),正是浙学"经世致用"传统精神的典型体现。

四是蔡元培的"兼容并包"思想。在浙学传统中,历来有一种兼容并蓄、和齐同光的精神,如黄宗羲强调治学要善于做到"会众合一",[①]章学诚的"道并行而不悖"之说,都是这种精神的体现。到近代教育家蔡元培,更是一再强调学术上要坚持"兼容并包"、"思想自由"的方针。这不仅是继承与发扬了"浙学"传统,而且成了北京大学的优良校风与

---

① 《万充宗墓志铭》,《黄宗羲全集》第十册,第417页。

学风。

　　当然,能够体现浙学精神的远不止上述数则,但仅此数则,即足以反映出浙江文化底蕴的深厚,足以代表浙江人民的精神风貌。仅此数则,已经在浙江历史上发挥了巨大的作用,并正在成为推动现代浙江物质文明、精神文明建设的精神动力。正因如此,我们对于浙学传统、浙学精神及其在现代化进程中的作用,有必要从理论与实践的结合上作出更深刻的总结,并使之发扬光大。

浙学的学派思想个性及地域特色

滕　复

浙江多样和多元的文化、悠久的人文历史,以及丰富的人文个性,造成"浙学"地方学派的兴盛和学术思想内在的差异,在具有一些共同的思想倾向和人文志趣的同时,又充分凸显自我的创造和追求。因此,一方面,"浙学"学派无不具有鲜明的思想个性,形成与中原理学差异明显的思想体系;另一方面,"浙学"自身也呈现出浓重的地域文化特征,每个学派都表现出鲜明的地方特色和地方思想倾向。千百年来,"浙学"在浙江这块土地上,受着浙江人文土壤的培育和熏陶,经过不断的求索、传承和创新,不仅集中展现了浙江的人文精神,并持续影响着浙江人的思想观念、社会价值、行为准则和生活样式;而且作为中国传统学术的奇葩,不但在中国文化历史上具有重要地位,弘扬、丰富了整个中华民族的文化,对于历史和当代全球人类文明的发展也起到过重要的作用。

一、"浙学"的缘起及其内涵

浙江悠久的区域文明和丰富的历史文化,造就了浙江的区域人文个性和人文精神,而最集中反映这种区域人文个性和人文精神的,则是浙江历史上层出不穷的学派的学术思想。当然,充满特色的区域人文个性和人文精神,作为文化土壤,对于浙江思想学派及其学术的孕育和成长,也起到了十分重要的作用。浙江历史上的思想学派及其学术一直以来十分发达,有"浙学"的美誉。"浙学"就是关于浙江历史学术及思想学派的一个特定的名称,其定名于南宋,当时是特指浙江的地域性思想学派,如永嘉学派、永康学派等。明清之际黄宗羲、全祖望等又有关于"浙东之学"和"浙西之学"的提法,这已经包含了"浙学"自宋代以来的所有思想学派。中国思想自古有创派立说的传统,如先秦的诸子百家以及汉、宋及以后的儒家学派和地域性思想流派等等。关于先秦的诸子百家,当时大凡有为学者都希望创立自己的学派和学说。《荀子·解蔽》云:"今诸侯异政,百家异说。"《庄子·天下》亦云:"其数散于天下而设于中国者,百家之学时或称而道之。……犹百家众技也,皆有所长,时有所用。"秦焚书之后,汉廷所藏子书,《诸子略》概略统计仍有"凡诸子百八十九家",可见当时思想创新之盛。在先秦众多的学派里面,儒家、道家、法家、墨家、名家、阴阳家、兵家、农家、医家、纵横家、杂家、小说家等等,是当时有名的学派和流派。从这一点来看,中国古代不乏思想创新、创新的激情和动力。汉武帝以后"罢黜百家,独尊儒术",思想归于儒家一统。但是思想的创新并未消失,而是转到了儒学的内部。仅在汉代,伴随"独尊儒术"而来的,就有左氏、公羊、穀梁等经学学派,并且出现今文经学和古文经学之争。到了宋代,宋学的繁荣形成中国历史上又一个思想创新的高峰。宋代的思想创新有三个特点:一是思想创新重现先秦百家争鸣的盛景;二是思想创新既是在儒学内部,又是超越儒学,不仅有儒家各派的思想争鸣和交流,而且有儒、释、道三教的争论;第三点也是最突出的一点,就是当时的人物思想、学派和思想流派,大都带有鲜明的地域文化特色。如关学、闽学、洛学和浙学等,都是地域学术思想的代表,并且也多是以地域的名称来命名的。

"浙学"虽然是宋代对于浙江学术和思想的一个称呼,但其实也可以用来称呼历史上所有的浙江学术和思想。在浙江的历史上,学术思想及传承的学派总是带有浓郁的浙江地域文化的特色,如先秦的范蠡,汉代的王充,宋代的叶适、陈亮,明、清时代的王阳明、黄宗羲、章学诚、龚自珍,近代的章太炎、王国维、蔡元培、马一浮等人物及其学派。他们的学术和思想,一方面,都以其杰出的成就站在了整个中国文化的高处;另一方面,亦都充分展现出深深的地方人文个性,因此都是"浙学"中最杰出的代表。"浙学"自宋代以降,既是浙江地域学术和思想的总称,同时在"浙学"的内部,也因为浙江地域内部地方文化的多元性,而自然发展为许多地方的学术和思想学派。如宋代浙南的永嘉学派,包括北宋永嘉学派和南宋永嘉学派,浙中的永康学派、金华学派,浙东的四明心学,明代的阳明心学,明清之际的浙东经史之学、浙西理学,清代的浙西学派等等。此外,浙江传统佛教和道教其宗派、人物、思想及文化也是"浙学"中重要的组成部分,从历史上看,佛教和道教自汉代以后,特别是南朝至唐以降,其传化的地域中心逐渐南移,而浙江则是最重要的传布地之一。如佛教之三论宗、天台宗、华严宗及道教之南宗等,都与浙地有着密切的历史渊源,并成为影响较大、传播较广的宗教学派。隋唐时期是中国化佛教宗派的盛世时期,浙江不仅有天台宗的祖庭和三论宗的本寺,还诞生了华严四祖清凉澄观,同时也是中国禅宗的盛传之地,佛教宗派思想内容极其丰富,佛寺林立,代表僧人众多,影响深远,在中国佛教宗派传承与推展中有着独特而重要的地位。宋代以降,除禅宗仍然盛行外,不仅唐末五代时期一度消沉的义学宗派如天台、华严再度复振于浙江,而且随着佛教内部的思想圆融(如禅教、禅净、教净、显密、顿渐等),净土宗和民俗佛教同样相当活跃。此外,佛教外部的圆融如佛道混融、儒佛合流亦有着诸多体现。唐五代乃至北宋初期,在"中原文化之统"注入浙江之前,宗教文化在浙江一度处于优势地位。而在南宋浙江学术逐渐成型后,佛教和道教等宗教文化仍盛行于浙地,特别是佛教中的禅宗、天台宗、华严宗及净土宗,以及道教中全真教龙门派,即使在明代中叶以后,仍有较重要的地位,并同样展现出鲜明的地域文化色彩。

"浙学"历史上的各种学术和思想学派、宗派或教派出现、兴盛和发展,一方面体现为学术和思想的多样性和创新特征,另一方面,"浙学"的这种多样性也充分凸显了"浙学"孕育、成长的文化土壤自身具有的内在区域文化的多元性和多样性。浙江由于人文地理环境的多样性,加上漫长的文化历史的积累,不仅形成浙江人文的丰富个性,而且形成浙江本土各地不同的文化多样性。浙东、浙西、浙北、浙南、浙中,各地有不同的方言,不同的民俗风情、生活样式、生活习惯、生活态度以及生活理念等,都存在一定的差异,甚至较大的差异性。如方言的差异性就非常之大,这是其他地方所没有的。浙江省内一个地方听不懂另一个地方的话很正常,这在其他省是罕见的。一般说来,浙江人民数千年奋斗的历史,孕育了浙江人民富有个性的生活样式、生活态度、道德品格和价值理念。就共性方面而言,浙江文化的人文精神特色最主要的表现则是敢于吃苦、讲求实效、开放包容、节俭和谐这几个方面;而从地方的个性来说,浙东的人民更能吃苦,更重实效,浙西的人民较重和谐,更有包容心。而无论浙东浙西都重节俭,并且都具有开放的襟怀。这是因为各地的文化形态、生活样式各有不同之处。

多样和多元的文化、悠久的人文历史,以及丰富的人文个性,造成"浙学"地方学派的兴盛和学术思想内在的差异,在具有一些共同的思想倾向和人文趣向的同时,又充分凸显自我的创造和追求。正所谓"浙西尚博雅,浙东贵专家",不同的时代和地区,不断出现极具个性的学人、学派,学术创新、思想创新在"浙学"的内部、在"浙学"发展的各个历史时期,都表现得十分明显,这也是"浙学"的一大特色。

二、"浙学"学派具有鲜明的思想个性,
形成与中原理学不同的思想体系

"浙学"的孕育和发展受着浙江历史文化土壤的熏陶和影响,其区域多样和多元之个性特色归纳起来,首先表现为以下方面的显著特征,即"浙学"学派的思想个性十分明显,形成与中原理学不同的思想体系。

"浙学"与中原文统一个明显的差异性在于,中原文统有清晰的思想体系,而"浙学"虽也有联系,包括与中原之学的联系以及"浙学"自己内部之间的联系,但并不明显,相反每个学派都相对独立,甚至自成体系。我们知道,中原文统自从汉武帝和董仲舒"罢黜百家,独尊儒术"以后,在思想上虽然也不断从统一的儒学分出各种思想的学派,如汉学的古文经学和今文经学,宋学的关、闽、廉、洛之学,等等,但是基本是一脉相承的,统系十分明显。以宋代中原之学为例,关、闽、廉、洛虽有异同,但是,他们的学术和思想十分相近;他们的学术思想尽管是以地域命名,因而也可以说具有地方学派的色彩,然而其学术思想的个性与其说具有地域思想的意义,倒不如说更具有个人的特色。从邵

雍、周敦颐、张载到二程,再到朱熹这一代人,可以清晰地看到宋代理学发展的一个过程。因此,他们的学术和思想又有一个共同的名称——"理学"。尤其是程颢、程颐的学术和思想同朱熹思想之间的传承关系十分紧密,故后世有"程朱理学"之称。之所以如此,文化上主要的原因是自秦汉大一统之后,文化和行政上的整齐划一使得地区性的文化及思想的差异和区域特色减少,唐以前的中国能较多地保留地方特色的唯有岭南和浙江而已。南宋中原之学学问上虽然有元晦(朱熹)、象山(陆九渊)之学在"道问学"和"尊德性"方面的分别,形成两大思想分歧的派系,形成所谓的"理学"与"心学"之争,但是,这只是认知方面的不同观点之争,争的是认知的途径和方法,同时也是儒学内部之争,争的也只是谁是儒家正统而已。正如《周易·系辞》所说的那样:"天下一致而百虑,同归而殊途。"二者之间最终是殊途同归的。浙学则不同。宋代浙学一方面也是中原儒学的分支;另一方面,它的发展又与中原正统异途,而且似乎渐行渐远,因此曾经受到中原正统代表朱熹的批判。

以宋代事功学派为例。南宋事功学起于浙东,最早发端于永嘉,并以永嘉、永康两地最盛。其代表有永嘉薛季宣、叶适,温州瑞安陈付良、永康陈亮等人,其中叶适和陈亮分别为永嘉事功学和永康事功学的重要代表。

南宋永嘉和永康事功学的学术思想渊源,都可以追溯到北宋的周行已、许景衡等"永嘉九先生"的早期永嘉之学,并且最终可以溯及二程的学术思想。北宋周行已等人所创的早期永嘉之学,是二程伊洛之学以及北宋张载等人学术在浙东的最早传播者。全祖望说:"世知永嘉之传洛学,不知其兼传关学。考所谓'九先生'者,其六人及程门,其三则私淑也。"(《宋元学案》卷三十二)其中,周行已的学术通过其高弟郑伯熊,对南宋事功学产生直接影响。首先,永嘉事功学的先驱人物薛季宣师承二程弟子袁溉,但又与郑伯熊兄弟为讲友。叶适曾说:"郑景望(伯熊)及薛士龙(季宣)、陈君举(付良)擅一世臧否,号为方峻。"(《水心文集》卷二十一《郑景元墓志铭》)黄宗羲则云:"乾、淳之间,永嘉学者连袂成帷,然无不以先生兄弟(指郑伯熊与其弟郑伯英)为渠率。"(《宋元学案》卷三十二,全祖望补修)可见薛季宣与郑伯熊兄弟有着某种共同语言,并由于郑氏兄弟在当时永嘉之学中的号召地位,亦多少会受到他们的影响。其次,永嘉事功学的另一代表叶适及永康事功学的开创人物陈亮则与郑伯熊均有师承关系的记载。关于叶适,黄百家云:"……周行己亲见伊川,得其传以归。……行己以躬行之学,得郑伯熊为之弟子,其后叶适继兴,经术文章,质有其文,其徒甚盛。"(同上,卷三十二)关于陈亮,尽管全祖望说:"永嘉以经制言事功,皆推原以为得统于程氏,永康则专言事功而无所承。"(《宋元学案》卷五十六)但后人已有进一步辩证。如清人王梓材校定《宋元学案》时说:"龙川在太学尝与陈止斋等为芮祭酒门人。又先生《祭郑景望龙图文》称之曰'吾郑先生',则先生亦在郑氏之门矣。"(同上,卷五十六)要之,南宋永嘉永康之事功学,均可上接二程之学,但是早期永嘉之学虽基本恪守伊洛之学,却并不刻板,而是各有变化。就周行己一派而言,其徒郑伯熊,尽管仍秉承师说,"易坜中外,不自陈年劳以求磨勘"(《宋元学案》卷三十二),但他的弟弟郑伯英则已有追求事功的倾向,"每慷慨论事,自谓一日得志,必欲尽洗绍圣以来弊政,复还承平之旧"(同上),不满学者枯坐书斋,热衷于时政,热心于实事,这可以说是浙东事功学的开端。可惜郑氏兄弟之著述已基本不传,因而无法详究二人的学术思想。不过,已经可以看出思想独立发展的倾向,这为南宋永嘉、永康事功学思想后来的发展奠定了基础。

南宋浙东事功学在当时思想界声势及影响极大,因此与朱熹之理学、陆九渊之心学鼎足而立,这是当时最大的三股思想潮流。如全祖望说:"乾淳诸老既殁,学术之会。总为朱、陆二派,而水心(叶适)齿斤齿斤其间,遂称鼎足。"(同上,卷五十四)朱熹亦说:"陈同甫(陈亮)学已行到江西,浙人信响已多。……可畏!可恨!"(《朱子语类》卷一二三)

浙东事功各派之学说有不同之处。如全祖望指出的永嘉事功学之特点是"以经制言事功",较注重儒学经典及道统问题。而"永康则专言事功",即专言王霸之道与事。而永嘉之学中,叶适又与薛季宣及其弟子陈付良有所差异。但他们的学术本质上却有一共同思想特征,即主张学术与事功统一,学术的目的在于经世致用,强调实事实功。在义理与功利的关系上,主张义理与功利统一。如陈亮强调"义利双行,王霸并用"(《朱熹文集》,《寄陈同甫书》四)。叶适则认为"……欲明大义,当求公心。……善为国者,务实而不务虚"(《水心文集(补遗)》,《历代名臣奏议·九七》),以事功为义理旨归。从这一主张出发,他们对朱子理学忽视功利专尚义理,只教学者"穷理修身,学取圣贤事业"(朱熹《寄陈同甫书》十)的弊病进行了尖锐的批判。如叶适批评朱熹理学"行仲舒之论。既无功利,则道义者仍无用之虚语尔"(《习学记言》卷二十三《汉书》)。陈亮更痛斥朱熹等理学家"举一世安于君父之仇,而方低头拱手以谈性命"(《龙川文集》,《上孝宗皇帝第一书》),强烈谴责他们对民族国家之兴亡麻木不仁,是一批"拘文执法"、"风痹不知痛痒"的腐儒。

以上看出,浙东事功学虽然其学问来自中原理学道统,但是却有鲜明的反理学倾向,学术的途径不在于如何去认知,而在于如何去实践。因而永嘉、永康遭到朱熹的激烈攻击,认为"浙东却专是言功利。……此意甚可忧","永嘉、永康之学大不成学问"(《朱子语类》卷一二二、一二三),充分表现出朱熹对于事功学传播与影响的对立与忧虑的态度。这种态度再明白不过地说明中原儒学正统有将浙江学术视为异端的倾向。同时也可以看出,浙江学术在脱胎中原之学以后,从而逐渐独树一帜,走向了一条相对独立的思想道路。中国传统儒学的一个问题是对待功利主义的态度。董仲舒关于"正其谊不谋其利,明其道不计其功"的态度一直为后世儒学正统所式法。永嘉、永康之学注重百姓日用和社会实际,重商、重利,因此为理学所诟病。黄宗羲说:"永嘉之学,教人就事上理会,步步着实。言之必使可行,足以开物成务。"(《宋元学案》卷五十二)这是对事功学学术特征的极好概括。浙东事功学反对空言义理,主张实事实功、学以致用。充分体现了某种务实的实践精神,对当时以及后世的思想界带来了新的学风,对于人们跳出理学以义理来束缚人们的思想牢笼,起到某种解放思想的作用。

除了永嘉、永康事功学之外,南宋四明心学,明代阳明心学,明清之际浙东经史之学和浙西理学等等浙江地方学派,无不具有相对独立和鲜明思想倾向,构成中国学术思想史上亮丽的风采,并且对时代思想主流的发展和学术思潮的演变,起到重大的影响和推动作用。

三、“浙学”呈现出浓重的地域文化特征,每个学派都表现出鲜明的地方特色和地方思想倾向

前述宋代学术和思想的学派多以地域命名,有明显的地域文化特色。但是细较起来,“浙学”的地域文化特色显然远多于中原各派。这主要的原因即在于“浙学”是本土学派,受地域文化土壤较多熏陶的结果——学者基本是本地人,受当地文化的熏陶,形成地方性的学术特色和思想。“浙学”在宋代以前,学术和思想就总是独标异帜,有自己的创新思路。范蠡、王充、魏伯阳,佛教天台宗以及道教南宗,都是思想创新的代表。南宋以后,“浙学”渐成气候并且涌现许多学派。撇开佛、道两教不谈,儒学一路除了前述的永嘉、永康学派之外,还有南宋的金华婺学、四明心学,明中的阳明心学、明清之际的浙东经史之学以及浙西理学,等等。这些学派之间的前后接续虽然看得到地域间的思想传承或相互影响,但是除了与中原学统有某种师承的连接之外,地方学派之间相互并无明显的师承关系,差不多是各自独立发展出来的,并且区域文化的特色和地方思想倾向十分明显。

我们这里先以南宋四明心学为例。四明心学是陆九渊心学的分支,陆九渊之后心学分为两支发展,一支留在江西,称之为金溪之学,另一支移来浙东,称之为甬上(四明)之学。由于心学主张“尊德性”,讲求发明本心,主体自觉,而浙江的文化又张扬个性,鼓励创新,因此,心学在江西日渐式微,而在浙江获得充分的发展。元儒吴澄曾说:“余每慨临川金溪之士,口有言辄尊陆子,及讯其底里,茫然不知陆子之学为何如。”陆九渊自己也曾说:“某有积学在此,惜未有承担者。”表明承其衣钵的弟子已不在江西。而四明心学的学术成就大过江西,四明杨简(慈湖)等的学问继承了象山之学,这是学术界所认同的。其实,心学本来就是发源于浙江的。尽管陆九渊、陆九龄兄弟一般被认为是心学创立的代表人物,但就学术思想史而言,在陆氏兄弟之前便已有心学的先导出现。全祖望云:“象山之学……程门自谢上蔡以舌。王信伯、林竹轩、张无垢至于林艾轩,皆其前茅,及象山而大成。”(《宋元学案》卷五十八)可见,象山之前已

有心学,象山只是集其大成而已。上述被称作象山心学前茅的几位人物中,林竹轩(名季仲)为浙江永嘉人氏,他与其弟林叔豹等皆为北宋永嘉之学九先生中许景衡的弟子。全祖望认为林氏兄弟的思想,"已开象山宗旨"(同上)。而张无垢(名九成,字子韶,人称横浦先生)为浙江钱塘人氏,师事二程弟子杨时。对于张九成的心学,朱熹十分看重,认为"上蔡之说,一转而为张子韶,子韶一转而为陆子静"(《宋元学案》卷二十四),将其看作是开启象山心学的主要人物。张九成心学体系与观念均已具雏形,以后陆、王心学的基本观念都不脱其大旨,其学之流传和影响主要在浙东。黄震云:"晦翁尝谓洪适刊此书(指张九成《横浦心传》)于会稽,其患烈于洪水、夷狄、猛兽。岂非讲学之要,毫厘必察。其人即贤,则其书盛行,则其害未已。故不得不甚言之。以警世哉!"(同上,卷四十)充分说出了朱熹对于张九成心学影响的忧虑和对立心情,同时也说明张九成的心学在当时具有极大的影响。张九成的门徒众多,其中多数都来自浙东,这为象山心学传入浙东准备了思想基础。另外,在林季仲、张九成稍后与陆九渊同时的浙江心学人物还有温州平阳徐子谊、青田陈叔向等。他们与陆九渊思想相近,并且有学术往还,被陆九渊引为同调。可以看出,浙江心学思潮出现较早。在江西的象山心学形成乃至传入浙东之前,已经在浙东形成较为广泛的基础。当然,浙江心学的分布较广,不止限于浙东,但浙东是最主要的地区。象山心学出现后,浙江心学学者为这一学说的引进和传播作出了重要努力。如徐谊曾推荐杨简给陆九渊做弟子,张九成的门徒史浩遣其子弟从学杨简、袁燮等。通过这些努力,象山心学才得以在浙东迅速传播开来。全祖望《奉临川帖子二》说:"陆子之教,大行于浙、河以东,顾一时称祭酒者,必首四明四先生。"(见《宋元学案》卷六十一)四明四先生即杨简(慈湖)、袁燮(絜斋)、舒璘(广平)、沈焕(定川),均为陆九渊心学在浙东的传人。其中杨、袁、舒师事陆九渊,沈焕师事陆九龄。全祖望说:"象山之门,必以甬上四先生为首。"(同上,卷七十四)又说:"隗堂之学,奠盛于吾甬上,而江西反不逮。"(同上,卷七十七)这说明象山心学的传播一开始便以浙东为重心,并依赖浙宋学者的传承才得以发展。①明心学师自陆九渊,但又不同于陆九渊,受

①　有关于浙江心学尤其是明代以前浙江心学的发生和发展及传播之详细论述,请参见滕复《阳明前的浙江心学》一文,载《浙江学刊》1989 年第 1 期。

浙东地方文化个性的影响,形成浙江特有的学术,其最大的特色是秉承了浙东一贯的务实和注重实际的精神,因而与事功学互相发明。因此朱熹认为"游陆氏之门多践履之士",说的就是浙东的四明之学。

当然,永嘉、永康的事功学不仅与四明心学并无师承关系,其思想之间也是有很大的差异。永嘉、永康重社会实践,四明重道德践履,其间的差别还是显见的。后来王阳明的心学实际上是这两个方面学说相互融合的结果。王阳明是站在心学立场吸收事功学的。他对心学最重要的改造便是将事功学的实事实功思想引入心学认识论,从而确立了他以知行合一说为主要内容的致良知认识论。这里"致良知"是其整个认识论的目的,而"知行合一"说则体现了他的认识论内容特征与方法。王阳明的"知行合一"说具有两层涵义:第一,知行只是一个本体。他说:"知是心之本体,心自然会知,见父自然知孝,见兄自然知弟,见孺子入井自然知恻隐。此便是良知,不假外求。"(《阳明全书》卷一《传习录上》)这里,"知"即人心中的良知本体,同时表明人心中本已具有对事物的认识存在。因此,一方面人之知不必去假于外在的知识闻见;另一方面,在知与行之间,亦不必事先有一个向外求知的过程。良知是自然的、先在的,人们只要依照心中良知律令自然地去做了,这也就是知了。因此,知不仅是本体之知,行亦是本体之行,知行都来自一个本体,故而知不离行,行处便是知了。"某今说个知行合一,正是对症的药。又不是某凿空杜撰,知行本体原是如此"(同上)。第二,知行只是一个工夫。他说:"行之明觉精察处便是知,知之真切笃实处便是行。若行而不知明觉精察,便是冥行,便是'学而不思则罔',所以必须说个知;知而不能真切笃实,便是妄想,便是'思而不学则殆',所以必须说个行,元来只是一个工夫。"(《阳明全书》,《答友人问》)他在回答学生徐爱关于古人将知行分作两个的疑问时说道,古人之所以先说一个知,又说一个行,将知行分说,只不过是补偏救弊,反对"冥行妄作"或"悬空思索"的倾向而已。在王阳明看来,这两种倾向都背离了知行本体,因而并非是真知行。真知行在知应是"真切笃实",行应是"明觉精察",因而知中即包含了行,行中亦即包含了知,知行工夫本是一个,不能分作两件事做。王阳明进而批评了"后世学者"与"今人"将知行分作两截的做法,表明了他对程、朱以及陆九渊等人"知先行后"

说的纠正。王学实际是真正从思想上做到了道德实践和社会实践的统一。

与事功学和心学相比较,南宋金华学派则在学术和思想上走一条完全不同的路子。金华学派代表吕祖谦与朱熹、张栻齐名,为南宋大儒,曾任国史编修官等职。他的学派特色是兼容并包各家,注重典籍文献。清代学者全祖望在校补《宋元学案》的过程中,指出吕祖谦为学的特点,他说:"宋乾、淳以后,学派分而为三:朱学也,吕学也,陆学也。三家同时,皆不甚合。朱学以格物致知,陆学以明心,吕学则兼取其长,而复以中原文献之统润色之。门庭径路虽别,要其归宿于圣人则一也。"他还说:"小东莱之学,平心易气,不欲逞口舌以与诸公角,大约在陶铸同类以渐纪其偏,宰相之量也。"吕祖谦金华学派的这种思想特点,同浙中的文化个性与风气密切相关。金华宋代以来就有"小邹鲁"之称,金华附近的衢州,更是南宋孔氏一门的避居之地,史称"东南阙里"。儒家文化在金衢地区的广泛传播,对于当地的学术和思想无疑起到十分重要的影响。这使得吕祖谦的金华学派有超越宋儒、回归孔孟原儒的特色。孔孟原儒的最大特色不在思想体系的构筑,而在典籍文献的整理和传播。文明的传承与文明的发展具有同等的重要性。张载所谓"为天地立心,为生民立命,为往圣继绝学,为万世开太平",说出了孔孟的要义。吕祖谦以整理中原文献学为特色,以为往圣继绝学为己任,正是金衢地区儒家文化崇文重教风气的影响和作用的结果。南宋以后浙东的三家之学——永嘉、永康学派的事功学、四明学派的心学和金华学派的文献学,各有特点,是因为虽同属浙东,但地方仍有不同,禀受了不同地方文化风气的熏陶。到明代以后,演化出浙东的阳明心学和明清之际的黄宗羲、章学诚代表的经史之学。三家的特色趋于融合,又孕育形成不同的学派和流派,可以看出整个浙东区域文化对于学派、学术和思想的发生和演化,确实具有潜移默化的作用和意义。

另外,浙西的学术与浙东学术因地区文化的差异,也在浙江历史区域学术和思想的领域占有重要的地位,并呈现与浙东迥异的学术和思想色彩。浙东、浙西以钱塘江为界,因清代行政上两浙分领十一府而得名。虽然浙东、浙西是行政划分,但是,文化上的差异却是主要的。浙西地理上主要包括杭嘉湖平原和太湖流域,与浙东大多是山区贫苦之地不同,这里是中国主要的产粮区之一,清代以后所谓"鱼米之乡"、"天下粮仓",主要指的就是这里。加上杭州两朝古都,千年繁华之地,因此,这里可以说是南宋以后古代中国经济最发达的地区。传统社会发达的农业经济带给百姓的是不虞温饱的小康生活,从而使得这里的文化以从容闲适为主基调,追求生活的精致和谐,这与浙东文化那种充满紧迫感、须不断开拓奋进并且要步步着实的生活样式和生活态度,相映成趣。这是区域个性上的差异,这种差异决定了浙西学术和思想与浙东有不同的趣向。有的学者说浙西重文,浙东重史,但这样的说法并不确切。传统文化里面文、史是不分的,这也包括经学。四库分经、史、子、集只是一个图书分类,并非学科划分。因此两千年的中国文化就是一个汉、宋之分。浙西浙东学术的差别主要在于学术的旨趣和学术的思想。浙东因生活的时时逼迫,因此学术和思想充满忧患意识,需要鼓动人心,唤起人的主体自觉,这就是心学;需要关心百姓疾苦、社会实践,这就是事功学;需要弘扬传统,传承文化,这就是金华文献学和浙东经史之学。这样的学说,从不同角度将传统民本思想和功利主义发挥到了极致。而浙西则不同。如果说浙东的学术旨趣是钻研的,有实际针对性,那么浙西学术的旨趣就是享受和创造的,更具有理性或者说对现实的超越性。章实斋说"浙西尚博雅,浙东贵专家",指的就是这方面的差异性。浙西学术清以前不甚彰显,清以后顾炎武创浙西学派,而后蜕变出惠东为代表的吴学和戴震为代表的皖学。这些学术充满了创造,但是却是为学术而学术。除了浙西学派以外,浙西学术重要的还有明末清初的浙西理学,其代表人物有吕留良、张履祥、陈确等人。吕、张二人学宗程朱,陈的学术则以批判程朱为己任。但是他们学说的一个共同的特点,就是纠缠于义理的讨论,而有脱离现实的倾向。当然,浙西理学对于义理的探究,有其可观之处,这里就不一一赘述了。

总之,浙江区域文化的多样和多元个性及精神,孕育和促就了浙江学术思想史上学派的繁荣,造就了"浙学"充满个性的地方学派和学派独特的思想。千百年来,"浙学"在浙江这块土地上,受着浙江人文土壤的培育和熏陶,经过不断的求索、传承和创新,不仅集中展现了浙江的人文精神,并持续影响着浙江人的思想观念、社会价值、行为准则和生活样式;而且作为中国传统学术的一朵奇葩,不但在中国文化历史上具有重要地位,弘扬并丰富了整个中华民族的文化,对于当代全球人类文明的发展也起到过重要的作用。如集宋明浙东事功学和心学之大成的阳明学曾经是近代东亚思想的源头,在今天仍然对于东亚文明的进程发生着某种重要的影响。在 21 世纪中国改革开放和应对全球化挑战的大潮中,不仅是阳明学,所有历史上的"浙学"学派及思想都将在中国文化的复兴进程中重现光彩,再次留下其各自的思想印记。

浙学的东西之分及近世浙学的兴盛

钱　明

一

"浙学"一词最早是朱熹为批评南宋浙东的事功学派而提出的概念。刚提出时,不仅命名者带有明显的贬抑倾向,而且被命名者即当时的浙江学人,由于很少有立门分户的自觉,使得"浙学"在学脉系统上远不如关、洛、濂、闽及江西诸学派那么精致完备,以至当时及以后的学者们在讲到南宋学术时,很少或根本不提"浙学"。譬如《宋元学案》在述及浙江鄞县学者王应麟时曾评论道:

> 咸淳元年(1265)七月,除著作郎。时汤文清公为太常少卿,与先生(指应麟)邻墙居,朝夕讲道,言关、洛、濂、闽、江西之异同,永嘉制度、沙随《古易》、蔡氏图书经纬、西蜀史学,通贯精微,剖析幽渺。[①]

"浙学"在当时不仅影响甚微,而且即使使用"浙学"一词,其涵义也很不确定。南宋以后,"浙学"之称谓大致有狭义和广义两种涵义。狭义者单指南宋浙东的事功之学,[②]甚至仅指永嘉之学或永康"陈

---

① 《黄宗羲全集》第 6 册,浙江古籍出版社,2004 年,第 372 页。

② 浙东事功学说又可作进一步细分:"永嘉以经制言事功,皆推原以为得统于程氏;永康则专言事功而无所承,其学更粗莽抡魁。"(《黄宗羲全集》第 5 册,页 213)而金华之婺学,亦与永嘉、永康"相互讨论,臭味契合,东莱尤能并包一切"(同上,页 356)。说明浙东事功学说,广义地说可包括三个流派,即永康功利之学、永嘉经制之学和金华性命之学。然"陈氏(亮)先事功,唐氏(仲友)尚经制,吕氏(祖谦)善性理,三家者,惟吕氏为得其宗而独传"(《金华黄先生文集》卷十六《送曹顺甫序》,《四部丛刊初编》本)。故兼采心与理、调和道与史的吕氏之学,遂成为影响浙东学术演化的源头活水。

学";①广义者则将其扩充至宁绍四明诸学派。②不过,无论狭义还是广义,"浙学"一词都仅限于两宋尤其是南宋的浙东地区,却是不争的事实。明代以后,围绕着"浙学"的话语环境发生了改变,因而使其涵义亦逐渐呈现出多义性。

明人刘鳞长③在任浙江提学副使时所编的《浙学宗传》(不分卷,明崇祯十一年自刻本),就是为与周汝登所撰的《圣学宗传》相衔接,并对应于其父刘廷焜所纂的《闽学宗传》(不分卷,浙图藏刘廷焜刻本)而编纂的。在刘鳞长看来,"浙学"乃是与具有朱学传统的闽学拥有共同学术渊源的孔孟圣学之支脉,其学之源头,远者尧、舜、文、周、孔、孟,近者杨时、朱熹、陆九渊,而其鼻祖则是浙西的张九成和浙东的杨简。从《浙学宗传》所辑之人物看,刘鳞长所说的"浙学"概念,正是指的宋明

---

① 以"浙学"代指"陈学",实始于朱熹,其谓:"江西之学只是禅,浙学却专是功利。"(《朱子语类》卷一二三,第2967页)此"浙学"即指陈亮功利之学。清道光末年夏炘撰《述朱质疑》曰:"朱子提举浙东一年,与浙人往来,深知浙学之弊,故《年谱》于淳熙十一年下,大书'力辨浙学之非'六字。浙学不仅(吕)子约、(潘)叔昌诸公,永康、永嘉皆在其内,此亦必是果斋之原也。……且陈即浙学也,浙学之坏,实由于同甫,乃必出同甫于浙学之外,诚不识王(白田)意之所在。"(卷五《与朱福堂博士论年谱书》)可见,即使在南宋浙东事功学的范围内,"浙学"一词亦有狭义与广义之分。狭义者仅指"陈学",而广义者则涵盖东莱、永嘉、永康诸学派。不惟"浙学",清人言"浙东学派",也一样模糊不清。所以何炳松认为,全祖望"对浙东学派有时叫他为'浙学',有时又叫他为'婺学',有时又叫他为'永嘉之学',没有一定的地点和名称"(见氏著《浙东学派渊源》,页188),是符合实际的。

② 其实,叶适称北宋宁海名臣罗适(1029—1101)是"浙学先河"、"理学先声",就已经隐含了把宋代整个浙江地区的学术统称为"浙学"的意向。今人吴光认为,"如果说,宋元学者眼中的'浙学'仅限于金华、温州地区的'婺学'与'永嘉永康之学'的话,那么明末清初的黄宗羲、全祖望已经将'浙学'的领域延伸到宁波、绍兴等大浙东甚至包括了浙西地区,而且所包含的学术流派也不限于'婺学'与'永嘉、永康之学',而且包括了'庆历五先生'、'甬上四先生',以及姚江学派与蕺山学派了。以至清代乾隆时期的章学诚,则在区分'浙西之学'与'浙东之学'并强调'浙东、浙西,道并行而不悖'的同时,已经蕴涵着大'浙学'的观念了"(见氏著《简论"浙学"的内涵及其基本精神》,《浙江社会科学》2004年第4期)。吴先生对"浙学"有"小浙东"与"大浙东"之分的解读,甚为精到,然说黄宗羲、全祖望的"浙学"概念"甚至包括了浙西地区",以及章学诚"已经蕴涵着大'浙学'的观念"的说法,则笔者不敢苟同(详见后述)。

③ 刘鳞长,字孟龙,号乾所,福建晋江人,万历四十七年(1619)进士,官至南京户部郎中。刘宗周对其很是推崇,尝于崇祯十四年(1641)作《答刘乾所学宪》曰:"领大教极足开我固陋之见于高明,所见尽无疑。……读来教旷若发矇矣。"(《刘子全书》卷十九,第355页)而《浙学宗传》已于此前三年刊刻,故刘宗周极有可能读过此书,并且还认同于刘鳞长的编纂方针。或者可以说:刘鳞长以心学为宗的"浙学"概念,也许受到过大儒刘宗周的某种影响。

时代包括浙东、浙西在内的整个浙江地区的"心学"之流脉,[1]这点在刘麟长所撰的《浙学宗传序》中表现得尤为清晰:

> 于越东莱先生与吾里考亭夫子问道质疑,卒揆于正,教泽所渐,金华四贤,称朱学世嫡焉,往事非邈也。击楫姚江,溯源良知,觉我明道学,于斯为盛,今岂遂绝响乎? 缘念以浙之先正,呼浙之后人,即浙学又安可无传? 周海门《圣学宗传》尚矣,然颇详古哲,略于今儒。乃不揣固陋,稍稍编汇成书,梓且行。……今夫尧、舜、文、周、孔子、孟氏,万世知觉之先。大宗之祖,闽与越共之,不具论。论溯近宗,则龟山、晦庵、象山三先生。其子韶、慈湖诸君子,先觉之鼻祖钦。阳明宗慈湖,而(按:疑脱"弟"字)子龙溪数辈,灵明耿耿,骨血相贯,丝丝不紊,安可诬也? ……然而此点灵明骨血,还注当身,一加濯磨,无难昭灼,反而求之,便登吾宗谱牒,亦于心学加之意而已。圣为学宗,心为圣宗。苟得其传,毋论子韶、慈湖而下,堪称慈父,行且尧、舜、周、孔,同我正觉。……了心入圣,为宗门中大觉,至孝而无难;不明心学,即堕落于罔觉,不孝而不可药救。所贵还返个中,认正宗传,学恒于斯,教恒于斯,则若闽若浙,同属家亲,而大宗小宗,共登上岸矣。[2]

对此,四库馆臣的评论相当精到,称《浙学宗传》是"采自宋讫明两浙诸儒,录其言行,排纂成帙;大旨以姚江为主,而援新安以入之"。[3]刘麟长的目的,就是要打通浙学与闽学,使心学与理学不仅在源头上"同属家亲",而且在传承中彼此贯通。

然其实,将心学尤其是阳明心学视为"浙学"之宗传的理念,早在刘麟长之前就已萌发。如折中王(阳明)湛(甘泉)的浙西思想家蔡汝楠说:[4]

---

① 全书共收录宋明时期的浙江学者 41 人,其中有 6 位是浙西人,即张九成、康邵、邵经邦、郑晓、许孚远和陈龙正。

② 载《四库全书存目丛书》史 111,第 2—4 页。

③ 《四库全书总目》,第 561 页。

④ 蔡汝楠之父蔡玘(字玉卿,号夷轩),尝"游甘泉翁门,序《新论》、《心性图》(皆甘泉所撰),甚有期许。继而门人陆元静谈阳明翁之学,喜甚,欲买舟入越(指绍兴),会闻两广行,未果。日取其(指阳明书)书沉浸之,而命汝楠卒业于天真(指杭州天真书院)。"(《东廓先生遗稿》卷十三《延平府同知封中宪大夫夷轩蔡公墓碑》)故汝楠之学有折中王湛之倾向。

　　吾浙学自得明翁夫子(阳明),可谓炯如日星,然及门同志,海
内间有未信,至目为柔要颓惰,要亦功利习气有一二逗漏处被人
觑破尔,取益岭海,掇此金针,知吾伯丈不但自跻至域必有所以发
明师训,兴起漏习行自浙中以遍天下者,又何幸何幸![1]

　　永丰(聂豹)则谓我浙学承阳明夫子之绪,如曹溪以后谈禅,
非来本意矣。[2]

蔡汝楠是湖州德清人,故其所述之"浙学",特指明代两浙地区的阳明
心学,较之刘鳞长的"浙学"概念,"空间"相同(指两浙地区)而"时间"
压缩(仅指明代)。

　　然清初浙东学人全祖望、黄百家所使用的"浙学"概念,相对于刘
鳞长,则不仅在时空上作了压缩,仅限于宋代的浙东之学,而且在内涵
上也作了转换,特指浙东的事功之学与经史之学。如全祖望说:

　　庆历之际,学统四起……浙东则有明州杨、杜五子、永嘉之儒
志、经行二子,浙西则有杭之吴尊仁,皆与安定(胡瑗)湖学[3]
相应。[4]

　　考所谓"九先生"者,其六人及程门,其三则私淑也。而周浮
沚、沈彬老,又尝从蓝田吕氏(大临)游,非横渠之再传乎?……予
故谓为晦翁未成之书,今合为一卷,以志吾浙学之盛,实始于此。[5]

　　勉斋之传,得金华而益昌,说者谓北山绝似和靖,鲁斋绝似上
蔡,而金文安公尤为明体达用之儒,浙学之中兴也。[6]

---

① 《自知堂集》卷二十《致张按察使浮峰先生》,《四库全书存目丛书》集 97,第 702 页。
② 《自知堂集》卷十八《致孙蒙泉》,同上,第 671—672 页。
③ 胡瑗曾被范仲淹聘为苏州教授,后又应滕宗谅之邀出任湖州教授,其教遂"行苏、湖
之中",时人称其"夙夜勤瘁,二十余年,专切学校,始于苏、湖,终于太学。出其门者,无虑数
千余人。故今学者明夫圣人体用以为政教之本,皆臣师之功"(《黄宗羲全集》第 3 册,第 57
页)。因此,此"湖学"非指湖州之学,而是指胡瑗在苏、湖地区所开展的讲学活动及其所创设
的"经义"与"治事"相结合的"苏湖教法"。是故欧阳修《胡先生墓表》云:"其在湖州之学,弟
子去来常数百人,各以其经转相传授,其教学之法最备,行之数年,东南之士莫不以仁义礼乐
为学。"(《欧阳修全集》,中国书店 1986 年版,第 178 页)《宋元学案·安定学案》亦称:"在湖
学时,福唐刘彝往从之,称为高弟。"(《黄宗羲全集》第 3 册,第 56 页)
④ 《黄宗羲全集》,第 3 册,第 314 页。
⑤ 《黄宗羲全集》,第 4 册,第 405 页。
⑥ 《黄宗羲全集》,第 6 册,第 215 页。

四明之专宗朱氏者，东发为最。……晦庵生平不喜浙学，而端平以后，闽中、江右诸弟子，支离、舛戾、固陋无有之，其能中振之者，北山师弟为一支，东发为一支，皆浙产也，其亦足以报先正惓惓浙学之意也夫。①

可见，全祖望虽认为浙东、浙西之学"皆与安定湖学相应"，但并未形成一个既包括浙东之学又包括浙西之学的"大浙学"概念。因为全氏在后文中非常明确地指出，"浙学之盛，实始于"永嘉九先生，后在其著述中，又都围绕着浙东诸学派而展开，说明其心目中的"浙学"仍只限于"浙东之学"。而所谓"皆与安定湖学相应"的意思，则是指两浙之学皆可与宋代理学相衔接，在学脉上具有共同的源头，也根本谈不上吴先生所说的"大浙学"观。后乾嘉时期杭州学人赵一清又受老师全祖望的影响，写了《浙学渊源考》②。该书笔者未见，估计是按照全祖望的浙学理念编撰的。

同时，黄百家在《龙川学案案语》中亦认为：

永嘉之学，薛、郑俱出自程子。是时陈同甫亮又崛兴于永康，无所承接。然其为学，俱以读书经济为事，嗤黜空疏随人牙后谈性命者，以为灰埃。亦遂为世所忌，以为此近于功利，俱目之为浙学。③

也就是说，在黄百家眼里，所谓"浙学"，也就是南宋浙东地区的功利之学。

应当承认，刘鳞长把整个浙江的心学系统视为承闽中朱学而兴起的"浙学"之宗传，虽含有强烈的乡土意识和门户之见，但却很有创见，颇具深义。其意义不仅在于凸显出浙江心学传统的一脉相承性，更在于首次把在学术上一直受冷遇的浙西之学也纳入进自己的观察视野。事实上，浙西之学虽与浙东之学存有明显差异，但亦不无相当密切的同源、互动关系。至于把心学尤其是阳明学当作"浙学"之宗传的做法，却是在失之偏颇的同时，而无意中揭示出阳明学

---

① 《黄宗羲全集》，第 6 册，第 394 页。
② 见钱茂伟：《论浙学、浙东学术、浙东史学、浙东学派的概念嬗变》，《浙江社会科学》2008 年第 5 期。
③ 《黄宗羲全集》，第 5 册，第 215 页。

与宋代以来之"浙学"传统的内在联系。因为如果就心学与史学相融(或称心学化的史学)的"浙学"之根本精神而言,[①]王阳明及其部分浙中弟子的学术理念可以说是其最好的诠释之一。这其中既有王阳明的"六经皆史"和"道即事、事即道"所代表的心学理念,更有其门下重心学又重史学的学术实践。比如黄绾、季本、张元忭等人就相当重视修史,尤其是地方史和当代史;[②]而周汝登的《王门宗旨》和《圣学宗传》甚至可以说是开了中国学术史之先河。因此,浙江尤其是浙东的阳明学者,既有实用实学的目标诉求,又有独立思考、批判现实的人格意识。也就是说,阳明学所蕴藏并统合的形而上之心性本体与形而下之日用工夫,在"浙学"传统中都能找到其源头。这就是与以张九成、杨简为代表的心学和以陈亮、叶适为代表的事功学的有机衔接,以及向吕祖谦为代表的理学心学化之史学的内在汲取。从一定意义上说,阳明以后浙中王门的衍化,就是沿着"浙学"传统中的这几个方向而渐次展开的。

---

① "心学化的史学",乃相对于今人何俊所说的朱熹等人的"理学化的史学"(参见氏著《南宋儒学建构》,页293)而言。梁启超曾论述过浙东学术史上的心学与史学的关系问题,指出浙东学术源出于王学,是阳明学与史学的结合,期间扮演关键角色的是黄梨洲和邵念鲁(参见氏著《中国近三百年学术史》,页50—51)。与此相联的还有心学与事功学的关系问题,对此,近年来已有不少学者作过详论(参见滕复《论宋明浙东事功学与心学及其合流》,《东南文化》1989年第6期)。事实上,浙东学者所说的"史",包括文献、经制、事功、器用等人情事变的各个方面,故心学与史学的关系包含了心学与事功的关系,"心学化的史学"狭义地说即"心学化的事上工夫",而这正是阳明的精神诉求之一。

② 比如张元忭不仅独立完成了十卷《馆阁漫录》和五卷《云门志略》,而且还与孙鑛纂修了五十卷《绍兴府志》,与杨惟新纂修了十六卷《会稽县志》,与张元复增补了二十卷《广皇舆考》等史地方面的著作。其长子张汝霖特读读史社,使读史、研史在晚明的浙东地区蔚然成风。后张岱又继承了祖父张汝霖的读史精神,一生以著史自任,第一部史学著作《古今义烈传》完成于崇祯元年,直至去世还在刊刻《越人三不朽图赞》。张氏祖孙四代,皆与阳明学有关,且都有志于史学,这就说明钱穆先生在《中国史学名著》中所谓"阳明学派下边没有讲史学的人,在整部《明儒学案》中,只有唐荆川一人讲史学,可是他不是阳明学派里一重要的人"的论断是失之偏颇的。至于季本,据黄宗羲说:"先生悯学者之空疏,祇以讲说为事,故苦力穷经。罢官以后,载书居禅寺,迄昼夜寒暑无间者二十余年。而又穷九边,考黄河故道,索海运之旧迹,别三代、春秋列国之疆土川原,涉淮、泗,历齐、鲁,登泰山,蹓江入闽而后归,凡欲以为致君有用之。"(《黄宗羲全集》第7册,第308页)他著有各类经史著作一百二十卷,应属阳明门下的经史学家。

二

如果说是刘鳞长首先把"浙西"之学纳入"浙学"的大框架内予以考量,那么清乾隆时期的浙东史学家章学诚,则是在强调"宗陆而不悖于朱"或"与朱子不合亦不相诋"的前提下,首次明确地把"浙学"区分为"浙东之学"与"浙西之学"。在章氏眼里,"浙西"是朱学的天下,而"浙东"则为陆、王的大本营,两地虽"道并行而不悖",但各有所宗、各事其主。所以在章氏的字库里不仅找不到能够统合两浙之学的"浙学"之概念,甚至可以说他是用"浙东之学"替代了整个"浙学",而将"浙西之学"与"吴中之学"合而观之。其曰:

> 浙东之学,虽出婺源,①然自三袁(袁燮、袁甫、袁韶)之流,多宗江西陆氏,而通经服古,绝不空言德性,故不悖于朱子之教。至阳明王子揭良知而发明慎独,与朱子不合,亦不相诋也;梨洲黄氏出蕺山刘氏之门,而开万氏弟兄经史之学,以至全氏祖望辈尚存其意,宗陆而不悖于朱者也。惟西河毛氏,发明良知之学颇有所得,而门户之见,不免攻之太过,虽浙东人亦不甚以为然也。……世推顾亭林氏为开国儒宗,然自是浙西之学;不知同时有黄梨洲氏出于浙东,虽与顾氏并峙,而上宗王、刘,下开二万,较之顾氏,源远而流长矣。顾氏宗朱而黄氏宗陆,盖非讲学专家、各持门户之见者,故相互推服,而不相非诋。学者不可无宗主,而必不可有门户!故浙东、浙西,道并行而不悖也。②

当然,章氏不用"浙学"一词,与其"大浙西"乃至吴、越之分的观念密切相关。所以他所说的"浙东"、"浙西",只是一种人文地理上的划分,而非当时的行政区划之实况。从章氏所述"浙东之学"的源流与特色来看,浙东学术的主流是从南宋四明学派、中经明代姚江学派,到明清之际的蕺山——梨洲学派,其特色是"宗陆(王)而不悖于朱",这与刘鳞长以心学为"浙学"之宗传的理念并无二致。也就是说,浙东学术虽

---

① 按:朱熹原籍江西婺源(明代属安徽),章学诚称浙东之学"出婺源",其故在此。
② 《文史通义》内篇卷五《浙东学术》,第65页。

以史学见长,然其"言性命者必究于史,此其所以卓也"(同上)。从这一意义上说,章学诚所说的"浙东之学"乃是心学化的"经史之学",这是章学诚与刘鳞长"浙学"概念的相通之处。所不同的是,章氏偏重于一个"史"字,而刘氏偏重于一个"心"字;章氏"出婺源"说的重心在江西,而刘氏"若闽若浙、同属家亲"说的重心则在闽中;章氏强调的是浙东之学与江西陆学的传承关系,而刘氏强调的则是浙学与闽学的同宗关系。

既然"浙东之学"与陆王心学有如此紧密的联系,所以清初明史馆臣在制定《修史条例》时,甚至以"浙东学派"代指阳明学派和蕺山学派,并指斥该学派"最多流弊",也就无可非议了。然黄宗羲却认为,这种观点是"据聚讼成言、门户意见而考其优劣,其能无失乎"? 并强调说:"向无姚江,则学脉中绝,向无蕺山,则流弊充塞。凡海内之知学者,要皆东浙之所衣被也。"①不难看出,章学诚所谓的"浙东学术"其实与黄宗羲的"浙学"观念十分相近。惟因黄、章二人有过重的乡土情怀和乡贤情结,在地域观念上均过于注重"浙东"而忽视"浙西",甚至在潜意识中有"抛弃"浙西的意图,所以在此议题上略逊于刘鳞长是不言而喻的。尤其是章学诚,为了与戴震(其学亦属大浙西的范围)一争高低,似有过分夸大浙东学术与浙西学术之差异的倾向。诚如钱穆先生所言:"实斋与东原论学异同,溯而上之,即浙东学派与浙西学派之异同,其在清初则为亭林与梨洲;其在南宋,即朱陆之异同也。"②后因章学诚的《文史通义》闻名遐迩,故其所言不仅为后世所熟知,甚至成为研究"浙学"之"定本",而刘鳞长在学术史上几无地位可言,故其较为宽泛的学术视野,便逐渐被后人所遗忘了。诚然,清代以后心学屡遭贬斥、频受排挤的恶劣学术环境,亦应是后人选择章氏之说而抛弃刘氏之见的重要原因。

晚清时,章太炎为了达到"兴浙"的目的,一方面与宋恕等人在杭州组建兴浙会,③另一方面又力图会通浙东之学与浙西之学,故其所诠

---

① 《黄宗羲全集》第 10 册,第 213 页。
② 《中国近三百年学术史》,第 426 页。
③ 被梁启超称为"梨洲之后一天民"(梁启超:《咏平阳宋恕平子》,《宋恕集》,中华书局 1993 年版,第 1030 页)的宋恕,在自己的地域思想文化研究计划中,就有《浙学史》、《永嘉先辈学案》(刘绍宽:《宋衡传》,《宋恕集》,第 1083 页)等论著。

释的"浙东之学",既重史学,又重经学,"杂事汉宋",兼采朱王,实已接近"大浙学"的观念,所谓"浙江上下诸学说,亦至是完集"矣。①故后来有人遂以章太炎之师俞樾为近代"浙学"之鼻祖。就在章太炎等人为"兴浙"而振臂疾呼之时,浙江的一些地方乡绅亦在为兴盛"浙学"而勤奋工作,如天台人张廷琛(1854—1911,字季玕,又字补瑕,自号玉霄外史)所著的《浙学源流述要》②一书,据笔者所知,便是最早有关"浙学"的研究型专著。而差不多出于同样之目的,1903 年 10 月,鲁迅与陶成章等人也一起加入了著名的反清团体"浙学会"。当时的浙江学人,针对大行其道的康有为的今文经学,还曾提出过"昌浙学之宗派,绝粤党之流行"的口号。"浙学"作为清末主流学术思潮的影响力和话语权,由此可见一斑。

然晚清士人在兴盛"浙学"的同时,却并未对"浙学"的概念作出明确界定。于是,民国以后便在有关"浙学"的定义和内涵上发生了明显的意见分歧。如钱穆以"心学"为晚近世"浙学"之主流,指出:"余谓晚近世浙学,基址立自阳明,垣墙扩于梨洲,而成室则自实斋。合三人而观,庶可以得其全也。"③而曹聚仁所谓的"浙学"概念,则是指以章学诚为代表的清代浙东史学,即浙东学派,认为"浙学"与以惠栋为代表的"吴学"和以戴震为代表的"皖学"及承吴、皖之余绪而在扬州发扬光大的"扬学"一起,成为清代学术思想的四大流派。④吕思勉的《理学纲要》则专辟"浙学"为一章,并把"浙学"分为永嘉、永康二派。⑤近人周予同的"浙学"概念一如吕思勉,他说:"按初期浙学,如陈亮之粗疏,陈傅良之醇恪,其功力与辨难,自非朱熹之敌。但自叶适之《习学记言》出,不仅与朱、陆二派鼎足而三,而且有将破坏朱氏全部哲学之势。"⑥何炳松虽主张给宋以来的浙江学术确定"一定的地名和名称",但他对全祖望在《宋元学案》中所用的"浙学"、"婺学"、"永嘉之学"等说法均不满意,认为"这三个名词很不切当,因为前一个太泛,后两个太偏",还是章学

---

① 参见《章太炎全集》三《清儒》,第 474 页。
② 参见《台州市志》,浙江人民出版社,1998 年。
③ 《中国近三百年学术史》,第 31 页。
④ 《中国学术思想史随笔》,第 266、270 页。
⑤ 《理学纲要》,商务印书馆,1931 年,第 128—143 页。
⑥ 《周予同经学史论著选集》,第 178—179 页。

诚《文史通义》所定的"浙东学术"四个字比较适当。[①]

笔者认为,无论"浙东学术"、"浙东学派"还是"浙学"抑或其他称呼,在把握和解读时,都应该遵循两条原则:一是要把"心学"视为贯穿近世[②]"浙学"的基本学术流脉;二是要把"浙西"甚至"大浙西"也纳入"浙学"的考察视野。惟如此,才能完整而清晰地展现出浙江学术思想发展的基本态势。

三

由此可见,"浙学"一词在各个历史时期,其文化载体和学术内涵是有很大不同的。其中的心学流脉,在中明以后不仅传播越来越广泛,而且势力越来越壮大,声名也越来越显赫,反映出王阳明及其所创立的学派已在整个浙江地区乃至南方诸省逐渐占据主导地位的学术态势。那么,这一时期的"浙学"及其所包涵的浙中王学在钱江两岸的地缘环境中又呈现出怎样的历史图景与思想脉络呢?

众所周知,浙省自古就有"两浙"之称。"两浙"即浙东(包括今天浙省的南部、西部、中部和东部部分地区)与浙西(即今浙省的北部及东部部分沿海地区)。

对于浙江的地域分界,历来有两种说法,一种是《国语·越语上》所说:"勾践之地,南至于句无,北至于御儿。"韦昭注:"今嘉兴御儿乡也。"其地约当今桐乡西南。此后,《越绝书》卷八也说:"语儿乡,故越境。"另一说始于《史记·货殖列传》:"浙江以南则越。"王充从其说,而曰:"余暨以南属越,钱唐以北书于吴,钱唐之江,两国界也。"(《论衡·书虚篇》)其实这两种说法都能成立。《国语》所说的吴、越国界,当是越国战败勾践入质于吴以前的国界。到勾践五年(前492)勾践入质于

---

① 参见《浙东学派渊源》,第189页。

② "近世"之称,有用来指明清的,也有仅指清代的,胡适的《中国古代哲学史》则以"近世"指宋元明清;日本学者后遂以"近世"称宋元明清,而以"近代"称清末以后(参见陈来《中国近世思想史研究》,第1—2页)。因"浙学"的形成发展期主要是在"近世",故又可称"近世浙学"。

吴,七年释放返国,此时国土已较前缩小。因此,在浙江的地域分界中,钱塘江的地位非常特殊。这个地区在秦统一后置会稽郡,而"吾浙之台、温、处三州,则实秦闽中郡之北土"。①到东汉永建四年(129)实行吴、会分治,设置吴和会稽二郡,这二郡即以旧吴、越国界即钱塘江为界。吴郡和会稽郡的建置,一直延续到南朝刘宋。至唐代始置浙江西道和东道。宋代改称浙江西路和东路。元代置浙江行中书省,领两浙九府。明初改为浙江承宣布政使司,领两浙十一府,浙西的嘉兴、湖州二府始自直隶来属浙江。故清乾隆《浙江通志》称:

> 元至正二十六年,置浙江等处行中书省,而两浙始以省称,领府九。明洪武九年,改浙江承宣布政使司。十五年割嘉兴、湖州二府属焉,领十一府。国朝因之,省会曰杭州,次嘉兴、次湖州,凡三府,在大江之右,是为浙西。次宁波、次绍兴、台州、金华、衢州、严州、温州、处州,凡八府,皆大江之左,是为浙东。

文中所言"大江",即钱塘江②。江左浙东八府,历代变化不大;而江右浙西③的自然区域,则变迁离合频繁:唐肃宗时,除升、润、苏、杭、常、湖之外,并领宣、歙、饶、江四州,盖兼有古豫章郡之地。宋代浙西路的管辖范围包括平江(苏州)、常州、秀州(嘉兴)、湖州府和江阴军。明代又将苏、松、常、嘉、湖五府(也有将杭州、镇江二府划入其中的)列为"江南"经常性的表述对象,后来甚至有人建议在最为富庶的太湖流域即今苏南、浙西地区设立专门的行政区。④故全祖望《浙西分地录》曰:"盖会稽之西土,自罢侯置守以来,虽其中离合不一,而苏、松、常、镇之合于浙西,则未有异者。"⑤浙江大地,"东宽而

---

① 《全祖望集汇校集注》中册,上海古籍出版社,2000 年,第 1822 页。故古时闽中又有"闽越"、"东越"之称,如陈鸣鹤之《东越文苑》,即记闽中文人之行实。

② "钱塘"之名乃"浙江"、"渐江"、"浙江"之慢读,而"浙"、"渐"、"浙"皆一音之转,以江道曲折或江涛反折以为名(参见多洛肯《明代浙江进士研究》,第 22 页)。

③ 故浙西又称"浙右",明人汪道昆在比较浙、吴、闽等地举业之盛时说:"自近世经术兴,则闽士为嚆失……彼都人士,斐然与江左、浙右同风。"(《太函集》卷三《赠黄全之序》,《四库全书存目丛书》集 117,第 93 页)

④ 参见冯贤亮《明清江南地区的环境变动与社会控制》,上海人民出版社,2002 年,第 2—10 页。

⑤ 《全祖望集汇校集注》中册,第 1821 页。

西连(通"窄")",①即由此而来。顾炎武在《天下郡国利病书》"浙江上"中所涉及的人文地理范围,就是指的浙西与苏南的部分地区。据《日知录》载:

> 韩愈谓赋出天下,而江南居十九。以今观之,浙东西又居江南十九,而苏、松、常、嘉、湖五府又居两浙十九也。②

> 后世指二浙之地,通称吴、会,谓吴与会稽也。……《庄子》释文"浙江"注云:"浙江,今在余杭郡。《后汉》以为吴、会分界,今在会稽钱塘。"③

> 昔人以钱塘为吴、越之界,唐释处默诗有"到江吴地尽,隔岸越山多"之句,宋陈师道亦有句云"吴越到江分",盖为《史记·楚世家》"尽取故吴地,至浙江"句所误。以《春秋内外传》考之,吴地止于松江,非浙江也。浙江乃越地。④

可见,"大江以右"的浙西地区自古以来就与苏南地区在行政区划上难分你我,故后世遂以吴、会(稽)或吴、越分称浙西与浙东。顾炎武说:"天下租税之重,至浙西而极。浙西之重,苏、松、常、嘉、湖五府尤甚。"⑤即为明证。隐居湖州天池山二十余年并与徐渭相友善的法聚禅师,以及师事湖州唐枢(湛甘泉门人)和绍兴王畿(王阳明门人)的嘉兴学人王爱等人,其学术活动的区域,集中在浙之东西之间,然却被史志称为"往来吴、越间";⑥而明文人许应元原为"燕人,家于钱塘,又为吴人",⑦则更凸显出时人以浙西包括杭州为吴地的地域视野。因此,宋明时期习惯上把湖州称为"三吴"之一的"吴下"。⑧如海盐人董穀说:

---

① 《全祖望集汇校集注》中册,第 1820 页。

② 《日知录集释》,第 359 页。

③ 《日知录集释》,第 1085 页。

④ 《日知录集释》,第 1086 页。

⑤ 许伯明主编:《吴文化概观》,南京师范大学出版社,1997 年,第 12 页。

⑥ 参见《徐渭集》,第 622 页;《两浙名贤录》,《四库全书存目丛书》史 113,第 142 页。

⑦ 周子美:《嘉业堂抄校本目录·天一阁藏书经见录》,第 207 页。

⑧ "三吴"之称,历代所指不一。北魏郦道元《水经注·浙水》:"汉高帝十二年,一吴也,后分为三,世号'三吴'。吴兴(治今湖州)、吴郡,会稽其一焉。"唐指吴兴、吴郡、丹阳。宋以后则指常州(吴上)、苏州(吴中)和湖州(吴下),而"苏郡为三吴会府"(王国平、唐力行主编:《明清以来苏州社会史碑刻集》,第 478 页)。其中浙西之湖州从来就属"三吴"之一,然称"吴下",则在宋明时期。

"浙西吴下当国家神州之东南……于是(海盐)澉浦镇城筑,当风涛之上游,而为三吴之首成矣。"①(《碧里后集·达存》上《瀛阳细柳序》)由于"海盐秦属会稽,旧域最广,自唐析北境为华亭,乃并属于吴焉,故凡海盐所产,前史悉书吴人"。②尽管明以后,中央政府为便于控制,而人为地划分行政区域,于是"合河南河北为一,而黄河之险失;合江南江北为一,而长江之险失;合湖南湖北为一,而洞庭之险失;合浙东浙西为一,而钱塘之险失"。③但从总体上看,"吴下"的浙西地区与"吴中"的苏南地区,无论在自然地理上还是在人文地理上都存在着千丝万缕的地缘文化联系。而近世以来浙西在行政区划上属于浙省的历史事实,则丝毫不影响其在学术风格和文化形态上明显接近于苏南而远离浙东的取向与特质。因此,浙西与苏南两地近世以来常为世人合而观之,当在情理之中。当然,当时亦并不是所有的人、在所有的时候,都以钱塘江为界来划分"浙西"与"浙东"。比如明儒袁炜(1507—1565,号元峰,嘉靖十七年进士,宁波慈城人)就曾把宁波地区也归入"浙西"的范畴。他在为慈城县衙撰写的《建邑城记》中说:"吾邑旧无城池,亦鲜识兵革,故浙西多事,当道者屡檄筑城。"④

从自然地理的角度看,"浙江十一府,以秦置会稽郡之封计之,西虽缩而东则赢"。⑤也就是说,浙西面积小而浙东面积大。而若从人文地理的角度看,明清时期吴的核心区域就是狭义的江浙,而这必然包括浙江的湖州和嘉兴。浙省的吴地自古就有"吴根越角"之说,并且表现出与苏省的吴地天然亲近,而与越地则因钱塘江和杭州湾的阻隔而相对疏远的特征。由于吴地属于浙江的太少,更由于江苏的吴地太过显耀,于是浙江向来以越自称。这不仅促成了江苏以吴自居而把吴、越等同于广义的江、浙,也影响了浙江人的地域观念的转变。湖、嘉地

---

① 张履祥在评述茅坤时说:"世风浅薄,西吴为甚。"(《杨园先生全集》,第1277页)此处之"西吴"即指浙西,因茅坤是浙西人。又说:"三吴气习,重僧,重堪舆,重养生家……湖州益甚。"(同上,第1037页)此处又视湖州为"三吴"之一。

② 《两浙名贤录》,《四库全书存目丛书》史113,第22页。

③ 魏源《圣武记》,引自李孝聪:《中国区域历史地理》,北京大学出版社,2004年,第245页。

④ 《慈城县志》卷首,清光绪年间刊本。

⑤ 《全祖望集汇校集注》中册,第1822页。

区甚至有被边缘化的趋向。因为苏南的吴地太正宗,因而不管从实际上还是情感血缘上,越才是浙江的灵魂。比如近现代以来,浙江的政策制定和基础设施建设明显偏向于越地的宁、绍而冷落了吴地的湖、嘉。也就是说,浙西不仅"缩"于地域,而且"缩"于文化与观念;在吴文化的强势渗透下,"浙学"表现出了"东"强"西"弱的特点。①不过,所谓"浙东"、"浙西",在学术上亦并非铁板一块,浙东的宁、绍与金、衢、温、台就有明显不同,②浙西的杭州更显得相对独立,而与周边的嘉、湖、严、绍均有差异。③总之,两浙、三吴中的浙西与苏吴,吴越以后就比较亲近,④而与钱江以南的浙东地区和长江以北的苏北地区,在地域文化上逐渐显示出独有的个性。所以我们不能以现今的地域概念来笼统地指称"浙学"或"吴学"。

四

尽管吴、越两地自古以来就有"同气共俗"的文化渊源关系,所谓

---

① 比如徐象梅所撰的《两浙名贤录》,在《硕儒》、《理学》之章节中,宋、元、明三代共录有 330 人,其中出身浙东的有 279 人,而出身浙西的仅为 51 人,接近六比一。如果考虑到编撰者徐象梅是钱塘出身,而参与者绝大多数系海盐、嘉兴人(所以在该书所收录的 51 个浙西人中,大部分为海盐、嘉兴人,以至使为该书作序的朱国祚亦发出了"徐君自表两浙士重于今天下",余更表嘉(兴)所产且以重两浙"的惊叹,而四库馆臣则干脆指斥该书是"以乡间粉饰之语依据成书"〔《四库全书总目》,页 562〕)的乡土文化背景,那末以上这组数字便更能反映文化上的"东"强"西"弱之程度了。而且从《两浙名贤录》的大量记载中,亦的确使我们看到了浙西人士以"雅好文学"、"经学世家"、"究心理学"为多而浙东人士以"博综子史百家"、"不徒事章句"者居多的"奇特"人文景象(详见后述)。

② 从后面的叙述中我们便能看出,王阳明的宁绍门人与温台门人在思想倾向和价值取向上存在一定差异,这是我们在分析浙中王学时须要特别留意的。

③ 陆容曰:"苏、松、嘉兴,地居浙之西……绍兴、温、台,地居浙之东。……其杭州府仁和、许村二场,虽居浙西,场分则归浙东。"(《菽园杂记》卷十二,《四库全书》子 347,第 343 页)此处讲的虽是明代盐运所辖之范围,但亦反映了杭州无论在经济上还是在文化上都游离于浙西、浙东之间的独特地理位置。

④ 这一现象,不仅存在于学术领域,而且还表现在其他话语系统中。如以音乐琴派为例,产生于明代末年的虞山派和广陵派,虽属于吴派的两大分支,但都渊源于宋代杭州的浙派(参见刘承华《南宋浙派对后世琴派的影响及其脉络》,《杭州师范学院学报》2004 年第 3 期),从而凸显出浙西文化与吴中文化的相通性。

"吴之与越也,接土邻境,壤交通属,习俗同,言语通"。①但比较而言,吴、越两地包括浙东、浙西,在各个方面都存有一定差异。

在自然环境上,浙西河道纵横,一马平川,而浙东除绍兴多水,甬、温、台临海,其他各州均山峦连绵,所谓"其水俱束海为江,犇潮激汛;其山俱崔巍而兀起,城垒峥嵘"。②因此,两浙在经济发展上是一直存在较大差距的。对此,黄宗羲曾作过这样的比较:"我东浙之田,斥卤下下,一亩所收,上者不过米八斗,米价八钱,其征银米火耗二钱有奇,则十而取三矣。三吴之田稍优,其漕粮银米,大略十取五六,而力役不与焉。"③而在农业经济发展上的这种差距,还逐渐导致了两浙在市场经济和社会风气方面的差异。

就市场经济而言,明正德以后的浙西地区,"去农而改业为工商者,三倍于前……大抵以十分百姓言之,已六七分去农"。④故明宣德初年,首先"添设浙江杭、嘉二府属县劝农主簿";嘉靖六年,又"诏江南府州县治农官,不得营干别差,其重农如此";⑤由此似可窥见浙西商品经济发展之大概。因此,曹聚仁所谓"浙西属于资产阶级的天地,而浙东大体上都是自耕农的社会",⑥当非虚言。浙西近于政治权力(南宋之杭州,元明之南京)和商业的中心,故受到的政治控制较严,商人习气较重;而浙东相对来说因远离这个中心,在政治上显得较为宽松,经济上更依靠农林渔。更主要的,是在当时的吴下浙西地区,民众的政治参与意识在经济繁荣的刺激下已比较强烈,一

① 陈奇猷:《吕氏春秋校释》,第 1552 页。学术界过去一般也都认为,吴、越两地民族同根、文化同源、语言相通、民俗相近,但最新的 DNA 调查却表明,吴人与越人原本分属完全不同的两个民族;"越人各民族的身上有大量的 M119 突变,吴人则很少有,他们更多的是 M7 突变,那是从苗瑶语系分化出来的。"(参见《钱江晚报》2005 年 5 月 11 日)

② 《呆堂诗文集》,第 412 页。

③ 《黄宗羲全集》第 1 册,第 80 页。

④ 《四友斋丛说》,第 112 页。

⑤ 《万历野获编》卷十二《劝农》,第 318 页。

⑥ 曹聚仁谈到这种差异时说:浙西多水,一苇可航。丰饶的土地、良好的生存环境,多的是不稼不穑的地主。浙东则多丘陵,有些地方"更是崇山峻岭,仿佛太行王屋的山区"。地理环境的险恶使浙东"最大的富户,不会拥有两百亩以上的田地","大体说来,都是自耕农"。因此"浙西属于资产阶级的天地,浙东呢,大体上都是自耕农的社会"(曹聚仁:《我与我的世界》,人民文学出版社,1983 年,第 38、40 页)。

些对仕途绝望、归居乡里的士大夫即所谓"士隐"与当地诸生所领导的"乡评"、"乡论"等，逐渐上升为制约士大夫的重用政治力量；在个别城市，甚至出现了士、民联合行动的"民变"。民众政治力量的上升还直接导致了乡党意识的高涨，"其议论是非，若秋霜烈日，朝野惮之。"①说明在晚明的吴下浙西地区，绅权对政权的优势地位已非常普遍，地方官吏往往要受到士绅的制约。而这些热心政治、投身党社运动的民间知识精英，就是所谓的"君子"。东林学派的领袖顾宪成曾不无得意地说过："我吴尽多君子，若能连属为一，相牵相引，接天地之善脉于无穷，岂非大胜事哉！此会之所由举也。"②稍后的黄宗羲，虽出身浙东余姚，但由于其政治视野和思想境界已远远超出了两浙的地域范围，所以才能在对晚明江南社会尤其是吴下浙西所存在的社会现实作出理论升华的基础上，写出了像《明夷待访录》这样的启蒙主义杰作。③

就社会风气而言，由于天时地利的优越性，江浙地区对于物质享受的发挥，实由来已久，至明嘉靖以后，纯朴之风熄而奢靡之风日甚一日，传统的克勤克俭之箴规几被抛弃殆尽，转而崇尚生活的富足、安逸、享乐甚至放纵。嘉靖时上海人陆楫提出的"崇奢黜俭"理论，就颇具代表性。据陆楫《蒹葭堂杂著摘抄》载：

> 今天下之财赋在吴越，吴俗之奢，莫盛于苏、杭之民，有不耕寸土而口食膏粱、不操一杼而身衣文绣者，不知其几何也。盖俗奢而逐末者众也。……若今宁、绍、金、衢之俗，最号为俭，俭则宜其民之富也，而彼诸郡之民，至不能自给，半游食于四方，凡以其俗俭而民不能以相济也。要之，先富而后奢，先贫而后俭，奢俭之

---

① 《黄宗羲全集》第 1 册，第 209 页。
② 《泾皋藏稿》卷五《柬高景逸》。
③ 然后来情形发生了变化，故而黄宗羲的政治判断力亦随之受到了影响。诚如钱穆在比较黄、顾二人时所言："梨洲五十四岁成《明夷待访录》，其后即不谈政治，专究性理。而亭林《日知录》始终以拨乱涤污，法古用夏，待一治于后王为意。盖梨洲自中年以后，蟄居浙东，轻易不渡钱塘。身值姚江、山阴故里，流风犹在，故以阐释道统、发明心性自负。而亭林栖栖京国，朝政时事，感触者多，故亦以治道经济为念也。比观梨洲、亭林两人……惟梨洲近于狂，而亭林近于狷，为二人性格之不同。梨洲终于里门，晚年足迹不越浙江两岸，而亭林则东西南北，为四方之人。一老于南，一老于北，为二人环境之不同。而学术之异，亦若由此而判。"（《中国近三百年学术史》，第 152—153 页）

风,起于俗之贫富,虽圣王复起,欲禁吴、越之奢,难矣![①]
把苏、杭为代表的"吴俗之奢"与"最号为俭"的宁、绍、金、衢之俗相比
较,这无疑是陆楫留给我们的思考理路之一。说明在物质享受方面,
浙东与浙西也有明显差异。所谓"杭俗之奢靡也,野遍台池,市多浮
巧"[②];"然苏城及各县富家多有亭馆花木之胜,今杭城无之,是杭俗之
俭朴愈于苏也";严、绍、台各州,"其俗勤俭,又皆愈于杭矣"。[③]至于
"会稽者,重犯法,勤俭,重祭祀,文雅而风流,其俗也顾不安之",[④]可
谓介于严、台与杭之间。而嘉、湖与杭接壤,"民俗大相类"(《敬和堂
集》卷九《中宪大夫梧州、嘉兴太守思仞李公墓志铭》),亦以奢靡为时
尚。顾璘《近言》云,吴地"风俗之美,喜文艺而厌凡鄙,得天地之灵懿
焉。其敝也,乃或乐虚淫、习侈豫,无麻衣蟋蟀之风,士缘以丧节
也"。[⑤]这些无意之中透露出来的有关江南各地的文化差异,值得我们
认真琢磨。而这种差异,到晚明又有了进一步扩大的趋势,甚至逐渐
影响到两地的士人心态。具体地说,就是越靠近苏南,奢侈之风就越
受到士人的追崇,并且还从上流社会流衍到世俗社会,从而成为一种
颇具地域气息的消费观念。而针对吴人追求精致、崇尚繁缛的社会

---

① 按:陆楫质疑禁奢的这篇重要文献,后被选入赵靖编的《中国古代经济思想名著选》
(北京大学出版社,1985 年)中,题为《禁奢辨》,学者多沿用之(参见林丽月《晚明的消费与文
化》,《明清史研究》第 20 辑,韩国明清史学会 2004 年刊,第 209 页)。林丽月曾对明代中后
期政府颁布的禁奢令作过统计,即正统朝(1436—1449)5 条,景泰朝(1450—1456)2 条,天顺
朝(1457—1464)4 条,成化朝(1465—1487)12 条,弘治朝(1488—1505)27 条,嘉靖朝
(1522—1566)24 条,隆庆朝(1567—1572)6 条,万历朝(1573—1619)21 条,泰昌朝(1620)1
条,天启朝(1621—1627)3 条,共计 115 条(参见滕新才:《且寄道心与明月——明代人物风俗
考论》,中国社会科学出版社 2003 年,第 259 页)。其中弘、嘉、隆、万四朝的 130 年间,就有
78 条,占了三分之一强,这反映了明中后期崇尚奢侈生活的严重之程度。

② 《碧里后集·达存》上《陈将军祠记》。又王士性记杭州习俗曰:"杭俗环巧繁华,恶
拘俭而乐游旷,大都渐染南渡盘游余习,而山川又足以鼓舞之。"(《广志绎》卷四《江南诸省》,
"元明史料笔记丛刊",中华书局,1981 年,第 69 页)《杭州府志》(康熙二十五年刊本)卷六《风
俗》则称杭俗为"贫作富态,富作贵态"。这些都是反映"杭俗之奢靡"的第一手资料。

③ 陆容:《菽园杂记》卷十三,《四库全书》子 347,第 349 页。陆容(字文量,号式斋,成化
二年进士)是江苏太仓人,官至浙江右参政,其对浙东、浙西之民风的比较,当有相当大的可信
度。同理,接下去将涉及到的许孚远(1535—1604,字孟仲,号敬庵,嘉靖四十一年进士)是浙江
德清人,顾璘(1476—1545,字华玉,号东桥,弘治九年进士)是江苏上元吴县人,他们对浙西的情
况应该说都相当了解,因而所提供的史料亦具有极高的价值。

④ 《徐渭集》第 2 册,第 497 页。

⑤ 《客座赘语》,第 271 页。

风尚,越人则提出了"流风之薄,人日趋恶"(《横山遗集》卷上《王烈妇神异记》)的严厉批评。这样的批评固然有失偏执,但也的确道出了当时社会风气的转向以及越中有识之士对世风趋恶的强烈不满。尽管明万历以后,随着商品经济的发展,越中风俗也发生了很大变化。会稽人陶奭龄便对当时的越中风俗有过这样的指责:"余司教吴宁(今属东阳市),见其风俗淳古,事事有法,而最可喜者,凡衣冠旧族,必自为婚姻,其余小姓,虽崛起富贵,亦不肯辄与通约。越中人家,但有几贯烂钱,即起自舆僮驵侩(即地位最地下的奴仆商贾),亦与为好,风尚之卑,即此可见。"(《小柴桑喃喃录》卷上)说明商品经济发展后,原有的等级区分已开始被打破,随之而来便是社会观念的巨大变化。但与浙西地区相比,浙东地区当时从总体上看,仍保持着许多诚朴之风,越中亦复如此。李梦阳在与山阴人周祚书中所说的有关越人"多嗜古笃行,独立勇往"[①]的评语,应该说直到明代末年仍基本符合实情。诚如复社文人徐孚远在评论从余姚寄籍松江的朱舜水诗时所言:"予近与柴楼诸子结诗社,始知浙东风尚,各以孤峭之质,传幽渺之音,自辟町畦,不随时好。比见楚屿(指朱舜水)诗,神清词奥,犹抱古心,信浙东多奇士也。"[②]

概而言之,浙东地区多山,宗族组织完备,故有敦朴淳善、嗜古笃行之民风;浙西商品经济发达,政治权利深透,故有繁丽奢靡、浮竞淫侈之民风。嘉兴桐乡人张履祥所谓:"三衢风气淳朴……异乎吴下骄侈之习,兴替靡常。"[③]"崇祯间,松江风俗最豪奢。"[④]都是当时社会真实状况的反映。又因浙西濒海,盗寇出没,故时人又认为浙西人有性格剽悍恶薄的一面。焦竑说:"维浙之西,以海为池。""浙西剽悍,饶讼狱,盐盗出没。"[⑤]伍袁萃说:"士风恶薄,吴中尤甚。稍不得志于有司及乡衮,辄群聚而侮辱之。或造为歌谣,或编为传奇,或摘《四书》语为时义,以恣其中伤之术。"[⑥]焦氏之说虽非虚言,但并无特殊性可言。因浙

---

① 《空同集》卷六十二《答周子书》,《四库全书》集 201,第 569 页。

② 《朱舜水集》,428 页。

③ 《杨园先生全集》,第 588 页。

④ 《杨园先生全集》,第 1035 页。

⑤ 《澹园集》,第 427、544 页。

⑥ 《林居漫录》卷一,《清代禁毁书丛刊》第 1 辑,第 94 页。

东亦临海,在明清时期也是海盗的出没之地,民风剽悍,当不在浙西之
下。至于伍氏"士风恶薄,吴中尤甚"的话,带有几分尖刻。其实,这就
犹如现在经济发达地区的人们权利意识较强一样,实无可厚非。

所以当时的浙东人对三吴地区的风俗大都持否定态度:"目吴人
(包括浙西)为轻柔浮靡而不知清修苦节之士可为矜式者不少。"①比如
王阳明的《送佟太守绍兴序》在比较浙东、浙西之民风时就说过:

> 吾郡繁丽不及苏,而敦朴或过;财赋不若嘉,而淳善则踰。是
> 亦论之通于吴、越之间者。然而迩年以来,习与时异,无苏之繁
> 丽,而亦或有其靡;无嘉之财赋,而亦或效其强。每与士大夫论,
> 辄叹息兴怀,以为安得如昔之化苏人者而化之乎? 安得如昔之变
> 嘉民者而变之乎?②

王阳明在该序中所流露出的对浙东之民风向浙西吴下转变的焦虑心
态,以及希望佟太守能如同在嘉兴任太守时那样净化绍兴之民风的迫
切心情,代表了当时绝大多数浙东士人甚至一些浙西学者的看法。阳
明弟子华亭人徐阶也说过:

> 今天下士称科目之盛、词章之工者莫如吴,而其习俗之下亦
> 莫如甚于吴。虽然,吴之习俗其亦非一日之积矣。周之衰也,子
> 游没而道术湮;晋之东也,王谢用而风流贵。至于近世笼之以科
> 目,啖之以禄利,则词章盛而混仆漓士之生其乡者,相矜以文,相
> 高以达,靡然不知道术为何物。而浮竞淫侈之事作,然以其见闻
> 之稔渐染之深,亦胥溺而莫知其非也。③

徐氏甚至冠吴人钱景山以"非吴之士",自认这是对吴中人士的极高评
价,对吴中浮侈之俗厌恶之深竟至于此,实在出乎意料。故而徐阶于
嘉靖十年至十五年间谪官福建延平和浙江台州时,因羡当地习俗俭
质,而萌生徙家之念。他在《送大参三峰侯公入蜀序》中说:

> 台州自昔多廉节之士,阶往年以视学再至其地,见其俗特俭
> 质,自绍以东、温之西,迥然异也。因大悟曰:台士因多廉节有自

---

① 《四库全书总目》,第 562 页。
② 《王阳明全集》,第 1056 页。
③ 《世经堂集》卷二十四《送银台大夫景山钱君序》,《四库全书存目丛书》集 79,第
600 页。

也哉！……阶故吴人，吴为俗于天下最浮侈，所谓廉洁之士故恒有之，然不能数见也。①

因厌吴中之俗，而欲择风俗淳朴之地徙之，是徐阶一生的夙愿。这种厌浙西而慕浙东的文化心态，在当时的江南文人中并不罕见，如顾炎武"虽世籍江南，顾其姿禀颇不类吴会人，以是不为乡里所喜，而先生亦甚厌裙屐浮华之习"。②

其实，在上述推崇浙东之民风而贬斥浙西之士风的背后，隐含着宋明以后浙西地区商品经济发展与社会开放程度快于或大于浙东地区的真实景象。只是由于地域和文化上的阻隔，近世浙东人与浙西人的来往并不密切，"浙西的事，跟浙东人毫不相干"（曹聚仁语），从而使浙东在商品经济发达、习俗渐趋奢靡的三吴地区之外仍能保持自己的独特传统。黄岩人黄绾曾不无自豪地说过："浙东居天地之隅，重江隔之，故论四方之俗，则以浙东为胜。"（《石龙集》卷十二《送张太守治台序》）然而这种阻隔，却又造成了浙东地区的相对闭塞，鄞县人李邺嗣说："至吾乡甬上，在东州天尽处，吴中风气，三江隔之……往来标榜，俱所不及。"③以至于浙东大文豪徐渭也得借助袁中郎的声望才能扬名，所谓"袁中郎以士大夫身，负海内之望，表彰一山阴布衣，世始知有徐渭"；④而徐渭的著作，后亦是"得中郎激扬发越而后传世"⑤的。可见，当时的浙东与浙西不仅在经济文化上有一定差距，而且两地人的观念差距也要比现在大得多。诚如黄宗羲所言："吾越自来不为时风众势所染，当何（景明）、李（梦阳）创为唐诗之时，阳明与之更唱迭和，未几弃去。何、李而下，叹惜其未成，不知其心鄙之也。"⑥然素有"财赋之上腴"（嵇曾筠《浙江通志序》）之称的浙东地区，"自宋、元以来，号为邹、鲁，⑦后又逐渐成为全国学术思想的重镇。阳明弟子董澐诗云："身边礼乐东南盛，目极风云西北回。"（《从吾道人诗集》卷下《游会稽

---

① 《世经堂集》卷二十四，第 572 页。
② 《全祖望集汇校集注》上册，上海古籍出版社，2000 年，第 228 页。
③ 《杲堂诗文集》，第 442 页。
④ 《杲堂诗文集》，第 394 页。
⑤ 《黄宗羲全集》第 10 册，第 8 页。
⑥ 《黄宗羲全集》第 10 册，第 58 页。
⑦ 《全祖望集汇校集注》中册，第 1058 页。

次韵》)而东南又以浙东的宁绍地区为盛。聂豹说："浙科第文物之盛，甲于东南，诸郡独称宁绍。"①只不过作为两宋以来文化教育和学术思想发展的中心区域，浙东与浙西在不同的生活方式和文化生态下，从一开始就表现出了相异的学术旨趣和思想特质。这些都是研究浙中王学的产生、传播和发展过程时必须注意的问题。

五

明代中叶以后，处于商品经济冲击下的江南社会，读书人的学术兴趣和社会大众的知识话语已发生转向，"道学先生"已不是一个受人欢迎的角色，私淑王阳明的罗洪先年轻时甚至被讥笑为"罗道学先生"（《理学宗传》卷十《罗文恭传》），即为明证。被视为"异端之尤"的李贽更视那些满口道德性命的道学先生是"阳为道学，阴为富贵，被服儒雅，行若狗彘"（《续焚书》卷二《三教归儒说》）；并斥责道："世之好名声者必讲道学，以道学之能起名也；无用者必讲道学，以道学之足以济用也；欺天罔人者必讲道学，以道学之足以售其欺罔之谋也。"（《初谭集》卷二十《道学》）因此当时有人喊出"宁为真士夫，无为假道学"②这样的口号，应该说是毫不奇怪的。而就在道学与道学先生声名扫地的同时，在世俗化和泛政治化程度很高的江南地区，除了依旧使用为科举的敲门砖之外，对于玄远莫测的理气心性，无论是僵化的朱学，还是与之截然异趣的王学，都很难再提起一般人的兴趣。普通的知识界沉迷于时下流行的戏曲、小说、辞赋以及鱼目混珠的古董、文物、名人字画的鉴赏，年轻的名士才子亦不愿再沉埋于故纸堆，他们更喜欢的是诗酒流连，是瓦舍勾栏。③这种现象在江南的浙西地区表现得尤为突出。

---

① 《双江集》卷四《赠重庵刘侯赴召便省荣行序》，《四库全书存目丛书》集 72，第 311 页。

② 《刘宗周全集》第 2 册，第 133 页。

③ 参见邓志峰：《王学与晚明的师道复兴运动》，第 150 页。按：明人叶盛曾不无忧虑地说："农工商贩，钞书绘画，家蓄而人有之……有官者不以为禁，士大夫不以为非；或者以为警世之为，而人为推波助澜者，亦有之矣。"（《水东日记》卷二十一"学说戏文"条）对乐于此道的为官者以及民间的"推波助澜者"，甚为不满。

叶权的《贤博编》中就记载了一则王门学者讲学浙西地区时所受到的冷遇:"方太古,字质父,号寒溪,金华兰溪人。少为诸生,因事弃去,博学能文词,大为时辈所重。已游吴下,吴下人方崇奖孙太初。太初性通敏,华藻溜亮;而质父交阳明先生,以道学自任,多矜执。吴人因聚噪之,失意,遁归家居。"①这种遭遇,相信绝非"以道学自任"的方太古一人之体验。

浙西在中唐时就已成为"吴中诗派"的活动中心,因而有学者指出:"唐人联句之盛,实起于大历、贞元时期的吴中地区。"②明以后,浙西人更是"皆以词章之业为尚"③,玩词赏画之风远盛于浙东。明代永嘉学者王叔杲曾批评说:"海虞(今属常熟市)为先贤子游之乡,而士友独不好论学。"意指浙西吴地只重诗文而轻学术,于是叔杲便"奉涵野公(温)之命,构文学书院,因集诸生为文会"④,以推动浙西学术之发展。清人朱彝尊《孟彦林词序》则称"宋以词名家者,浙东、西为多",明代尤为如此;然王兆云《明词林人物考》所录的 467 人中,籍贯浙西的人却要大大超过浙东。⑤后具有词学传统的浙西在清初遂成为词学之渊薮,产生了著名的浙西词派。蒋景祁《刻瑶铪集述》曰:"浙为词数,六家特一时偶举耳,故未足概浙西之妙。"意即仅举六家浙西词派,事出偶然,实际数量当超过500 家。⑥这组数字表明,"浙(西)为词薮",并非虚语。即使到了近代,浙西仍有以柳亚子为代表的南社诗人所开启的清新之风。

如果说浙西曾以词章之学(即文学,包含诗、赋、词、曲)风流于近现世,那么浙东便以心性之学辐射于海内外。⑦黄宗羲曾基于学术道统

---

① 叶权:《贤博编》,中华书局,1987 年版,第 37 页。

② 参见赵昌平《"吴中诗派"与中唐诗歌》,《中国社会科学》1984 年第 4 期。

③ 《全祖望集汇校集注》上册,第 243 页。

④ 《王叔杲集》,上海社会科学院出版社,2005 年,第 253 页。

⑤ 即使同为词人,浙之东西或吴越之间亦各具地域上的美学特征,诚如董其昌所言:"方内制义各有偏至,吴以韵致,越以色泽,楚以才情,闽以结构,中州以蕴籍,其大都也。"(《容台文集》卷三《方旦心平平草题词》,《四库全书存目丛书》集 171,第 346 页)

⑥ 参见李康化《明清之际江南词学思想研究》,成都,巴蜀书社 2001 年,第 263、267 页。

⑦ 黄宗羲尝曰:"今之学脉不绝,衣被天下者,皆吾姚江学校之功也。是以三百年以来,凡国家大节目,必吾姚江学校之人出而搘定⋯⋯故姚江学校之盛衰,关系天下之盛衰也。"(《黄宗羲全集》第 10 册,第 128 页)梨洲此论虽未免有夸大自是之嫌,但其言的确大体反映了明代学术发展的大势和当时的历史实况。

的立场强调指出:"向无姚江,则学脉中绝,向无蕺山,则流弊充塞。凡海内之知学者,要皆东浙之所衣被也。"①然若基于词家的立场,则可谓海内之知词者,要皆西浙之所衣被也。比如与诗词一脉相承的戏曲创作,当时最为密集的地区亦在江浙,两地的剧作家几乎占了全国的九成,尤其是苏、杭、嘉、湖一带,其作家群的人数和作品又占了两省的半数以上。②

在明代画坛上,浙西有以文徵明为代表的吴派。然而有意思的是,只比文徵明小两岁的王阳明却成为浙东心学派的创始人。前者体现的是明代的艺术精神,而后者体现了明代的学术精神。两者在心灵上虽有相通之处,但各自所代表的人文地域差异亦是显而易见的。③比文徵明稍早的吴派画家是沈周,同时的有唐寅和仇英,号称"吴中四杰"。后又有董其昌占据松江画坛。无论是文徵明的"精致"、"论理",还是董其昌的"秀润"、"论笔",都反映了吴派画家的"雅"(所谓"文雅之趣")和"理",这与浙派画家的"俗"(所谓"野鄙",以明中叶吴伟为代表)和"情"(以明初钱塘人戴进为代表)形成了鲜明对照。④后者在致思趣向上近于阳明学,从而表现出浙派在学术和艺术两大领域的趋同性

---

① 《黄宗羲全集》第 10 册,第 213 页。有学者根据《明儒学案》的人名索引统计,能够明确地望的理学家共有 241 人,其中浙江籍 47 人,占 19.5%,居江西之后;然若以县论,超过 10 人的全国只有三个县,浙江占两个,即余姚和山阴,都在绍兴府;如果按府级单位计算,绍兴共有 25 人,居全国第一。因此,明代中期以后绍兴是全国学术之中心的说法绝非溢美之词(参见多洛肯《明代浙江进士研究》,第 139 页)。若再联想到宋元时期浙东的金华府一带曾为全国学术之中心并且一直延续到明初的历史现实,就更有理由相信,黄宗羲所谓"凡海内之知学者,要皆东浙之所衣被也"的评语,不仅可用来概括中晚明,甚而可用来概括整个近世。

② 据今人傅惜华《明代传奇全目》所记,当时浙江的 60 位戏曲剧作家在钱江两岸的分布极不均匀,浙西三府有 35 人,宁绍二府有 21 人,而位于浙南山区的仅有 4 人。至于江苏的 57 位戏曲剧作家的分布情况,亦大致如此,基本上集中在苏、松、常三府,仅苏州府就有 30 人,是明代戏曲剧作家最集中的地方。

③ 文徵明与阳明学者有不少来往。《文徵明集》(上海古籍出版社 1987 年版)有《题何燕泉中臣四使图》、《次韵送聂双江尚书致仕二首》、《寿徐少湖》、《池判塘南先生以使事过吴惠然见访赋此奉赠》、《寄许黄门》等诗文是与阳明学者有关的,而阳明后学罗洪先曾作有《题文待诏百雅图歌》、黄省曾作有《寿文徵仲待诏》等。不过总的来说,阳明学者尤其是左派王学与文徵明的联系是比较少的。

④ 参见羽床正范《王阳明と同时代の文人》,《阳明学の世界》,东京,明德出版社,1986年。黄宗羲也曾谈到过浙东之诗与浙西之诗的区别(参见《黄宗羲全集》第 10 册,第 93 页)。

和互动性。所以王阳明虽与吴中文人常有往来,但吴中文人不仅不倾心阳明之学,反而多有批评,顾璘(东桥)即为其中之代表。即使在阳明学派内部,其吴中传人与浙东传人之间相互斥责、彼此拆台的事件亦时有发生。如武进(亦属广义之"浙西")人薛应旂是阳明的三传弟子,按理不该对本属于师长辈的王畿下狠手,但恰恰是他在夏言的授意下把王畿革了职,并将其学说斥为"伪学"。[①]薛应旂后来成为东林学派的鼻祖,而东林学派又是晚明批判王学的主要力量。这种来自浙西的批评声尽管要比闽、洛、关等地柔和得多,甚至还大都以"中行"的面目登场,但毕竟已将文化、学术上的不同旋律演奏得振聋发聩、令世人瞩目。

应当指出,这种或尊程朱或好诗画的才子文人风气的形成,与当时浙西、吴中地区特殊的政治环境有直接关系。元末张士诚攻下常熟、湖州、松江、常州等地,并定都苏州后,曾长期割据一方,自称吴王,与朱元璋展开对抗,朱对此一直耿耿于怀。所以明朝开国后,便对浙西、吴中地区实行了一系列苛重的政策,不仅籍没苏、嘉、湖一带豪富的田产,还不断增加这些地区的田赋,"增至八十八万者忽加重至二百八十余万"(《吴县志》卷四《苏松财赋》中);甚至在相当长的时期内,科举考试也以种种理由对该地区的考生不予录取,至于这一地区的文人士大夫遭受迫害残杀,则更是家常便饭。因此,他们除了紧紧跟随占统治地位的程朱理学并为之摇旗呐喊外,便是远离主流意识形态而去玩弄那些"惑人心,坏风俗,乱学术"的戏曲、小说、辞赋和书画。也就是说,当浙东诸子在努力创造"心学文化"的同时,其毗邻的浙西"才子"们则沉醉于一种"才子文化"[②]中。陈继儒是华亭人,他眼里的家乡文人便是这样一群"才子":

> 余犹记吾乡陆学士俨山、何待诏柘湖、徐明府长谷、张宪幕王屋,皆富于著述,而又好藏稗官小说,与吴门文、沈、都、祝数

---

① 此事后曾遭到同门的谴责,"一时诸儒,不许其名王氏学者,以此节也"(《黄宗羲全集》第7册,第690页)。然黄宗羲却认为:"先生(指薛应旂)为考功时,真龙溪于察典,论者以为逢迎贵溪,其实龙溪言行不掩,先生盖借龙溪以正学术也。"(同上)说明薛应旂排斥王畿的根本目的,是为了"正学术",以肃清思想上的流毒。

② "才子文化"的概念,由吴子林提出,见氏著《金圣叹与吴中文化》,《浙江学刊》2005年第3期。

先生往来，每相见，首问："近得何书？"各出笥秘，互相传写，丹铅涂乙，矻矻不去手。其架上芸里缃袭，几及万簏，而经史子集不与焉。①

这样就更加剧了浙东与浙西文人学者之间的彼此不服气，甚至瞧不起。这一现象可谓当时回荡在钱江两岸的一幅耐人寻味的文化图景。而且这种观念还影响到从学于阳明的浙西弟子及其后学。董澐在谈到被朱门嫌弃的王蘋（著作）之学时说过："今之士溺于进取者，莫甚于闽；以雕虫之技相夸诩者，莫最于吴下。先生之学在天下犹或有知之者，而在二地尤其弃物也。"（《从吾道人语录·题王著作先生语录后》）王蘋与张九成一样，在程门中倡导"屡空之学"，开象山心学之先河，故颇得王阳明及其弟子们的好感。阳明曾赞叹道："以道自乐不知而不愠者，其王蘋乎！"（同上）作为浙西隐儒的董澐，在早期的诗词创作上与浙西文人的价值取向完全一致，②但在晚期的学术立场上，却以坚守浙东的阳明学说为己任，而对周边的文人墨客包括自己过去的诗友进行了尖锐抨击。无独有偶，出生于吴兴的顾应祥，少受业于王阳明，对吴中地区之文风亦颇有微词："苏州人惯作小说而事多不实，盖苏人好文，往往以传闻之言文饰而成书故也。"③而同样出生吴兴的管志道在述及自己身处吴中、孤独无友时，竟毫不留情地痛斥道：

昔鲁多君子，今江右亦然。每忆兄（邓定宇）得万（思默）、张（阳和）二三君朝夕切磋，不患不进，孤则莫孤于弟矣。吴中士习，大概在诗文、势利两途。趋诗文则为诗文之有力者收去，趋势利则为势利之有力者收去。方今两途之有力者，孰友过于我吴者哉？弟子然一身，其谁与侣？即有侣，亦衰耄之朋、方外之士耳。人方欲疏我讪我以自明，而我又不忍舍斯人以为与，且欲以绵薄之力，障两途之狂澜，以待后进中之良心未丧者。……假我数年，脚跟立得稍稳，而风俗倘难力廻，亦不难抽身，就贵境之仁贤矣。④

---

① 《陈眉公全集》卷十六《藏说小萃序》。
② 参见王阳明《湖海集序》，载《湖海集》卷首。
③ 《静虚斋惜阴录》卷十二《杂论三》、《续修四库全书》第1122册，第147页。
④ 《惕若斋集》卷二《寄邓太史定宇年兄书》。

管氏甚至断言浙西、吴中地区"非振铎之地",进而为自己遁入禅门寻找借口:"故权修檀度于禅门,此愿学孔子之变局也。"①浙西、吴中与浙东及其周边地区的人文环境差异之大并引起士人不满之程度,由此可见一斑。

由于当时的学术中心在浙东,所以常有浙西学者跨江来求学的,如董沄、董毂父子乃王阳明的浙西高足,陈确、张履祥等为刘宗周的蕺山学派在浙西的主要传人。因此,尽管浙西在思想原创性上难以与浙东比肩,但在学术传承上,却仍有与浙东一脉相承的学派源流。仍以阳明学为例,除董沄父子外,尚有倾心阳明的许孚远、王宗沐以及为韩贞遗稿作序的余尚友等人。许孚远对浙西地区民风颓靡、学术潦倒的情形感触极深,而对好友绍兴人张元忭为中兴学术事业所作的努力则赞许备至,声称:"昨秋领教后,悬念殊深。吾乡习俗颓靡,朋友寥落,莫有甚于此时。如吾兄挺然卓立,迥出尘表,真弟所敬服,弟所倚赖也。"(《敬和堂集》卷五《简张阳和年兄》)余尚友曾自称是阳明的"浙西后学"。②故陶望龄代左景贤写的《潜学编序》称:"夫文成之后,驾其说以行浙之东西者多矣。"(《歇庵集》卷三)又谓:"当正、嘉间……先生之教始于乡而盛于大江以西。"(《歇庵集》卷六《修会稽县儒学碑记》)此处所说的"大江"即钱塘江,然其谓"大江以西"乃取广义的"浙西"概念,包括安徽的宁国地区。而若就广义的"浙西"概念而言,阳明学在浙西的传播也许并不亚于浙东。即使就狭义的"浙西"概念而言,阳明学在浙西也有不少传播的机会和影响广泛的活动,如王畿、罗汝芳等阳明以后的大师级人物都曾在浙西授徒讲学,③罗氏还著有《两浙游记》,其浙西弟子朱廷益则为他撰写过祭文(载《罗明德先生遗集》卷首)。而据《阳明年谱》记载,嘉靖十六年,阳明后学沈谧曾在秀水(今嘉兴)文湖建书院,祀阳明,"同志与祭天真者俱趋文湖,于今益盛"。④文中所说的"祭天真者",即在杭州天真书院参与讲会活动的阳明学者。如果把天真书院的讲会

---

① 《惕若斋集》卷二《寄凃光禄念东年兄书》。

② 《颜钧集》,第 167 页。

③ 以至沈德符在《万历野获编》中把罗近溪(汝芳)、李见罗(材)和唐一庵(枢)、许敬庵(孚远)分别视为"姚江身后其高足王龙溪辈"在江西和浙江的传人,他们"分曹讲学,各立门户,以致并入弹章"(第690页)。说明王畿的思想不仅在浙东,而且在浙西也有较广泛的影响。

④ 《王阳明全集》,上海古籍出版社,1992年,第1333页。

活动也算作浙西的话,那么甚至可以说,阳明去世后的浙江学术中心,不在浙东,而在浙西,①因为在嘉隆年间的相当长一段时期内,阳明弟子们在浙江的主要活动场所是杭州的天真书院。

须指出的是,浙西讲学之风的兴起,浙东的王畿有莫大之功。王畿及门弟子沈懋孝(生卒年不详),字幼贞,号晴峰,平湖人,隆庆二年进士,嘉靖四十四年从学于王畿。据沈懋孝《沈太史全集》所收《洛诵编·水南徐先生当湖会语叙》载:“往嘉靖乙丑(四十四年),龙溪王先生尝止于陆与中之天心院,讲良知学脉,从游士数十百人。而水南徐君从焉。余时侍养家居,亦与其末从。”另据《沈太史全集》所收《石林蒉草·滴露轩藏书记》载,自嘉靖三十九年以来的五六年间,沈时从王龙溪问学。又言及自己年方十二之时,曾拜见罗念庵、邹东廓。而赵大洲则为其馆师。据刘芳节称,沈懋孝受学于龙溪而青出于龙溪:“先生之学,实有渊源。龙溪以姚江为蓝染,先生青出于龙溪。”(《沈太史全集·洛诵编》卷首《长水先生集叙》)沈懋孝是浙西地区相当活跃的阳明学者,著名的东林党人赵南星、史孟麟、叶水盛等均出其门下。②浙西还有两位明代思想史上的重要人物——袁了凡、丁宾,包括袁的父亲袁参坡,也是王畿的弟子。袁了凡(1533—1606),初名表,改名黄,字坤义、坤甫,号了凡,吴江人,万历十四年进士,晚明流行一时的“功过格”的提倡者之一,其思想在明末清初影响颇大。丁宾(1543—1633),字礼原,号改亭,嘉善人,隆庆五年进士,官至南京工部尚书,王龙溪晚年的得意门生,尝编刻《王龙溪全集》。关于袁了凡、丁宾从学王龙溪一事,可参见袁了凡的《两行斋集》卷十四《光禄寺署丞清湖丁公行状》。③王龙溪与浙西的密切关系,还可以从玉芝法聚、唐一庵、许敬庵以及后来的张杨园④等人那里找到不少例证。

除此之外,包括王畿在内的阳明学者还在浙西地区创办了不少书

---

① 若再联想到嘉靖四十五年嘉兴知府徐必进命王门同志董启予刻阳明《文录续编》六卷并《家乘》三卷于嘉兴(《王阳明全集》,第1352页)的历史实情,那就更有理由相信笔者所言,并非臆测。

② 吴震:《明代知识界讲学活动系年》,学林出版社,2003年,第191、265页。

③ 吴震:《明代知识界讲学活动系年》,第277—278页。

④ 上田弘毅:《朱子學者張楊園の陽明學批判》,《阳明学》第21号,东京:明德出版社2009年版,第65—92页。

院、举办过一系列有影响的讲会活动。笔者曾据吴震《明代知识界讲学活动系年》一书作过统计,其中较有影响的大概有以下几次:嘉靖十六年十一月,沈谧建书院于秀水县文湖(今属嘉兴市),祀阳明;①嘉靖二十二年秋,顾应祥、唐一庵等结社于湖州岘山(《崇雅堂文集》卷十二《岘山逸老堂铭》);嘉靖三十二年夏,罗念庵、邹东廓、唐一庵、王龙溪、唐荆川、方湛一等"携同学六七人"会于当湖(今嘉兴平湖)(《沈太史全集》所收《淇林馆钞·湖上读书堆六先生会语》);嘉靖四十三春,王龙溪与李见罗会于武林金波园,②有湖上浃旬之会;秋,复与万思默相会于武林(《龙溪集》卷十六《书见罗卷兼赠思默》);嘉靖四十四年,王龙溪赴嘉兴平湖,宿于陆与中之天心院,"讲良知学脉,从游士数十百人"(《沈太史全集》所收《洛诵编·水南徐先生当湖会语叙》);嘉靖四十五年秋,唐一庵、王龙溪、管南屏、王敬所、孙蒙泉、胡石川等聚会于杭州金波园,与会者达百余人(《木钟台集》,《六咨言集·金波园聚友咨言》);隆庆二年,王龙溪主讲于当湖之天心书院,与丁宾、陆云台等八人结为"天心会盟"(《丁清惠公遗集》卷五《贺奉常陆安石先生膺封司寇郎叙》);同年冬,王龙溪自云间趋过嘉禾(按:云间乃松江府之雅称,嘉禾乃嘉兴府之雅称),会于东溪山房,讲"愤乐之说",后又应蔡春台之邀,赴姑苏,举竹堂会(《龙溪会语》卷三《愤乐说》;《龙溪集》卷五《竹堂会语》);隆庆三年,王龙溪应曾见台之约,趋会武林,举武林会,就王学重大理论问题展开研讨(《龙溪集》卷十六《别曾见台漫语摘略》);万历五年秋,王龙溪应邀"赴阳羡之会"(按:阳羡乃宜兴之雅称;《龙溪集》卷十三《书贞俗卷序》);同年秋,邓定宇、张阳和、罗康洲聚会于杭州,与王龙溪论学(《邓定宇先生文集》卷三《秋游记》);万历六年春,许敬庵、张阳和、赵濲阳、罗康洲"聚会于武林西湖之上,论心谈道"(《敬和堂集》卷十《祭罗康洲宗伯》)。万历七年,张居正毁天下书院,包括杭州天真书院在内的与王门讲学有关的诸多重要书院均在禁毁之列,

---

①　据湛甘泉《湖州宗山精舍阳明王先生祠堂记》(《湛甘泉先生文集》卷十三,嘉靖十五年闻人诠刻本),可知当时嘉兴、湖州一带建有阳明祠堂的书院不在少数。

②　金波园系王畿在杭州的寓所。今杭州中山北路110号边福茂旧址南边有金波桥弄,与太平坊巷相接,非常短,才70来米,估计金波园就在此弄里。金波园是当时阳明学者的重要聚集地,不少学者在金波园留下了著述,如唐枢的《咨言》、王畿的《金波晤言》等。

即使在这样的背景下,该年春,王龙溪仍应约讲学于平湖,刘允玉、沈
懋孝等 185 人与会(《沈太史全集》所收《石林蒉草·龙溪王先生过当
湖邑人士一百八十五人集于五老峰塔院会讲记》);翌年,王龙溪又赴
松江参加"云间之会",后又与平湖人陆五台会"于嘉禾舟中",畅讲佛
学(《龙溪集》卷十七《重修惠民桥碑记》;卷六《答五台陆子问》)。

由此可见,王畿可谓浙西阳明学的主要传播者和教授师。故此,光
绪年间修《嘉善县志》,编入《龙溪王畿会籍记》,以凸显其对浙西阳明学
的传播与发展所作出的特殊贡献,是合情合理的。值得深思的是,从嘉
靖后期至隆庆年间,王畿只在浙东地区参与过两次讲会活动,即隆庆四
年周海门侍坐的"剡中讲会",事见《东越证学录》卷五《剡中会语》[①]及万
历二年与张阳和一起主讲的越中"云门会"和"天柱会",事见《龙溪会语》
卷六《书同心册后语》、《天山问答》[②]。然同一时期,他在浙西地区的讲
学活动明显增多,称得上是当时活跃于浙西学术舞台上的耀眼"明星"。
这固然与其当时安家杭州金波园、来往浙西地区比较方便有一定关系。
但同样安家杭州钱王祠的钱绪山,为什么就没有像王龙溪那样积极参与
浙西地区的讲学活动呢? 这就不能不从钱、王二人的思想性格、工作职
责以及当时两浙地区的思想环境中去寻找原因(详见本书第五章)。

尽管阳明学经过王畿等人的努力在浙西地区得到了巨大发展,但
却并没有改变浙西地区的学术传统和风格。因此,浙西地区对阳明学
的抨击,仍要大大超过浙东地区。从学术风格上说,"浙东贵专家,浙
西尚博雅"[③](《文史通义》卷五内篇五《浙东学术》;按:《项乔集》,第
790 页:"吴下世出博学多能之士。"所谓"博学多能"即"博雅")。"贵专

---

①　参见吴震:《明代知识界讲学活动系年》,第 296—297 页。

②　参见吴震:《明代知识界讲学活动系年》,第 311—312 页。

③　王士性认为姑苏人好古尚雅,并说:"海内上下进退之权。苏人以为雅者,则四方随而
雅之;俗者,则随而俗之。"(《广志绎》卷二《两都》,第 33 页)而章学诚则是把"雅"的审美情趣与
"博"的为学方法相链接,使之成为与"专家"相对的特定概念。一般来说,博指经文,雅是诗文,
偏重由工夫而合本体。"专者,志之聚也"(《横山遗集》卷下《送陆子清伯行序》),专家即专志、简
约之谓,偏重本体以至工夫。由"博雅"而理学经学并举,谓经学即理学也;由"专门"而心学史学
并重,谓六经皆史也。浙东人"以六经之义奥,非专门莫究"(同上)。章学诚虽曰:"是以学必
求其心得,业必贵于专精,类必要于扩充,道必抵于全量。"(《文史通义》卷二内篇二《博约下》)即
主张博雅与专家的统一。但其实他看重的仍是"专家":"诚贵乎其专也"(《章氏遗书》卷二十二
《与周次列举人论刻先集》);"非徒矜考订而求博雅也"(同上书卷二十九《又与正甫论文》)。

家"者注重于某一门学问中的卓然成就，①如哲学家王守仁、刘宗周，史学家全祖望、章学诚，经学家黄宗炎、万斯大，②历算学家黄百家、黄炳垕，文学家李邺嗣、郑梁，③以至近代大文豪鲁迅及教育家蔡元培等；而"尚博雅"者则崇尚博学，于学无所不窥，不讲究自立门户，从顾炎武到章太炎④、王国维，再到当代学术大师钱锺书、钱穆等，都有此特点。从一定意义上说，浙东的风格是古典的，而浙西的风格是浪漫的；浙东的凝重厚实正好可以与浙西的时尚博雅形成比照。若从学术分类上看，则可以说"浙西讲经学，浙东重史学"⑤（钱穆语。按：顾炎武说"经学即

---

① 黄宗羲所关注的就是其弟子们尤其是家乡高足在各个方面的专长。全祖望说："先生（黄宗羲）讲学遍于大江之南，而瓣香所注，莫如吾乡。尝历数高第，以为陈奎献（赤衷）、万充宗（斯大）、陈同亮（自舜）之经术，王文三（之坪）、万公择（斯选）之名理，张旦复（汝翼）、董吴仲（允璘）之躬行，万季野（斯同）之史学，与高州（郑梁）之文章，惓惓不置。"（《鲒埼亭集·外编》卷十七，《二老阁藏书记》）

② 黄宗羲似乎是个例外。全祖望在谈到黄宗羲学问之广博时说过："公以濂洛之统，综会诸家：横渠之礼教，康节之数学，东莱之文献，艮斋、止斋之经制，水心之文章，莫不旁推交通，连珠合璧，自来儒林所未有也。"（《全祖望集汇校集注》上册，第 220 页）但也有学者认为："'专家'之学，往往是指精通某一门学问，以对立于'通人'之学的广博而不精。如果仅从这个意义上来界定'专家'之学，那么称黄宗羲的学问为'专家'之学，似乎掩盖了黄宗羲在学术上的渊博一面，与他之多方面的学术贡献不符。从表面看，这个问题难有合理之解决，但若换一个角度来考虑，则未必如此。解决之法，就在于要正确认识在黄宗羲身上其学问的渊博性与学问的精深性是统一的，他之伟大正体现在他在多种学问领域都成就为'专家'，而不仅仅是某一种学问的专家。"（蒋国宝：《黄宗羲与浙东经史学术传统的确立》，载吴光主编、钱明执行主编：《黄宗羲与明清思想》，上海古籍出版社 2006 年）

③ 按：黄宗羲的门人后学，或以史学为主兼治经学，如万斯同、万言、邵廷采、全祖望、邵晋涵、章学诚、王梓材等，或以经学为主兼擅史学，如黄宗炎、万斯选、万斯大等，而就数文学见长者最少，这也从一定意义上印证了笔者所说的浙西以词章之学风流于近现世、浙东以心性之学辐射于海内外的观点。

④ 梁启超尝谓："炳麟少受学于俞樾，治小学极谨严，然固浙东人也，受全祖望、章学诚影响颇深，大究心明清间掌故，排满之信念日烈。"（《清代学术概论》，第 95 页）视章太炎为浙东学术的传人，则略显片面。

⑤ 朱熹所言之"浙学"偏重于史学，其曰："浙间学者推尊《史记》，以为先黄老，后《六经》，此自是太史谈之学。"又曰："伯恭（吕祖谦）之学大概尊《史记》，不然则与陈同甫说不合。同甫之学正是如此。"（引自蔡克骄：《二十世纪关于"浙东史学"研究的几个问题》，《浙江社会科学》2003 年第 1 期）所以何炳松说："自南宋以后，浙东史学大兴，当时道学家至诟浙学为知有史迁而不知有孔子，其极盛一时之情形，即此可见。"（《浙东学派渊源》，第 4 页）至于浙西讲经学，则可以清乾隆年间诏开"三礼馆"后，浙西籍学者纷纷厕身修纂之列为佐证。据说"在当时参加'三礼馆'的纂修儒臣中，浙江籍学者占有相当大比例，如浙东学者梁国治，浙西学者吴廷华、杭世骏、诸锦、王锦、朱佩莲、徐以升、陈顾联、姚汝金诸人，于纂修《三礼义疏》皆发挥了相当大的作用"（参见林存阳：《杭世骏与三礼馆》，载陈祖武主编：《明清浙东学术文化研究》，第 713 页）。可见在浙江籍学者中，浙西儒臣又占了绝对多数，何况此处所言"浙西"还不包括苏南地区。

理学",故此处经学又可理解为理学);浙东是阳明学的发源地,而浙西是甘泉学的重镇,①甚至可谓浙东宗心学,②而浙西讲理学(章学诚所谓"顾氏宗朱而黄氏宗陆",即由此而来)。而且浙东心学能与浙东史学在经世致用的基础上并行不悖,③而浙西理学则在一定程度上能与浙西经学合二为一。钱穆说:"永嘉不讳言功利,姚江力排功利而言良知,然从事于功利者每借良知为藉口。惟谨受朱子之所谓义理,则显与功利背驰。而言良知者,根极归趣亦无以自外焉。"④这的确道出了永嘉事功之学与阳明良知之学的某种内在联系。而浙西的吕留良、陆陇其、陆世仪、张履祥等人则谨守朱学,故与浙东之学相抵牾。陶望龄曾说过:"盖道无域而言有方,圣人见其同,儒者标其异故也。"(《歇庵集》卷三《十三经注疏序》)不同地域具有不同的"言",而所谓"言",除

---

① 阳明学虽亦传播到浙西、吴中区域,但所受到的各种政治因素和学术环境的干扰却要远大于浙东、江右等地区。岭南湛甘泉的一批高足弟子如唐枢、周衢、钱薇、蔡汝楠、许孚远等,皆以浙西为学术活动的主要舞台,从而使甘泉学在浙西得到了广泛的传播。在此仅举二例:一是与晚年阳明论学颇多的宜兴人周衢(号道通),曾"以病不能禄仕,将归耕于洞山乡市桥之西,以养母而迪其子侄昆"。甘泉先生大书'耕乐堂'以相之"(《东廓先生遗稿》卷十《耕乐堂铭并序》),与王、湛二家均保持着密切关系。二是同为宜兴人的杭封(字锡贤),尝"闻甘泉先生之教而乐之,以'日惺'名其弦诵之斋"(《邹东廓先生文集》卷三《日惺斋说》),对甘泉之学更是情有独钟。若就阳明学传播的各种条件而言,当时的浙西地区的确不如浙东。据王畿说,折中湛、王的戚贤曾于嘉靖六年"出宰归安(今吴兴),与越临壤,余尝与玉溪扁舟过苕溪,期兄出会。兄泥于时忌,意向虽切,行迹稍存。余以脚跨两家船戏之,兄即幡然愧悔,出头担当,兴学育才,声名大起。每公事过越,必谋数日之会,而情益亲"(《龙溪集》卷十九《祭戚南玄文》)。从而折射出阳明弟子戚贤因受制于当地的政治环境而"脚跨两家船"的无奈之举。而这种现象在当时恐怕并不孤立。

② 黄宗羲尝谓:"明人讲学,袭语录之糟粕,不以六经为根柢,束书而从事于游谈,故受业者必先穷经。经术所以经世,方不为迂儒之学,故兼令读史。"又谓:"读书不多,无以证斯理之变化,多而不求于心,则为俗学。"(《全祖望集汇校集注》上册,第219页)笔者据此认定:浙东之学具有由"专门"而心学史学并重的传统。

③ 从南宋以吕祖谦为代表的金华学派,到明中叶以王守仁为代表的阳明学派,再到明末以刘宗周为代表的蕺山学派和清初以黄宗羲为代表的浙东学派,都无不体现出这种心学与史学、本体与工夫相一致的实学传统。故顾宪成《二大辨序》曰:"江西'顿悟',永康'事功',今且兼而踞之,朱子复起,忧更何如? 须捣其窠巢始得。"(《忠复堂义集》,第60页)意谓阳明心学兼有象山、同甫之病。近人曹聚仁亦曰:"浙东之学,虽源流不异,而所遇不同,故其见于世者,阳明得之为事功,蕺山得之为节义,梨洲得之为隐逸,万氏兄弟得之为经术、史裁,授受虽出于一,而面目迥异,以其各有事事故也。"(《中国学术思想史随笔》,第277页)

④ 《中国近三百年学术史》,第85页。

指话语环境外,还应包括思维方式、生活习俗等,这是学术思想发展无法回避的"软"环境。浙东与浙西在学术思想上的同异关系,亦正是建立在这样的软环境之上。阳明学虽产生于浙江,但在这一地区的传播却并不顺畅,且不说朱子学和甘泉学占主导地位的浙西地区,即使有着心学传统的浙东地区,也经常会面临来自其"内部"的干扰和纠缠,如温、台地区的学人对宁、绍地区王学中坚的批评与修正。

浙东与浙西:浙江学术的区域分布及特点

汪林茂

"浙学"是近几年学术研究的一个热点。笔者认为,认识和研究"浙学"应该是多角度的,也应该是更深入的。共性与个性的道理在"浙学"研究中同样适用。就研究"浙学"而言,"浙学"的共性既是建立在与其他省区学术特性的区别之基础上的,也是建立在本省区内各个区域的学术特性(个性)之综合的基础上的。认识浙江学术在各区域的"量"与"质"的分布及其走向,对更深入地认识和研究"浙学"是有助益的。

一

地处沿海的浙江,自古以来不仅有成熟的农业经济,商业、手工业发展也较早,发展水平也较高,因此风气较为开通,工商意识比较发达,这就使浙江人在思想意识上更为强调个性,注重功利,务实创新。这些特征也必然地反映在学术研究中,当代学者对浙江学术的地域特点多有论列,概略论之,即:讲求事功,注重史学,兼容并蓄,务实求是,开放而不保守,不盲目追随主流等。

但不可否认的是,具有浙江特点的浙江学术又是由多个各具特色的地区学术群体、学术风格组成的。这是因为,浙江虽为一省,从经济、社会到文化,有着很多共性,从而组成浙江——浙江人——浙江文化——"浙学"[①]这一整体;但就浙江的自然环境来看,浙江的地

---

① 正是从南宋的朱熹开始,学者多以"浙学"来概括浙江学术,并且指责"浙学"为"专是功利"的学问。见朱熹:《朱子语类》卷一二三,中华书局,1986年,第2967页。

理条件颇为复杂。浙江全省地势总的来看是西南部高,东北部低,并且由西南呈梯级逐渐向东北倾斜,从而使整个省区在总体上又可分为东北部平原区(包括杭嘉湖平原、宁绍平原等)、中部丘陵区(包括金衢等地)、西南部山区(包括严州、处州以及衢州、温州、台州的大部分)这三个区域。更为明显的是,浙江自古以来就有一条从西南流向东北的钱塘江,把浙江从自然、行政到文化划分为两个、甚至多个区域。以此为界,大致上是江以西平原居多,江以东则山地、丘陵为多。

地理环境是一个地区经济、社会、文化发展的一个条件,也是各经济、文化、以至行政区形成的一个基础。在小农经济时代,这种地理环境导致的界域之分更为明显。因此在历史上,今天的浙江境域之文化区、行政区无论怎么变迁、无论是有形的或无形的区划,总是"吴越到江分"——以钱塘江为界划分为二:史家研究,无论从考古学还是人种学的角度看,今天的浙江区域在新石器时代应分属于东南文化区(浙北)和南方文化区(浙南)。①至春秋战国时代,今天的浙江也大致上是北属吴国,南属越国。到东汉,浙江明确以江为界,北南分别划为吴郡、会稽郡。唐代实行道制,又是以钱塘江划线,设浙江东道、浙江西道。宋代则在此基础上分置浙东、浙西两路。元代置江浙等处行中书省,明代改为浙江承宣布政使司领两浙 11 府,"省会曰杭州,次嘉兴、次湖州,凡三府,在大江之右,是为浙西;次宁波、次绍兴、台州、金华、衢州、严州、温州、处州,凡八府,皆大江之左,是为浙东"②。两浙始合治于一省之下。不过,行政区划上虽合为一省,文化上以钱塘江为界的浙东、浙西区分并未消弭,相反,明以后从学术到文学,钱塘江常被学者作为分区的界线使用,浙东、浙西的分野似乎更为显著了。所以,清代的章学诚不仅有"浙东学术"的定名,并且按照各自的"习"作了明确的学术特点的区分:"浙东贵专家,浙西尚博雅,各因其习而习。"③

---

① 金普森、陈剩勇:《浙江通史·总论》,《浙江通史》第一卷。
② 乾隆《浙江通志》卷一,浙江书局光绪间刊本。
③ 章学诚:《浙东学术》,《章氏遗书》卷二《文史通义·内篇二》。

二

　　章学诚在这里所作的浙东、浙西不同学术特点的概括,并不是随心所欲的区分,也不完全是因为有一条钱塘江将学者们一分为二,而是这位学术大师对千余年浙江学术作了深入细致的考察后得出的结论。此结论是符合历史事实的,这不仅是因为此结论得到了后代学者们的一再认同,更因为通过统计数字的考察和分析,可为这一结论作实证性的论证。先请看表 1(见下页)。①

　　学者数量分布代表着一定时期的学术区域分布情况。因此这份表格给我们展示了从北宋到元代这四百年间浙江 11 州(路)的学术分布及其变迁。

　　从这份统计表可看到,北宋时期浙江学术最为发达的是两个州:温州、明州(宁波)。温州多为事功之学,明州则都是治理学的学者。这两州的学者人数占同时期全省学者人数的一半多。南宋时期,婺州(金华)异军突起,其学者人数几占全省的三分之一。明州、温州的学者人数虽大有增加,但其在全省的比例已落后,分别为第二、三名。至元代,浙江学术全面且大幅度衰落,而具体到各路,又有所不同——婺州、明州仍居前列,台州在全省的地位上升了,省会杭州的"上榜"学者居然是零,原来都在前三名的温州骤然跌至后三名(温州的传统学术也正是从元代开始一路衰落下去的)。当然,如果综计宋元三时期的总量看,温州仍然是第三名(前两名为婺州、明州),其后第四至十一名依次是:越州、台州、睦州、衢州、处州、杭州、湖州、秀州。如果仍沿用浙东、浙西两分法,很显然,包括杭、秀(嘉)、湖三地在内的浙西,宋元时期传统学术的发展程度远远低于浙东,三州在宋元时期的名次居于最末,三州学者总人数或比例,正好只相当于浙东婺州的1/5、明州的

---

　　①　北宋、南宋和元代浙江的地名及行政单位多有变化。北宋时期两浙路下今浙江境内设 11 州,州名如上表。南宋仍其旧。元代的江浙等处行中书省以杭州为省治,上述 11 州改为 11 路:杭州路、嘉兴路、湖州路、庆元路、绍兴路、台州路、婺州路、衢州路、建德路、温州路、处州路。此 11 州、路即明清时的 11 府:杭州府、嘉兴府、湖州府、宁波府、绍兴府、台州府、金华府、衢州府、严州府、温州府、处州府。

表 1　宋元时期浙江学者州(路)籍统计表

时期	类别	杭州 人数	%	秀州 人数	%	湖州 人数	%	明州 人数	%	越州 人数	%	台州 人数	%	婺州 人数	%	衢州 人数	%	睦州 人数	%	温州 人数	%	处州 人数	%	总计 人数	%
北宋	理学	8	5.8	2	1.45	6	4.35	46	33.33	20	14.49	6	4.35	14	10.14	15	10.87	2	1.45	14	10.14	5	3.62	138	100
	事功	0	0	0	0	0	0	0	0	0	0	0	0	0	0	0	0	0	0	42	100	0	0	42	100
	其他	0	0	0	0	1	14.29	0	0	3	42.86	0	0	1	14.29	0	0	1	14.29	0	0	1	14.29	7	100
	总计	8	4.28	2	1.07	7	3.74	46	24.6	23	12.3	6	3.21	15	8.02	15	8.02	3	1.6	56	29.95	6	3.21	187	100
南宋	理学	14	5.43	4	1.55	3	1.16	27	10.47	32	12.4	41	15.89	74	28.68	6	2.33	8	3.1	41	15.89	8	3.1	258	100
	事功	0	0	0	0	2	0.96	5	2.39	12	5.74	12	5.74	121	57.89	4	1.91	7	3.35	37	17.7	9	4.31	209	100
	心学	2	1.36	1	0.86	2	1.36	89	60.54	15	10.2	4	2.72	1	0.68	0	0	26	17.69	5	3.1	2	1.36	147	100
	总计	16	2.61	5	0.81	7	1.14	121	19.71	59	9.61	57	9.28	196	31.92	10	1.63	41	6.68	83	13.52	19	3.09	614	100
元代	理学	0	0	5	4.76	2	1.9	16	15.24	3	2.86	18	17.14	49	46.67	2	1.9	8	7.62	1	0.95	1	0.95	105	100
	心学	0	0	0	0	0	0	26	92.86	0	0	1	3.57	0	0	0	0	0	0	1	3.57	0	0	28	100
	总计	0	0	5	3.76	2	1.5	42	31.58	3	2.26	19	14.29	49	36.84	2	1.5	8	6.02	2	1.5	1	0.75	133	100
合计	理学	22	4.39	11	2.2	11	2.2	89	17.76	55	10.98	65	12.97	137	27.35	23	4.59	18	3.59	56	11.18	14	2.79	501	100
	事功	0	0	0	0	2	0.8	5	1.99	12	4.78	12	4.78	121	48.21	4	1.59	7	2.79	79	31.47	9	3.59	251	100
	心学	2	1.14	1	0.57	2	1.14	115	65.71	15	8.57	5	2.86	1	0.57	0	0	26	14.86	6	3.43	2	1.14	175	100
	其他	0	0	0	0	1	14.29	0	0	3	42.86	0	0	1	14.29	0	0	1	14.29	0	0	1	14.29	7	100
	总计	24	2.57	12	1.28	16	1.71	209	22.38	85	9.1	82	8.78	260	27.84	27	2.89	52	5.57	141	15.1	26	2.78	934	100

资料来源:黄宗羲原著,全祖望补修《宋元学案》,中华书局 1986 年点校本。

1/4,而与睦州一州的数量及比例相等。而且不仅仅是量,宋元时期的各创新学派、全国以及浙江著名的学术大家,也都出自浙东,如吕祖谦的东莱学派、叶适的水心学派、陈亮的龙川学派,以及何基的北山学派、黄震的东发学派等。

至于学派的分布,从上表可见,浙西与浙东更是存在着明显的差别——事功之学在浙西三州没有得到一位学者的响应(至少在《宋元学案》中是如此),从事心学研究的人数也极少,几乎是全部浙西学者都集中在理学的研究之上。浙东八州相对较发达的是事功之学和心学,但其间也有差别:学者治事功之学最多的是婺州、温州、台州,治心学最多的是明州、睦州、越州,同时婺州、明州治理学的学者也有相当大的数量。如果以绝对数字论,婺州、明州是浙江程朱理学最集中的地区。总体来看,浙东是实多于虚,浙西则是虚多于实。当然,这只是一种相对的、简之又简的概括,这种概括只有与具体数字结合起来看,才会更客观。

这一学派分布特征,笔者认为其根源主要来自于前引的章学诚所说的"习"。这个"习",既是指一个区域学者的治学传统,因为在相对闭塞的农业社会里,地缘、亲缘是学术传承的主要途径,从而使这个区域在较长时期保持其一直沿袭的学术传统;也是指一个地区的民情风俗。就浙东、浙西比较而言,浙东之地或环山,或濒海。而山海之民"习"尚淳朴俭质,且勇于进取;浙西多平原,手工业、商业相对较发达些,民"习"更容易导向华丽奢靡、竞浮尚侈,也更容易满足现状。这种不同的民情习尚,确实会给一定区域的学者提供不同的文化氛围,给出不同的治学指向。

但浙东、西学术发展程度高低的问题,就不是这么容易解释了。一般来说,经济发展程度与学术发展程度是成比例的,但上表反映的宋元时期的现象却与此说相反。因为就经济发展程度而言,浙西三州肯定在浙东八州之上,但学术上却是浙东强于浙西,而且差距还很大,400年间浙西三州有影响的学者人数仅等同于浙西相对较落后的一个州(睦州)!论者常常说的经济对学术的支撑作用,至少在宋元时期尚没有表现出来,或者说没有直接表现出来。其中的原因,有待于高明者释疑解惑。

三

明初朝廷采取了尊崇理学的政策,并且在宣德朝(1426—1435)以后显现了成效,研究理学的重要学者在全国范围有较明显的增加。但浙江的情况则有些特别,明初朝廷尊崇程朱理学的政策在浙江似乎反响不大,从事程朱理学研究的重要学者的人数始终没有增多,而且其比例不断下降。这一有别于全国其他地区的学术现象,其原因要从有别于全国其他地区的前面所举的浙江学术地域特点中去探讨。也就是说,这一地域特点在明代浙江仍然延续——当然是在新的历史条件下、新的学术发展基础上有创新的延续。这就影响了浙江省内各区域的学术格局。请见表2。

表 2　明朝时期浙江学者府籍统计表

学派\府别	理　学		心　学		其　他		总　计	
	人数	%	人数	%	人数	%	人数	%
杭州府	0	0	1	2.44	0	0	1	1.79
嘉兴府	1	7.14	2	4.88	0	0	3	5.36
湖州府	0	0	5	12.2	0	0	5	8.93
宁波府	2	14.29	2	4.88	0	0	4	7.14
绍兴府	3	21.43	17	41.46	0	0	20	35.71
台州府	2	14.29	4	9.76	1	100	7	12.5
金华府	5	35.71	10	24.39	0	0	15	26.79
衢州府	1	7.14	0	0	0	0	1	1.79
严州府	0	0	0	0	0	0	0	0
温州府	0	0	0	0	0	0	0	0
处州府	0	0	0	0	0	0	0	0
总计	14	100	41	100	1	100	56	100

资料来源:黄宗羲著:《明儒学案》,中华书局 1985 年点校本。

　　由上表看,明代浙江学术的一个最大变化是各地区间的学术强弱对比开始发生转移。总体上,浙江学术最为发达的仍然是浙东地区,其中金华府(宋元的婺州)的知名学者人数仍在全省的前列,只是其第一名的位置已被绍兴所取代——王阳明创立的心学风行全国,也在他的家乡绍兴府带动起一批学者从事心学研究,从而使明代绍兴府的知名学者人数居于各府之首。而原来居第二的宁波(明州)则落到了第五名,原来第三名的温州更是一落千丈,居于最末。浙西的学术虽仍然落后于浙东,但与宋元时期相比,明朝浙西的学术正在逐渐崛起,与浙东的差距已不是那么大,并且呈现出逐渐缩小的趋势。其中湖州、嘉兴的地位上升明显,其学者人数已是在宁波府的伯仲间。

　　这一兴衰演变的主要原因是学术流派兴衰演变对学术格局产生的影响。在明代,学术流派的兴衰演变最突出的有二:一是曾盛行浙东的事功之学已基本退出了学坛;二是王学勃兴并风行各地,且取代了程朱理学的地位,于是事功之学集中的浙东大受影响,其中温州的知名学者人数竟然为零;王学勃兴但没有限于浙东,于是浙西在程朱理学衰退的同时迎来了王学,其总体学者人数的比例上升了。金华府虽然仍为理学学者人数最多的地区,但已被心学人数大大超越。

　　由此又使得明朝时期浙东、西之间学派分布的差别不再那么明显。明代浙江最为发达的是王学,其中心在绍兴,但浙西地区在心学领域也占有一定的比例,其中湖州府的王学学者人数还在全省居于第三位;同样,浙东绍、台、金三府的心学学者人数居于最前,其研究程朱理学的人数在全省也是最多的。这说明,明代的浙东与浙西间学术交流和相互影响有所增大。

　　明代浙东、浙西学术呈现出的差别逐渐弥平的趋势,应该是经济发展的作用开始显现—— 不论工商经济的发展对学术的进步究竟有无直接的支撑作用、对学术发展的区域特点究竟产生了什么样的影响,有两点是可以肯定的:一是工商经济的进一步发展,推动了各区域间的沟通和交流——从经济到文化、学术的交流,从而在学术领域中出现了上面提及的浙东、西之间学派分布的差别不再那么明显、学术区域特点的区别正有逐渐缩小的趋势;二是从明代开始,工商经济更为发达些的浙西在文化、学术上呈现出很明显的后来居上之势。其中书院数量的变化,就是一个鲜明的例证。这份宋代以来浙江各府书院数量变化表,正体现了这一势头。见表3。

表 3 两浙书院统计表

	州(府)别	宋	元	明	清
浙东	宁波(明州)	25	8	10	35
	绍兴(越州)	9	3	12	22
	台州	9	6	16	65
	金华(婺州)	20	5	8	25
	衢州	15	1	10	27
	严州(睦州)	15	0	19	11
	温州	13	6	8	21
	处州	7	1	22	27
	平均每州(府)	14.13	3.75	13.13	29.13
浙西	杭州	3	2	20	35
	嘉兴(秀州)	3	2	10	23
	湖州	7	2	12	9
	平均每州(府)	11	4	21	50

资料来源:此表引自杨太辛:《浙东学术精神的传递途径和传承机制》一文(载《浙江社会科学》2005 年第 3 期),本文在引用时,作了一些调整。

书院作为传统时代的教育机构,是学术发展的一个基础,或曰表征。因此对照前述的宋、元、明时期各地区学术发展的状况,可证实,书院的数量基本上与该地区的学术发展程度成正比例的。只是与学术相比,书院的发展变化有一个"提前量"。宋代浙西的书院数量少于浙东,但到了元代已赶上浙东,至明代实际上已经超过浙东,只是还没有在学术方面反映出来,即明代的浙江学术仍然是浙东强于浙西。但从上表浙西书院的发展速度可以看出,从元到明、再到清,浙东地区的文化及教育虽然也在向前发展,但比较起来,浙西的发展势头更为迅猛,其中的一个重要原因,似乎是杭嘉湖相对发达的工商业经济,在元明以后终于对文化及学术发展产生了推力作用。所以至清代时,浙西各府书院的平均数量已是浙东的 1.72 倍。

四

正是在经济、文化和教育全面发展的基础上,清代浙西的学术远远超过了浙东,于是到清代,浙江省内的区域学者分布格局发生了重大变化——与此前的宋、元、明时期相反,清代浙江各地区的社会、经济发展水平与文化、学术发展水平开始成正比,各地区之间的差距也开始非常直白地体现出来:越是地势平坦、交通条件好、手工业和商业发达的地区,学术发展的程度就越高———这个看似非常简单明了的道理到清代才变得真正的简单明了。请见表4(见下页)。①

因而清代浙江的地区学术格局也发生了与宋、元、明时期相反的变化,即全浙十一府的学术发展程度总体上呈现出这样由高而低的三个梯级层次:杭嘉湖、宁绍台、宁绍台以外的浙东五府。这三个区域的知名学者人数在全省所占的比例分别为:64.94%、30.9%、4.16%。其间的差距非常大。因而学术史上所谓的浙西、浙东之分,在清代很大程度上只是杭嘉湖与宁绍台这两个行政区(道)的区别(参见表4、表5)。学者分布格局,即学术的区域分布情况,与经济发展、社会开通和思想文化交流程度却形成反比例——在宋以来的浙江,社会越是发展、开通,思想文化的交流越是扩大,学术的区域分布却越是趋于不均匀。因此浙江的传统学术史到了清代,对于金、衢、严、温、处五府来说,更加显得学术不是发展、而是后退了,而且后退的幅度还很大。

在各地区间学术"量"的分布上出现大差距的同时,代表各区域学术特点的学术流派分布的差距却不断缩小,即前述的明代出现的浙东、

———————

① 本表依据《清儒学案》各卷整理统计,该书中卷 195—208 的"诸儒学案"未计算在内。时期划分是以所查得的学者生年为准。即清初期、清中期、清后期分别是指学者出生的 1597—1680、1681—1770、1771—1862 年间这三个时期。

表 4 清代浙江学者府籍统计表

时期	学派	杭州府 人数	杭州府 %	嘉兴府 人数	嘉兴府 %	湖州府 人数	湖州府 %	宁波府 人数	宁波府 %	绍兴府 人数	绍兴府 %	台州府 人数	台州府 %	金华府 人数	金华府 %	衢州府 人数	衢州府 %	严州府 人数	严州府 %	温州府 人数	温州府 %	处州府 人数	处州府 %	总计 人数	总计 %
清前期	理学	21	42	20	40	4	8	1	2	4	8	0	0	0	0	0	0	0	0	0	0	0	0	50	100
	汉学	7	12.07	12	20.69	6	10.34	16	27.59	14	24.14	0	0	0	0	1	1.72	2	3.45	0	0	0	0	58	100
	王学	0	0	0	0	0	0	0	0	3	100	0	0	0	0	0	0	0	0	0	0	0	0	3	100
	其他	1	50	1	50	0	0	0	0	0	0	0	0	0	0	0	0	0	0	0	0	0	0	2	100
	总计	29	25.66	33	29.2	10	8.85	17	15.04	21	18.58	0	0	0	0	1	0.88	2	1.77	0	0	0	0	113	100
清中期	理学	5	35.71	5	35.71	1	7.14	0	0	3	21.43	0	0	0	0	0	0	0	0	0	0	0	0	14	100
	汉学	21	28	18	24	11	14.67	8	10.67	8	10.67	7	9.33	0	0	1	1.33	0	0	1	1.33	0	0	75	100
	今文	1	100	0	0	0	0	0	0	0	0	0	0	0	0	0	0	0	0	0	0	0	0	1	100
	总计	27	30	23	25.56	12	13.33	8	8.89	11	12.22	7	7.78	0	0	1	1.11	0	0	1	1.11	0	0	90	100
清后期	理学	0	0	5	71.43	0	0	0	0	0	0	0	0	2	28.57	0	0	0	0	0	0	0	0	7	100
	汉学	7	11.67	19	31.67	8	13.33	13	21.67	7	11.67	3	5	1	1.67	0	0	0	0	2	3.33	0	0	60	100
	今文	4	80	0	0	1	20	0	0	0	0	0	0	0	0	0	0	0	0	0	0	0	0	5	100
	其他	5	38.46	1	7.69	3	23.08	0	0	2	15.38	0	0	1	7.69	0	0	0	0	0	0	1	7.69	13	100
	总计	16	18.82	25	29.41	12	14.12	13	15.29	9	10.59	3	3.53	4	4.71	0	0	0	0	2	2.35	1	1.18	85	100
合计	理学	26	36.62	30	42.25	5	7.04	1	1.41	7	9.86	0	0	2	2.82	0	0	0	0	0	0	0	0	71	100
	汉学	35	18.13	49	25.39	25	12.95	37	19.17	29	15.03	10	5.18	1	0.52	2	1.04	2	1.04	3	1.55	0	0	193	100
	王学	0	0	0	0	0	0	0	0	3	100	0	0	0	0	0	0	0	0	0	0	0	0	3	100
	今文	5	83.33	0	0	1	16.67	0	0	0	0	0	0	0	0	0	0	0	0	0	0	0	0	6	100
	其他	6	40	2	13.33	3	20	0	0	2	13.33	0	0	1	6.67	0	0	0	0	0	0	1	6.67	15	100
	总计	72	25	81	28.13	34	11.81	38	13.19	41	14.24	10	3.47	4	1.39	2	0.69	2	0.69	3	1.04	1	0.35	288	100

西学术走向融合的趋势在继续——随着浙东与浙西间学术交流和相互影响不断增大，浙东、西的一些学术共性在扩大，因而清代学术分布的区域特点之界分已大为淡化，理学、汉学的分布虽有东、西量的差别，但这主要是学术总体发展水平造成的。如从上表可见，程朱理学仅仅在清初的浙西有较大的势力范围，但为时很是短暂。总的来看，程朱理学在清代的整个浙江都呈急剧衰减的趋势，只是在浙东衰减的速度更快、更彻底些：杭嘉湖三府清初知名理学学者 45 人，至清后期减为 5 人；浙东八府则从清初的 5 人减至清后期的 2 人。汉学在清代初、中、后期的浙江经历了一条从产生、发达到衰落的曲线，只是很大程度上决定这条曲线走向的是浙西：浙西三府的汉学知名学者从清初的 25 人，至清中期增至 50 人，至清后期又减至 43 人；浙东八府则是从 33 人减至清中期的 25 人，至清后期又升为 28 人。所以，从理学与汉学的区域分布上看，前面分析宋元时期浙江学术时所得出的浙东实多于虚、浙西虚多于实的结论，在清代已趋淡化。

但淡化不等于消失，章学诚所说的学术上各地区学者所代代传承的"习"在各地仍然起作用。只是这种作用，即不同区域的"习"所导致的各区域学术特征之界分已不像过去那么明显，而是趋于细微化了。这一时期浙江的程朱理学急剧衰退，区域间的细微区别已经很难觅见；汉学在浙江坐大，且风行各府，其区域间的区别也较明显。因此，这里将第一节引用过的"《清儒学案》中的浙人主案学派列表"重新加以整理，即摘出其中的汉学，以及汉学中分化出的其他学派，按照浙东、浙西重新整合，并加注各学派的治学特点，以从中分析清代各区域的学术特征。见表 5（见下页）。

尽管历来就有的浙东尚实学、浙西重朱学的学术特征，在清代并没有体现为汉、宋学派的浙东、西分布，而且程朱理学和汉学的传播已打破浙东、西的界线。但汉学内部既然出现了流派之分，其区域分布也就必然会"各因其习而习"，即各地学者仍然会根据本地区历来的治学传统选择流派。所以从上表可以看到，在清代浙东产生的 15 个汉学和其他流派中，至少有三分之一的学派治汉学而侧重于史学，这类学派数量多于浙西，其学者人数也远远多于浙西。同时浙东即使是治考据学的学者也大多继承了本地区崇实戒虚的传统，或者像毛奇龄、

表5 《清儒学案》中浙人主案的汉学和其他学派治学特点分析表

区域	学案名称	案主姓名	案主籍贯	学派人数		治 学 特 点
				总数	浙籍	
浙东	二万学案	万斯大	鄞县	11	11	主治史经世。
	谢山学案	全祖望	鄞县	9	9	学兼经、史、词章,尤重史学。
	徼居学案	苗式二	定海	13	10	博综群学,尤长三礼。
	南雷学案	黄宗羲	余姚	20	18	倡导穷经读史。
	西河学案	毛奇龄	萧山	14	12	申明汉儒之学,长于辨伪考证。
	抱经学案	卢文招	余姚	2	2	以考订校雠称名于世。
	南陔学案	于绍兰	萧山	2	2	学宗许郑。
	实斋学案	章学诚	会稽	4	4	好乙部之学,富史识。
	南江学案	邵晋涵	余姚	3	1	学贯甲乙,其长在史学。
	星伯学案	徐 松	上虞	4	2	究心地理。
	越缦学案	李慈铭	会稽	5	5	洞明三礼,尤精小学。
	鹤泉学案	戚学标	太平	4	4	博通经史,尤精声韵训诂之学。
浙东	息园学案	齐召南	天台	4	4	经史兼治,尤深舆地之学。
	丹邨学案	张作楠	金华	3	1	妍天文历算之学。
	籀庼学案	孙诒让	瑞安	3	3	博治群经,其专心尤在《周礼》。
浙西	董浦学案	杭世骏	仁和	4	4	说经衮然巨编,注史长于考证。
	颐谷学案	孙志祖	仁和	3	3	考论经子杂家,实事求是。
	二梁学案	梁玉绳	钱塘	4	4	精考据,尤专于史学。
	耕崖学案	周广业	海宁	4	4	深研古学,于考订致力最勤。
	梅侣学案	项名达	仁和	5	5	专攻算学。
	壬叔学案	李善兰	海宁	2	2	于算学用心极深。
	竹垞学案	朱彝尊	嘉兴	10	9	通诸经,开考证之先。
	二钱学塞	钱仪吉	嘉兴	11	10	博通群籍。精史学,兼长历算。
	柳东学案	冯登府	嘉兴	5	5	治经深得汉儒家法,尤精金石之学。
	悕斋学案	王元启	嘉兴	2	2	穷研经史,其句股之学尤著。
	子勤学案	钟文烝	嘉善	4	4	通小学,专精《春秋》。
	东樵学案	胡 渭	德清	2	2	擅长舆地之学。
	秋农学案	姚文田	归安	4	2	治《说文》为专家,旁通历算。
	铁桥学案	严可均	乌程	8	8	于学无所不通,尤精小学。
	敦三学案	沈 虫	乌程	2	2	尤精舆地之学。
	君青学案	徐有壬	乌程	2	1	于算学上深造自得。
	曲园学案	俞樾	德清	3	3	精于小学,发明故训,而务为广博。

资料来源:同表1—10。表中加注的各学派治学特点系根据徐世昌《清儒学案》、支伟成《清代朴学大师列传》等书之说综合而成。

齐召南、戚学标、卢文弨那样,通经的同时也兼治史学;或者像黄式三、李慈铭、孙诒让那样把经学落实为礼学,而且都有丰硕成果。从这个意义上说,前述的浙东实多于虚、浙西虚多于实的现象在清代虽然有所淡化,但没有完全消失。

但如前所述,清代浙东与浙西的学术风格正逐渐走向融通,更何况,清中期以后时代与社会也不允许学术还沉湎在说虚道玄的"博雅"之中,而是需要"专家",所以清中期以后浙西地区也产生了一些"专家"学派。只是这些"专家"学派已不同于浙东史学派,因为当时中国及浙江所急需的不是那种总是盯住过去的"专家",而是脚踏实地、面向现实、面向未来的"专家"。于是我们看到了这一历史现象:至清嘉道年间,几乎与纯考据学派逐渐消失的同时,浙东史学派也逐渐淡出学坛,整个浙江的汉学都在悄悄地发生分化,其主要表现是学者们顺着乾嘉以后的汉学向前、向外探索的趋势,纷纷移情于经典以外的学问,如金石学、校勘目录学、地理学、博物学、历算学等。从上表看,这在主要产生于浙西的后起汉学学派中尤为明显——浙西地区比较发达的工商业经济,支持、或曰导引着学者们冲击经学的禁锢,渐渐地疏离经学,而把舆地、金石、算学作为他们"兼通"的学问。特别是其中的算学——畴人之学,正逐渐地从学者的兼通之学,变为专门之学,出现了像项名达、李善兰这样的专门家。也正是他们,首先承担起了向体制外探寻学术新路的历史重任。

浙东学派的历史哲学及其在思想史中的意义

陈　锐

一

在中国思想史上,随着唐宋以后经济文化中心的转移,来自南方的,尤其是浙东的思想家占了相当的比例。南宋有永康学派、永嘉学派、金华学派,明代有王守仁、黄宗羲。到了章学诚写《浙东学术》以后,浙东学派的概念日益深入人心。许多近现代的思想家,如龚自珍、章太炎等也在不同的程度上受到浙东学风的影响。曹聚仁在《中国学术思想史随笔》和《我与我的世界》中,都为浙东列了专题,字句之间,隐约以浙东的学人自比。在走向市场经济和改革开放的今天,伴随着浙江的草根经济和民营企业的蓬勃发展,浙东学派强调事功和经世致用的风格也成为人们追溯浙江精神的重要内容和源泉。

然而,在这其中也存在着若干问题。尽管当代浙江在市场经济建设中的成就凸显出了追溯和弘扬浙江精神的重要性,而且来自浙东的思想家也在唐宋以后的中国思想史上占有一个显著的地位,但在今天为止的许多中国思想史或哲学史上,浙江的地域特征或浙东学派仍然是处于一个无关紧要的位置。像陈亮、叶适、王阳明、黄宗羲等人在哲学史方面的重要性只是由于被看成是当时整个时代的普遍潮流,如思想启蒙或实学思潮的一部分,很少有人会强调地域特征对于他们的思想成就的意义。今天人们可能从新的角度强调浙东学派中注重事功、工商皆本和经世致用的成分,但是,正如这种注重事功在朱熹的时代曾遭到贬斥一样,在当代也同样存在着被忽视的危险。事实上,在 20 世纪中对浙东学派的关注和研究主要是在历史学界由偏好思想的历史家来进行的,正是由于章学诚的《浙东学术》以及他本人在历史哲学上的独特成就,带有地域特征的浙东学派才会成为中国史学史和史学理论上的一个重要问题,并在学术上获得了普遍的意义和价值。像梁启超、胡适、章太炎、曹聚仁,以及余英时、何炳松、何冠彪等对之的研究实际上都是较多地站在史学家的立场上。

面对着这种情况,一个不可回避的问题就是,我们究竟应如何看待浙东学派在思想史上的特征及其意义。在这方面,一个重要的视角就是须超出地域的限制,将浙东学派的诸种特征放在整个中国古代思想史的整体及其变迁中来进行考察。从文化学和社会学的角度来看,中国古代思想文化的演变既不仅仅是像在过去所说的纯粹的唯物和唯心的两军对战,也不仅仅是后来所关注的儒家和道家的互补和融合,而是始终在主流与非主流、南方与北方之间的对立中进行的。中国文化的演变在这点上遵循着人类文化共同的进程,即在从某个中心点向周边地区的扩散和转移的过程中,存在着那种主流与非主流、中心与边缘的差异和冲突,它们在中国文化的特定背景中可能不像西方那样剧烈,但多少仍然是存在的,即使是那些互补和融合也是以差异和对立为前提的,否则也就无所谓融合了。在历史上,那些来自浙东的思想家假如说在传统哲学的演变中有什么普遍的意义的话,那就是带上了那些来自南方的,或者是非主流的特征,它们在哲学上则较多地趋向于经验主义、神秘主义和历史主义的成分。在这方面,正如浙东学派的历史哲学在 20 世纪中国的史学界曾不断地被关注和质疑一样,它在中国传统哲学的研究中也同样应获得其应有的位置。

二

浙东学派之所以在 20 世纪获得史学界的关注和质疑,是因为在浙东史学中包含着一种抽象的历史哲学。在陈亮、叶适、王阳明和黄宗羲等人的著作中,都始终贯穿着一种历史哲学的成分。章学诚的那部被余英时看成是两千余年来"惟一的历史哲学的专著"《文史通义》,[1]其主要成就和特色在于哲学和历史的某种统一,其中有一种称得上是真正历史主义的东西,古今文体、政教风俗、史学体例、人心道德,一切都表现为不断的历史变化的过程。这些对中国传统文化的宏观和整体的思考本应给我们带来重要的启发和影响,但在当代的许多研究中却往往被放在一旁了。

造成这种现象的原因是复杂的,但也可能是简单的,这就是哲学和历史的分离,或者如章学诚所批评的,是经与史、道与器的分离。在中国传统哲学的研究中,历史哲学一直是一个无关紧要的题目。由于时代的动荡,20世纪中国的哲学中渗透了太多的政治和道德的热情,很难有那种客观和冷静的历史态度了。我们所关注的始终是普遍的理想,都希望用一个普遍的模式去改造现实的社会,就像18世纪欧洲的启蒙思想家一样。在看待历史和传统时,尽管我们也会侈谈中国文化的整体观念,但在实际上也都往往是按照自己的气质和需要从中选择或排斥一些东西。在这个意义上它就和欧洲的启蒙运动一样是非历史的,如章学诚所说,"学者祈向,囿于时之所趋,莫不殚精竭智,攻索不遗余力,自以所得远过前人,圣人复生,不可易矣。及其风衰习变,后人又以时之所尚追议前人,未尝不如前人之视古昔。"[2]

在人类历史上,无论东方还是西方,哲学和历史都往往是分道扬镳的,否则马克思主义强调逻辑和历史的统一就没有多少意义了。在近代西方,我们曾在笛卡儿那里看到了唯理论者对历史的轻视,在南宋的朱熹著作中,我们也同样看到朱熹对陈亮注重历史的批评。在19世纪后的西方,历史哲学的重要性显著增强了,从黑格尔、马克思、狄尔泰、伽达默尔到海德格尔等,这种历史主义的倾向一直在加强,施本格勒宣称历史哲学是哲学的最终主题。在西方,当十八世纪欧洲启蒙哲学的理想破灭以后,在19世纪初历史主义的潮流就弥漫了整个欧洲。在马克思主义当中,我们也看到那承接于浪漫派和黑格尔的对启蒙运动的普遍理性的批判,以及那种巨大的历史感。在世纪之交的中

---

[1]　余英时:《论戴震与章学诚》,三联书店,2004年,第240页。
[2]　章学诚:《章学诚遗书》卷九《与朱沧湄中翰论学书》,文物出版社,1985年。

国,由于时代的变迁和理性的衰退,旧的模式往往无法解释不断变动中的社会现实,在这种情况下,历史主义也引起了越来越多的关注,这其中有倡扬,也有批评。即使在马克思主义的研究中,我们也越来越多地看到人们开始重视马克思主义发展史研究,重视历史的变化方面。一切理论都具有历史性,都必须适应中国的实践,并随着客观现实的发展与时俱进。因此,我们有必要重新审视中国传统中来自浙东学派的历史哲学以及对于中国文化和哲学的意义,而且随着时间的推移,我们也可能从他们的著作中找到越来越多的共鸣。

三

在另一方面,浙东学派的历史哲学尽管获得了许多关注和推崇,但在具体的解释上却是存在着相当的模糊之处。章学诚说:"浙东之学,言性命者必究于史,此其所以卓也。"①重视史学,已成为浙东学术的特色,《文史通义》开宗明义第一句话就提出"六经皆史也",但"六经皆史"的真实含义却未必就很清楚。自从梁启超以来,一般都认为"六经皆史"代表了对宋明理学的批评,即由空洞的心性之学走向现实和经世致用。在这一点上,章学诚乃至整个浙东学术都是与当时的时代思潮相一致的。章学诚自己就说:"史学所以经世,固非空言著述也。"②李泽厚也说,"在这种意义上,章学诚也正是陈亮、叶适、顾炎武、黄宗羲、王船山等人的所谓'外王'路线的延伸与扩展。"③这些说法在一定意义上自然是正确的,因为从宋明到清,整个中国社会都在不断地由理性的思考走向经验和世俗化的现实世界。然而,这样一来,他们把黄宗羲、章学诚这些浙东学派的主要代表与王船山、顾炎武等人泛泛等同起来,将之看成是时代思潮的一部分,这样实际上也就模糊了浙东学术自身的特点,假如这样,章学诚也就没有必要写《浙东学术》,并将浙东之学上溯到陆象山、王阳明,将浙西之学上溯到顾炎武、

---

① 章学诚:《浙东学术》,文物出版社,1985 年。
② 章学诚:《浙东学术》,文物出版社,1985 年。
③ 李泽厚:《中国古代思想史论》,人民出版社,1985 年,第 294 页。

朱熹了。因此浙东史学固然包含着经世致用的内容和对史实的注重，但不能简单地等同于事功与史料，就像美国文化中的实用主义哲学也强调实践和功利，但决不能等同于世俗意义上的功利主义。钱锺书在《谈艺录》中对章学诚的"六经皆史"作了一番考证，最后认为"是则以六经为存迹之书，乃道家之常言，六经皆史之旨，实肇端于此。"①钱锺书将"六经皆史"之说上溯到庄子，以至很难为那些强调浙东史学是经世致用的人所赞同。仓修良就认为钱锺书的考证只是一些离开历史条件的"文字游戏"，"以致这一结论未免有些牵强并将问题简化了。"②

四

人们知道，历史主义在当代哲学中乃是一个复杂多义的概念，它在不同的哲学家，如黑格尔、马克思、尼采、海德格尔、狄尔泰、波普尔、哈耶克等人那里都有着不同的内容和理解，在经济学、伦理学等学科中也都存在着历史主义的潮流。在浙东学派的思想家中，尤其是在王阳明、黄宗羲到章学诚，也明显存在着一种历史哲学的潮流，它们既包含和体现了时代的普遍需要，又渗透了浙东地域的特色，既有史学的成就，也有对历史的哲学思考。但是，浙东学派中的这种历史主义也是复杂的，黄宗羲和章学诚对历史的理解也有重要的差异，那么我们该如何认识浙东史学的这些特征呢？为了使问题简化，本文认为浙东史学的共同特征在许多地方是起于对从朱熹到戴震的理智主义的批判，也表现了当时较为落后的浙东对北方理性主义和主流文化的冲突与融合。

在人类历史上，理性、逻辑同历史往往处于某种对立和分离的状态，欧洲的18世纪是理性的时代，但也是反历史的，否则像马克思主义的逻辑与历史的统一、黄宗羲与章学诚融合哲学与历史就没有多少意义了。章学诚在《浙东学术》中，将自己的历史哲学上溯到陆王心学，它来自于对朱熹及以后的理智主义的批评。我们知道，中国社会

① 钱锺书：《谈艺录》，中华书局，1984年，第265页。
② 仓修良：《章学诚评传》，南京大学出版社，1996年，第170页。

从宋代开始,对宗教和彼岸的兴趣趋于淡薄,一种理性的思考和现实的人生态度逐渐占据了主导地位。理智的分析倾向以明晰的概念去把握这个混沌和整体的世界,辨别事物之间的差别和界限,朱熹喜欢区分理和气、道和器、形而上和形而下,就像康德区分现象和物自体、知性和理性、科学和宗教一样。以后的戴震尽管批判了朱熹理在事先的观点,但实际上仍是朱熹理智主义和道问学的进一步发展,"理者,察之而几微必区以别之名也。"①对于这样的过程,自从梁启超以来人们已经习惯于从外在的社会政治去解释其变迁,认为亡国之痛促使人们从空洞的心性之学转向现实的经世致用,清代的文化专制又影响了乾嘉学派的考据之风,这种解释自然是正确的,但也忽视了思想史发展的内在联系。余英时在研究清代思想史的时候,从章学诚的著作中受到启发,看到了从朱熹到戴震存在着一种理智主义的潮流,"戴君学问,实自朱熹道问学而得之,故戒人以凿空言理,其说深探本原,不可易矣。"②

这种理智的辨析和思维促进了学术和文化的繁荣,但也带来了种种消极的后果,它使人的道德建立在后天的道问学和外在的社会规范的基础上,变得虚伪而空洞,内在的情感和生命丧失了,思想在理智的辨析中也逐渐僵化下去,不再有活力和运动。它们在王阳明的时代导致了各种繁琐的理论辨析,就像我们在后世许多学院派那里看到的经院哲学一样;在章学诚的时代则导致了各种各样的门户之见,经与史、理和事一切皆在分离之中。学者或是离器而言道,空谈性命、抬高六经的权威;或者只是堆砌史料,不能把握内在的整体和一以贯之的道,"然议文史而自拒文史于道外,则文史亦不成为文史矣。"③在这种理智的辨析中,历史的运动和生命被忽视了。在朱熹那里,理和事、道和器被判为两橛,那么经与史也必定是分离的,如钱锺书在《谈艺录》中所说:"盖以经和史界判鸿沟也。"④朱熹是不喜欢历史的,就像笛卡儿的唯理论也轻视历史的变化一样。《朱子语类》卷一二一云:"或问《左

---

① 安正辉:《孟子字义疏证》,中华书局,1979年。
② 章学诚:《章学诚遗书》卷二《书朱陆篇后》,文物出版社,1985年。
③ 章学诚:《章学诚遗书》卷二十九《姑熟夏课甲编小引》,文物出版社,1985年。
④ 钱锺书:《谈艺录》,《附说》二十,中华书局,1984年。

传》疑义。曰：公不求之六经《语》《孟》之中，而用功于《左传》，《左传》纵有道理，能几何。"在陆王心学中，则出现了另一种潮流去批评朱熹的理智的辨析，这样，当消解了理和事、经和史的二元对立以后，就出现了一些历史的运动变化的观念，即认为在历史中，没有什么永恒不变的道。在陆象山看来，道是运动变化的，"其为道也屡迁，变动不居"。①他认为朱熹写许多书，给经典作许多注释，无非导致繁琐和支离。在王阳明那里，天理"随时变易，如何执得，须是因地制宜，难预先定一个规矩在。"②王阳明同样反对朱熹析心与理为二，反对那种纯粹理论的分析，言益详，道益晦。在经和史的关系上，他也反对将作为常道的经和变动不居的史区别开来，"以事言曰史，以道言曰经。事即道，道即事。《春秋》亦经，五经亦史。"③

五

陆王心学并不是一种系统的历史哲学，但其中确实蕴涵了一种历史的运动变化的观念。明清以后，随着对形而上的热情的衰退，一种更为冷静和客观的历史哲学就出现了，它们在王阳明那里只是一些抽象的原则，但在黄宗羲和章学诚那里发扬光大和运用于具体的史学研究中，成为时代的精神代表。这种演变很类似从欧洲十九世纪初的浪漫主义、黑格尔到施本格勒和汤因比的历史哲学的演变。明代的李贽说，"为道屡迁，变易匪常，不可以一定执也，故谓六经皆史可也。"④在黄宗羲的《明儒学案》序中，也是"夫先儒之语录，人人不同，只是印我之心体，变动不居"。⑤对于章学诚的六经皆史，人们往往只是满足于一些字面上的解释，将之理解为注重具体的史料、人事和经世致用等，但这只是表面和局部的现象。他的六经皆史的主要内容，是和王阳明一

① 钟哲：《陆九渊集》卷二《与朱元晦》中华书局，1980 年，第 29 页。
② 吴光等：《传习录上》，上海古籍出版社，1992 年。
③ 吴光等：《传习录上》，上海古籍出版社，1992 年。
④ 《焚书》卷五。
⑤ 《黄宗羲全集》第一册，《明儒学案》自序，浙江古籍出版社，1992 年。

样,反对那种理智的僵化的分析和二元论,反对那些学者的虚假的文字和著述,"六经之隐也,不隐于庸愚,而隐于贤智之伦者纷纷有见也。"①宋学空谈心性,离器而言道,汉学又纠缠在繁多的事实之中,清代学者自顾炎武以来,倡经学即理学之说,以为道在六经,学者穷经,不出格物、训诂、章句之间。因此无论宋学还是汉学,都是把普遍的道和具体变化的事区分开来。

这样看来,章学诚六经皆史的直接目的,并不仅仅是要将六经作为史料来看待,而是要消除六经的权威,"古人不著书,古人未尝离事而言理,六经皆先王之政典。"②古代人未尝把普遍的道和具体变化的人事区别开来,六经是当时现实政治生活的自然表现,"古代无经史之别,《六艺》皆掌之史官,不特《尚书》于《春秋》也。"③这样,六经也不是普遍不易之真理,不过是先王的政典而已,在历史的变化中,一切都是特殊的,没有什么固定不变的真理。即使是《易》,在不同的时代也各不相同,"夏曰《连山》,殷曰《归藏》,周曰《周易》,各有其象与数,各殊其变与占,不相袭是也。……不特三王不相系袭,三皇五帝也不相沿矣。"④后人之所以将《六经》奉为神圣的经典和教条,乃是儒家之流分立门户,将先王经典僵化的缘故。"学者崇奉《六经》,以谓圣人立言以垂教;不知三代盛时,各守专官之掌故,而非圣人有意作为文章。"⑤

这种对六经权威的否定同庄子视六经为糟粕,王阳明视六经为心之本体的外在展现有类似的意义。历史学家余英时说:"实斋'六经皆史'之论是和他对'道'的新观念分不开的。戴密微(P. Demieville)谓实斋之道存乎具体的历史实际中;倪文孙(David S. Nivison)亦言实斋所谓'道'是人性中企求文明生活的一种基本潜能,而在历史中逐渐展现者。"⑥余英时认为章学诚把道看成一种活的现在,这样这个命题便带有尊史抑经的意味,道"在历史过程中不断展现,六经既只是古史,

---

① 章学诚:《原道中》,文物出版社,1985年。

② 章学诚:《易教上》,文物出版社,1985年。

③ 章学诚:《章学诚遗书》卷五《论修史籍考要略》,文物出版社,1985年版。

④ 章学诚:《易教上》,文物出版社,1985年。

⑤ 章学诚:《史释》,文物出版社,1985年。

⑥ 余英时:《论戴震与章学诚》,三联书店,2000年,第55页。

则最多只能透露一些'道'在古代发展的消息"。①实际上,这在章学诚那里也不是什么新的观念,而是浙东学派中普遍存在的。如在陈亮那里,道就随着时间而变化,在王阳明那里道亦包含着泛神论的内容。当然,章学诚与陆王心学是有差别的,这种差别可以看成是余英时所说的尊德性与道问学的差别,也可以是一种哲学与历史的差别。但不管怎样,他们的联系仍然是相当重要的,六经只是变动不居的道的部分展现,否则章学诚就没有必要写《浙东学术》,并追溯自己思想的传统与渊源了,他们在一定程度同属于余英时所指出的那种反智识主义的潮流。在这里,它也可使我们想到德国的泛神论与 19 世纪浪漫主义史学以及黑格尔历史哲学的联系。马克思主义的历史唯物主义也同样植根于那个时代的文化背景中,并也强调每一种理论皆是历史的产物。

<h2 style="text-align:center">六</h2>

在这样的意义上,我们也许就可以更好地理解浙东学派注重史学的特点,与浙江精神的联系以及在中国思想史上的意义了。走向现实、强调经世致用和史学的繁荣乃是明清社会普遍的趋向,浙东的思想家在这一点上与当时的整个社会思潮是一致的,但又带上了自己的特色,在历史观上不同于从朱熹到戴震的理智主义,而是陆王心学的传统在演化中的产物,它致力于消解理智的辨析所导致的形而上和形而下、理和气、道和事的二元对立,将后者描绘为前者的外在展现,这样历史就表现为一个运动变化的过程。章学诚之所以要将浙西之学上溯到朱熹,将浙东之学上溯到陆王心学正揭示了这种思想上的内在发展。钱锺书对"六经皆史"的考证并不是什么文字游戏,而是和章学诚的《浙东学术》一样揭示了思想的内在联系。浙东学派的这种特征和近现代西方哲学中历史主义的演变也具有类似的意义。人类的历史尽管区分为东方和西方,但其本质上是相通的。浙东学派对历史的

---

① 余英时:《论戴震与章学诚》,三联书店,2000 年,第 60 页。

理解和当时主流文化的差别,就和德国浪漫主义、黑格尔的历史哲学和法国启蒙运动的史学、实证主义史学的差别一样。黄宗羲的《明儒学案》,也和黑格尔的《哲学史讲演录》有着类似的意义。

浙东史学不同于当时的主流文化,而带上了自己的特色,其中既有具体的史学成就,也有抽象的哲学思考,它们本身是不可分离的。正由于此,后世偏向于客观和严谨的历史家才会或多或少地贬低或忽视浙东史学中那种非实证的成分,同时在这样的立场上我们才可以理解浙东学派思想中那种复杂和矛盾的成分,或者说是兼有哲学和历史、理性和神秘等双重因素。人们在理解浙东学派时之所以会出现一些困惑,往往也正是较多地诉诸理智的分析,而导致了浙东思想家所批评的那种二元对立。黄宗羲的《明儒学案》具有重要的成就,但缺少许多史学家所要求的那种客观性。章学诚也强调自己不长于考证,但在《文史通义》中有一种不同于刘知幾的"史意"。章学诚被人所指责的"虚浮"、"蹈宋人语录习气"以及其成就都是由于这一点。人们对章学诚与浙东学派的评价也自然表现出一定程度上的差异,推崇章学诚的总是那些对抽象的思想有一定兴趣的人,而不可能是章学诚所批评的仅仅停留于收集与归纳史料的考证家了。在这样的基础上,我们也可以将之更好地同浙江的精神文化联系起来,在浙东史学中不仅有注重经世致用的时代特征,而且有一种深远的历史哲学,其中也渗透着一种热情、活力、对普遍之道的关注、面向现实的力量和勇气,一种对权威、繁琐的书本知识以及学者道德的怀疑和批判,就像王阳明和章学诚对他们时代的批判一样。

浙江思想家与非主流文化

陈　锐

当我们翻开一部中国思想史,我们就会发现浙江思想家占了相当的比例:东汉时有上虞的王充,宋以后,则群星灿烂。南宋有永康学派、永嘉学派、金华学派,明代有王守仁、黄宗羲,到了章学诚写《浙东》以后,浙东学派的概念日益深入人心。在近现代,我们则看到有龚自珍、章太炎、马一浮、鲁迅,如此等等,曹聚仁在《中国学术思想史随笔》和《我与我的世界》中,都为浙东列了专题,字句之间,隐约以浙东的学人自比。

这些事实,都似乎给我们造成了种种印象,即浙江历史上确是人文荟萃之乡,是思想家的家园,古代学术文化的辉煌所在,它们为我们对浙学的研究增添了某种信心。但我们也要看到,对于许多东西来说仍然是有相当保留的,这就是说,在后代人看来是辉煌的所在,在当时的历史中却并不尽是如此的,或者说在历史中却往往处于某种程度的幽暗之中。当公元 79 年由皇帝主持召开全国性的、空前盛大的学术讨论会——白虎观会议时,那个出身"细族孤门"的 51 岁的王充,却是在"涉世落魄""贬黜抑屈""贫无供养、志不愉快"中"闭门潜思"。那个作为唯物主义思想家的,具有某种英雄气概的永嘉的陈亮,在当时不过是"自处于法度之外,不乐闻礼法之论"的某种异端而已。永嘉学派的所在,在当时只是僻陋之地罢了。至于浙东学派,也曾有人质疑,近人金毓黻认为,那些被称为浙东学派的人实际上并不具有严格的学派师承关系,黄宗羲导源于王阳明,但与叶适、陈亮绝少因缘;清代的章学诚也是异军突起,自致通达。历史学家曹聚仁也说,明中叶以后,浙东学术文化逐渐黯淡下去,小"邹鲁"金华后继无人;到了清代,浙东学派实在赶不上浙西学派的光芒万丈。那个曾备受梁启超和胡适推崇的章学诚,他在当时乾嘉学派的氛围中却被"视为怪物,诧为异类","最为一时通人弃置而弗道",直到他去世后,人们在提到他时还是搞不清其姓名为何,或误为"张学诚"、"章石斋",其《文史通义》几十年后才得以刊行。他的思想影响是在19世纪以后,那时主流文化已经衰落,社会面临动荡、解体和变革了。

这种情况尽管有点奇怪,但实际上也是很自然的。从人类思想演变的普遍进程来看,辉煌与幽暗、主流与非主流等并不是截然对立和固定不变的。就浙江历史上的那些思想家来说,尽管它们未必就像金毓黻所希望的那样在形式上存在着一个严格的门派师承关系,尽管他们在当时可能不足道,但在他们之间又确实存在着某些共通之处,并值得我们后人去注意。当然这些共通之处也往往是见仁见智,而且假如从后现代主义的角度看根本就不会相信有什么共通之处,但我们今天为了研究的方便,还是可以去找出一些可能的标志,例如说"非主流文化",从王充到龚自珍以后,我想这也是他们一个基本的所在。

不过,那种"非主流"的说法,本身也是存在歧义的,因为它们在不同的时代中其表现是各各不同的。就浙江来说,它在历史上只是东南一隅,并不能算什么文化的中心。中国文化的中心历来是在中原,那里曾是先秦理性主义的故乡。唐宋以后,尽管经济文化的中心逐渐向东南转移,在清代有皖学、吴学、扬州学派,但浙江与文明的中心始终有着某种距离和差异,差异的程度也随着距离而改变,从浙西到浙东就是这样。在浙西我们看到有密布的河网,繁荣的商业和手工业,在浙东却主要是山陵和小自耕农的田园。运河的开凿,宋室的南迁都加速了北方的文化对东南的扩散和影响,但在这影响之下产生的文化却和原来的东西有着若干差异,这就像20世纪的亚洲世界也深受西方的影响,但始终不同于西方一样。浙江历史上的文化,而且尤其浙东的思想正是在这样一种影响之下成长起来的。它受到文明火光的照耀,但又始终处于某种边缘状态,处于辉煌与幽暗、文明与野蛮的边缘,正是在边缘状态上的不同力量的撞击和融合,才孕育出了浙江历史上的那些思想家。钱穆曾谈到先秦文化的转移,认为那时正是从较文明先进的地区向较落后地区的转移过程中才出现了文明的辉煌,汤因比相信文明的产生是由于两种力量的撞击,那些浙江历史上的思想家的活力可能也正由于此。

对于任何一种文化来说,处于中心和边缘状态的人对世界的感受、其思维方式、价值取向难免是有差异的,这也就像在剧院中,那处于辉煌灯光照耀下舞台上的演员和台下半幽暗中的观众所看到的世界不可能是完全一样的。浙江历史上的文化可能正由于所处的地位,使其始终与主流文化存在着差异,并使它们时而带上了某种批判的特征,某种经验主义的、神秘主义的、历史主义的风格。如果说,后面的那些哲学和思想上的特点还很难在此细述,那种批判性却是一目了然的。在王充那里,由于所处的下层地位,更为感受到那种"富商之家必夺贫室之财"的经济兼并和贫富对立,其《论衡》一言以蔽之,即"疾虚妄"。我们会说王充是战斗的无神论者,这个"战斗"可能也正透现出了一种特定的风格。据说浙东一些地方民风强悍,我不知道这与后来的心学传统有无背景上的联系。史称戚继光总理蓟、辽军事时"请调浙兵三千人以倡勇敢事",①浙江历史上的思想家可能也正是这样一些思想上的勇士。在叶适的思想中,既批判了儒学的空虚不实,也直接指向宋代社会的腐败、狡诈、贪婪和混乱。在陈亮那里,我们可以看到"推倒一世之智勇"的豪侠和英雄气概。在王阳明那里,则表现为某种狂者气象,是"夫学贵得之心,求之于心非也,虽其言之出于孔子,不敢以为是也,而况其未及孔子者乎"。②黄宗羲为父复仇,袖长锥,击阉党,慷慨激烈。章学诚著《文史通义》,处处针对当时占统治地位的经学。至于那个被称为近代启蒙先驱的龚自珍,其志趣并不在考证群经,其锋芒直指清末腐朽的封建专制,是"心无力者,谓之庸人。报大仇,医大病,解大难,谋大事,学大道,皆以心之力"(龚自珍:《壬癸之际胎观第四》)。章太炎则人称"章疯子",其排满和革命被鲁迅称为"所向披靡,令人神往"。

自然,那种批判性也未必就是浙江思想家的专利,而且浙江思想家的特色也不能简单地等同于批判性,许多有建树的思想家,不管东方和西方,古代和现代,都或多或少地带上了类似的特征,浙江文化的特色在于它的地理环境及对中原文化在扩散中的某种程度的反应。

① 参见张廷玉《明史》卷九十一《兵志三》。
② 参见王阳明《传习录·中》。

当欧洲的 14、15 世纪的文艺复兴,18 世纪的启蒙运动向周边扩散时,随着地域和经济文化的和差异,都表现出对它们的不同程度的变异和批判。浙江历史上的思想家在哲学上确实是和西方文化中的一些潮流有共通之处的。人类历史上的每一种思想,每一种理论,说到底都不过是一种对外在环境的特定的态度和感受而已,我们在解读浙江历史上的思想家的时候,也许不能忘记这一点,他们的思想与他们的人格是一致的,他们的进取精神、求实的风格,还有经验主义、神秘主义、历史主义等也都须放在类似的背景中才能得到解释。

浙学精神的价值意蕴

朱晓鹏

　　一个社会的基本价值观总是在该社会的历史传统和现实境遇相互作用的基础上形成的。浙学精神在很大程度上体现了我们浙江人的基本价值观,它既是浙江社会历史文化经验的总结,又是浙江当代实践精神的集中呈现,体现了历史维度与现实维度的结合。

　　说到浙学精神,人们比较普遍地认为讲究实效、注重"事功"是浙学精神的一个突出特点。其实,"简单地从浙江思想家那里找到某种成分来表明它的现代意义,这固然可以给我们增添某种信心,但它并不代表一种清晰和准确的描述,也无法在更高的层次上解释和容纳那些反面的批评。像那种说浙江精神是讲究功利、注重工商的说法固然是正确的,但同时却又很难将自己与许多注重商业或事功的地区区分开来。像广东、湖南和泉州等地都同样表现出了讲究实效、经世致用的特点,我们所说的浙江精神对它们也同样有效。像那种勇于创新、敢为天下先的精神在广东、湖南精神中也是同样存在的。从历史上来看,注重工商也不是浙江思想家所独有的,在一些思想史的著作中,在解释南宋陈亮和叶适的事功或者明末清初的经世思潮时,学者不大会提到当时的地域因素,而只是把他们归结为对整个国家衰弱的一种反应和要求。"①故在浙学中过于强调"事功"也不能完全真正突出浙江精神的核心价值,反而还降低了"浙学"在学术思想史上的地位。所以我们还需要进一步深入思考浙学及浙江精神形成的内在原因及其特质。

　　从这个意义上来看待浙学及其浙江精神,我认为有两个方面是最值得重视的问题。

---

① 陈锐:《浙东学派与浙江精神研究中的若干问题》,《杭州师范学院学报》(社会科学版),2005 年第 4 期。

　　1. 独立自主精神。 在浙江历史上，"'浙学'与中原文统一个明显的差异性在于，中原文统有清晰的思想体系，而'浙学'虽也有联系，包括与中原之学的联系以及'浙学'自己内部之间的联系，但并不明显，相反每个学派都相对独立，甚至自成体系。"①浙江思想家中的许多杰出人物如陈亮、叶适、王阳明等等往往都无所师承、不傍门户、异军突起、自致通达。他们不怕孤立，敢于突破传统、批判权威，虽处非主流、非正统地位，甚至被视为"异端"、怪物，也仍然能以"推倒一世之智勇，开拓万古之心胸"的豪杰气概和"狂者气象"，坚持创新，特立独行，提出了一系列新知卓识，从而形成为一种可贵的浙学传统。这类"陈亮现象"已成为浙江一种普遍的社会文化现象。而当代浙江的经济社会的较成功发展所展示出来的独立自主、勇于创新、讲求实效等浙江精神，不能不说正是这种浙学传统的一种继承和体现。那么，为什么浙江人会展示出较为强烈的独立自主精神呢？因为浙江自古远离中原的政治中心，社会环境相对宽松，加上人多地少、沿海地区等地理因素，人们难以固守于小农生产，早已不得不"讲究功利，注重工商"，使士农工商并重，通过自己多种途径的踏实努力，改善自己的生活和命运。即使在 1949 年以后，由于种种原因，浙江仍然是远离政治经济中心的地区，既没有国家的重要投资，也缺乏政策支持，是所谓缺乏"父爱"的典型地区。但是，改革开放以来，浙江人正是不等不靠、自力更生、自强不息，依靠自己实实在在的努力、千方百计的多种途径，使自己较快地走上了发展之路，表现了较强的独立自主意识。可以说，自谋生路、自我"救赎"的结果就是自我的强劲，独立自主精神的张扬。

　　当然，无论从历史的角度还是用现在的眼光来看，浙江大部分地区特别是浙东地区并非如想象中的是"鱼米之乡"，这种称谓一般是形容杭嘉湖平原和苏南地区。但是全国欠发达地区也不在少数，为什么浙江在历史上出现了文化的大繁荣呢？一个重要的原因，就是北方文化随着宋王朝的南迁，和江浙地区的本土文化形成了冲击和融合，正如陈锐教授在《浙江思想家与非主流文化》一文中指出的那样："浙江历史上的文化，而且尤其浙东的思想正是在这样一种影响之下成长起

---

　　①　滕复：《"浙学"三议》，《宋明时期儒学基本特征与思想精华学术讨论会论文集》，2011 年。

来的。它受到文明火光的照耀,但又始终处于某种边缘状态,处于辉煌与幽暗、文明与野蛮的边缘,正是在边缘状态上的不同力量的撞击和融合,才孕育出了浙江历史上的那些思想家。钱穆曾谈到先秦文化的转移,那时正是从较文明先进的地区向较落后地区的转移过程中才出现了文明的辉煌。汤因比相信文明的产生是由于两种力量的撞击,那些浙江历史上的思想家的活力可能也正由于此。"正是这种文化融合,激发了浙江人身上的各种潜能,使自我不断地冲破各种束缚和固定规则,成为自己的主宰,这从陈亮、王阳明等富有"狂者气象",注重"本心"的思想传统中典型地表现出来。

浙江社会文化中强烈的独立自主精神,直到今天仍然是十分有意义的,它可以引申出现代人所应该具有的独立性、自主性和自强不息精神,构成现代社会的基本价值观。

2. 平民化精神。任何真正具有生命力的思想、文化、道德都是源于民间、根植于老百姓日常生活之中的观念结晶,是一种自下而上的精神提升过程。美国人类学家罗伯特·雷德菲尔德(Robert Redfield)在其《乡民社会与文化》一书中提出,较复杂的文明中存在着两个层次的文化传统,即所谓"大传统"(Great Tradition)和"小传统"(Little Tradition)。他把主要是由知识分子、思想家等少数人信奉和生产的精英文化称之为"大传统",把民间大多数人所奉行的民俗文化称之为"小传统"。大传统主要依赖于典籍记忆,尤其是哲学、宗教、文学经典所构造的记忆、想象与理想而存在、延续。小传统主要以民俗、民间文化活动等"非物质"性的、活的文化形态流传和延续。浙学作为一种"大传统",其形成和发展就是在与"小传统"的良性互动中实现的。浙江事功派的"讲求实效、注重功利"以及重视工商的精神无疑浸润于浙江民间的社会实践和思想观念,是对当时当地普遍的社会心态的概括与提炼。大传统从小传统中找到源头活水。如果没有地方民间社会不求经、理,但求功利、注重实用以及重视工商的社会心理基础和社会背景,他们是难以产生这种与占统治地位的传统理学针锋相对的学术精神的。可见,发达的民间工商业无疑为浙东学派"讲求实效、注重功利"以及"重视工商"的精神提供了极其丰厚的社会土壤。浙江思想家们之所以能与民间形成良性的互动关系,一个主要原因在于其思想学术性格本身就具有特别强烈的平民性,可以说,平民性正是浙江思想家的一个突出特点! 故而其思想能够来自于民间,又很容易地回到民间、作用于民间。事实上,这也是当代浙江经济社会快速发展的奥秘之一,如浙江经济以中小企业民营企业为主力军,表现为典型的"老百姓经济";大多数改革都得益于"自下而上"的推进,是一种诱致性的制度变迁,等等。从这个意义上说,浙江经济社会发展可以说是具有突出的平民性、"草根性",而浙江传统思想也可以说是一种平民哲学、"草根哲学"。正是这种平民化特点适合于唐宋以来由于工商业不断发展、世俗化日益加强而导致的平民化趋势愈来愈明显的浙江社会。而这既是浙江的经济文化和社会发展始终具有重大生命力的一个内在原因,也是传统浙江精神在当代浙江的经济文化和社会发展中仍具有强大生命力的一个主要原因。浙江经济社会发展及其浙江精神中所具有的这种突出的平民化特点,与现代社会的民主、平等精神无疑是相通的,包含有可以导向构建现代基本价值观的丰富可贵的精神资源。

总之,整个浙学传统中所蕴含的根本性"本土性问题"及其解决方案的研究,具有极深刻的现代性和普适性价值,如工商社会、市场经济、自然人性论、权利意识、主体性观念、追求功利实效、从道德人向经济人的转向,价值观上的世俗化取向,等等。尤其是浙江社会经济发展及其浙江精神中所具有的这种突出的独立自主精神、平民化精神,不仅根植于浙江经济社会文化发展的历史过程中,而且集中体现了当代浙江的实践精神,具有可以导向现代价值理性和现代社会构建的可贵的民族性基础和丰富的传统资源。这些具有重要的现代性和普适性价值的思想资源,无疑值得我们去进行深入系统的研究挖掘,并标举出其在中国思想史上的独特地位和多方面的价值意蕴。

明清之际浙江宗教思潮及其研究

陈永革

论到"浙江思想文化"的研究或者说是"浙学"的研究,我想介绍一下"明清之际浙江宗教思潮及其研究"的问题。——明清之际,天崩地裂式的改朝换代,致使诸多社会思潮一时并兴。就类型而言,其中不乏宗教性质的思潮;而就活动地域来说,则浙江尤盛。

作为一个佛教大省,明清之际的浙江地区,佛教禅宗、天台宗和净土宗,可说是独领风骚,辐射全国,产生了广泛影响。如五家分灯之后的禅宗,虽曰仅存临济与曹洞两宗法脉绵延,然就浙江地区而言,却俨然成为宗门盛地,禅僧辈出,弘化于江南。如晚明时期,浙江籍的著名禅僧就达 31 人之多。[①]专倡禅宗的僧人,如云谷法会、湛然圆澄、闻谷广印、天隐圆修、密云圆悟、玉林通琇、木陈道志等,皆堪称宗匠。又如天台宗,则出现了一代名宿无尽传灯,重振天台教观,复兴天台祖庭。更值得一提的是,浙江净土宗产生并养育了如被尊为净宗九祖的云栖袾宏、净宗十祖的蕅益智旭等,影响及于近现代佛教的高僧大德。

明清之际的佛教思潮,不止表现于丛林佛教的兴盛,同时也表现在居士佛学的兴盛。丛林佛教与居士佛学之间的互动关系,刺激了明清之际儒释道三教合一的话题。特别是作为阳明心学的策源地,此一时期的浙江居士佛教思潮,更是集中表现出了佛学与心学合流的运思特色。至于道教,当时的浙江道教有以金盖山为中心的龙门中兴,成为道教复兴的一大表现。

明清之际的浙江民间宗教形态甚为发达完备,罗教、斋教、长生教、三一教等在浙江均有流传,对浙江近现代社会发展影响深远。明

---

① 参见圣严:《明末佛教研究》,台北东初出版社,1989,第 22 页。

清之际的宗教思潮还表现在佛教与基督教(天主教)的冲突与交融。明清之际天主教在浙江亦广为传播,与佛教、儒教展开思想论辩,成为当时宗教思潮重要的构成部分,不仅丰富了明清时期浙江宗教形态及民众之宗教生活,同时也可说明浙江在明清时期中西方宗教文化交流史上的独特地位。

对于明清之际的浙江宗教思潮,迄今为止,学界鲜有专题论究。近年来,随着宗教文化学术研究的深入开展,出现了一些研究明清宗教文化诸现象及层面的学术论著。如就佛教研究而言,日本研究明清佛教的知名学者长谷部幽溪教授有《明清佛教研究序说》(1978)和《明清佛教教团史研究》(1993),九州大学荣退教授荒木见悟有《明末宗教思想研究——管东溟的生涯与思想》(1979)和《阳明学的开展与佛教》(1984),这些研究成果对浙江佛教的兴盛均有论述。又如台湾圣严法师的名著《明末中国佛教之研究》(1975)及《明末佛教研究》(1989),亦对明清之际的浙江佛教思潮多有涉及。本人在博士论文《晚明佛学的复兴与困境》(1997)的基础上,近年来一直致力于明清之际浙江宗教思潮的研究。对于明清之际的浙江临济宗与曹洞宗、净土理论、天台皆有专论,其中有些研究成果已陆续刊出。最近又参与了浙江省社会科学院资深学者吴光先生的研究团队,进行《阳明学与晚明佛学》的专题探讨。

对于浙江道教,相对于佛教来说,研究现状显得相对沉寂。可资参考的研究成果有王志忠博士的《明清全真教论稿》(2000)、王江武硕士的《明清之际社会变革与清初龙门中兴之研究》(2001)等。

对于明清之际浙江民间宗教思潮,主要探讨罗教在浙江的流传与影响、江南斋教在浙江的流传及其影响、长生教在浙江的流传及其影响、三一教在浙江的流传及其影响等等。与其相关的研究文献,主要有马西沙、韩秉方的《中国民间宗教史》(1997)、喻青松《明清民间宗教经卷研究)(1994)、林国平《林兆恩与三一教》(1992)等。

对于浙江天主教研究,主要涉及天主教在浙江的传播、流传及影响,浙江佛教丛林与天主教之思想论辩及相互关涉等方面具有特色的内容。有关明清之际天主教与中国儒家传统文化的新近研究成果,可资参考的研究成果,主要有孙尚扬著《明末儒学与基督教》(1992),谢和耐(中国和基督教)》(耿昇译,1991);另外尚有汉斯昆和秦家懿合著的《中国宗教与基督教》(吴华汉译,1990),瑞士伯尔尼大学教授 ISO KERN(中文名耿宁)著 Buddhistische Kritik am Christentum im China des 17. Jahhunderts(《17世纪中国佛教徒对基督教的批评》,1992),韩国郑安德博士的《明末清初天主教和佛教的护教辩论》(2001)等。

通过对明清之际浙江宗教思潮的研究,透过地区性宗教思潮的历史生成及其衍化演变过程,藉此剖析明清时期浙江宗教思潮的理论特点、社会属性及历史效应,探讨明清之际社会变迁时代中国宗教的走向。对于明清之际浙江宗教思潮的研究,重要的工作在于史料收集及剔取分析,并由此而探讨明清时期浙江宗教与近、现代浙江宗教之间的相互关系。因此,对于明清时期浙江宗教问题的系统研究,作为区域性、地方性宗教史研究,不仅有利于深化认识此一历史时期浙江地区出现的宗教现象,从而加深对浙江社会史的认识;而且可以藉此探究浙江广大民众的宗教心理、行为观念和价值取向,丰富对浙江社会发展及民俗文化深层认识,从而为整体性研究提供个案范例。

另外,通过对天主教在浙江的传播及影响的探讨,可以深入探讨浙江乃至江南地区中西方宗教文化的冲突与交融问题,从而加深对明清时期中西方文化交融内涵的理解与认识。对于明清之际天主教与中国佛教之间的冲突与交融思想演变进程的研究,通过具体探讨中国佛教丛林与西方基督教(天主教)之间的冲突与对话,探究异质宗教及中西文化之间文化价值论的异同问题。通过对明清之际佛教与天主教之间的思想对话,阐明时代变迁和社会转型时期的宗教文化现象及其社会效应。而且,就明清之际中国佛教与基督教(天主教)之间的冲突与对话来说,这一课题的研究在学术上具有开拓性意义,有利于促进国际学术文化交流,有利于中西方不同文明之间的相互了解与相互对话,因此具有深远的现实意义。

下篇 浙学史论

陈傅良与永嘉学派的发展

朱晓鹏

在我国南宋前期思想史上,崛起于浙江东南滨海地区的永嘉事功学派,是与当时的理学("道学")、"心学"鼎立的全国三大学派之一。永嘉事功学派创始人为薛季宣(1134—1173),集大成者是叶适(1150—1223)。而陈傅良正是其中间人物。他是薛季宣的大弟子,又对叶适有很深的影响。叶适撰《陈公(傅良)墓志铭》说:"余亦陪公游四十年,教余勤矣。"[①]其后,又在《温州新修学记》中说:"薛士隆(薛季宣)愤发昭旷,独究体统,兴王远大之制,叔末寡陋之术,不随毁誉,必摭故实,……至陈君举,尤号精密,民病某政,国厌某法,铢称镒数,各到根穴,……故永嘉之学,必弥纶以通世变者,薛经其始而陈纬其终也。"[②]由此可见陈傅良在永嘉事功学派里是占有承先启后的重要地位的。而通过了解陈傅良的思想特质对于我们重新认识永嘉学派的思想史地位和学派归属问题是有着不可忽视的作用,并进而对永嘉学派中那些不同于(实际上是超过了)宋明理学的东西所体现出的具有新的独特思想内涵和学术旨趣的路径选择,对包括永嘉学派在内的南宋浙学的兴起所具有的充分的必要性和革命性可以产生新的理解。而这一切恰恰又能够进一步对造成永嘉学派及南宋浙学在学术思想史上长期被遮蔽和遗忘的重要原因做出深入的研究。鉴于学界对上述问题的研究尚有许多未及之处,这里特予以尝试探讨。

---

① 叶适:《水心文集》卷十六,中华书局,1983年点校本。
② 叶适:《水心文集》卷十。

一、陈傅良的思想特质

陈傅良(1137—1203),字君举,世称止斋先生,温州瑞安县人,为南宋颇负盛名的学者,《宋史》列其入《儒林传》。陈傅良作为的薛季宣大弟子,不但继承了薛季宣的事功学说,而且对永嘉学派的发展起到了承先启后的重要作用。

薛季宣的事功学派又被称为"经制之学",即注重从历代典籍中研究历代制度之学。然而,薛季宣研究"经制之学",其目的还是为了施于现实的治世。他主张"求经学之正,讲明时务本末利害,……无有空言,无戾于行"。①所以"其学主礼乐制度,以求见事功"。陈傅良在《薛公行状》中对他的事功之学的具体内容曾有论述:"自六经之外,历代史、天官、地理、兵刑、农末,至于隐书小说,靡不搜研采获,不以百氏故废。尤邃于古封建、井田、乡遂、司马之制,务通于今。"②确实,正如吕祖谦所说,他对"田赋、兵制、地形、水利,甚曾下功夫,眼前殊少见其比"。所以,其"所学确实有用"。③正因为如此,薛季宣开创了永嘉学派重事功而通世变,主张学术与事功统一,强调实事实功、经世致用的学术思想传统。黄宗羲在《宋元学案·艮斋学案》中就曾指出:"永嘉之学,教人就事上理会,步步着实,言之必使可行,足以开物成务。"④此论极为中肯。

陈傅良早年较贫寒,故勤学苦读,很早就在家乡一带授徒教学,以谋求衣食之资。由于教学有方,尤精于举业应试之学,所以陈氏早年就名动一时,"岁从游者常数百人",⑤"由是其文擅于当世"。⑥但陈傅良并不以此自满,除向同郡郑伯熊问学外,在南宋孝宗隆兴二年(1164)薛季宣自湖北归里待缺时,陈又以师礼事薛。乾道五年(1169)

①　薛季宣:《浪语集》卷二十五《答象先侄书》。
②　陈傅良:《止斋集》卷五十一。
③　吕祖谦:《东莱文集》卷三《与朱晦庵书》。
④　黄宗羲:《宋元学案》卷五十二《艮斋学案》。
⑤　陈傅良:《止斋集》卷五十二附录蔡幼学《陈傅良行状》。
⑥　叶适:《水心文集》卷十六《陈公墓志铭》。

冬,他又追随薛季宣寄寓常州读书,"茅茨一间,聚书千余卷,日考古咨今其中。"①叶适的学生吴子良说:"(止斋)从薛常州(季宣官至常州知州)讲经制之学,其后文学日进。"②从此继承和发扬了薛季宣的事功学说,并致力于有关国计民生实用之学的探讨。而从思想史上看,薛季宣的事功之学,也的确主要是由陈傅良传承和阐发的。全祖望说:"止斋最称醇恪,观其所得,似较艮斋(薛季宣)更平实,占得地步也。"③

陈傅良对薛季宣学术思想作了很好的继承和发展,并进一步凝聚成为了一些能够反映永嘉学派特征的思想特质。它们主要体现在以下几个方面:

一是主张"器便有道"的道器统一论。"道"与"器"作为中国哲学史上一对重要的范畴,历来受到学者们的重视。因为对它们关系的认识反映了一种思想的深层基础。道,指本体性的存在,也指无形的法则或规律;器,指具体的存在,也指各种有形的事物或名物制度。薛季宣主张道器统一、道不离器。薛季宣认为,"上形下形,曰道曰器,道无形埒,舍器将安适哉?"④

陈傅良坚持了这种唯物主义的思想主张。他反对朱熹等道家学"理(道)在气先"或"未有是器,却有是理(道)"的说法。他说:"形而上者谓之道,形而下者谓之器,器便有道,不是两样。"⑤显然,陈傅良这种认为"器便有道",物之所在,就是道之所在的道器统一观,是坚持了薛季宣的道不离器说。陈傅良的这种朴素唯物主义思想,也是他经世致用学术思想的形上学基础,对其事功学说的理论建构,具有重要的思想导向作用。

二是奉行务实的学风。薛季宣为学务求实用,十分重视理论在实践中的作用,强调为学应以躬行达用为本。薛季宣指斥理学空谈误国,认为"清谈脱俗之论"、"语道不及事"是空无之学,"迄无所有用",⑥告诫门生"毋为徒诵语录","义理之学不必深穷",而要"就事上理会,

---

① 陈傅良:《止斋集》卷五十一《薛公行状》。
② 《林下偶谈》卷四《陈止斋》、《止斋得谤》。
③ 黄宗羲:《宋元学案》卷五十三《止斋学案》。
④ 薛季宣:《浪语集》卷二十三。
⑤ 见《朱子语类》卷一二〇,曹叔远向朱熹所述。
⑥ 薛季宣:《浪语集》卷二十五,卷二十三。

步步着实"。①陈傅良深得其传,并予阐发,并且比薛氏"更平实"。陈傅良也主张论学要密切联系实际事物,认为"达官贵人而空谈不适用","是纸上语"。②他对当时的科举制度很不满意,认为是"以文词取士,而病其不以实学应科",希望科举考试能"以时务发策,以求实学"。③他自己研究作文,"集中多切于实用之文"。因此,他反对空谈理性,主张务实。他在教授学生时就把读经与历史实际考察结合起来,"令事事理会",以求将历史的经验教训"行于今世"。如他认为,《周礼》"其意要与时务合,不为空言",④故而精研《周礼》,"解剥于周官左史,变通当世之治"。⑤他"自三代、秦汉以下靡不研究,一事一物必稽于极而后已。而于太祖开创本原,尤为潜心",以求古为今用,以史为鉴,探索治乱兴衰的良策。显然,永嘉学派这样务实的学风,体现了一种完全不同于一般理学的新的治学追求。

三是明确倡导追求事功。薛季宣公开提倡追求事功,永嘉学派以事功学派名世,正是基于薛季宣等人对事功的这种明确的倡导和追求。史称薛季宣所学"无不可措之用",⑥主张"讲明事务本末利害,必周知之,无为空言,无戾于行。"⑦如他研究六经,"尤邃于古封建、井田、乡遂、司马之制,务通于今。"⑧以至朱熹大为反感,"目之为功利之学"。⑨陈傅良也主张所学要有实效,能见之事功。他说:"所贵于儒者,谓其能通世务,以其所学见之事功。"⑩他自己对社会现实问题不但认真思考,而且分析探讨"尤号精密"。楼钥所撰的《陈公神道碑》中称:"中兴以来,空理性之学者宗永嘉。惟薛(季宣)氏后出。加以考订千载,自井田、王制、司马法、八阵图之属,该通委曲,真可施之实用。……公(指陈傅良)游从最久,造诣最深,以之研精经史,贯穿百

① 黄宗羲:《宋元学案》卷五十二《艮斋学案》。
② 陈傅良:《止斋集》卷三十九《云章阁记》。
③ 陈傅良:《止斋集》卷四十三。
④ 黄宗羲:《宋元学案》卷五十三《止斋学案》。
⑤ 陈傅良:《止斋集》卷十六。
⑥ 黄宗羲:《宋元学案》卷五十二《艮斋学案》。
⑦ 薛季宣:《浪语集》卷二十五《答象先侄书》。
⑧ 陈傅良:《止斋集》卷五一《薛公行状》。
⑨ 黄宗羲:《宋元学案》卷五十二《艮斋学案》。
⑩ 陈傅良:《止斋集》卷十四。

氏,以斯文为己任,综理当世之务,考核旧闻,于治道可以兴滞补敝,复古至道,条画本末粲如也。"①

陈傅良继承了永嘉学派十分重视研究古代经典的传统,而且其研究,也不重其义理,而特重其经制。陈傅良认为,六经等本为圣人经世之用,后人研究六经也应在于探明"时务本末利害","变通当世之治",在于"兢业"。陈傅良说:"六经之义,兢业为本"、②"六艺之学,兢业为本。"③他把六经、史籍的要旨均归之为"兢业",即可以作实事实功建功立业的真学问,希望从这些典籍中领悟到能"综理当世之务"的富民强国之道,以古人之法措于今人之治。所以《四库全书提要》称:"傅良之学终以通知成败谙练掌故为长,不专于坐谈心性,故本传又称傅良为学自三代秦汉以下靡不研究,一事一物,必稽于实而后已。"

四是对现实民生和政治改革的关注。永嘉学派的思想家们的一个突出特点是几乎都十分关注现实民生问题,并将这种关注付诸理论的探讨和行动的实践。薛季宣在谈到义利关系时主张治国务为民利,反对与民争利,强调义、利统一。为此,知识分子为学寻求大义,就必须讲求有关国计民生的有用之学。他自己为官身体力行,做了许多有益民生、改革弊政的举措。清四库馆臣评论其《浪语集》时称赞他说:"历官所至,调辑兵民,兴利除弊,皆灼有成绩。在讲学之家,可称有体有用者矣。"④陈傅良继承和光大了薛季宣的这种思想倾向,将其经世致用的思想追求真正落实到了对现实民生的关切上。陈傅良不仅为官清廉,颇有政绩;而且关心民瘼,且长于思考,对老百姓的生存生计问题——即"民生"问题有多方面的思索,并提出了一系列主张。他认为,"民生"、"民心"是国家政治的核心问题,攸关王朝的安危存亡。为此,他撰写的《民论》、《收民心策》以及向皇帝的多次上书,专论民穷民困之现状,民心向背的力量,及重视民生的极端重要性。他提出,一个王朝"天命之永不永在民力之宽不宽",⑤因而,作为最高统治者的皇帝应以"宽民力"、"救民穷为己任"。⑥

① 楼钥:《攻媿集》卷九十五。
② 陈傅良:《止斋集》卷三十六《与吕子约》。
③ 陈傅良:《止斋集》卷三十八《答刘公度之一》。
④ 《四库全书总目》卷一六〇《集部》一三。
⑤ 陈傅良:《止斋集》卷二十《吏部员外郎初对札子第二》。
⑥ 陈傅良:《止斋集》卷二十《吏部员外郎初对札子第二》。

陈傅良目睹老百姓的生存现状,总结北宋以来财政税收的历史演变,深刻揭露了造成民力之困的种种弊政。他认为,造成民生问题的根源在于朝廷对人民取之无度,征税过多过滥,使普通民众难以应付。他主张通过免税减税,减轻人民的负担,改善人民的生存状态。同时,他主张革除导致百姓困穷、民生凋敝的种种弊政;惩治贪官污吏的扰民自肥行为,建立公平公正的法律制度和有效的监督机制来保证"宽民力"、"保民利"、"救民穷"。显然,这种倾力关注现实"民生"的政治思想是陈傅良思想中最突出的一个特质,也是其学术极为重要的组成部分,其中闪耀着可贵的人民性、民主性的光辉,不愧为一位平民思想家和政治家。而陈傅良的这种平民性,既与他本人出身于平民有关,更与他一生多与乡村平民及平民知识分子为伍,深切了解平民生活有很大关系,也与故乡永嘉一带社会经济生活环境对他的影响有很大关系。

陈傅良的思想对永嘉学派最终形成和发展起了重要的传承作用。叶适和他游从四十多年,叶适之所以能成为永嘉学派的集大成者,不能不与其深受陈傅良的影响有关。此外,陈傅良还培养了蔡幼学、曹叔远等一大批永嘉学派的知名学者,形成了一个具有相当规模的门人集团,他们通过讲学、游学、论辩等学术活动,极大地推进了永嘉学派的发展和思想的传播。

二、永嘉学派的思想史地位及其学派归属

永嘉学派的形成有一个过程,它是从永嘉之学基础上发展而来的。从学术史上看,正如有些学者已认识到的,"永嘉之学"与"永嘉学派"是两个既有不同又相关联的概念。"永嘉之学"的起源较早,范围较宽泛。永嘉之学发端于北宋。北宋庆历年间的王开祖开了永嘉之学的先河。周行己、许景衡等元丰永嘉九先生,则使永嘉之学得以长足发展。①但是,由于永嘉之学这时还未完全摆脱程颐洛学和张载关学

---

① 可参见周梦江著《叶适与永嘉学派》第三、四章,浙江古籍出版社,2005年。

的思想体系,尚未形成自己独立的学派,所以,真正"自为门庭"的永嘉学派直到南宋时期才形成。通常所说的永嘉学派,是指以薛季宣、陈傅良、叶适为代表的事功之学。可见,永嘉之学泛指北宋至南宋永嘉地区的具有地域特色的思想学说,而永嘉学派则是其中在继承了北宋以来永嘉之学的思想学术传统基础上进一步发展出来的"自为门庭"的独立学派。永嘉学派经陈傅良、叶适等人的发扬光大,使永嘉之学已经成大气候,也足以屹立于当时的学术界中,稳占了一席重要之地。

全祖望认为永嘉学派是与朱子理学、陆九渊心学鼎足而立的南宋三大学术派别之一,确实真实反映了永嘉学派在中国学术史上的地位和价值。全祖望在评论永嘉学派的陈傅良至叶适的发展时说:

> 水心较止斋又稍晚出,其学始同而终异。……乾、淳诸老既没,学术之会,总为朱、陆二派,而水心断断其间,遂称鼎足。[1]

事实上,这一由薛季宣创始,而陈傅良继之,到水心(确切地说,应在水心晚年)集其大成而一脉相承的永嘉学派真正与朱、陆二派鼎足而三的学术史地位是受到了那些能较客观地看待那段思想历史的人们的公认的。如《四库全书提要》在介绍《浪语集》时,就较公正地评价了薛季宣、陈傅良的事功之学:"朱子(熹)喜谈心性,而季宣则兼重事功,所见微异,其后陈傅良、叶适递相祖述,永嘉之学遂别一派","讲学之家,可称有体有用者",所论"不必依傍儒先余绪,而立说精确,卓然自成一家"。这里除了说薛季宣之学与朱熹理学"所见微异"不很妥当外,所说薛、陈"立说精确","卓然自成一家"之言,正是指事功之学所具有的学术思想史地位。

然而,由于宋末社会历史及思想文化环境的变化,特别是宋元易代、理学独尊局面的出现,使永嘉学派的发展传承受到了严重阻碍,其影响逐渐萎缩。至明清时代,人们几乎已长期遗忘了原本如此重要的一个学术派别的存在和影响。正因此,晚清致力于恢复永嘉学派的孙锵鸣说:"当是时,朱学盛于闽,吕学盛于婺,而吾乡二郑,陈、薛诸儒自为永嘉之学,讨论古今经制治法,纲领条目,兼综毕贯,务使坐而言者,可以起而行,与朱子、东莱鼎足而立。今吾乡人士于孔孟之遗书及程

---

[1] 黄宗羲:《宋元学案》卷五十四《水心学案上》。

朱之说列于学宫,固已幼而习之矣! 独于永嘉之所以为学,殆未人人能言之! 而岂知能为永嘉之学即可以为程朱,即可以为孔孟,乾淳之际可以独盛? 元明以来何以独熄?"①孙氏此言既充分肯定了永嘉学派在南宋社会曾取得过的巨大成功,又深深惋惜于此后它的衰落和失传。

其实,不论永嘉学派乃至整个永嘉之学的兴盛或衰落,都与其所具有的不同于正统理学的独特品质有着极内在的根本关联,可谓成于斯亦"败"于斯。这种不同于正统理学的独特品质,从一开始就注入了永嘉之学的内部并不断强化和彰显,贯穿于其始终,成为其一个最富有特色且最富有生命力的精神内涵。所以,永嘉之学的这种异质性思想特征,不仅在永嘉之学的最早开创者王开祖那里就已显露出来,②而且在永嘉学派那里得到了更为鲜明、自觉的反映。如前所述,从薛季宣到陈傅良、叶适,永嘉学派重事功而通世变,主张学术与事功统一,强调实事实功、经世致用。他们虽然也与理学家们有一些共同的论题和学术关怀,如他们都十分重视对五经的研究,但永嘉诸子研究经制(五经中记述的制度)更重于研究经义(五经的义理),而且认为研究经制的目的在于治事(治理国家政事)。同样,他们也注意了理、欲、义、利问题的探究,但他们摒弃理学的空谈玄说,反对理学家的"存天理,灭人欲"之论,把理与欲、义与利、道德与事功结合起来,达到了空前的一致。所以,正如黄宗羲曾经极中肯地指出的,"永嘉之学,教人就事上理会,步步着实,言之必使可行,足以开物成务"。

正是在这种理欲统一、"以利和义"(叶适语)的事功理念和批判求实的基础上,永嘉学派把思想学术的主要兴趣转向了传统所谓外王之道的探讨研究,对历史和现实中的各种政治、经济、军事等制度问题、历史价值观问题、具体的财政、税收等民生问题都展开了深入系统的

---

① 孙锵鸣:《孔锵鸣集》卷七《瑞安重建先师庙碑记》,上海社会科学院出版社,2006年,第110页。

② 关于永嘉之学的起源问题,无论历史上还是现代学术界,都有一些完全不同的看法,其中占主导地位的是认为永嘉学派由宋初周行己、许景衡所传伊洛之学演化而成,如黄宗羲、全祖望的《宋元学案》、清季邓实的《永嘉学派述》、近人何炳松的《浙东学派溯源》等均持此观点。而南宋永嘉学者陈谦的《儒志先生学业传》、今人周梦江的《叶适与永嘉学派》等则认为宋初王开祖应为永嘉之学的开创者。本文赞同后者观点。

研究,提出了一系列经济、政治、军事等各大社会问题的主张和见解。最具有意义的是他们敏锐地发现了制度因素在社会变革中的重要作用,因而十分重视对历代各种制度的研究;同时他们还否定了几千年来的重农轻商、"厚本抑末"的传统思想和政策,认为这种思想政策是"非正论";他们还建议"以国家之力扶植商贾,流通货币",①发展工商业,认为当时的重税盘剥打击了工商业的正常发展,应该予以改变。永嘉学派这一系列经济、政治、军事等各大社会问题上的主张和见解,不仅极大地拓展了思想学术研究的领域,而且在观点上往往是发前人所未发的独特大胆之见,新颖有益之论。元末明初的婺州学者王祎对此深表赞赏,他说:"自薛氏一再传为陈君举氏,叶正则氏,戴少望氏,而陈氏尤精密,讨论经史,贯穿百氏,年经月纬,昼验夜索,呈事一物咸稽于极,上下千载,珠贯而丝组之,综理当世之务,于治道可以兴滞而补弊,复古而至道条画本末粲如也。此所以永嘉经制之学,要在弥纶以通世变,操术精而致用远,博大宏密,封植深固,足以自名其家也。"②正因如此,他对永嘉经制之学,尤其作了高度肯定,他在给元代永嘉学者郑僖的弟子王熙阳《迁论》作序中说:

> 秦汉以来,儒者之学,或泥于训诂,或沦于辞章,或滥于清虚,或滞于功利,其于圣贤致用之道能通焉者鲜矣!至于宋而有永嘉经制之学焉,盖自郑景望氏,薛士龙氏,以及陈君举氏,叶正则氏,先后迭起。其于井牧、卒乘、郊丘、庙社、章服、职官、刑法之类靡不博考,而精讨本末源流,粲然明白,条分缕析可举而行。当其时,吾金华唐与正氏帝王经世之术,永康陈同父氏古今事功之说,与之并出,新安朱子皆所推叹然。于永嘉诸君子之学,独深许之,岂不以经制之讲,固圣贤之所以为道者欤?③

永嘉学派所着力关注和探讨的这些问题,正是传统儒学和正统理学所轻视和薄弱的领域,因此可以说自然构成了与他们在学理上的对立。当代著名思想史家韦政通先生指出:

> 我们研究思想史,特别注意的是,不论是南宋或清初,重视

---

① 叶适:《习学记言序目》卷十九。

② 王祎:《王忠文公集》卷六《送顾仲明序》。

③ 王祎:《王忠文公集》卷七《王氏迁论序》。

事功的思想家,在一定程度上都与理学家对立,水心甚至与整个的孔子传统为敌。这绝不能以为只是由于时代环境的刺激,而出于意气之言,这种现象实反映着儒学传统中的一个大问题,这个问题的核心,是要求如何解决外王的问题? 理学家们,不管对心对性的了解有何不同,他们对外王问题比较忽视,是一无可争辩的事实。先秦儒家当然是重视外王的,孔、孟、荀都是行动又兼思想型的人物,对社会政治问题都是高度热情,但在理论上所表现出来的,是内圣与外王一贯的思想,外王必须以内圣为基础,因此,所谓外王,就是圣德的功化,这是道德的理想主义的看法,不但在现实政治中无法落实,孔、孟、荀在这方面的努力也是失败的。①

如此看来,永嘉学派正是看到了传统儒学及正统理学在思想理论上的严重缺陷,才自觉地转向了外王之道、经世致用之学的探究,从而表现了与正统理学及传统儒学完全不同的思想关怀和学术旨趣。从学术上说,他们不惟书不惟上,具有独立思考的可贵学风,不盲从"道统",远离学究,超凡脱俗,面向社会,进入深层,富有创见,终成以经世致用为特征的独立学派,可称作是发轫于北宋、形成于南宋而兴盛于明清的传统浙学发展的一个关键环节,被后世学术界尤其是浙东黄宗羲、章学诚等贤哲所继承、发扬。

具有这种独特思想内涵和学术旨趣的永嘉学派,必然无法与当时的理学家们相苟同。事实上,永嘉诸子大多直接或间接地批评了理学乃至整个儒学。例如叶适就对理学及传统儒家进行了深入的批判,正如牟宗三所说:"叶水心不满曾子、子思、孟子、《中庸》、《易传》以及北宋诸儒所弘扬之'性理',而另开讲学之大旨,以其有合于二帝三王之'本统'。"他是一个"真正轻忽孔子而与孔子传统为敌者"。②不过,叶适对理学及传统儒学的批判,具有自己的鲜明特色,即他的这种批判,恰恰主要是立足于自己对外王、事功的深入思考。韦政通认为,叶适的基本思想"与儒家传统着眼于君德与道德动机的德治主义不同,这在政治问题的思考上是一大转进。他所表现的客观心态,与理学家是对

① 韦政通:《中国思想史》(下册),水牛出版社,1980 年,第 1210—1211 页。
② 牟宗三:《心体与性体》,第一册,中正出版社,1968 年,第 225 页。

立的,他在外王问题上的思考,有重大的历史意义"。①

另一方面,正统理学对包含鲜明独特的异质思想内涵和学术风格的永嘉之学乃至整个浙学都是采取排斥、否定态度的,甚至进一步视为"异端",予以打压。《四库全书总目提要》就曾描述过这种情况:"盖理宗之后,天下趋朝廷风旨,道学日兴,谈心性者谓之真儒,讲事功者谓之杂霸,人情所竞,在彼不在此。"②理学运动兴起后,大力口诛笔伐所谓"异端邪说",凡是有悖于朱子学说的,都不遗余力地加以排斥和批判,容不得半点争鸣。而包括永嘉学派在内的浙学,自然是其讨伐的重点。王祎在论及永嘉学派的遭遇时说:"论者顾谓其说不皆本于性命,以故近时学者一切党同伐异,唯徇世取宠之为务,其学遂废而不讲,而不知穿凿性命,穷高极远,徒骛于空言,其将何以涉事耦变以适世用哉。"③像朱熹虽和陆象山之间有些鼠牙雀角的异同之争,而对永嘉、永康两派浙学,则独多不满。例如他说:

> 江西之学只是禅,浙学却专是功利。禅学,后来学者探索一上,无可摸索,自会转去;若功利,则学者习之,便可见效,此意甚可忧!④

世人一般只知朱陆相争,却不知朱熹真正所忧虑、视为大患敌手的却是"浙学"!所以朱熹又曾说:

> 陆氏之学虽是偏,尚是要去做个人;若永嘉、永康之说,大不成学问!不知何故如此?⑤

史称"晦翁(朱熹)生平不喜浙学"。⑥薛季宣"为考亭之徒所不喜,目之为功利之学"。⑦但这里不仅仅是不喜欢,简直是彻底否定它的任何价值了!难怪侯外庐指出:

> 朱熹这寥寥三十二字,提出了思想史上一大公案:他对于陆象山的心学一派,还是有所肯定;而对于"永嘉、永康之说",则是

---

① 韦政通:《中国思想史》(下册),第1221页。
② 《四库全书总目提要·宗忠简集》。
③ 王祎:《王忠文公集》卷六《送顾仲明序》。
④ 朱熹:《朱子语类》卷一二三。
⑤ 朱熹:《朱子语类》卷一二三。
⑥ 黄宗羲:《宋元学案》卷八十六《东发学案》。
⑦ 黄宗羲:《宋元学案》卷五十二《艮斋学案》。

全盘抹煞。所谓"大不成学问！不知何故如此?"云云,已经把道学家的偏见和对唯物主义的敌视态度活跃在纸上。①

实际上,朱熹与浙学之间的这一思想史大公案的最值得探究的地方就在于:它们实质上是两种完全不同的学术思想范式的冲突和对立。前者固然已达到了儒学乃至整个传统学术思想的最高峰,但它终究已经只是一种传统的学术思想范式的典型;而后者虽然还不够系统成熟,但它却已经是代表着传统学术思想向近代学术思想转换的新范式,已具备近现代学科化、专业化学术思想的初步形态,因而已标志着重大的历史转折,即标志着他们已充分地认识到传统的以内圣为基点的外王之道已发生"肠梗死",而必须完全另谋它途。正如李泽厚所认为的,从传统儒学到现代新儒学都强调道德主义,但从内圣到外王的路径,实际上已走不通了,需要彻底地改变基地,"这种道德至上的伦理主义如不改弦更张,只在原地踏步,看来是已到穷途了"。②

从这一意义上说,正是那些不同于(实际上是超过了)宋明理学的东西所体现出的具有新的独特思想内涵和学术旨趣的路径选择,使包括永嘉学派在内的南宋浙学的兴起具有了充分的必要性和革命性!显然,南宋浙学与明清实学思潮的兴起在一定程度上是一致的,它们都反映了中国文化、思想自身在努力实现从传统到现代的范式转型。而这样一种学术思想史的崭新意义,显然是以传统儒学及正统理学为中心的学术史观所无法理解的,也是一定要极力将其边缘化、扭曲化或理学化和儒学化的。而这恰恰又正是造成永嘉学派及南宋浙学在学术思想史上长期被遮蔽和遗忘的一个重要原因。我们现在看清楚这一点,无论对于重新认识和评价永嘉学派及浙学的学术思想史地位及其意义,还是对于重新认识和评价宋以后中国学术思想史的路径、基本面貌及其现代转型问题,都会有重要的启发作用。

---

① 侯外庐主编:《中国思想通史》第四卷(下),人民出版社,1960年,第749页。
② 李泽厚:《探寻语碎》,上海文艺出版社,2000年,第317—318页。

叶适的哲学思想

杨国荣

宋明时期,除了主导性的理学思潮之外,儒学的衍化还存在另一些趋向,事功之学便是其中之一。从理论上看,尽管理学与事功之学同属儒学,但后者往往对前者持批评和质疑的立场,与之相联系,事功之学对儒学的理解和阐发,也表现出不同的特点。这里主要以叶适为对象,对此作一具体的考察。如所周知,叶适之学,以事功为主导。就内在哲学趋向而言,事功之学包含两个基本之点,即关注现实的世界和现实的社会生活,强调实际的践行并注重践行的实际结果。在叶适那里,以上两个方面通过物、道、势与人的关系以及成己与成物之辨,得到了具体而多层面的展开。对以上问题的阐述,既包含了多重的理论意蕴,又展示了儒学演进中不同于心性之学的历史趋向。

一、物　与　人

相对于理学对内在心性的关切,叶适更为注重现实的经世活动。他曾对理学家提出如下批评:"专以心性为宗主,虚意多,实力少,测知度,凝聚狭,而尧舜以来内外交相成之道废矣。"(《习学记言》卷十四)在此,"虚意"与"实力"被视为两个彼此相对的方面:"虚意"以心性为宗主,"实力"则超越心性之域而指向自然与社会的现实领域。

"实力"的作用对象,具体表现为外在之物。与拒斥虚意相联系,叶适首先肯定了物的实在性。按叶适的理解,物与人并非彼此悬隔,人的观念也不能远离于物:"人之所甚患者,以其自为物而远于物。夫

物之于我,几若是之相去也。是故古之君子,以物用而不以己用。喜
为物喜,怒为物怒,哀为物哀,乐为物乐。"①从存在形态看,人本身也属
广义的物,这种本体论上的联系,规定了物对人的制约以及物对于人
的活动的本原性,所谓"以物用而不以己用",便强调了这种制约关系
与本原关系。

从人的知、行过程看,"以物用而不以己用"首先涉及致知活动与
物的关系。无视外在之物而仅仅从一己之见出发,总是无法避免"伤
物":"自用则伤物,伤物则己病矣。"②从认识论上看,"伤物"意味着偏
离乃至扭曲外部对象。惟有始终以物为本,才能真正达到对事物之
知:"是故君子不以须臾离物也,夫其若是,则知之至者,皆物格之验
也。有一不知,是吾不与物皆至也。"③不难看到,在这里,物与知呈现
互动的关系:知之获得,表征着物已被把握(物格),知的缺乏,则表明
相关之物尚未进入认识之域,因物而知和与物皆至,构成了致知过程
的相关方面。

面向物、本于物,并不仅仅限于致知过程,作为注重事功的思想
家,叶适对人与物的关系作了更广的理解:

> 会之以心,验之以物,其行之以诚,其财(裁)之以义,其聚为
> 仁,其散为礼。本末并举,幽显一致,卓乎其不可易也。④

"会之以心"所肯定的,是知行过程中内在意识活动及观念的作用,"验
之以物"则强调了关于物之知需要以物本身加以验证。值得注意的
是,在叶适看来,上述活动("会之以心,验之以物")同时又与人之行相
联系,所谓"行之以诚",便表明了这一点,而义、仁、礼则从更深的层面
体现了知与行的关联:义、仁、礼既是人应当努力达到的品格,又是引
导人践行的规范,作为普遍的规范,义、仁、礼的意义和作用乃是通过
人之行而得到体现。正是基于以上看法,叶适将物与事沟通起来,把
"验之以物"同时理解为"验之以事":"无验于事者,其言不合。"(同上)
"物"主要表现为对象性的存在,"事"则与人的活动或人的践行相联

---

① 叶适:《大学》,《叶适集》,中华书局,1983,第731页。
② 叶适:《大学》,《叶适集》,第731页。
③ 叶适:《大学》,《叶适集》,第731页。
④ 叶适:《进卷》,《叶适集》,第694页。

系,与之相应,"验于事"也意味着通过人的活动以验证知与言。在这里,不离于物、以物为本已不仅仅表现为对物的静观,而是进一步以注重人的活动或践行过程(事)为其内在指向。

践行过程(事)的意义不仅仅表现为对知与言的验证,在更深沉的层面,人的活动涉及物之"用":

> 盖水不求人,人求水而用之,其勤劳至此。夫岂惟水,天下之物未有人不极其劳而可以致其用者也。[1]

这里所说的"用",指作用、功用,属广义的价值之域。物作为对象,其存在不依赖于人,然而,物所具有的价值意义,却是通过人的活动(极其劳)而呈现,并在人的活动过程中获得现实的形态:离开了以"极其劳"为形式的人类活动,物的价值意义(对人之用)便无从展示。如果说,"以物用而不以己用"着重肯定了人对物的依存性,那么,物之"用"与人的活动之间的以上关系则表明:物的价值意义形成于人的知行过程。叶适的后一看法既注意到了人的活动的价值创造内涵,又有见于物的价值规定与知行过程的相关性。

作为物之"用"所以可能的前提,人的活动本身又依循于道。在本体论上,道与物彼此关联:"物之所在,道则在焉,物有止,道无止也。非知道者,不能该物,非知物者,不能至道。道虽广大,理备事足,而终归之于物,不使散流。"[2]一方面,道内在于物,故唯有通过物才能达到道;另一方面,道不限于特定之物,而是超越了特定事物的限制,故唯有把握了道,才能进而涵盖万物。道与物的不可分离,同时也规定了"以物用"与合乎道之间的相关性。从历史上看,社会领域的活动,总是以道为依归,而道自身则体现于这一过程:"道不可见。而在唐、虞、三代之世者,上之治谓之皇极,下之教谓之大学,行之天下谓之中庸,此道之合而可名者也。其散在事物,而无不合于此,缘其名以考其实,即其事以达其义,岂有一不当哉!"[3]从平治天下,到道德教化与道德实践,人的活动多方面地受到道的制约。

在中国哲学史中,广义之"道"既指天道,也指人道。天道表现为

---

① 《习学记言》卷三。
② 《习学记言》卷四十七。
③ 叶适:《进卷》,《叶适集》,第726页。

宇宙、自然的法则，属"必然"，人道则包含理想、规范等义，便相应地表现为"当然"。从"必然"和"当然"的关系看，道既涉及世界是什么、世界如何存在，又关乎人应当做什么、如何做。从天道的视域看，这个世界既是多样性的统一，又处于变化的过程中，而天道本身便表现为世界的统一性原理与世界的发展原理。在人道的层面，问题则涉及人自身以及人所处的社会应当如何"在"。可以看到，以道为视域，世界"是什么"和人应当"做什么"、世界"怎么样"与人应当"如何做"等问题，内在地关联在一起。叶适对道与人及其相互关系的理解，也涉及以上方面。

物作为实然，主要构成了人的知行活动展开的现实背景，道作为必然与当然的统一，则更多地呈现了规范的意义。以规范为内涵，道同时构成了最高的评判准则："且学者，所以至乎道也，岂以孔、佛、老为间哉？使其为道诚有以过乎孔氏，则虽孔氏犹将从之。"①从天道的层面看，此所谓"道"涉及世界的终极原理以及对这种原理的把握，就人道的层面而言，这里的"道"则以社会历史的一般法则和社会文化理想为内容，作为二者的统一，它超乎特定的学派、学说，呈现普遍的形态。在这里，叶适既肯定了道的至上性，又强调了其普遍的规范、引导意义：唯有合乎道，才应在知行过程中加以接受、认同。

道的规范作用，不仅仅在于积极意义上对知行活动的引导，而且也在消极的层面表现为限定。正如"物"从存在的背景上制约人的知行一样，道也为人的行动规定了一个界限。作为必然与当然的统一，道固然超乎特定之物，具有普遍性，但就其与人的知行活动的关系而言，它同时又呈现限定的意义："道者，限也，非有不通而非无不通也。"②在人的行动过程中，一旦偏离或违背了道，便难以达到预期的目标，在不能离道而行这一意义上，道无疑构成了对行动的限定。从现实的知行过程看，知所"止"往往构成了一般的原则，而这一原则又与道相联系："人以止为本，道必止而后行。"③这里的"止"，便是指在道所允许的界限内行动（止于道）。如果说，循道而行主要从肯定的方面表

① 叶适：《老子》，《叶适集》，第707页。
② 《习学记言》卷四十四。
③ 叶适：《时斋记》，《叶适集》，第156页。

现了道对行的规范意义,那么,以道限行或止于道则进一步从否定之维强化了这一点。

二、势　与　人

作为以事功为重的思想家,叶适所关注的行动过程,更多地涉及社会历史领域。物与道所关联的,是宽泛层面的践行,在社会历史领域,人的活动则更直接的与"势"相联系。在叶适看来,历史的演进过程中存在着"势",以封建制(分封制)与郡县制的更替而言,其间便包含内在之"势":"夫以封建为天下者,唐虞三代也;以郡县为天下者,秦汉魏晋隋唐也。法度立其间,所以维持上下之势也。唐虞三代必能不害其为封建而后王道行,秦汉魏晋隋唐必能不害其为郡县而后伯政举。"①这里重要的,并不是分别将封建制与王道、郡县制与伯政对应起来,而是肯定二者在不同历史时期的存在,都与一定之势相联系。

叶适的以上看法与柳宗元的观点有相通之处。在谈到封建制时,柳宗元便认为:"彼封建者,更古圣王尧舜禹汤文武而莫能去之,盖非不欲去之也,势不可也。"不过,柳宗元首先将"势"与个人的意志或意愿区分开来:"故封建非圣人意也,势也。"②比较而言,叶适更直接地赋予"势"以必然的性质,所谓"必能不害"已表明了这一点,在以下论述中,他对此作了更具体的阐释:"迫于不可止,动于不能已,强有加于弱,小有屈于大,不知其然而然者,是之谓势。"③在此,"势"既作为外在力量超越了个体的意愿,又表现为一种"不可止、不能已","不知其然而然"的必然趋向。

历史过程中的"势"作为一种必然的趋向,同时又影响着历史过程本身的演进。欲治理天下,便必须把握历史过程中的这种势:"故夫势者,天下之至神也。合则治,离则乱;张则盛,弛则衰;续则存,绝则亡。

---

① 叶适:《法度总论一》,《叶适集》,第 787 页。
② 柳宗元:《封建论》。
③ 叶适:《春秋》,《叶适集》,第 731 页。

臣尝考之载籍,自有天地以来,其合离张弛绝续之变,凡几见矣,知其势而以一身为之,此治天下之大原也。"①在这里,叶适一方面承认"势"作为必然趋向不以人的意愿为转移,另一方面又肯定了人在"势"之下并非完全无能为力,所谓"知其势而以一身为之",也就是在把握"势"之后进一步运用对"势"认识以治天下。

要而言之,"势"固然不随个人的意愿而改变,但人却可以通过把握"势",顺"势"而为,在此意义上,叶适强调"势"在己而不在物:

> 古之人者,尧、舜、禹、汤、文武、汉之高祖、光武、唐之太宗,此其人皆能以一身为天下之势,虽其功德有厚薄,治效有浅深,而要以为天下之势在己不在物。夫在己不在物,则天下之事惟其所为而莫或制其后,导水土,通山泽,作舟车,刬兵刃,立天地之道,而列仁义、礼乐、刑罚、庆赏以纪纲天下之民。②

在这里,人的顺势而为既表现为根据社会的需要变革自然对象,所谓"导水土,通山泽,作舟车",等等,又体现于社会领域的道德、政治、法律等活动,所谓"列仁义、礼乐、刑罚、庆赏以纪纲天下之民"。通过因"势"而行、顺"势"而为,天下便可得到治理,在叶适看来,历史上的唐虞、三代、汉唐之治,便是通过不同时代的君王"以一身为天下之势"而实现的。相反,如果不能顺势而为,以致"势"在物而不在己,那就很难避免衰亡:"及其后世,天下之势在物而不在己,故其势之至也,汤汤然而莫能遏,反举人君威福之柄,以佐其锋,至其去也,坐视而不能止,而国家随之以亡。夫不能以一身为天下之势,而用区区之刑赏,以就天下之势而求安其身者,臣未见其可也。"③

人与势的以上关系,可以看作是人与物、人与道的关系之引申。如前所述,就人与物的关系而言,物作为实在的对象,构成了人的知行过程展开的现实背景,这一事实决定了人应当"以物用而不以己用"。然而,人又可以通过"极其劳"而赋予物以价值意义,换言之,在"以物用"(以物为根据)的前提下,人能够在作用于对象的过程中,使物为人所用。在此,人以物为用(从物出发、以物为本)与物为人所用(通过人

---

① 叶适:《治势上》,《叶适集》,第639页。
② 叶适:《治势上》,《叶适集》,第637页。
③ 叶适:《治势上》,《叶适集》,第637—638页。

的活动实现物的价值意义)呈现互动的过程。同样,从道与人的关系看,道内在于物,表现为普遍必然的法则与当然之则,作为必然与当然的统一,道具有超乎人的一面,但同时,人又能够以道规范自己的知行活动,或循道而行,或以道限行。在人与势的关系上,也可以看到类似的特点。一方面,"势"表现为一种"不可止、不能已","不知其然而然"的必然趋向;另一方面,人又可以因"势"利导、顺"势"而为,在把握"势"以后通过自身的实践以实现价值理想和价值目标。不难看到,在顺势而为的过程中,"以物用而不以己用"与"势在己不在物"呈现了某种统一性。

从顺"势"而为的视域看,"势"的运用又涉及"机"与"时"。对叶适而言,与物的价值意义唯有通过人的知行过程才能呈现相近,"机"与"时"的作用,也只有通过人自身的活动才能得到展示和实现,他曾对空谈"机"与"时"的人提出了批评:

> 事之未立,则曰"乘其机也",不知动者之有机而不动者之无机矣,纵其有机也,与无奚异!功之未成则曰"待其时也",不知为者之有时而不为者之无时矣,纵其有时也,与无奚别然![1]

这里所说的"机"与"时",近于一般意义上的时机、机会、机遇,等等,它首先表现为实践过程中的具体条件,或各种条件在某一时间段中的汇聚,这种条件同时具有正面或积极的价值意义(为达到某种价值目标或实现某种价值理想提供前提)。作为达到某种价值目标的条件,时机的作用和意义,只有在人的实践过程中才能得到现实的呈现,在相当程度上,时机本身也是在人的知行过程中形成或创造的。如果仅仅谈论等待时机,而始终不参与实际的践行活动,那么,时机也就失去了其现实的意义,虽有而若无,所谓"不动者之无机"、"不为者之无时"所强调的,便是这一点。与"不动"、"不为"相对,顺势而为意味着在知行的过程中创造时机或抓住时机,并根据时机所提供的条件,达到自己的价值目的。当叶适肯定"势在己不在物"时,其中也蕴含着将运用"势"与把握时机联系起来的意向,而二者的这种联系,又是通过社会历史领域的践行过程而实现。

---

① 叶适:《应诏条奏六事》,《叶适集》,第839页。

三、人 与 己

"势"作为一种必然的趋向,更多地体现于宏观层面的社会历史过程,在个体之域,人的知与行则关联着成就自我的过程。尽管叶适对理学家仅仅关注心性问题提出了种种批评,但他并未由此完全忽视成己的问题。

孔子曾提出克己的要求:"克己复礼为仁。一日克己复礼,天下归仁焉。"[①]在解释孔子的这一观念时,叶适指出:"克己,治己也,成己也,立己也。己克而仁至矣。"[②]在此,"克己"具体地被理解为治己、成己、立己。治己侧重的是途径与方式,成己与立己则表现为目标,其实质的内容乃是自我的完成与自我的成就。值得注意的是,叶适没有仅仅在消极的意义上将"克己"归结为对自我的否定、限制,而是首先从积极的意义上赋予克己以完成自我、成就自我的内涵。通过对克己的如上阐释,叶适同时把成己与立己提到引人瞩目的地位。

"己"即"我",与注重成己相应,叶适提出了"全我"的要求:"刚者,我也;命者,天之所以命我也;志者,我之所以为我也。见掩于物,坐而受困,致命、遂志,所以全我也。"[③]"我"之为"我"的内在规定,首先表现为"志","志"既包含意向(指向一定的目标),又包含意愿,二者从不同的方面体现了个体性的规定。然而,"我"又不仅仅限于个体性的方面,而是涉及普遍之维,所谓"命",便在形而上的层面表现为一种超乎个体的力量。在叶适看来,"我"的完整体现("全我")既包含"致命",也涉及"遂志"。从成就自我的层面看,二者的统一意味着:成己过程以个体性规定与普遍性规定的双重发展为其内容。

以自我的完成为指向,成己过程离不开个体精神的升华,后者包含自我之"觉"。在解释"觉"时,叶适指出:

> 所谓觉者,道德、仁义、天命、人事之理是已。夫是理岂不素

---

① 《论语·颜渊》。
② 《习学记言》卷四十九。
③ 《习学记言》卷三。

具而常存乎其于人也？岂不均赋而无偏乎？然而无色、无形、无
对、无待其于是人也，必颖然独悟，必渺然特见其耳目之聪明，心
志之思虑，必有出于见闻觉知之外者焉。不如是者，不足以
得之。①

从社会的视域看，与"人事"相关之理作为历史地形成的当然之则，具
有超越于特定个体的一面：当个体来到这个世界时，这种"理"已存在
于社会，在此意义上，可以说，"理岂不素具而常存乎其于人"。当然，
这里更值得注意的是将道德、仁义、天命、人事之理视为"觉"的内容，
由此同时表明了"觉"与自我境界提升的关系。在叶适看来，作为自我
精神升华的一个重要方面，"觉"首先表现为个体的"独悟"，独悟既体
现了"觉"以个体努力为前提，也表明所"觉"所"悟"总是落实于个体自
身。这样，个体境界的提升一方面离不开普遍之理（"觉"以道德、仁
义、人事之理为内容），另一方面又依赖于个体自身的努力（包括独
悟）。从具体的内容看，"觉"和"悟"既涉及见闻思虑，但又不限于感性
之知与理性之思而关涉更广的层面，所谓"必有出于见闻觉知之外者
焉"。尽管叶适没有指出"出于见闻觉知之外者"具体为何，但从自我
涵养的视域看，它无疑包括自我体验、领悟，等等，其中关涉情意之维。

在注重个体之"觉"的同时，叶适对个体间的感通也予以了相当的
关注，从他对"常心"的理解中，便不难注意到此点："天有常道，地有常
事，人有常心。何谓常心？父母之于子也，无不用其情，言不意索而
传，事不逆虑而知，竭力而不为赐，有不以语其人者，比以告其子，此之
谓常心。"②这里的人之常心，近于人之常情，从人之常情的维度看，亲
子之间的关系，无疑更为切近或亲近，二者不仅灵犀相通，常常无需推
论、转达便可相互理解和沟通，而且彼此没有隔阂，可以告知不便让他
人知道之事。上述意义的常心，同时表现为情感之域的共通感，它既
使个体之间在情感上彼此相契，也赋予自我的精神世界以超乎个体的
普遍内容。从共同感的层面看，人之常心当然并不限于亲子之情，儒
家所谓人同此心、心同此理，事实上已从更广的视域注意到了个体之
间在精神、观念上的相通性，叶适将"人有常心"与"天有常道，地有常

① 叶适：《觉斋记》，《叶适集》，第141—142页。
② 叶适：《进卷》，《叶适集》，第697页。

事"联系起来,无疑也注意到了"常心"作为共通感所具有的普遍内涵。

自我之觉与常心感通分别从个体性与普遍性维度,展示了成己过程的相关方面,二者同时涉及内外之辨。在谈到如何"至于圣贤"时,叶适指出:

> 耳目之官,不思而为聪明,自外入以成其内也;思曰睿,自内出以成其外也。故聪入作哲,明入作谋,睿出作圣,貌言亦自内出而成于外,古人未有不内外交相成而至于圣贤。①

"圣贤"即完美的人格,作为达到这种理想人格的过程,"至于圣贤"同时以成己为指向。这里再次涉及耳目之官与心之思虑,不过,其侧重之点不在于强调二者的不同职能,而在于从内外关系上,肯定二者的相关性。基于耳目之官的见闻,提供了有关外部对象之知,从而使内在的思虑活动获得了现实的内容,内在的思虑、智慧,又通过与感官活动相联系的知行、言行过程而得到呈现并作用于外,二者的互动,具体表现为"内外交相成"。从更广的视域看,"外"与感性的存在(耳目之官、广义之身)相联系,"内"则涉及理性的规定(心、精神),二者不仅仅具有认识论的含义,而是同时包含本体论、价值论的向度,它所涉及的,是人的具体存在形态:当人仅仅展现其中一个方面时,他便是一种片面的存在,难以"至于圣贤"。与之相联系,"内外交相成"同时意味着:成己过程以感性存在与理性规定的统一为其题中应有之义。

以"至于圣贤"为目标,成己的过程并不仅仅表现为精神之境的提升,作为倡导事功的哲学家,叶适对践行活动的注重,也体现于个体的成己过程。按其理解,成己并不是一个空谈心性的过程,它离不开自我的身体力行。由此,叶适主张"果行而育德成己":"于其险也,则果行而育德成己也;于其顺也,则振民而育德成物也。"②"险"与"顺"可以视为不同的践行背景,"果行"表现为坚定而切实的践履,德性的提升("育德")和自我的完成("成己")则基于这一过程;与"果行而育德成己"相联系的是"振民而育德成物"。孟子曾主张:"穷则独善其身,达则兼善天下。"③"险"则育德成己与"顺"则育德成物,与孟子的以上思

---

① 《习学记言》卷十四。

② 《习学记言》卷一。

③ 《孟子·尽心上》。

想呈现某种相通性。从具体内涵看,"成物"表现成就世界与成就他人,"振民"则展开为更广领域的践行活动,它与前文所讨论的循道而行、顺势而为相联系,既在实质上构成了社会历史领域中践行活动的具体内容,又与"果行而育德成己"相呼应,表现为成就世界与成就他人(成物)的前提。

不难看到,在以上理解中,成己(成就自我)与成物(成就世界、成就他人)彼此交融,个体的"果行而育德"与社会历史领域的循道而行、顺势而为的"振民"过程也合而无间,这种互融互动既在更广的层面展开了"内外交相成"的过程,①也以更为综合的形式将叶适的事功思想具体化了,它既体现了儒学内圣外王的理论进路,又使这一进路获得了具体而丰富的内容。

---

① 如本文开始时所论,叶适曾对理学提出如下批评:"专以心性为宗主,虚意多,实力少,测知度,凝聚狭,而尧舜以来内外交相成之道废矣。"这里的"内外交相成",便已包含成己与成物、德性涵养与经世事功的统一。

叶适的社会政治思想

陈　锐

一

对于永嘉学派的集大成者叶适来说,尽管人们一再引用全祖望在《宋元学案·水心学案》中的案语,将之与朱、陆成鼎足之分,但对其思想的某种程度的批评是始终存在的。从他同时代的朱熹开始,就在《语类》说,"永嘉、永康之说,大不成学问,不知何故如此。"陈振孙在《直斋书录题解》中也说:"其文刻削精工,而义理未得为纯明正大。"即使评价较为公允的黄宗羲,在指出其思想的特点和价值时,也不回避其不足之处,"其意欲废后儒之浮论,所言不无过高,以言乎疵则有之,若云其概无所闻,则亦堕于浮论矣。"①即使在现代,我们也仍然看到类似的说法,例如韦政通在肯定叶适"尧舜以来内外交相成之道"的同时,又说他"但因此而贬抑儒统,完全不了解春秋以后儒学发展的社会政治因素,以及政教分化以后的历史意义,他这方面所表现的独断与无知,是相当惊人的"。②

当然,不可否认的是,在每一种评价后面,都隐含了一种特定的气质、前提和立场。对于那些偏好理论思维的人来说,这样的批评也是自然而然的。事实上,叶适思想的真正价值并不完全在于理论上的建树,而是一种立足于现实的态度以及由此对现实社会的强烈的批判。因此,即使我们说到他的理论意义,那也主要是批判和否定性的,像那些关于无极、太极的争论,对儒学道统的怀疑,对孟子的批评等,重要

① 《宋元学案·水心学案》黄宗羲案语。
② 韦政通:《中国思想史》,下册,水牛出版社,1989年,1227页。

的不是这些争论的内容,而是这些争论后面所表现的立场、态度以及不同的社会潮流。在这点上如黄宗羲所说:"永嘉之学,教人就事上理会,步步着实,言之必时可行,足以开物成务。"①在南宋那样一个积贫积弱、偏安一隅、摇摇欲坠的社会里,叶适所关心的不是冷静的思考和理论上的分析,而是国家的存亡和对现实社会与政治的种种弊端的强烈揭露与批判,他的思想本身就是面向现实的。这也就是说,在他的整个思想中,那些关于现实社会政治的内容也许具有更重要的意义。在这方面,他的思想倒有点类似十八世纪法国的唯物主义,不过这也就是类似而已。

宋代的社会继唐代而发展,南北朝以来的贵族从安史之乱日益衰弱,对抗皇权的力量减少了,中央集权日渐强大,一个较低的中间阶层在兴起,微观上的走向有序而稳定,对上的控制与管理走向规范化,科举取士的扩大使得一大批出身中小地主阶层的人进入仕途,成为皇权的基础。唐代的宗教热情也在淡化,时代的潮流走向某种理性和现实的道路,这些都促进了理学和文化的繁荣。但在这同时,社会在走向有序化的控制时,也日益丧失了它的活力,当皇权高度集中的时候,士大夫的自觉意识也在衰退,庞大而复杂的官僚机构腐化而堕落,外患、冗兵和财政的危机加大了对民众的压榨,主和派苟且偷安。在这种情况下,叶适站在主战派的立场上,对那种脱离现实的道学,以及孟子、老子、佛教等进行了尖锐的批判,他心中念念不忘的是国家民族的存亡,是对种种现实弊端的揭露与批判。

叶适以及永嘉学派所代表的立场是与他们的环境密切相关的。从其地理上来说,永嘉处于偏僻之地,是处于文化和经济中心以外的边缘。事实上,不仅是永嘉学派,整个浙东学派也都具有类似的历史背景。历史学家曹聚仁在《我与我的世界》中就曾指出了浙东的小自耕农经济与浙西的差别(这种经济和社会的差异可以帮助我们解释浙东学派注重历史和人事的特点,我们知道,处于中等阶级的知识分子总是偏于理论思考的)。此外,从永嘉学派主人来看,也多是出生和成长于一个较低的社会阶层中。就叶适自己来说,是"寒门俊士",他在

---

① 黄宗羲《艮斋学案》案语。

《母杜氏墓志》中说:

> 始,叶氏自处州龙泉徙于瑞安,贫匮三世矣。当此时,夫人归
> 叶氏也。夫人既归而岁大水,飘没数百里,室庐什器皆尽。自是
> 连困厄,无常居,随僦辄迁,凡迁二十一所。所至或出门无行路,
> 或栋宇不完。……夫人常戒适等曰:"吾无师以教汝也,汝善为
> 之,……若义不能立,徒以积困之故受怜于人,此人为之缪耳!"

此种生活环境和教育,使得他容易把儒家的"善"、"义"与重视小
学的事功精神结合起来。而且,不仅是叶适,永嘉学派的其他一些人
也有类似的经历,如刘静君幼时"家零落","买宅城南,四无垣堑,萧艾
数尺"。陈傅良自述说:"以学多病,以贫数穷;使我岁晏,亦二者之
功。"①蔡幼学在《陈傅良行状》中,说自陈傅良以前,从闽迁浙八世,从
没有做过官。总之,他们在仕途上,也都是遭受排挤以至被贬逐。这
些背景和基础,就造成了叶适及永嘉学派的一些特征,即反映了中小
地主、自由商人的利益和要求,也反映了独立小生产者的若干利益和
愿望。

二

叶适政治思想中的一个重要方面表现在于对宋代君权的批判。
他认为,宋朝的弊病在于权能专而不能分,法能密而不能疏,对于利知
控制而不知舍弃。②他的批判也正表明了整个宋代社会的特征。我们
知道,宋代以后君王的权力不断增大,宰相多出身于社会中下层,不再
具有像以前出身贵族的宰相那样的独立性,钱穆在《国史大纲》中说:
"古者三公坐而论道,唐五代宰相见天子议大政事,亦必命坐赐茶。宋
初,周世宗旧臣范质等为相,惮帝英睿,讲每事具劄子进呈。由是奉御
浸多,始废坐论之理,而宰相见天子亦立谈矣。"③

叶适在《习学记言序目》卷五中认为,君权远没有到达后世那样的

---

① 《止斋文集》卷四十四,《自赞》。
② 《水心文集》卷一。
③ 钱穆:《国史大纲》,下册,北京:商务印书馆,1994年,第531页。

程度,"舜禹贵民之甚,以君为轻,汤不敢违故也,虽然,世道一变矣";
"古者戒人君自作福威玉食,必也克己以惠下,敬身以敦俗,况于人臣,
尚安有作福威玉食者!"只是到了夏商之季,"俗坏民薄,而尧舜禹汤之
道已不可复反乎!""古者君人无威,桀始坐威,威作而德灭矣。"(卷五)
以后周衰,"虚伪已张,廉耻已丧","君德日衰,臣节日坏,是使帝王之
道非降为刑名法术弗止矣,悲夫!"

对于宋代的专制政治,叶适认为虽然还没有到达秦那样严酷残暴
的程度,但许多地方也带上了类似的特点,"臣窃尝悲当世之故,而其
义不得一进言:请泛论前世之帝王得失成败可考之迹,以见其意。"①秦
皇汉武曾东征西伐,慑服宇内,意所诛戮,如毙犬豕,役使天下以观其
欲,后世之君,虽外讳其失而中有羡慕之侈心焉。以势力威力为君道,
以刑再子末作为治体,汉之文、宣,唐之太宗虽号贤君,其实和桀纣相
差无几。而当时之君,鉴于唐五代藩镇之祸,集天下权力于一身,"国
家规模特异前代,本缘唐季陵夷,藩方擅命,其极为五代废立。士宰断
制之祸。是以收揽天下之权,铢分以上,悉总于朝,上独专操制之劳,
而下获享其富贵之逸。"②这样又导致了种种弊病,"百年之忧,一朝之
患,皆上所独当,而群臣不与也。夫万里之遥,皆上所制命,则上诚利
焉。百年之忧,一朝之患,皆上所独当,而其害如之何,此夷狄所以凭
陵而莫御,仇耻所以最盛而莫报也。"③君王专权,可以内安,而一遇外
敌,则软弱不堪。这是纪纲之专也。宋王朝为控制地方官吏,使兵、财
分职,互相监督,万里之内,一举一动,上皆知之。这样,就使地方官吏
丧失了活力和自主权。此外,叶适还认为当时的法度太密,"今内外上
下,一事之小,一罪之微,皆先有法以待之。极一世之人,志虑之所以
周浃,忽得一智自以为甚奇,而法固已备之矣,是法之密也。虽然,人
才之不获尽,人之志不获伸,昏然俛首,一听于法度,而事功日隳,风俗
日坏,贫民愈无告,奸人愈得志,此上下之所同患,而臣不敢诬也。故
法度以密为累,而治道不举。"④

---

① 《水心别集》卷一,《君德一》。
② 《文集》卷一,《上孝宗皇帝箚子》。
③ 《水心文集》卷四,《实谋》。
④ 《水心文集》卷四,《实谋》。

国家法度太密,也表现在科举上。国家强盛需要人才,但宋代的教育是"以利诱天下","古者化天下之人而为士,使之知义。今者化天下之人而为士,尽以入官。"①官员越来越多,增加了国家的财政负担。规范化的科举制度之所以无法甄别、选拔优秀的人才,原因就是太过规范化,法度太密,"科举之所以不得才者,谓其以有常之法,而律不常之人,则制科庶乎得之者,必其无法焉。而制举之法反密于科举,……若今制科之法是半无意于得才,而徒立法以困天下之泛然能记诵者耳。此固所谓豪杰特起者轻视而不屑就也。"②制科的目的本是要求特异之士,但也"责之于记诵,取之于课试。"③在对官吏进行考核时,表面上有一套严密的制度,实际上流于形式和僵化,"艺祖太宗所用犹未有定法,惟上所用,间得魁磊之士。"④而到后来,资格要求愈盛,愈益繁复,"其人之贤否,其事之罪功,其地之远近,其资之先后,其禄之厚薄,其阙之多少,则同是一切有法矣。"⑤这些繁复的条例,层层束缚,纵有人才,也不能发挥,于是权力归于胥吏,因为一切以法度为决断,而最熟悉法度者是胥吏,"国家以法为本,以例为要,其官虽贵也,其人虽贤也,然而非法无决也,非例无行也。骤而问之,不若吏之素也。……官举而归之吏,则朝廷之纲目,其在吏也何疑!夫先人而后法,则人用;先法而后人,则人废;不任人而任法,则官失职而吏得志矣。"⑥"所以本朝人才所以衰弱,不逮古人者,直以文法繁密,每事必守程度,按故例,一出意,则为妄作矣。"⑦

在这里,叶适尽管反对程朱的道统,但仍然是站在儒家的立场上,希望人君"必以其道服天下,而不以名位临天下"(《君德一》)。假如人君行申韩之术,"以智巧行令,其令必壅;以智巧用权,其权必侵,以智巧守法,其法必坏"(《君德一》)。在这个基础上,他认为君王立国的根本一是礼臣,而是恤刑。他承认刑法立国的需要,但人主应当使"其臣

① 《水心文集》卷三,《法度总论》。
② 《水心文集》卷三,《制科》。
③ 《水心文集》卷三,《法度总论三》。
④ 《文集》卷三,《资格》。
⑤ 《文集》卷三,《铨选》。
⑥ 《文集》卷一,《上孝宗皇帝劄子》。
⑦ 《文集》卷四,《财总论二》。

无犯君之法"，而不是以刑法御其臣"，①舜和文王之时，礼遇臣下，"最能得天下贤才而用之"，"盖舜、文王之意迄周衰而亡，历秦汉隋唐而不复兴，至于艺祖、太宗，而后尽去前世帝王苛刻猜忍之意，一以宽大诚信进退礼节遇其臣下。"（《国本中》）

自真宗、仁宗而后，执政大臣去位，让其上疏自乞，不得已而去之，为之晋官加爵，宋之世殊少谏诤忤旨而死者，进人以礼，退人以义，不以刑法御其臣，无过于祖宗之世。尽管正因为如此，他认为当世优于汉唐，但逊于三代"虽然，今世之用刑，比汉唐为轻，比三代则为重"。②

在这里，叶适的思想反映了宋代的状况，君王的权利虽得到加强，但未达到汉唐那样严酷的程度，宋代的问题是智谋巧诈太多，法度太密，限制了臣民的活力。韩非说过，上古竞于道德，中世逐于智谋，当今争于气力。那么宋代的状况相当于韩非所说的中间阶段，智谋狡诈太多，刑法尚不是很严酷，君王礼遇士大夫。叶适的态度总的来说是站在儒家的立场上，希望君王不要以巧诈等法家之术来驾驭臣下，而要以宽厚仁道为主。在治理天下时法度不能太密，要给臣下以一定的自主性，给地方上以一定的管理军民、财政的能力，只有这样才能使宋王朝由柔弱变强，做到民有人治，兵有人用，地有人守，而不是"尽收权变，一总事机，视天下之大如一家之细"。

三

如前所说，宋朝的弊病除了权力太专以外，就是逐利太甚。叶适认为政治的基本原则在于有利于人民的生产和利益，没有这一点，光凭权力，霸道去统治，是不得人心的。叶适认为应当给民众以参政的机会，并主张通商惠工，扶持商贾，流通货币。但是宋王朝为了加强中央集权和对社会的控制，建立了庞大的军队和官僚机构，并把沉重的经济负担转嫁于民众。太祖开国时，有兵二十万，太祖开宝时，增至三

---

①　《水心别集》卷二，《国本中》。
②　《水心别集》卷二，《国本下》。

十七万八千,太宗至道时,六十六万六千,真宗天禧时,九十一万二千,仁宗庆历时,一百二十五万九千,南宋时疆土只剩其半,但仍有百万大军。冗兵和冗官增加了财政的危机和对人民的压榨。叶适指出,南宋政府从正规的夏秋两税和其他名目繁多、横征暴敛的杂税中,每年敛取八千万缗的收入,实是历史上前所未有的庞大数字,仅仅三十万屯驻在四镇的大军,每年就耗钱六千余万缗,米数百万斛。但是将领只知剥削士兵,士兵因为穷饿而不满,没有战斗力,军队成为"庸将腐阉卖鬻富贵之地",①以致"天下有百万之兵,不耕不战,而仰食于官;北有强大之虏,以未复之仇,而岁取吾重赂;官吏之数日益而不损,而贵臣之员多不省事而坐食原禄"。②

　　在这种情况,为了摆脱财政危机,满足统治者贪欲,横征暴敛,"名为理财,实为聚敛,今言理财者,聚敛而已,故君子避其名,而小人执理财之权。"③叶适认为在历史上,这种聚敛财富的霸道始于管仲,然后到桑弘羊、李斯,一代胜于一代。到了宋代,从王安石到蔡京,聚敛益盛,"王安石理财法,桑弘羊、刘晏所不道;蔡京之法,又王安石所不道;及经总制钱法,蔡京亦羞为之。"④王安石时,所敛尚不及民,在以后"于是蔡京变茶言法,刮地宝,走商贾,所得五千两,内穷奢侈,外炽兵革"。⑤到了南宋时,各种名目的税收愈益繁杂,"今经总制、月输、青草、折估等钱,虽稍已减损犹患太重,趁辩甚难,而和宝、折帛之类,民间至有用田租一半以上输纳者,贪官暴吏,展转科折。民既穷极,而州县亦不可为矣。"⑥由于贵族地主和兼并之家不纳赋税,破产农民无法纳税,于是全部负担落到占人口三分之一的"得以税与役自通于官的"庶族地主和个体农民身上,使社会的中间阶层走向贫困和破产,"若夫齐民中产,衣食仅足,昔可以耕织自营者,今皆转徙为盗贼冻饿矣。"⑦赋税的繁重使得破产农民无法忍受,他说:"余尝问为保正者曰:费必数百千?

① 《别集》,卷十二。
② 《别集》,卷十二。
③ 《外集》,《财计篇》。
④ 《外集》,《经总制钱论》。
⑤ 《文集》卷一,《箚子三》。
⑥ 《文集》卷一,《箚子三》。
⑦ 《水心别集》卷二,《经总制钱二》。

保长者曰:必百余千,不幸遇意外事,费辄加倍,少不破家荡产。……余欲以其言为妄,然余行江淮、闽浙、洞庭之南北,盖无不为此言者矣。"①

对于这种情况,叶适还站在东南庶族地主的立场上,将矛头集于南渡而来的世家大族身上,由于"衣冠贵人"尽集江南,使得土地、房产和生活费用高涨,"夫吴越之地,自钱氏始独不被兵,又以四十年都邑之盛,四方流徙,尽集于千里之内,而衣冠贵人不知其几族!故以十五州之众,当今天下之半,计其地不足以居其半,而米粟布帛之值三倍于旧,鸡豚茶茹樵薪之鬻五倍于旧,田宅之价十倍于旧,其便利上腴争取而不置者数十百倍于旧。"②宋代的役法以田产为服役标准,但这些世家大族却享有免役特权,于是纷纷以田产投靠势家豪族,而差役负担全落到了庶族地主和个体农民身上。

面对着南宋社会财竭、兵弱、民困、势衰的腐败状况,叶适要求限制贵族地主的封建特权,要"修实政,行实德"。他认为"多财本以富国,财既多而国愈贫,加赋本以就事,赋加而事愈散。然则英主自济非常之业,岂以财货多少为拘!"③他要求朝廷裁减经费,减少十之五六的开支,罢去经总制钱之半及和买、折帛等不正之敛,原来起供上用的也还州县以用于雇役,减税所造成的经费短缺由君王负担,"尽斥内帑封桩以补助之。"④在土地问题上,他认为道学家的所谓恢复井田不过是空洞的幻想,历史的变迁已经不可能恢复到以前的状况。同时,他又站在庶族地主的立场上,反对俗吏"抑夺兼并之家以宽细曲"的意见,认为穷困的农民从庶族地主那里租得田地,借得资金,在围困时从他们那里获得帮助,社会的游手末作、俳优技艺又仰食于夫人,而且他们又为国家提供税收,因此他们乃是国家的根本,他们的财产来自于自己的勤劳,有其合理性,只是不能走向贪虐。假如过于贪虐,只应适当加以节制,让他们得以改进,总之,"然则富人者,州县之本,上下之所赖也。妇人为天下养小民,又供上用,虽厚取赢以自

---

①　《水心文集》卷二十九,《跋义役》。

②　《水心别集》卷二,《民事中》。

③　《文集》卷一,《筍子一》。

④　《水心别集》卷十五。

封殖,计其勤劳,亦相当矣。乃其豪暴过甚,兼取无已者,吏当教戒之;不可教戒,随时而治之,使之自改而止矣。不宜预置疾恶于其心。①在差役的问题上,他同样也有这种妥协性的表现,如他认为对免役的官户的仇视,或对逃避的诡产的追究,是"浅夫庸人之论,不宜过多追究,也不能从根本上根绝,因为流弊已遍于天下,只要把雇役钱还于州县,除去差役之害,官户也就可以应役而不必加以督责。"②

四

　　叶适的社会政治思想,反映了在积贫积弱的南宋社会中中下社会阶层的社会政治态度,并与当时的道学形成某种差异和对立,并在相对的意义上形成务实而不务虚,注重功利的特色。对于这些特点,后代可以站在各种立场上去评价但每一种评价都有他的合理性。倾向于理性的人自然会认为其注重功利而在理论上有所欠缺,而那些注重现实的人又会对其中的唯物主义成分有好感。事实上,在人类的思想史上,每一种思想都是真实的存在,都代表了人们从特定的角度对现存世界的感受和态度。对于叶适及其永嘉学派来说,我们不能仅仅叫其放在与道学的对立上来判断其是非,而要放在一个更广的背景来看待其存在和特色。他们所代表的中小地主阶层既不同于世家贵族,也不同于下层的农民,而是处于之间的立场上。另外,从时代的变迁来看,叶适的思想尽管批评宋代的弊政,但在各方面也仍然带上了宋代社会的许多特征。由此我们也就可以理解叶适思想中那些复杂的方面(宋代社会也同样处于某种过渡阶段上),尽管他面向现实和强调事功,也仍然保留了儒家的某些道德和理性化的成分,所以人们才说他的思想是有体有用,或内外交相成之道。当然,这种兼有很难精确地加以描述,相对于朱熹而言,现实的一面是更加突出了。但假如比起明代以后的许多学者,他的现实性无疑又显得不足,他毕竟生活在宋代的社会中。他对君权的批评,反映了宋代以来皇权不断加强的现

---

① 《水心别集》卷二,《民事下》。
② 《水心别集》卷十三。

状,也反映了儒家士大夫的态度。他既反对前代帝王的严酷和残暴,也反对当世的智谋和巧诈,以及繁琐和细密的法度,他希望帝王以道和仁爱来临天下,这样他基本态度仍是属于儒家的,只不过倾向儒家思想中接近现实的一面罢了。他在批评当代时弊的时候,也认为宋代的刑法未达到前代的程度,这是为宋代社会决定的。而到了明代以后,当封建社会的集权更加走向严酷时,我们就在黄宗羲那里看到不同的风格,亦即更加激烈的批判了:"天下之人,怨恶其君,视之如寇仇,名之为独夫。"①在对待南宋的许多弊政上,他一方面说国家的根本在于民,要关心民之疾苦,但在另一方面又强调富人的合理存在并维护他们的利益。在国家的纲纪和法度问题上,一方面认为国家失其纲纪和法度,同时又认为施政太密,"而欲恃繁文细故以维持其国家,可静而不可动,易屈辱而难尊荣,则本朝之事是已。"②

对于其他的许多弊政他也只是局限于形式上,即所谓制度上的改良,而不会去触动君王和世家贵族的根本利益。他在晚年,曾订立了一个买官田以赡军的计划,例如在温州绕城四周三十里之内,由官府买其田之一半,以租佃给农民,则每年收入可养一州军士 2722 人,可以革除敛民财以养兵的弊政。在其计划里,并且规定了监官吏卒、乡官保甲的人数、待遇和职务,以严密地防范官吏的贪暴,来使民众减轻税负和官吏的剥削。但在当时的现实社会里,仍然只是一些美好的理想而已,缺少真正的现实性,也不能到达真正的事功。因此,尽管"天子以保民为职。宰相群臣,助天子保民者也,智虽绝伦,谋虽超众,必其可以保民而后用之,不足以保民者不可用也",但事实却是"我百姓死者四十余万人也,是累岁守边之策不足以保民也。行之不变,民命却尽,其事非远。且民知其不足以保我,必将自求生路,东南全蜀皆为盗区,是时虽欲一守而百固,可得乎?"③

---

① 《明夷待访录·原君》。
② 《水心文集》卷五,《纪纲一》。
③ 《水心别集》卷十六,《后总》。

划时代的经济思想家叶适

——百年典案:从哥大到京大经济研究中的叶适

叶　坦

叶适(1150—1223)是宋代著名思想家、哲学家、政治家,研究中国思想史、哲学史、文化史、政治史等必谈叶适;但叶适是作为经济思想家,而且是海外近现代经济学研究的重要对象,不仅治宋史、思想史、政治史等专业的学者很少注意,即使在现今中国经济学界也很少有人知晓。实际上,叶适不仅在中国经济思想史上具有划时代的意义,迄今相关的系统研究著述中基本都有他的显著位置,而且其影响深入到现实经济中,故有温州"商圣"或"商哲"之称。[1]

当我们研究和纪念叶适的时候,一定不能忘记中国经济学中同样有着叶适的显著地位——无论将此视为惊世骇俗之说抑或振聋发聩之论,却不能无视其所具有的坚实基础和史实证据。叶适在经济学上的贡献不仅永载我国的学术史册,而且伴随着中国经济学走向世界的百年始步而为西方学界所称道。

一、儒学与经济:西方第一部中国经济思想史巨著

不难看到,现今中国经济思想史的系统研究著作中叶适均占有一定篇幅,专门研究其经济思想的论文也很可观;然而,却极少有人知道早在百年前西洋名校出版的英文版中国经济学巨著中就有关于叶适的不少内容,而且近70年前东洋学术重镇已有著名经济学家专题研

---

[1]　如杨涌泉编著:《温州人生意经》,企业管理出版社,2003年,有"温州'商圣'——叶适";胡太玉:《温州商人》,甘肃人民出版社,2002年,有"温州'商哲'——叶适"。

究叶适的货币思想。要弄清这些问题有必要进行经济学术史的回顾。

如今国内许多学术领域都在强调与国际"接轨",而作为"皇冠上的明珠"的经济学一般被认为是西方人的专利,是"舶来品"。仿佛赓续数千载、经济文化先于西方而发达的中华文明中并无"经济"! 或者割裂儒学与经济的关联,用"讳言财利"一言以蔽之。实际情况不然,中国不仅有着丰富而悠久的经济思想,而且许多学说领先于世界并在海内外产生深刻影响。[1]西方有代表性的经济学说中不乏中国因素,如法国重农学报学说的中国渊源问题一直受到重视;有研究表明,中国的常平仓思想曾对美国新政农业立法产生直接影响,针对农业萧条,时任农业部长的华莱士(H. A. Wallace,后任美国副总统)力主将常平仓制纳入1938 年"农业调整法",奠定了美国当代农业立法的基本框架。[2]

这些美国人是怎么知道中国常平仓的? 这就要进入本文的主题——距今整整一百年的 1911 年,从清代进士到美国博士的陈焕章,在哥伦比亚大学出版了博士论文 *The Economic Principles of Confucius and His School*(其自译《孔门理财学》,精装两册,凡 756 页)。这是迄今所知国人在美国正式刊行的首部经济学系统研究专著,也可以说是至今影响最大的书,在经济学术史上具有重要意义,连大名鼎鼎的经济学权威凯恩斯(J. M. Keynes)都很快为之撰写书评! 此书出版百年来直到近年在西方一直都在连续再版,可惜中文版 2009 年才在我国面世。[3]

研究儒学的人没有不知道陈焕章的,但他的经济学建树以及影响却未必为人所知晓。

陈焕章(1880—1933),字重远,广东高要人。八岁始"谒圣"习国学,后入康有为的"万木草堂",力主倡明孔学,支持变法维新。1903 年中举人,翌年联捷进士,朝考点内阁中书,入进士馆。他 1905 年奉派

---

① 参见拙文《学术创新与中国经济史学的发展——以中国经济思想史为中心》,《河北学刊》2010 年第 4 期。

② 参见李超民:《常平仓:美国制度中的中国思想》,上海远东出版社,2002 年。

③ Chen Huan-Chang, The Economic Principles of Confucius and His School, Columbia University, Longmans Green & Co., Agents, London: P. S. King & Son, 1911, 有关此书及相关情况,请参见拙文《〈孔门理财学〉——中国经济学走向世界的百年始步》,《中国社会科学报》2010 年 8 月 26 日第 8 版。

留美,1907 年考入哥伦比亚大学学习政治经济学,1911 年获哥大博士学位,其博士论文就是英文版《孔门理财学》。次年,陈焕章归国,在上海创"孔教会"任总干事,与严复、梁启超等请定孔教为国教,并创孔教会。后出任过袁世凯总统府顾问和国会参议员等,撰《孔教经世法》,译成外文广为流传。他还在京发起建"孔教总会"会堂,后创立"孔教大学"自任校长;1930 年在香港设"孔教学院"任院长,1933 年在港病逝。

作为康有为门生的陈焕章,其人以弘扬儒学为己任,其学新旧交汇中西贯通,其著《孔教论》影响很大,《孔门理财学》则旨在"昌明孔教,以发挥中国文明之意思"。全书分为五个部分,共九篇三十六章——"通论"部分:第一篇《孔子及其门派》、第二篇《经济学与各科学之关系》、第三篇《一般经济原理》"消费"部分、第四篇《消费》"生产"部分、第五篇《生产要素》、第六篇《生产部门》、第七篇《分配》、第八篇《社会性政策》"公共财政"部分、第九篇《公共财政》;最后是"结论"部分。按照西方经济学原理分别讨论孔子及其学派的一般经济学说及其在消费、生产、分配、公共财政等方面的思想,并结合社会经济发展史实与其他学派的经济思想进行研究,梳理出中国古代经济学说的大致脉络和研究中国经济思想史的基本方法。

哥大破格资助留学生的著作出版是很特别的。该校政治经济学教授施格(Henry R. Seager)的序言高度评价作者的研究,指出作者熟知英文经济学文献,故能比较东西方文明;认为读过此书的人将确信,儒学既是伟大的经济学体系也是伟大的道德和宗教体系,其中包括即使不是全部也是大部分解决今日中国严重问题的必要因素。作者自序阐明其"首次尝试系统地介绍孔子及其学派的经济原理",比较研究了管子、老子、墨子、商鞅等的相关思想,提出经济理论研究最好结合经济史,注重理论产生的背景和条件。强调其研究是对"独立于西方而发展的中国思想和制度的考察",尽量"避免以现代西方经济学家的视点解读中国古代文献"。其在《〈孔门理财学〉之旨趣》中再度详论此书宗旨,称理财学即"以义理财之科学",说其书实可名为《中国理财学史》又可名作《中国生计史》。

中国经济思想史学会首任会长胡寄窗先生指出,这是"中国学者在西方刊行的第一部中国经济思想名著,也是国人在西方刊行的各种经济学科论著中的最早一部名著"。《美国历史评论》称作者"作出了破天荒的成绩",据说哥大后来的博士论文答辩也有以此书观点提问的。1912 年威斯康星大学著名社会学家、政治经济学博士罗斯(E. A. Ross)在《美国经济评论》发表书评,认为陈焕章打通中西经济传统,为西方政治经济学接上了孔子以来的中国伦理学和社会学资源而得以相互补充,使得此书在浩如烟海的西方政治经济学文献中占据一个独特的位置。熊彼特(J. A. Schumpeter)在其名著《经济分析史》中提出中国"没有留传下来对严格的经济课题进行推理的著作,没有可以称得上我们所谓'科学'著作的"。但在注释中却以转折口吻请读者参考陈著。马克斯·韦伯(Max Weber)的《儒教与道教》开篇文献中也有《孔门理财学》,足见影响之大。此书出版后许多刊物如《中国维新报》、《独立报》、《美人历史评论报》、《东方评论报》、《字林西报》等都有评介。作为名刊《经济学杂志》主编的凯恩斯,1912 年即在该刊撰发评论,肯定"在陈焕章博士这本博学而令人愉悦的书中,有大量的内容人们将会引用"。作为货币经济学家的凯恩斯对中国货币思想相当重视,明确提出"中国学者早就懂得格雷欣法则和货币数量理论",该书评对陈著的其他内容如土地制度、赋税制度、劳动力流动尤其是人口问题等方面也着墨不少。[①]可以认为,《孔门理财学》尽管也存在一些不足,也称得上是"儒学与经济"有机结合的典案。

二、百年典案:《孔门理财学》中的叶适(Yeh Shih)

正是在《孔门理财学》这部主要研究孔子及其学派的著作中,特别是在凯恩斯注重的那些方面,叶适竟然成为不可或缺的内容!

由于陈焕章此书是用西方经济学的基本原理作为分析框架来研究中国经济思想的,因此中国历史上最有代表性的思想素材,成为其

---

① J. M. Keynes, Reviewed work: The Economic Principles of Confucius and his School by Chen Huan-Chang, The Economic Journal, Vol. 22, No. 88(Dec., 1912), pp. 584—588. 参见拙文《凯恩斯为哪位中国人的书写过书评?》,《经济学家茶座》第 49 辑,2010 年。

学理架构的基本内容,叶适就是其重要的组成部分。以下,就依据书中的顺序来看陈焕章研究叶适经济思想的几个主要方面。[①]

(一) 适度人口论

这是《孔门理财学》研究"人口规律"中的"人口与土地"部分,见原书第302—303页。

经济学强调人口的密度要和土地的幅员协调,学者多赞同人口的多少要与土地的规模相适应的原则。东汉人崔寔在《政论》中谈到"人稠土狭,不足相供"。南宋建都杭州,京城周围的人口过剩。因此,叶适建议将过剩的人口迁移到人口稀少的地区,他说:

> 为国之要,在于得民。民多则田垦而税增,役众而兵强。……有民必使之辟地,辟地则增税,故其居则可以为役,出则可以为兵。而今也不然,使之穷居憔悴,无地以自业。其驽钝不才者,且为浮客、为佣力;其怀利强力者,则为商贾、为窃盗,苟得旦暮之食,而不能为家。丰年乐岁,市尤贵粜,而民常患夫斗升之求无所从给。大抵得以税与役自通于官者不能三之一。有田者不自垦而能垦者非其田,此其所以虽蕃炽昌衍,而其上不得而用之也。……田无所垦而税不得增,徒相聚博取攘窃以为衣食,使其俗贪诈淫靡而无信义忠厚之行,则将尽弃而鱼肉之乎![②]

其结论是他们应当被迁移到人口稀少的地区,以保持适度人口和人地均衡。通过这种办法,更多的土地将被开垦,政府的税收也会增加。这样一来,百姓在外可以当兵,在家可以承役。因此不用通过特别的努力国家的财富就会增加,叶适认为这是一项十分重要的公共政策。

作者提醒读者注意:崔寔和叶适都更重视农业而不是工业,尽管工商业城市可容纳更多人口,但那里的穷人状况很糟,因为穷人仅仅

[①]　此书在西方直至近年还在连续再版,而在中国直到2005年才有岳麓书院影印的英文版问世。本文以原著为主,参考了2009年10月出版的两种中译本:《孔门理财学——孔子及其学派的经济思想》,翟玉忠译,中央编译出版社;《孔门理财学》,宋明礼译,中国发展出版社。另外,2010年8月中华书局出版韩华译本。

[②]　叶适这段论述出自《水心别集》卷二《民事中》,《文献通考·户口考二》有此内容,但文字略有不同,如前者"贪诈淫靡",后者作"贪淫诈靡"。翟译本对陈著所引文献在译文中予以标注出处值得肯定,相似情况以下不再赘述。

是依附者,他们两人都用了"自业"一词作为提倡的目标。为了使穷人拥有自己的生计而不必依附于富人,国家唯一能做的就是无偿地分给穷人土地。既然穷人聚集城市的土地不足,除非他们迁移到人口稀少的地方,否则他们不可能得到无偿土地,所以崔寔和叶适的理论是能够让穷人拥有自己的生计。换言之,他们是要使依附性的劳动者成为独立的农民。如果他们看到今天的工厂制度,那他们会更坚决地倡导其方案。

陈焕章还强调上述移民政策是建立在经济原理之上的,他是从叶适主张人口的合理分布和人地均衡配置角度入手谈问题的。从现代理论来看,"适度人口"是指对一国或地区发展最适宜的人口数量,一般认为"适度人口论"出现于19世纪末20世纪初。据说瑞典学派的创始人维克塞尔(Knut Wicksell,1851—1926)首先使用"适度人口"术语,英国著名经济学家坎南(Edwin Cannan,1861—1935),则是"适度人口论"(theory of optimum population)的奠基人;然而在古代中国,相似的思想早已出现,叶适就是很好的证明。

(二) 收益递减规律

所谓"收益递减规律"(law of diminishing returns)又称"报酬递减规律",指在技术和其他生产要素的投入量固定不变的条件下,连续地把某一生产要素的投入量增加到一定数量之后,总产量的增量即边际产量将会出现递减现象。在经济学说史上,"边际"概念的引入是学术发展的重要进步。

陈焕章书中在谈农业问题的时候,专列了"收益递减规律"小节,见原书第392页。

他指出,对于收益递减规律,尽管中国人并没有给出一个完整的理论,但他们还是指出了有关事实。《韩诗外传》卷五有"夫土地之生不益,山泽之出有尽"。可以认为这句话的前半句是说农业,后半句指一般的自然资源,整句话表明了对收益递减规律本质的理解。

如果说这还只是对规律的"理解",那么作者举出的进一步证据,就是叶适在《水心别集》卷二《民事中》里面描述南宋都城周边地区人口拥塞之弊的情形。叶适说:"凿山捍海,摘抉遗利,地之生育有限,而民之锄耰无穷。至于动伤阴阳,侵败五行,使其地力竭而不应,天气亢而不属。"这就是人口过密对自然资源造成的危害。陈焕章明确指出,"事实上,大量的人口居住在狭小的土地上本身就是一种经济性的错误,其原因是土地受制于收益递减规律——叶适明确地指出了这一点"。

(三)四民平等论

叶适"明确指出"的还不仅仅如上所述,在讨论商业重要性的时候(见原书第 411—413 页),叶适的贡献又被陈焕章点了出来,见原书第 412 页。

作者考证由于中国人将商人置于"四民"之末,因此产生了误解。商人被认为是不生产的阶级,他们只是通过交易别人的产品从中获利,而且囤积居奇以高价牟利故招致怨恨,所以从汉代起施行抑商政策。他认为"孔子从来没有低估商人的作用,在汉代以前,儒家也没有提倡重农抑商政策。"针对"士农工商"的四民顺序,说那并非儒家的主张,在《春秋榖梁传》中,"商"仅列于"士"之后,而不是末尾。国人之所以将"商"置于四民之末,是由于农民生产原料,工匠制作产品,交易原料和产品的商人的顺序不能先于他们。陈焕章强调,"这应该是生产过程的顺序而不是社会地位的顺序,也不是道德上的级差"。所以中国人把农业称为"本业"、工商业称为"末业",这是生产的自然次序,并无贬低工商业的意思。

陈焕章再次明确提出"士农工商四民在社会上是平等的这一原则是由叶适提出来的",证据就是叶适说的"夫四民交致其用而后治化兴,抑末厚本,非正论也"(《习学记言序目》卷十九)。关于叶适论四民平等的问题许多人都有研究,包括拙作最早的至今也不过 20 余年,而陈焕章在距今百年就提出来了! 可惜他的论点至今依然鲜为国人所知。

他还谈到农业和商业的相对重要性是随时代不同而变的,说司马迁在《史记·平准书》中论述了这一规律,"故《书》道唐虞之际,《诗》述殷周之世,安宁则长庠序;先本绌末,以礼义防于利;事变多故而亦反是。是以物盛则衰,时极而转,一质一文,终始之变也。"根据其理论,在一个昌盛的国家和复杂的文明中,商业自然比农业更重要。因此尽管经济利益会削弱道德的影响力,资本主义生产会破坏分配的平等性,但这是必然要到来的自然结果。事实上,当一个统一的帝国没有外部纷争,人们过着自给自足的生活时,从分配的角度来看,人们更重视农业;当出现民族斗争时,从生产的角度来看,人们更重视工商业——这是作者的论断。

(四) 格雷欣法则

"货币与银行业"是陈著的重头戏,这也是大名鼎鼎的经济学家凯恩斯最重视的内容,其中专有"格雷欣法则"一节,叶适就是其中的主角,见原书第 444—445 页。

所谓"格雷欣法则"(Gresham's Law)也称"劣币驱逐良币法则",简单说就是只要同时流通不同的货币,良币就会被劣币所驱逐,一般认为此法则最早由英国人格雷欣(Thomas Gresham, 1519—1579)提出。其实不然,以下专谈货币问题时再详述。

陈著提出由于宋代出现了纸币,所以产生了与格雷欣法则相似的理论。理论的根据就是叶适的下面这段话:"人不究其本原,但以钱为少,只当用楮。楮行而钱益少,故不惟物不可得而见,而钱亦将不可得而见。"(《文献通考》卷九《钱币考二》)陈焕章认为叶适的论述综合了货币数量论和格雷欣法则。就货币数量论而言,叶适指出国家的财富取决于商品的增长,而不是货币的增长。当商品丰富时价格就便宜,货币的价值就会高;如果商品不足,货币的价值就会降低,这就是他说的"物不可得而见",是因为他将货币的数量与商品的数量相比。关于格雷欣法则,叶适指出在同一市场上流通不同的货币时,纸币就会驱逐铜币,铜币会被排斥于流通之外,所以"钱亦将不可得而见",这类似格雷欣法则。陈焕章明确指出,"因此,我们可以说是叶适发现了格雷欣法则,因为他看到了纸币驱逐铜币的事实"。

进而,陈焕章论证同是南宋人的袁燮更清楚地论述了格雷欣法则。1223 年,袁燮说:"今议者急于丰财,欲用铁钱与铜钱并行。……往时楮币多,故铜钱少,而又益之以铁钱,不愈少乎?往时楮币多,故物价贵,今又益以铁钱,不愈贵乎?……臣窃观当今州郡,大抵兼行楮币,所在填委,而钱常不足。间有纯用铜钱不杂他币者,而钱每有余。以是知楮惟能害铜,非能济铜之所不及也。"(《历代名臣奏议》卷二七三《便民疏》)陈焕章认为袁燮之说,明确指出了复本位制的弊病显而易见,只要几种货币同时流通,劣币就会驱除良币,这便是格雷欣法则。

陈论是正确的。毫无疑问,宋代中国多种货币包括纸币的运用以及由此产生的各种思想、主张、学说、理论在世界上都是领先的,包括马克思《资本论》中惟一提到的中国人——王茂荫,同样是因其在货币问题上的作为与建树而受到关注。[①]

(五)土地制度论

井田制也是陈焕章着墨甚多的部分,他认为"井田制"是中国经济思想史和历史上的一个最为重要的部分,尽管许多学者认为它从未施行过。他考察历代的相关情况,并专门从经济思想角度研究,"有关井田制度的见解",这部分除了汉代人荀悦外,主要分析的是宋人的看法——苏洵、朱熹、叶适以及元初的马端临,叶适的相关思想是核心,见原书第 526—528 页。

陈焕章称"叶适是持这种观点的第一人",即井田制"非有益于当世,为治之道终不在此"。主要理由是古今时代不同,而且操作层面也不允许。

> 且不得天下之田尽在官,则不可以为井;而臣以为虽得天下之田尽在官,文、武、周公复出而治天下,亦不必为井。何者?其为法琐细烦密,非今天下之所能为。昔者自黄帝至于成周,天子所自治者皆是一国之地,是以尺寸步亩可历见于乡遂之中,而置官师、役民夫、正疆界、治沟洫,终岁辛苦,以井田为事。而诸侯亦各自治其国,百世不移,故井田之法可颁于天下。然江、汉以南,潍、淄以东,其不能为者不强使也。今天下为一国,虽有郡县吏,皆总于上,率二三岁一代,其间大吏有不能一岁半岁而代去者,是将使谁为之乎?就使为之,非少假十数岁不能定也。此十数岁之内,天下将不暇耕乎?井田之制虽先废于商鞅,而后诸侯亡、封建绝,然封建既绝,井田虽在,亦不得独存矣。故井田、封建相待而行者也。

---

① 参见拙文《宋代纸币理论考察》,《中国经济史研究》1990 年第 4 期;《徽州经济文化的世界走向——〈资本论〉中的王茂荫》,《学术界》2004 年第 5 期。

陈焕章很注意叶适提出最重要的一点是井田制与封建制的关系,封邦建国的时代可施行井田制,而后世国家一统,封建制度消亡,井田制不可能独存。

叶适提出了一个新办法,即超越井田制去寻求经济问题的解决方案。"间田而疏之,要以为人力备尽,望之而可观,而得粟之多寡则无异于后世耳。大陂长堰因山为源,钟固流潦视时决之,法简而易周,力少而用博。"陈焕章十分肯定叶适的创造性,"使后世之治无愧于三代,则为田之利,使民自养于中,亦独何异于古! 故后世之所以为不如三代者,罪在于不能使天下无贫民耳,不在乎田之必为井、不为井也"。他认为叶适的结论是超前的——"因时施智,观世立法。诚使制度定于上,十年之后,无甚富甚贫之民,兼并不抑而自己,使天下速得生养之利,此天子与其群臣当汲汲为之。"叶适的这些意见主要出自《水心别集》卷二《民事下》,《文献通考》卷一《田赋考一》也有载。从今天的观点来看,真有点制度学派先驱的味道!

陈焕章接下来指出"马端临的理论与叶适相仿,也强调封建制与井田制之间的关系",在"结论"部分,他指出,"无疑,井田制已经衰亡,不可能再恢复"。却又说:"井田制之所以好,并非因为土地被分成了不同'井',而是因为它基于平等的原则。……苏洵和叶适讨论井田的形式时,苏洵认为其不可能,叶适更认为它没有必要,他们两人都是对的。不过当我们考察井田制度的时候,考察的不应是它的形式而应是其原则。"我们没有忘记此书是以研究孔门学派经济思想为主的,"按照孔子的理论,井田制是一切的基础,不仅仅是土地的分配。井田制的基本理念在于:每个人都应得到均等的份额和平等的机会,平等地享受经济生活、社会生活、政治生活、精神和道德生活。在许多基本理念上,井田制类似于现代的社会主义,二者的共同目标都是均平整个社会的财富。"陈焕章把儒家思想理想化,难怪他终身以弘扬儒学为己任。

从上述内容中可以看到,叶适的经济思想成为这部影响深远的《孔门理财学》的重要部分,主要章节中几乎都有叶适的身影! 许多论点在百年之后的今天还是研究的重点。

三、京大学脉:穗积文雄及其叶适货币思想研究

如果说以上是发生在西洋名校的事,还可以说那毕竟是中国人写的书,甚至能够讲那并不是专门研究叶适的,那么现在要谈的就不是这样了。我们将到东洋的另一世界著名学府、也是日本研究中国的重镇——京都大学,考察颇具代表性的穗积文雄教授对叶适货币思想的专题研究。进入主题前,同样有必要简单回溯日本的中国经济思想史系统研究开端期情况,以及京都大学(当时称"帝大")的经济学家研究中国经济思想史的学脉情形。①

概括地说,自 20 世纪 20 年代与中国学者几乎同时,日本学者就开始了对中国经济思想史的系统研究。民国时期中国经济思想史研究最具代表性的留美学人唐庆增先生,曾评价海外的相关研究,认为"外人研究中国经济思想史,惟日人尚称努力。……至欧美人士研究中国哲学者尚不乏人,若专就经济思想而言,从未有人加以精密之观察也"。②的确,从田崎仁义、田岛锦治、小岛祐马到穗积文雄、出口勇藏再到后来的上野直明、桑田幸三、井泽弥男诸位,用可观的成果勾勒出日本学者研究中国经济思想史明晰可辨的学术谱系。开端期重要成果如田崎仁义的《中国古代经济思想及制度》(1924),出版十天之后就再版,商务印书馆 1936 年出版王学文中译本,很快也再版。田崎先生是留学西方的经济学博士,后主要在东京研究中国经济史学及思想制度,其成果颇丰一些有中译本。再如田岛锦治的《东洋经济学史——中国上古的经济思想》(1935),此书系其后学本庄荣治郎(后为日本经济史学大家)等在他逝世后将其在京大的讲义和论文汇编整理而成。田岛先生也曾留学西方,后任京都大学教授。他 1894 年即发表论文《论中国上古的地租》(《国家学会杂志》第 8 卷第 91 号),更值得重视

---

① 参见拙文《1920—30 年代中国经济思想史研究之分析》,《中国研究》(日本)1995 年 12 月号、1996 年 1 月号;《日本的中国经济思想史系统研究开端期分析》,《经济评论》1996 年 第 4 期。

② 唐庆增:《中国经济思想史》上卷,商务印书馆,1936 年,第 14 页。

的是,他在京都大学经济学科开课讲授"东洋经济学史",主讲中国上古经济思想史,这恐怕当时在中国以外绝无仅有!尤其是,他开创了经济学科研究中国经济思想的新局面,培养了包括穗积文雄在内的一代代研究者。再一位需要提及的是小岛祐马,他是"京都学派"著名的汉学家,是从社会思想角度来研究中国经济思想史的,同时对法国社会经济思想有着颇深造诣。他1917年即发表《儒道二家经济思想的特征》,与当时人多仅研究中国上古不同,他对黄宗羲等人的经济思想也有研究。其代表作《中国思想:社会经济思想》(1936),分为"儒家的社会经济思想"和"儒家以外学派的社会经济思想"两部分。小岛先生30年代末出任京都大学人文科学研究所所长,可以认为他的社会经济思想研究对30年代末40年代初兼任人文科学研究所研究员的穗积文雄不无影响。

穗积文雄(Hozumi Fumio,1902—1979)日本著名经济学家,也是世界为数不多的中国经济思想史研究者。他于明治三十五年(1902)9月2日生于日本爱媛县,大正十二年(1923)3月长崎高等商业学校毕业,4月入京都大学经济学部学习,1926年本科毕业,4月入研究生院,专攻经济学史研究。昭和二年(1927)3月,出任东亚同文书院教授。1932年至1934年留学德国研究经济学。1939年3月,任京都大学经济学部讲师,6月升任副教授,同年10月(至1946年10月)兼任京大人文科学研究所研究员。1945年3月起,任京都大学经济学部教授,担任经济学第四讲座。1946年至1948年担任京都大学评议员,1949年担任日本经济思想史讲座。1952年担任京都大学经济学部长。此后,他先后出任京都大学分校审议员、大学评议员、学术奖励审议会专门委员、研究生院审议会审议员等等。1957年11月获得经济学博士学位;1958年8月至次年7月到美国,回国后担任爱媛大学等校工作。1966年3月在京都大学退休,并被授予京都大学名誉教授。同年4月,任名古屋学院大学教授;1977年4月任大阪工业大学教授,1979年11月26日去世。

穗积先生作为京都大学的资深教授,其汉学造诣很深,曾任上海的东亚同文书院教授多年。在他1966年京都大学荣退之前一个月,当时的经济学部长岸本英太郎教授在专为他退休而出刊的纪念集"献辞"

中，高度赞扬其在中国经济思想史上"至深的学术造诣"，担任"东洋经济思想史"课程，并撰写了《中国货币史》和《先秦经济思想史论》[1]等难得的著作。从 1945 年穗积先生任经济学部教授起，一直担任"社会思想史"讲座，发挥出他在思想史与人文研究方面的学术专长。[2]研究孙文经济思想的京大教授出口勇藏，也是穗积先生的同行，在纪念穗积先生逝世的论文《社会思想一论》中，充分肯定穗积先生独特的研究与叙述方法，专门谈到"例如，货币是社会学问的对象，法规也是一样。通过货币或法规，以金属或纸等物质来体现的是人的社会性状态和人们的相互关系"。他提出"社会思想"与"社会科学"的概念有区别，但不排除两者之间存在"知的产物"，即经济思想、政治思想等等。经济思想的实质是以经济生活为中心、及其周边其他生活中所见的社会思想。[3]

上述学脉传承与穗积先生的学术经历，向我们展示出其知识结构与治学特征，可以认为这也是京都大学治中国经济思想史的特色。一般说来，中国经济思想史唯独在中国大陆是理论经济学的独立学科，世界各国研究中国经济思想史的学者多属史学领域，而京都大学经济学部有其特殊的学术风格和传承。据我的初步考证，日本的经济学初属法政类，1915 年前后是一个重要的学科转化时点，至少京都大学从这一年起经济学独立出来，成立经济学部。正是在这里田岛锦治开课讲授中国经济思想史，穗积文雄不仅就学于此，而且兼任人文科学研究所研究员，小岛祐马的社会思想研究得到弘扬；而桑田幸三则师从穗积文雄，同样到人文科学研究所接受名家日比野丈夫教授的汉学指导。[4]

穗积文雄的中国经济思想史研究成果卓著，特别是对货币思想的研究尤为突出，从先秦到明清，叶适就是他的重要个案。[5]他的《叶适的

---

① 实际是 1944 年京都印书馆出版的《中国货币考》而非货币史，《先秦经济思想史》，有斐阁 1942 年版。

② 载京都大学经济学会《经济论丛》第 97 卷第 1 号，1966 年 1 月《穗积文雄教授纪念号》。

③ 载《经济论丛》第 125 卷第 3 号，1980 年 3 月。

④ 我在翻译的桑田幸三先生《中国经济思想史论》(北京大学出版社 1991 年版)的"译序"中介绍了他的情况，其求学经历等见其"中文版序言"。

⑤ 穗积文雄对叶适货币思想的研究，在正式发表《叶适货币思想研究》(《经济论丛》第54 卷第 6 号，1942 年 6 月)之前也有涉及，如《宋代货币考》、《东亚经济论丛》第 1 卷第 4 号，1941 年 12 月。

货币思想研究》属于较为系统的长文,共有 14 页之多。作者特别说明,在此之前田崎仁义已经撰写了"叶适"辞条,收入日本《经济大辞书》,称赞叶适"其论治以安民为策、以富强为计,精凌切要。盖系经世之重宝、中国近世经济思想学说之代表性文字"。可见日本学者对叶适经济思想的敬重。

穗积先生在简介叶适的生平和学术之后,参考《宋史·叶适传》中的内容,称之为"博学雄才、藻思英发、志意慷慨,雅以经济自负"。进而,他以京都学派特有的风格详细考证叶适文集的版本以及流传情况,并将叶适文献的相关篇章列出,指出叶适的货币思想主要集中在《水心别集》卷二《进卷·财计中》,"这成为研究叶适货币思想最基本的资料"。其研究就此入手,首先考察叶适看到由于钱币不足"至于造楮以权之",形成"凡今之所谓钱者反听命于楮,楮行而钱益少,此今之同患而不能救也"的局面。这在陈焕章的书中也同样受到重视。叶适认为由于纸币流行而钱币不足,故而有此论,穗积是赞同的。他认为即使在铸钱很盛的宋代,由于铜不足铸币量也在减少;而且宋政府的支出越来越增加,必至纸币大量增发。据此,做出钱币不足必然增加纸币的正确认识应该不难,如与叶适同时的吕祖谦就说过"今日之所以为楮券,又欲为铁钱,其原在于钱少",但是从中得出值得称赞的精彩判断却并不容易。叶适洞察到如果由于钱币不足而补之以纸币的话,印制纸币可以不受材质的制约,政府为了解决财政困难,不可避免地会增发滥发。他警告当局"夫率意而戏造,猥以补一时之缺而遂贻后日之忧"。

穗积文雄同样明确提出叶适通过"楮行而钱益少"认识到了"格雷欣法则"!叶适并非不知使用纸币具有便利的特点,即"担囊而趋,胜一夫之力,辄为钱数百万"云云,故言:"大都市肆,四方所集,不复有金钱之用,尽以楮相贸易。"叶适断言:这样一来,结果就是钱币和财货都会匮乏,"十年之后,四方之钱亦藏而不用矣,将交执空券,皇皇焉而无所从得,此岂非天下之大忧乎!"那么,面对这样的境况将如何匡救呢?叶适提出"夫见其有而因谓之有,见其无而因谓之无者,此常人之识尔。所贵于智者,推其有无之所自来,不反手而可以除其患"。穗积文雄相当看重叶适这种"透过现象看本质"的"智者"见识,认为只有这样才能把握问题的关键,才能真正解决问题。他说自己读着叶适上述简洁的表述,不由得联想起明治初年欧洲经济思想传入日本的黎明时期,"十九世纪三四十年代法国最著名的经济学家"弗雷德里克·巴师夏(Frédéric Bastiat,1801—1850)关于《看见的和看不见的》(Ce qu' on voit et ce qu' on ne voit pas)的论题,他将叶适的睿智与法国的巴师夏这位经济学说史上的名家相提并论! 在经济领域,与一个行为或习惯乃至一个制度或法律相伴随的不止是单一的结果,而可能是一连串的结果。在这些结果中,可以发现某种直接的原因,即"眼见为实的东西";而有的原因则需要有个经过才能展现,即"眼不能直见的东西";能够对"眼不能直见的东西"作出预见是为幸事。经济学家是有优劣之分的,差的经济学家满足于眼见的结果;相反,好的经济学家则能通过"眼不能直见的东西"作出必要的预见。究其因,一是只考虑能见到的结果;再一是与此方向相逆,不为表面现象所迷惑,进而把握现象背后存在的因果关系之重要性,才能完全合乎情理。在阐释了叶适作为"好的经济思想家"能够透析货币流通的"格雷欣法则"!

继而,穗积文雄继续深入论述叶适对"钱荒"这一问题的认识。叶适以通货的"有无之因"探求匡救之道,同时他质问到:

> 且今之所谓钱乏者,岂诚乏耶? 上无以为用耶? 下无以为市耶? 是不然也。天下之所以竭诚而献者有二议:有防钱之禁,有羡钱之术。夫南出于夷,北出于虏,中又自毁于器用;盗铸者虽殽杂而能增之,为器者日损之而莫知也。此其禁、患于不密也,是诚可密也。若夫羡钱之术,则鼓铸而已矣。虽然,尽鼓铸所得,何足以羡天下之钱? 且天地之产,东南之铜或暂息而未复,虽有咸阳、孔仅之巧,何以致之? 噫! 不知夫造楮之弊,驱天下之钱,内积于府库,外藏于富室,而欲以禁钱鼓铸益之耶!

穗积非常看重叶适透析"钱荒"实质的认识,逐条分析了他的意见,引用叶适所说:"且钱之所以主下尊之,其权尽重于百物者,为其能通百物之用也;积而不发,则无异于一物。铜性融溢,月铄岁化,此其胘天下之宝亦已多矣。夫徒知钱之不可以不积,而不知其障固而不流;徒知积之不可以不多,而不知其已聚者之不散,役楮于外以代其劳,而天下有坐镇莫移之钱,此岂智者之所为哉? 岂其思虑之有未及哉?故臣以谓推其有无之所自来,不反手而可以除其患者也。"证明叶适充分认识到货币的流通手段职能,而且说明了"钱荒"的真实原因,并非真的通货不足,而是铜币的流失、废毁以及蓄藏等原因造成铜币短缺,因此大量发行纸币的结果,更加剧了"良币"退出流通领域;而且纸币滥发的结果,造成纸币贬值币制混乱,于是叶适提出的解决办法,不仅要解决钱荒,而且要稳定币制。

叶适下面这段话穗积先生用他自己的话进行了陈述:

> 虽然,臣又有疑焉。计今之钱,自上而下者,有兵之料,有吏之俸;自下而上者,州县倚盐酒杂货之入,而民之质易以输送者,大抵皆金钱也。故虽设虚券以阴纳天下之钱,而犹未至于尽藏而不用。方今之事,比于前世,则钱既已多矣,而犹患其少者,何也!古之盛世,钱未尝不贵而物未尝不贱。汉宣帝时,谷至石五钱,所以立常平之法。唐太宗新去隋乱而致富强,米斗十钱以上为率。何者?治安则物蓄,物蓄则民不求而皆足,是故钱无所用。往者东南为稻米之区,石之中价财三四百耳,岁常出以供凉师而资其钱;今其中价既十倍之矣,不幸有水旱,不可预计,惟极南之交、广与素旷之荆、襄,米斗乃或上百钱为率耳。然大要天下百物皆贵而钱贱,瓜(匏)瓠果蓏,鱼鳖牛羦,凡山泽之所产,无不尽取。非其有不足也,而何以至此?且以汉、唐之赋禄较之于吾宋,其用钱之增为若干?以承平之赋禄较之于今日,其用钱之增又若干?东南之赋贡较承平之所入者,其钱之增又者干?昔何为而有余?今何为而不足?

穗积重点引述说:"今日之患,钱多而物少,钱贱而物贵也,明矣。天下惟中民之家,衣食或不待钱而粗具。何者?其农力之所得者足以取也。而天下之不为中民者十六,是故常割中民以奉之,故钱货纷纷于市,而物不能多出于地。夫持空钱以制物犹不可,而况于持空券以制钱乎!然则天子与大臣,当忧其本而已矣。" 穗积先生提出叶适担心"持空券以制钱",表示其已经从货币金属论的思想中解脱出来,认识到货币的本质就是交易手段,即他说的"为其能通百物之用也";而叶适的"今日之患,钱多而物少,钱贱而物贵也,明矣",有所谓货币数量说的思想以及对恶性通货膨胀的认识。

在接下来的部分,穗积先生提出马端临《文献通考》卷九《钱币考二》也是研究叶适货币思想的基本资料,并进行了必要的文献考证。《文献通考》一向以引用宋文著称,有关叶适的记载特别是《别集》的异文较多。穗积先生指出叶适文集是亡佚之后明人所辑,而元代的马端临在他那个时代,能够看到的相关文献要超过现今传本,因此《文献通考》中有关叶适论述的记载值得珍视。他考察叶适对于货币起源的认识,"钱币之所起,起于商贾通行,四方交至,远近之制。物不可以自行,故以金钱行之。"以往用钱少而后来用钱多,原因是"古者因物权之以钱,后世因钱权之以物。"因为:

> 三代以前,所以钱极少者,当时民有常业,一家之用,自谷米、布帛、蔬菜、鱼肉,皆因其力以自致,计其待钱而具者无几。止是商贾之贸迁,与朝廷所以权天下之物,然后赖钱币之用。如李悝平籴法,计民一岁用钱只一千以上,是时已为多矣,盖三代时尚不及此。土地所宜,人力所食,非谷粟则布帛,与夫民之所自致者,皆无待于金钱,而民安本着业,金钱亦为无用,故用之至少。所用之数,以岁计之,亦是临时立法,制其多少。后世不然,百物皆由钱起,故因钱制物。布帛则有丈尺之数,谷粟有斛斗之数,其他凡世间饮食资生之具,皆从钱起;铢两多少,贵贱轻重,皆由钱而制。上自朝廷之运用,下自民间输贡、州县委藏、商贾贸易,皆主于钱,故后世用钱百倍于前。

众所周知,货币起源论是货币思想的重要部分。穗积先生对叶适陈述的理由相当看重,他不厌其烦地引述《文献通考》所记叶适比较上古和此后的不同情景:三代自给自足,小国寡民,"鸡犬之声相闻,民至老死不相往来"故"无所用钱";而后世天下一统臂指如一,"天下之民安得不交通于四方?则商贾往来,南北互致,又多于前世,金钱安得不多?"于是进入了"货币时代",有关钱的问题就来了,主要是"用钱既多,制度不一,轻重、大小、厚薄,皆随时变易"。叶适和前人一样肯定唐代的"开元通宝"钱,而且在铸币上,把握了南齐孔觊的"不惜铜、不爱工"的原理——"国初惟要钱好,不计工费;后世惟欲其富,往往减工缩费,所以钱稍恶"。叶适同样反对货币私铸,主张"利权当归于上,岂可与民共之?"

叶适对于货币职能的认识也是穗积研究的要点之一。他论述了叶适认识到货币的职能之一是作为交易的媒介,还有必要深入探讨叶适的货币职能观。叶适认为,"然钱货至神之物,无留藏积蓄之道,惟通融流转,方见其功用。"可见他并非将货币的职能仅限于交易媒介,包括货币的储藏手段等职能叶适也都认识到了。穗积谈到货币具有的购买力,提出日本著名经济学家左右田喜一郎博士在《货币论上》中阐释"边际效用学说",认识到"对无限的目的(Zweck)形成的界点(Knotenpunkt)"。他的话锋转向中国,说中国肯定所谓货币万能的是西晋的鲁褒的《钱神论》,推测叶适的"钱货至神之物"由此而来。货币的职能是交易的媒介,"惟通融流转,方见其功用",所以"无留藏积蓄之道","而朝廷亦尽征天下钱入于王府,已入者不使之出"。叶适指明,"钱以通行天下为利,钱虽积之甚多,与他物何异?"他认为人们不探究事情的本原,"但以钱为少,只当用楮",结果不仅"钱益少",而且物与钱都将"不可得而见",这与他在《财计中》表达的思想没有什么区别。穗积先生看到叶适谈的情况并非一朝一夕之事,而是从过去到现在不断积累的弊端,因此治理起来不能走极端,"事极则变,物变则反,必须更有作新之道"。变革钱法需要别开生面,即使不能确定走怎样的新路,但至少"其决不可易者,废交了,然后可使所藏之钱复出"。最后,叶适概括其主张的基本结论:"若夫富强之道在于物多,物多则贱,贱则钱贵。钱贵,然后轻重可权,交易可通。今世钱至贱,钱贱由平物少。"穗积先生认为通过这些表述,叶适一方面看到货币职能之伟大,于是称之为"至神之物",同时又限于货币的职能是交易媒介;在以崇敬之念把握货币法则的同时,表现出货币数量说的思想。他特别重视叶适主张"作新之道"的思想,使之联想起汉代的太史公司马迁《史记·平准书》中的"物盛则衰,时极而转",提示对事物的生成流转所持的观点值得注意。他认为叶适的货币分析绝非偶然,其总是建立在历史的立足点上展开所立之论——这离历史唯物论大概不远了!

最后,穗积先生对其研究进行了概括:叶适的货币思想体现了从自给自足的经济向交换经济的过渡,货币作为交易媒介随着交换经济的发展作用明显增大。于是所有的东西都用货币衡量,都为货币所左右,货币被认为具有神通之力。但货币的形质是多种多样的,流通中体现了货币的"适者生存",保留下来的是最适合流通的货币,例如唐代的开元通宝。不过,人们往往利用质量不好的货币的币材价值与名目价值的差额进行牟利,这样一来,为了防止因此扰乱经济社会,就要将制造货币的权利归于政府之手。造币之权在政治上具有重要意义,所以不许百姓为之。一旦政府掌握了造币之权,当财政困难的时候行使"恶钱"也就不可避免。随着商品经济的发展和交易地域扩大、交易数量增加,出现货币携带不方便的情形,于是产生了纸币。然而,纸币一旦出现,铜币就会被蓄藏起来而纸币横行;再加上铜币外流或者销毁制器,越发加剧了政府财政的膨胀之势。加之用来制作纸币的素材不受限制,因此不断增发的结果,势必带来通货膨胀,物品与通货的比率失衡,形成通货多而物品缺乏。其结果是通货的价值降低,物价腾贵。这样的情景的确是经济界甚至整个社会的忧患! 如果流通的是不兑换纸币的话,那情形会更加严重。上述情景正是叶适货币思想的素描,从中可知其货币思想是稳健而稳妥的。叶适作为倡导治国平天下的永嘉学派的栋梁而为人推崇,深感他的确"雅以经济自负",不过透过上述素描大概也可见他对货币金属说的偏执吧。

穗积先生对叶适的研究是其中国货币思想研究的一个重要部分,但他未使用叶适《淮西论铁钱五事状》等文献,应该说是个缺憾。数十年来我国学者对叶适货币思想的研究也很可观。[①]

四、结语:影响中外的划时代经济思想家——叶适

20 多年来,我通过学习和研究不断加深对叶适及其经济思想的认识,深感永嘉学派的经济思想不仅在世界经济学说史中具有重要地位,而且影响中外直至今天。[②]上述内容能够证实叶适"影响中外",而

[①]　如彭信威:《中国货币史》上册,群联出版社,1954 年,第 344—345 页;胡寄窗:《中国经济思想史》下册,上海人民出版社,1981 年,第 185—189 页;俞兆鹏:《叶适货币思想研究》,《中国钱币》1987 年第 2 期;拙文《论宋代"钱荒"》,《中国史研究》1991 年第 2 期等。

[②]　我有关叶适经济思想的研究,除了本文各注释中标出的以外,早期的相关成果主要还有《商品经济观念的历史转化——立足于宋代的考察》,《历史研究》1989 年 4 期;《富国富民论——立足于宋代的考察》,北京出版社,1991 年;《叶适经济思想研究》,《中国社会经济史研究》1991 年第 3 期等。

他作为"划时代的经济思想家",或可从以下几方面来理解。

首先,叶适以及整个浙东学派开实学经济思想之先河。一般认为实学是明中叶以后的社会思潮,实际上实学自宋即伴随新儒学而共生演进,浙东学派无论以事功学派、经世之学、浙学、实学等为名,其关键都是讲求实利功效、力倡"经世致用"之实学,开明清事功实学之先河。我认为:若谈事功,经济活动当是基础;所谓实学,经济思想应是其核心内容甚至评判标识之一,就思想史研究而言不包括经济思想也是不完善的。在浙东学术中,金华、永康两派在经济思想方而或有独到之处但不够突出系统,尚难以反映浙东实学经济思想的最高成就;而永嘉学派的经济思想则丰富而系统,其集大成者叶适的经济思想颇具典型意义。①

其次,叶适经济思想具有鲜明的反传统精神和商品经济发展的时代性,而且较为全面系统,几乎涵括当时社会经济诸方面,能够反映那个时代经济思想的大体风貌。百年前的陈焕章已经研究了叶适经济思想的五个方面,后人的研究更加全面深入,叶适有关义利、本末、富民、理财、货币、人口、生态等方面的经济思想都得到研究。②这些正是中国历史上承先启后的宋代、尤其是浙东地区经济现象和经济生活的复杂丰富在杰出的思想家思想中的反映。总的来说,叶适的通达与明智、远见和卓识非一般人可比。他顺应历史发展和顺乎自然趋势,让经济沿着自身发展规律演进,反对强权干预,主张富民发展民间经济实力,批评"腐儒"陈见,主张务实、重实利功效,提出一系列反传统性的经济思想观点,代表了浙东实学经济思想的较高成就。

再次,叶适经济思想中许多论点都是中国经济思想史中新的思想观点之集成或肇端。上面提到的"格雷欣法则"、"收益递减论"、"抑末厚本,非正论也"等等,此外如"既无功利,则道义者乃无用之虚语尔"(《习学记言序目》卷二十三)。再如他主张"商贾往来,道路无禁"(《水心别集》卷一《治势下》),以及"富人者,州县之本,上下之所赖也"(《水

---

① 参见拙文《宋代浙东实学经济思想研究——以叶适为中心》,《中国经济史研究》2000 年第 4 期。

② 由于相关成果很多无法逐一列出,仅举两部博士论文为例。曹在松:《叶适经世思想研究》,台湾大学 1988 年;吴松:《叶适经济思想研究》,云南大学,1998 年。

心别集》卷二《民事下》)等等均是如此。一些新思想不一定是他最早提出，但可能是他阐述得最为明确，如余英时先生就提出新颖的"富民论"到"南宋叶适发挥得更多"；[①]有的主张他的表述不一定完整，却成为此后进一步发展之肇端，像影响很大的"四业皆本论"，就是叶适的学生陈耆卿在所修《嘉定赤城志》卷三七《风俗门·重本业》中，采用绍圣三年(1096)当地地方官郑至道所作《谕俗七篇》内容，明确提出士农工商"此四者皆百姓之本业，自生民以来，未有能易之者也。"这似乎还是迄今所见最早明确提出"四业皆本"的史料，较以往认定此论最早由黄宗羲(1610—1695)在《明夷待访录·财计三》中提出早数百年，何况黄亦是浙东学人！

另外，叶适经济思想有较高的思辨性和理论性。正如穗积文雄先生指出的那样，叶适的经济思想有着同巴师夏的《看见的和看不见的》相媲美的"眼不能直见的东西"。例如他针对当时几乎众口一词的"钱荒"，提出"今之所谓钱乏者，岂诚乏耶？……是不然也"(《水心别集》卷二《财计中》)。如上所述他自有一番分析，结论是"方今之事，比于前世，则钱既已多矣，而犹患其少者"。在理财观方面，别人都在谋划怎么增加国家收入，而叶适却提出当时是"财既多而国愈贫"(《水心文集》卷一《上宁宗皇帝札子三》)，"盖财以多而遂至于乏矣。……财以多而乏者，可使少而后裕也"(《水心别集》卷十五《上殿札子》)。"古者财愈少而愈治，今者财愈多而愈不治；古者财愈少而有余，今者财愈多而不足"。他要求罢去苛捐杂税，则"财少则有余，有余则逸，以之求治"(《水心别集》卷十一《财总论二》)。叶适的"财以多为累，则莫若少之"(《水心别集》卷十《实谋》)的确不可多得。思辨性本身就是理论性的特征，而陈焕章以现代经济学诠释叶适经济思想的理论贡献更是明证。

最后，叶适经济思想不仅开启此后代表商品经济发展方向的经济思潮之先河，而且具有东亚地区经济思想发展趋势的共性特色，成为

---

① 我曾撰《"为富人辩护"思想解析》(《浙江学刊》1992 年第 1 期)，并在东京与余英时先生交流过这个问题，还赠送了拙著《富国富民论——立足于宋代的考察》，此后他在论文中说明拙著"有助于此文的修订"。参见：《叶坦文集——儒学与经济》，广西人民出版社，2005年，第 326 页，注释①。

不同于西方的东亚社会走向近代化的经济思想与学说的先驱。我们知道,传统社会以产品经济为主,而近代社会商品经济成为主导形态,市场逐步成为资源有效配置的主要方式。因此,从"近世"向"近代"的转化过程中,商品经济是关键因素;而如何认识与对待商品经济及其发展,成为商品经济观的核心。我曾以"历史发展阶段的相似性"而非"实存时间"作为比较研究的基准,选择中日近世商品经济观中最具代表性的两个学派——以叶适为代表的宋代浙东学派和以日本江户时代商人思想家石田梅岩为代表的石门心学进行比较研究,主要基于两者都处于商品经济迅速发展的"近世"阶段,均蕴积着社会经济形态转化的重要因素,突出地表现为两者的商品经济观念变迁。此研究并非驻足于思想观念本身,进而考察两国社会结构、制度基础与思想文化等差异,及其对两国近代化的历史转型与社会发展产生的不同作用。中日两国近世的商品经济观,对后世直至今天都有很大影响。于是我进一步追踪考察以石门心学和清初实学为中心的商品经济观发展及其现代价值。总的说来,石田梅岩倡导的"商人之道",对日本商品经济和社会职业伦理的发展具有独特的理论贡献,被视为类似马克斯·韦伯提出的促进资本主义产生的"新教伦理";而中国早自宋代以来以叶适为代表的浙东学派开启了商品经济观念变革的方向,到清初南方的"三大启蒙思想家"和北方的"颜李学派"都力倡"实学",经济思想上前者提出"工商皆本"、"大贾富民者,国之司命也",后者讲求"习行经济",主张"本宜重,末亦不可轻"。然而,基于社会结构、制度基础与思想文化差异,中日经济思想对两国近代化的历史转型与社会发展产生不同的影响。开展系统性的比较研究,不仅有利于弥补世界经济学说史迄今大抵无东业等缺憾,而且可以提供观察传统经济观之现代价值的一个新视角。[①]

上述研究受到海内外学界的关注,近年也有台湾学者进行叶适与

---

① 参见拙文《石門心學と浙東學派の經濟思想の比較研究——石田梅岩と葉適の商品經濟觀を中心として》,载川口浩主编《日本の經濟思想世界》,日本经济评论社,2004 年;《中日商品经济思想比较研究——以石门心学和清初实学为中心》上、下,《河北学刊》2005年第 2 期、第 5 期;《中日近世商品经济观及其现代价值——以石门心学和浙东学派为中心》,《文史哲》2007 年第 4 期等。

获生徂徕的比较，不过与经济思想关系不大；可喜的是，近年大陆学者开展叶适与涩泽荣一义利观比较研究等，值得重视。[①]总之，当我们研究叶适的时候，一定不能忘记中国经济学中同样有着叶适的显著地位。我们在研究总结叶适经济思想的同时，认真梳理海内外经济学术史无疑十分重要。就方法论而言，即便是研究中国，如果不包括海外的相关研究，也是不完整、不全面的。

---

① 曹敏、尹雪萍:《叶适与涩泽荣一——义利观比较研究》《大江周刊》(论坛)，2009 年第 8 期。

陈亮思想的特质及其意义

朱晓鹏

迄今为止,在中国哲学和思想史研究中,对陈亮思想的特质及其意义的认识仍然很不够。按照以往的中国哲学史和思想史的框架和视野,人们对陈亮及其事功之学的评价大多持一种比较轻忽的态度,对其在思想史上的重要性和特殊意义认识不够,具体体现为:一是认为其只是一种非主流的、边缘化的思想学说,仅仅具有地区性的意义,其地位和重要性难以与同时期的朱陆诸学相提并论;二是虽然大多数人都承认陈亮之学与以朱熹为代表理学的分歧乃至对立,却又大多认为其没有超出儒学的范围,把陈亮之学简单地归入到传统的儒学系统中去,从而看不到陈亮思想所具有的独特性质和意义。显然,这些观点所体现出的处理思想史的方法实有简单化和非历史主义之嫌,即没有充分地考虑到陈亮之学在思想史上作为一个独特个案所具有的复杂性,没有把它放在一个具体的历史性的情景和过程中去加以把握,因而无法解读出其所具有的丰富蕴涵和思想特质,更难以理解其对浙学传统和当代浙江精神的形塑和发展所具有的重要意义。然而,事实上,陈亮是中国哲学史上一个十分重要的思想家,其事功之学早已成为整个中国文化传统中的一个重要组成部分。我们通过对陈亮思想几个基本特征——包括"道存于物"的世界观、"理欲统一"的道德观、"义利合一"的价值观、"学为成人"的人生观、富民强国的治道观等——的阐述分析,可以表明陈亮作为浙学史上的著名思想家,其事功之学不仅仅具有地区性的意义,也不能简单地归入到传统的儒学系统中去,而是超越了传统儒学泛道德主义的化约论立场,开创了在宋儒注重道德心性修养的价值关怀之外,构建了一种新的思想范式的途径。另一方面,由于陈亮及其事功之学毕竟又是与浙江这一特定的地域及其相关的人文背景密切相关联的,因而不能不带有自身的独特气质和面貌。可以说,陈亮思想既是浙江的思想文化精神传统及其独特的性格气质在其身上的典型体现,又反过来以其特有的丰富的思想内涵和精神气质,极大地丰富了浙江固有的历史文化精神,形塑了浙学的优秀传统,对此后浙学及浙江的历史文化、社会经济的发展演进都具有重要的影响。正因此,这里拟从具体的历史视角出发,深入探讨一下陈亮思想的特质及其意义。

一、"道存于物"的世界观

陈亮思想的特质,首先表现在其基本的哲学观念上已形成自己的独特思想,并以此作为其整个思想学说的基础和依据。

陈亮不是一个纯粹的哲学家,因而他不喜欢作过多的形上学的沉思,更不喜欢空谈性理。但他却不可能不思考一些最基本的形上学问题并作出自己的回答。如陈亮强调"道"与"事"、"物"是统一的,"道存于物","道在事中"。在陈亮看来,形而上之道作为世间一切存在的最高本体,并不是脱离于具体事物的存在,而是就存在于具体的万事万物之中。陈亮说:"夫道,非出于形气之表,而常行于事物之间者也";"天下固无道外之事也。"①又说:"夫盈宇宙者无非物,日用之间无非事";②"道之在天下,平施于日用之间。"③在陈亮那里,"道"是客观存在的,并非一种精神性的本体,而是和万事万物、民生日用等实事实物不可分离的。这样,"欲明此道在天地间,如明星皎月,闭眼之人,开眼即是"。④道的客观普遍的存在是任何明眼人都可以随处体认的。显然,陈亮这种把"道"理解为不离事物、就在事物之中的观点,是与理学家们离开具体事物言"道"说"理"的思想观念完全不同的,因为理学家

---

① 《陈亮集》,《勉强行道大有功》。邓广铭点校增订本,石家庄:河北教育出版社,2003 年。

② 《陈亮集》,《六经发题·书》。

③ 《陈亮集》,《六经发题·诗》。

④ 《陈亮集》,《与陈君举书》。

讲的道或理,是个玄虚的"天理",并不直接落实于具体的事物或实事之中。所以他对理学家空谈性理不重实事的倾向持明确的批评态度,他说:"世之学者,玩心于无形之表,以为卓然而有见",其实,他们"所谓文理密察之道","不过如枯木死灰而止耳","岂不可哀也哉!"①

陈亮强调"道"与"事"、"物"不可分,在哲学认识论也有着十分重要的意义。陈亮认为,既然"道在事中"、"道存于物","舍天地则无以为道",那么人们只要从各种具体的实事实物、民生日用中就可以认识和掌握"道":"夫道岂有他物哉? 喜怒哀乐爱恶得其正而已;行道岂有他事哉? 审喜怒哀乐爱恶之端而已。"②因此,他肯定了事物的可认知性:"天人之际,可昭昭而察知。"从实事实物出发,从客观的实际情况出发,依循事物的固有规律,是可以得到正确的认识的。陈亮说:

> 故亮尝以为得不传之绝学者,皆耳目不洪,见闻不惯之辞也。人只是这个人,气只是这个气,才只是这个才,譬之金银铜铁。炼有多少,则器有精粗,岂其于本质之外换出一般以为绝世之美器哉?③

陈亮在这里指出应按照事物本身固有的性质去认识事物,而不能在事物之上或之外去杜撰脱离于具体的金银铜铁的锤炼过程之"美器"。陈亮据此反对理学家"玩心于无形之表"、自得于神秘主义化的天理的所谓"不传之绝学",强调"用而见其能否"、"用而见其虚实"的实践标准和致用取向。

二、"理欲统一"的道德观

显然,陈亮的"道存于物"的世界观,为其走向事功主义伦理学提供了重要的理论前提,陈亮正是根据上述的哲学基本观念,进一步把他的哲学思考引向了对伦理道德观的探讨,并由此提出了他独特的"理欲统一"的道德观。

---

① 《陈亮集》,《与应仲实》。
② 《陈亮集》,《勉强行道大有功》。
③ 《陈亮集》,《又乙巳春书之一》。

　　理与欲的关系是传统儒学特别是程朱理学所着重讨论的一个话题。他们的基本倾向是把两者对立起来,肯定前者而否定后者。尤其是程朱理学强调的"存天理、灭人欲",则把人的基本生活欲求也当作了罪恶。而陈亮却针锋相对地提出了完全相反的思想主张。

　　首先,陈亮通过对物欲的不同看法,从人性论的角度论证了人的物欲的合理性,提出了自己的自然人性论。陈亮说:"人为何为,为其有欲。欲也必争,惟曰不足";①"耳之于声也,目之于色也,鼻之于臭也,口之于味也,四肢之于安佚也,性也,有命焉。出于性,则人之所同欲也。"②陈亮认为,人人生而有各种欲求,声色臭味是人之所欲,富贵尊荣是人之所愿,这是人们的天性,具有不违抗性,因之也可以说是"天命"。满足了人们的天性,也是顺遂了人们的天命,从而也就实现了最大的天理。显然,陈亮是把人的各种基本的物质欲求等同于人性的,而既然"欲"是人的自然本性,那么在逻辑上就不仅不应该把追求物质利益看成是违背人性的罪恶,反而应肯定满足人的这种基本欲求的合理性。

　　这样,陈亮根据其"人生不能无欲"的观点进一步驳斥了某些理学家将"物欲"等同于罪恶的说法,认为"去人欲"、"灭人欲"之类的主张是不符合人的天性的,会造成"人道有缺",因而恰恰是违背天理的。陈亮说:"万物皆备于我,而一人之身,百工之所为具。天下岂有身外之事,而性外之物哉!百骸九窍具而为人,然而不可以赤立也。必有衣焉以衣之,则衣非外物也;必有食焉以食之,而食非外物也。……有一不具,则人道为有缺,是举吾身而弃之也。"③这里,陈亮用最朴素的方式雄辩地证明了人是不能自"外于物",无法离开基本的物质生活条件的,否则,"有一不具,则人道为有缺",这真是陈亮用自然主义的观点对"人道"概念的极好诠释!它表明了陈亮在伦理观上已具有一个与理学家们截然不同的深刻思想,即认识到了人们的各种基本的物欲及其满足不仅是人生活的基本条件,也是人的道德的基础,只有这样,道德才是符合"人道"的道德。不然,"人心所无,虽孟子亦不能以顺而

---

①　《陈亮集》,《刘和卿墓志铭》。

②　《陈亮集》,《问答下》。

③　《陈亮集》,《问答下》。

诱之也。"①也就是说,如果人们心里没有那些欲望,再好的道德家也无法顺着它诱导人们去遵循道德规范。陈亮的这种思想被明代李贽所继承和发展,即所谓"穿衣吃饭便是人伦物理。"这种自然主义人性论和伦理观,对于肯定人欲的自然性、必然性和合理性,破除对人的欲望的神秘性、消极性和否定性的理解,进而在理学盛行的宋明时代以此为基础确立起自己独树一帜的新伦理观,是具有十分重要的意义和价值的。

其次,陈亮结合历史事实说明了天理人欲本不可分,肯定了"人欲"的普遍性,表达了一种普遍的人性论。朱熹在与陈亮的辩论中,明确主张:"至若论其本然之妙,则惟有天理而无人欲,是以圣人之教,必欲其尽去人欲,而复全天理也。"②朱熹根据这种天理人欲两相对立的基本观念,把人类划分为圣凡两品,把历史割裂为三代以上与三代以下两截,认为尧舜禹等都是无私无欲的圣人,他们所在的三代也是唯一实现了天理克服人欲的理想状态的世界。而社会历史中的一般人只是充满私欲的凡人,三代以下也只是私欲横行的"黑漆漆世界"。但陈亮坚决不同意这种观点,他反驳说:"秘书(朱熹)以为三代以前,都无利欲,都无要富贵底人。……亮以为才有人心便有许多不净洁。革道止于革面,亦有不尽概圣人之心者。……秘书亦何忍见二千年间世界涂涴、而光明宝藏独数儒家自得之,更待其'有时'而若合符节乎?"③

陈亮认为,三代帝王并非纯是"天理"的圣人,而是也有着利欲的追求和满足、有许多"不净洁"之处的"人";而汉唐的君主也并非满脑子全是人欲,他们也有救民之心,也有讲究义理之时。因而圣凡之间、三代与汉唐之间,只是人事努力上的量的区别,并不会先验地成为不同的两种人、两个世界。所以陈亮提出了"心无常泯,法无常废"的命题,肯定了社会历史应是一个具有连续性的发展过程,在其中的人也应具有一些普遍一致的人心、人性,不可能截然地断裂为"心不泯"、"法不废"的时代和"心常泯"、"法常废"的时代"两截"。显然,陈亮的这种人性论和道德观是立足于基本的历史主义态度的,他不愿意脱离

① 《陈亮集》,《勉强行道大有功》。
② 朱熹:《晦庵先生文集》卷三六《答陈同甫书》。
③ 《陈亮集》,《又乙巳秋书》。

具体的社会历史过程来看待历史,也不承认在历史和现实的事物之外应附加任何主观虚构的道德观念。这与朱熹等理学家在客观世界之上和历史过程之外虚构出一个绝对的道德本体,对一切历史的现实的道德判断都必须在这个先验的绝对本体中寻求根据的做法是完全不同的。

再者,陈亮虽然肯定人欲是符合人的自然本性的,但也主张"适欲",并不赞成对人的物欲不加限制地任其发展。陈亮已经认识到,人毕竟不是动物式的个体存在,并不能仅仅满足于物欲的需求,更不应该一味地追求更多的物欲满足。如果"不度其力,无财而欲以为悦,不得而欲以悦,使天下冒冒焉惟美好之是趋,惟争夺之是务,以至于丧身而不悔"①。因此人的物质欲望,如人的情感,都应有道德的准则予以限制,"夫道岂有他物哉? 喜怒哀乐恶得其正而已。"②"得其正"即是以社会的道德原则来规范人们的行为。因此,他明确地反对统治者纵情于声色货利,甚至劝孝宗皇帝"不御正殿,减膳撤乐",以戒"群臣玩故养安"。③

既然人人生而有欲,而且满足这种欲求是符合人的自然本性的,那么,究竟怎么才能有效地限制人们的欲求,使之适可而止呢? 为此,陈亮提出了两个主要的措施。

一个是实现"同欲"的主张。陈亮说:

> 好色,人心之所同,达之于民无怨旷,则强勉行道以达其同心,而好色必不至于溺,而非道之害也。好货,人心之所同,而达之于民无冻馁,则强勉行道以达其同心,而好货必不至于陷,而非道之害也。④

婚嫁、财物是人心都有的"同欲",如果把这种共同的要求加以引导,纳入正轨,使人们能够正常婚嫁、生活,达到无旷夫怨女、无冻饿之人,那么人们的好色、好货就不会沉陷于无节制的地步,因而不会成为道德的祸患。所以陈亮主张通过满足人们最普遍的基本欲求,实现

① 《陈亮集》,《问答下》。
② 《陈亮集》,《勉强行道大有功》。
③ 《陈亮集》,《中兴论·论励臣之道》。
④ 《陈亮集》,《勉强行道大有功》。

"同欲",而达到对过分欲求的抑制。

另一个措施是"公私合一"。中国传统哲学大都对"私"持完全的否定态度,把"公"和"私"对立起来,同时把公和义、私和利联系起来,进一步形成公义与私利的对立,从而把私和利主要限制在私人利益的范围内来看待。但陈亮却力图消解公私之间的对立,以肯定的态度把"私"的概念提升到了规范性的话语空间中进行认真的讨论。可以说,特别注意"公"与"私"的问题,是陈亮对中国思想的一个贡献。[①]陈亮自己说:"平生所学,所谓公与私两字者。"[②]陈亮的公私观,最大的特点在于它不仅肯定了适度的"私"(私欲、个人利益)的合理性,而且引进了"法"的概念,认为"私"通过"法"的调节而可以达到与"公"的统一。陈亮说:"人心之多私,而以法为公,此天下之大势所以日趋于法而不可御也。……法者公理也";[③]"天运之公,人心之私,苟有相值,公私合一。"[④]通过法的调和而达到公私合一,实际上就是以法律引导民众趋向公共利益,使私欲成为"同欲",私利合乎公益,从而最终沟通横亘于公私、义利之间的道德鸿沟。

三、"义利合一"的价值观

陈亮的伦理道德观并不止于在理论层面上革新理欲关系,而且进一步延伸到传统伦理道德中的一个基础问题,即义利关系问题。其标举的义利统一的价值观不仅在当时具有振聋发聩之功,而且在历史上一直产生着深远的影响。

义利问题是传统哲学特别是儒学的一个重要主题。朱熹说:"义利之说,乃儒者第一义。"[⑤]传统的义利观,重于义利之分,实际上是主张义利对立、重义轻利。但陈亮在义利关系问题上,坚决反对把仁义

---

① 参见田浩(Hoyt Cleveland Tillman):《对陈亮思想重要性的若干反思》,"陈亮国际学术研讨会"论文,2004 年 11 月,杭州。

② 《陈亮集》,《与石应之》。

③ 《陈亮集》,《策·人法》。

④ 《陈亮集》,《祭王道甫母太宜人文》。

⑤ 《朱文公文集》卷二十四《与延于李先生书》。

道德和实事功利对立起来,反对重义轻利或舍利求义。所以,陈亮不仅不讳言功利,而且公开标举功利主义的旗帜,认为道德和功利是统一的,这是陈亮与正统理学的主要分歧之一。陈亮认为,"禹无功,何以成六府? 乾无利,何以具四德?"①"利之所在,何往而不可为哉!"②他在《上孝宗皇帝第一书》中说:"人才以用而见其能否,安坐而能者,不足恃也;兵食以用而见其盈虚,安坐而盈者,不足恃也。"具体来说,他认为实现仁义道德离不开搞好国计民生、关心民间疾苦,道德修养不能徒事空谈而要通过实事实功来体现,仁义道德并不在事功之外,而正是在事功之中。因为在陈亮看来,"道"和"事"本身就是统一的,脱离了实事实功,"道"也就不复存在。他说:"道之在天下,平施于日用之间,得其性情之正者。"③肯定"道在事中",道的存在和作用通过具体的实事来体现。将这种原理应用于义利关系的理解,"道"就是仁义道德,"事"就是"日用之间"的国计民生,道在事中,也就是义在利中,道不离事,也就是义利不分,利既是义之和,也是义之本,义利在本质上是统一的。因为,舍利则义失其本,舍义则利失其正,只有义利合一,才能实现义利双赢。陈亮这种义利合一思想,正像陈傅良所指出的"功到成处便是有德,事到济处便是有理,此同甫(陈亮)之说也"。④朱熹曾把陈亮的思想概括为"义利双行,王霸并用",而心底是认定陈亮只讲功利,不计其余。后人及现代人也不乏把陈亮看作是纯粹的功利主义者,甚至是自私自利之徒。其实,这些都是对陈亮思想及其个人的严重误解。早在朱熹作出上述论断时,陈亮本人就予以了明确的反驳,表示不同意朱熹对自己思想所作的"义利双行、王霸并用"的概括:"教乃有义利双行、王霸并用之说,则前后布列区区,宜其皆未见悉也","诸儒自处者曰义曰王,汉唐做得成者曰利曰霸,一头自如此说,一头自如彼做,说得虽甚好,做得亦不恶。如此却是义利双行,王霸并用。如亮之说,却是直上直下,只有一个头颅做得成耳。"⑤在陈亮看

---

① 《宋元学案》卷五十六《龙川学案》。

② 《陈亮集》,《策·四弊》。

③ 《陈亮集》,《六经发题·诗》。

④ 《宋元学案》卷五十六《龙川学案》。

⑤ 《陈亮集》,《又甲辰秋书》。

来,道德作为个人的内在修养,如果不通过外在的行为表现出来,就既不能给予判定,也无法发挥其效用,所以陈亮反对将道德与事功割裂开来看待,力主将道德事功统一起来,看作一件事情。从这个意义上去理解陈亮的义利思想,我们可以发现若把陈亮看作纯粹的功利主义者的确是片面的,因为陈亮对事功、功利的重视,主要是强调应以事功作为衡量道德的标准,强调内在的道德修养必须转化为外在的功利,而并非单纯地只要事功,不计其余,更不是主张完全不讲道德的自私自利主义者。①

陈亮注重事功的思想,从理论上说表明他已接触到了儒家道德传统中的一个大问题,即如何把道德从个体的主观状态中解放出来,使它产生客观的有效性,这也就涉及到了儒家所谓的"内圣外王之道"问题,儒家由"内圣"达至"外王"的设想固然美妙,但儒家历来的重心是在"内圣"上,对"外王"则既在理论上少有深究,在实践上又罕有成效。而陈亮注重事功的思想,分明是抓住了儒学的这一缺陷,力图予以理论上的创新和实践上的救弊。正如韦政通先生说的:

> 不论是南宋或清初,重视事功的思想家,在一定程度上都与理学家对立,水心甚至与整个的孔子传统为敌。这绝不能以为只是由于时代环境的刺激,而出于意气之言,这种现象实反映着儒学传统中的一个大问题,这个问题的核心,是要求如何解决外王的问题。理学家们,不管对心对性的了解有何不同,他们对外王问题比较忽视,是一无可争辩的事实。先秦儒家当然是重视外王的,孔、孟、荀都是行动又兼思想型的人物,对社会政治问题都有高度的热情,但在理论上所表现出来的,是内圣与外王一贯的思想,外王必须以内圣为基础,因此,所谓外王,就是圣德的功化,这是道德的理想主义的看法,不但在现实政治中无法落实,孔、孟、荀在这方面的努力也是失败的。②

---

① 历来人们除了对陈亮的事功思想有很多误解之外,大概与此相关的,还有很多对他的个人品行的误解甚至污蔑,如在一些传说及野史小说中把他描绘成了一个卑劣小人。好在近些年学术界对陈亮生平及思想的研究已基本上否定了这些错误的传闻,还了陈亮一个较真实的历史形象。

② 韦政通:《中国思想史》下册,第三十八章《陈亮与叶适》,上海书店出版社,2003年,第840页。

正是由于陈亮对儒学这种内圣外王无法贯通、长于内圣拙于外王的弊端有着深切的感受,所以他常常正面对此展开批判。《宋元学案》载:"当乾道、淳熙间,朱(熹)张(栻)吕(祖谦)陆(九渊)皆谈性命而辟功利。学者各守其师说,截然不可犯。陈同甫崛起其旁,独以为不然。"①陈亮自己说:"为士者耻言文章行义,而曰尽心知性;居官者耻言政事书判。而曰学道爱人。相蒙相欺,以尽废天下之实,则亦终于百事不理而已。"②对陈亮的这些批评,朱熹是十分不满的,愤愤然批评陈亮"才高气粗"、"血气粗豪",在理论上"大不成学问"。朱熹尤其怕陈亮的功利之学的影响所及会损害他的"道统",他说:"陈同甫学已行到江西,浙人信响已多,家家谈王霸……可畏,可畏!"又说:"江西之学(按:陆之心学)只是禅,浙学却专是功利。禅学,后来学者摸索,一旦无可摸索,自会转去。若功利,学者习之便可见效,此意甚可忧。"③可见,朱熹是深知陈亮事功之学与传统儒学的区别和对立的。这也从另一方面表明了陈亮思想是具有自己的鲜明特质的。

陈亮不仅在理论上力辨义利关系,而且还利用他所擅长的历史研究,寻找历史的依据,来论证"事功"符合"道"(德)的准则。他认为古代圣贤在历史上凡有所作为的总是离不开事功,提出"禹无功,何以成六府"的观点。陈亮"以为古今异宜,圣贤之事不可尽以为法,但有救时之志,除乱之功。因其所为虽不尽合义理,亦不自始为一世英雄"。④历史上立功建业的汉高祖、唐太宗就不逊色于"三代"圣王;反之,如秦桧虽"专权二十余年",但因其"倡邪说"(投降言论)、施逆行,成为"违天下之心"的"国家亡贼"。总之,"功利"应"合于义理",凡有"救时"、"除乱"之功者,其本身就体现了"道"德;凡为国家社稷之安危而"卓然奋发"、"功盖一切"的英雄人物都足以令人敬慕,具有道德上的一定价值。当然,陈亮的事功思想,在伦理学上近乎实用主义或效果论,因为他以实用或实效的观念作为衡量事物的标准,但是,他所倡导的事功、实效,是全社会的事功、实效,绝非自己的个人功利。

---

① 《宋元学案》卷五十六《龙川学案》。

② 《陈亮集》,《送吴元成序》

③ 《朱子语类》卷一二三。

④ 见《晦庵先生文集》卷三六《答陈同甫书》所引。

我们可以批评陈亮的某些思考不够精细系统,却无法指责其思想动机。

四、“学为成人”的人生观

陈亮的义利合一、注重事功的伦理思想,落实在个体的道德实践和人生理想上,就是主张“学为成人”,即学会做一个堂堂正正、有情有义、敢作敢为、鲜活生动的“人”,并以此反对成为一个究心穷理、废实离事的“醇儒”。这是陈亮在人格理想上不同于朱熹等理学家的鲜明特质。

道德修养、心性历练的目的是什么? 传统儒学明确地归之于“学为圣人”,因为道德的修养过程,被看作是人向性善本体的终级还原、充分体认自我德性的扩展过程,所以它同时也是个体在其修养过程中不断祛除非道德欲念,最终不断纯化道德、“存天理,去人欲”、“学为圣人”的过程。正因此,朱熹写信劝陈亮“绌去义利双行、王霸并用之说,而从事于惩忿窒欲、迁善改过之事,粹然以醇儒之道自律,则岂独免于人道之祸,而其所以培壅本根,澄源正本,为异时发挥事业之地者,益光大则高明矣”。①也就是说,朱熹教人“以醇儒自律”,终身以研究义理为职志,但陈亮却主张学者应过问国家大事,做一个“才德双行,智勇、仁义交出而并见”的人。他批评朱熹,说一个人如果只有“德”与“仁义”而没有“才”和“智勇”,便只是一个“守规矩准绳而不敢有一毫走作”之“儒”,而“成人之道亦未尽于此”。“亮以为学者学为成人,而儒者亦一门户中之大者耳。秘书不教以成人之道,而教以醇儒自律……亮犹有遗恨也”。②他又说:“人生只是要做个人……学者,所以学为人也,而岂非儒哉?”③他坚决反对为学者只是为了学做圣贤、醇儒,认为“儒者亦一门户中之大者耳”,没必要人人都做儒者,以圣贤为唯一的最高的理想人格。况且他认为即使先圣如孔子也主张学问之道在于

---

① 《陈亮集》附录:《朱熹寄陈同甫书之四》,第284—285页。
② 《陈亮集》,《又甲辰秋书》。
③ 《陈亮集》,《又乙巳春书之一》。

做人,只闭眼俯首读书是不行的,只有立志建立事功的学者才合乎先圣做人的标准。正是由此出发,他盛赞历史上建功立业的英雄人物,而对当时空谈义理的腐儒们则进行毫不留情的谴责。陈亮公然这样讽刺理学家:"举一世而安于君父之仇,而方低头拱手以谈性命,不知何者谓之性命乎?""始悟今日之儒士,自以为得正心诚意之学者,为皆风痹不知痛痒之人也。"①朱熹强调独思冥索,"寂然"以求天理,陈亮又讽刺说:"风不动则不入,蛇不动则不行,龙不动则不能变化,今之君子欲以安坐感动者,真腐儒之谈也。"②

陈亮反对成为"醇儒"、主张"学为成人"的一个最主要原因是由于纯粹的儒者无法真正贯通"内圣外王"之道,实现道德与事功的统一,即无法解决儒家道德传统中如何把道德从个体的主观状态解放出来,使它产生客观的有效性这一个大问题。而在陈亮看来,个体的道德修养若不能转化为治国平天下的事功,显然是无的放矢。陈亮说:

> 天下,大物也,须是自家气力可以干得动,挟得转,则天下之智无吾之智力。形同趋而势同利,虽异类可使不约而从也。若只欲安坐而感动之,向来诸君子固已失之偏矣。③

这是说,天下大事是要靠自家气力去干出来的,若只是安坐在那里念经养性,是办不成事的。陈亮批评理学大兴浮夸之风,培养了一批不学无术、空谈欺世之徒。他说:

> 自道德性命之说一兴,而寻常烂熟无所能解之人自托于其间,以端悫静深为体,以徐行缓语为用,务为不可穷测以盖其所无,一艺一能皆以为不足自通于圣人之道也。于是天下之士始丧其所有,而不知适从矣。如士者耻言文章行义而曰"尽心知性",居官者耻言政事书判而曰"学道爱人",相蒙相欺以尽废天下之实,则亦终于百事不理而已。④

---

① 《陈亮集》,《上孝宗皇帝第一书》。
② 《陈亮集》,《又癸卯秋书》。
③ 《陈亮集》,《壬寅答朱元晦秘书》。
④ 《陈亮集》,《送吴允成运干序》。

这些人"顽然以人师自命",其实他们"读书未成句读,执笔未免手颤",①连起码的知识都未具备,这些人,自以为得了"不传之绝学",拉帮结派,"三三两两,附耳而语,有同告密;画界而立,一似结坛"。②陈亮在这里所刻画的"道学先生"们的面貌不仅是喜好浮夸空谈的,而且是善于伪装欺世的。这种假道学显然已丧失了起码的道德价值。

与此相反,陈亮理想的人格形态具有两个突出的特色:一是其鲜明的人道主义色彩。因为陈亮所期望的人生目标,首先是成为一个"人"。陈亮说:"天地人为三才,人生只是要做个人",所以他明确地宣布:"学者,所以学为人也,而岂必其儒哉! ……管仲尽合有商量处,其见笑于儒家亦多,毕竟总其大体,却是个人,当得世界轻重有无,故孔子曰:'人也。'亮之不肖,于今世儒者无能为役,其不足论甚矣,然亦自要做个人,非专徇管萧以下规模也,正欲揽金银铜铁镕作一器,要以适用为主耳。"③陈亮在这里鲜明地提出要"做个人"而不是任何儒者或其他,这在长期实行专制集权统治下的中国,尤其是在专讲"天理"要灭"人欲"的宋代理学盛行的社会环境下,是具有突破传统、打开禁锢的巨大思想解放作用的,它肯定了人之作为人的本体意义,把个人的存在及其价值实现而不是抽象的道德目标当作终极价值,为中国式的人道主义伦理学的创立奠定了一个坚实的基础,无疑开创了明清启蒙思潮的先河。

二是其英雄豪杰精神。陈亮所期望的"成人"不仅仅是做一个能满足口腹之欲,不受道德教条束缚的活生生的"个人",更是一个有着强烈的社会责任感和道德使命感,能将人的内在价值与外在价值、个体价值与社会价值、道德价值与事功价值统一起来的人。这样的"人",实际上是一种既有"救世之志",又有"除乱之功"的英雄豪杰。英雄以气胜,不以德胜,故向为儒者所贬,但在陈亮看来,此正是儒者门户之见,亦足以显示以醇儒自律者有所不足。人若不以气胜,试问:"担当开扩不去,则亦何有于仁义哉?"所以,陈亮通过与"醇儒"作比较,对这种英雄豪杰式的理想人格作了生动的描述:

---

① 均见《陈亮集》,《送王仲德序》。
② 《陈亮集》,《又乙巳秋书》。
③ 《陈亮集》,《又乙巳春书之一》。

　　研究义理之精微,辨析古今之同异,原心于秒忽,较礼于分寸,以积累为功,以涵养为正,辟面盎背,则亮与诸儒诚有愧焉。至于堂堂之阵,正正之旗,风雨云雷交发而并至,龙蛇虎豹变见而出没,推倒一世之智勇,开拓万古之心胸,如世俗所谓粗块大脔,饱有余而文不足者,自谓差有一日之长。①

由此可见,在陈亮看来,所谓"醇儒",乃是指那些专讲"义理"、"涵养","闭眉合眼,朦瞳精神"②,不知天下大事为何物的可怜虫。而陈亮所推崇的"成人",则是"做人",即应有"堂堂之阵,正正之旗",具备"推倒一世之智勇,开拓万古之心胸"的英雄豪杰,这样的英雄豪杰并不满足于穷究义理、空谈心性,而是仁德与智勇兼备、能"因时而变,顺势而行",以敢作敢为、勇于探索的气概,建立起扭转乾坤、恩泽天下的丰功伟业。陈亮所倡导的这种奋发有为,崇尚豪杰的人生哲学,正是其事功主义精神的生动写照。而陈亮自身在一生中的所作所为,也正是如此实践和追求的,从而赢得了后人"真英雄、真豪杰、真义士"的赞叹。③

五、富民强国的治道观

陈亮思想被概括为是一种事功之学,而这种事功之学本质上乃是一种实践哲学,因为在陈亮那里,知识的目的不仅仅是道德的或认知的,它更主要的目的在于要通过实践功夫在经验世界里转换出切于现实功利的实际效用——唯有实现这种知识价值的实际转换,才是陈亮所孜孜以求的一生事业。所以,对陈亮事功之学思想特质的了解,还须深入到他有关在经验世界里如何实现知识价值的转化,作出现实的功利效用的一系列思想。至于他在这些方面的实际作为,由于他一生未被朝廷所用(最后在五十来岁得中状元后又不幸很快去世),所以实在是没有适当的实践机会。好在陈亮虽然一生经历坎坷、命途多舛,然其可贵在于始终气魄豪迈、不堕高远之志。

　　① 《陈亮集》,《又甲辰秋书》。

　　② 《陈亮集》,《又甲辰秋书》。

　　③ 《陈亮集》附录:姬肇燕:《康熙刻本龙川文集序》,第458页。

陈亮有关实际事功的思想有很多内容,我们仅以其最主要的有关社会经济、政治的治道观作为典型予以考察说明。

陈亮的治道观,首先是以他对社会政治的独特看法为出发点的。陈亮以传统的民本思想为依据,强调社会历史及政治权力的属民性质,初步触摸到了民权思想的边缘,显示了从传统民本思想向近代民权思想的转进趋向。在陈亮看来,天下是天下人之天下,而非少数君王的天下,因而社会的主体应是百姓而非其他:"天下之事,孰有大于人心与民命者?"①至于君王等统治者,只是"天下之人推而出之"的民意代表:"方天地设位之初,类聚群分,以戴其尤能者为之长君,奉其能者为之辅相。彼所谓后王君公,皆天下之人推而出之,而非自相尊异据乎人民之上也。"②这就是说,陈亮认为统治者的政治权力并不是神授的,并非不可更易;统治者是由人民的意志推定的,并以满足人民的普遍欲求为职责:因为陈亮相信"追求幸福是一切人的天然愿望,人的天性是相同的,所以检查政治好坏的尺度就要看它对于人的普遍幸福所产生的效果。凡是能满足最大多数人的最大幸福的,就是好的政治,此外没有任何其他的政治准则"。③正因此,陈亮提出了"安邦首在安民"、"富民方能强国"的新的政治理念,强调政治乃至读书修养的最终目的在于探究国计民生,积极为国家和百姓"建实功"、"求实利",否定了理学家们把政治视为圣人心传的道统论和把天下视为君王的私有财产的正统论,以极富有进步色彩的自然权利论对千百年来被人们视为神圣不可侵犯的君主专制集权制度进行了猛烈的抨击,提出了限制君权、简政放权、宽养于民等大胆主张。陈亮认为,宋朝统治者不断强化君权,造成了"圣断裁制中外,而大臣充位,胥吏坐行条令,而百司逃责,人才日以阘茸"④的局面。只有限制君权,一切政事均"付之公议",并扩大中央各部门和地方的权力,特别是消除朝廷对于天下之财的过分垄断,充实地方财政,减轻人民的赋税负担,才能使民自富、兵自强、利自兴、政化行、人心同,从而达到安民强国天下治的理想状态。

---

① 《陈亮集》,《廷对》。
② 《陈亮集》,《问答》。
③ 侯外庐主编:《中国思想通史》第四卷(下),人民出版社,1960年,第738—739页。
④ 《陈亮集》,《上孝宗皇帝第一书》。

陈亮这种限制君权、改革政治的思想尤其是将政治上极端的中央集权与财政上极度的朝廷垄断结合起来进行的批判,显然已超出了传统上一般民本思想的水平,具有了初步的民权思想,为明清之际以黄宗羲为代表的具有鲜明反专制集权特点的启蒙思潮的兴起作了铺垫。

前面已说过,陈亮的事功之学所讲求的事功,主要是国家、百姓的实事实利,这样陈亮在社会政治方面的治道观自然主要是围绕国计民生、为国家百姓如何"建实功"、"求实利"而展开的思考。不过,由于陈亮主张富民与富国是一致的,百姓的富足是国家持久繁荣的前提和基础,政府的基本职能应是富民、政府理财是为了利民,而不应与民争利。因而陈亮注重事功的重心其实还是在百姓方面。陈亮经济思想认为,无论是从历史还是现实来看,民皆为国之本,兴国之道在于施宽民之政、行惠民之策,厚民生、重民力,做到"天下之财日以裕,郡县之用日以足",①由富民而达到强国,"实利及民而惠足以为政"。②反之,统治当局如果试图通过加强对百姓的征敛以求得国用宽裕,这种刻薄百姓的做法无异于竭泽而渔,结果只会是百姓日穷、国势日困、政治经济危机日深,其教训和后果不能不引以为鉴。③

在具体的富民强国的措施上,陈亮提出的一些思想主张尤为新颖独特,具有重要的进步意义。由于中国传统社会是一个以小农经济为主的社会,小农经济构成了中国典型的东方专制集权统治的牢固基础,所以,重农抑商是历代统治者所奉行的基本国策。但陈亮受其所生活的浙江东南沿海地区工商业较发达、市民社会初露端倪的现实环境的熏染影响,从其事功主义思想出发,明确地提出了农商并重的口号:"商籍农而立,农赖商而行,求以相补,而非求以相病。"强调"官民一家也,农商一事也,上下相恤,有无相通"。④陈亮不仅没有认同"以农为本"的传统观念,没有盲从一般人歧视、否定工商业、商人的偏见,而是大胆地肯定"农商一事"、农商皆本,认为农商之间不仅不是对立的,而且还是互相促进的,农业的发展是商业繁荣的物质基础和必要前

---

① 《陈亮集》,《四弊》。
② 《陈亮集》,《问农田水利》。
③ 《汉论·文帝朝》。
④ 《陈亮集》,《四弊》。

提,而商业的繁荣又能反过来促成农业的发展。只有农商并举,使它们之间"有无相通"、"求以相补",才能推动经济的正常发展和社会的繁荣:"官民农商,各安其所而乐其生,夫是以为至治之极。"①正因为如此,陈亮主张实行较为自由、宽松的自由经济政策,承认人们逐利求富欲望和行为的合理性,要求专制统治者放手让老百姓通过各种正当途径追求财富、走向富足生活。为此,陈亮认为政府应特别注意保护商人,肯定商人也是一种人才,因为成功的商人,其才能不会逊色于科举之士,尤其是那些品行端正、合法获利的富商巨贾,其对社会国家有巨大贡献,理应取得合理的社会地位。同样,应肯定经商也是一种合法的谋生和安身立命的途径,与利用各种不正当手段发财有本质区别,不可混为一谈。因此,陈亮对"困商贾之说"提出了批判:"阡陌既开,而豪民武断乡曲,以财力相君,富商大贾操其奇赢,动辄距万,甚者以货自厕于士大夫之后。此言治者之通患,而抑兼并、困商贾之说,举世言之而莫得其要也。"②主张让商人放手经营,发展商业贸易。而国家则不能通过阻抑兼并、限制富商大贾的方式来解决社会的贫富分化问题,而是要一方面切实保护商人的财产不受侵犯,另一方面对"贫富不齐"现象,采取"听其自尔"的态度,③因为社会财富的分配不应该也不可能是平均的:"高卑小大,则各有分也;可否难易,则各有力也。"④如果人为地抑制富人追求平均则会使有才者受到压制,从而打消创造财富的积极性,同时使平庸者坐享其成,社会失去了发展的动力。显然,陈亮提出这些观点,虽然是从维护富人利益的角度出发的,但它对中国历史上源远流长、影响普遍的平均主义思想的否定与批判,还是很富有历史进步意义的。特别是自孟子提出"为富不仁"的观念后,后世人多把道德和财富对立起来,以致在传统社会中普遍形成了"仇富"、"抑富"的心态。而陈亮则认为,财富和仁义并不是对立的,"仁者天下之公理,而财者天下之大命",⑤强调人为地将义与利、仁与富割裂和对

---

① 《陈亮集》,《四弊》。
② 《陈亮集》,《问汉豪民商贾之积蓄》。
③ 《陈亮集》,《问汉豪民商贾之积蓄》。
④ 《陈亮集》,《问答下》。
⑤ 《陈亮集》,《问古今财用出入之变》。

立起来乃主观之迁见。陈亮从人欲的自然性、生产分工、社会多元化等角度对追求财富的合理性的辩护,颇不同于时人之论,是符合社会现实发展要求的新观念。总之,陈亮反对重农抑商和平均主义,主张保护私有财产和追求财富等经济思想,超越了传统小农经济社会的农民意识和统治观念,颇具有现代意识,蕴含了不少创新思想,可以为后世的社会发展提供丰富的可资借鉴的思想资源。

六、陈亮思想的历史定位及其意义

以上各节的论述力图结合陈亮思想的具体复杂性,说明陈亮思想所特有的内涵和性质。在此基础上,这里拟对陈亮思想的历史定位及其意义略作探讨。

首先,陈亮事功之学超越了传统儒家泛道德主义的化约论立场,开创了在宋儒注重道德心性修养的价值关怀之外,构建新的思想范式的途径。我们知道,在陈亮所生活的南宋思想文化环境中,由于受宋代以来长期偃武修文、崇理尚德思潮的影响,注重道德教化的性理之学成为在社会现实中占主流性地位的学术话语。南宋理学虽然有朱陆之别,但那主要是理学内部的区别,它们的总体特征还是一致的,即都严分理欲、崇尚修养,“皆谈性命而辟功利”(黄宗羲语),强调性命义理之学的优先地位,以修身内圣作为重建社会人心秩序的根本。而陈亮、叶适等事功之学强调经世致用、力辟空谈,反对将理欲、公私、义利切割为绝对对立的“两截”,主张以实事实利、治世事功作为评判伦理德性价值和挽救社会现实危机,重建政治、社会秩序的根本依据,从而开创了在儒家思想的主流话语之外,把知识分子的道德关怀与现实事功紧密地贯通起来的新的思想范式。这种新的思想范式,从思想特征上来说,是属于事功主义的,以与宋儒的道德主义相对立;从学派属性上说,是属于“浙学”,以与朱陆的“闽学”、“江西之学”相对应。从思想史上看,大家都承认,陈亮之学“无所承接”,并没有直接师承于某一学派,是一个较为独立的思想体系,这表明陈亮之学确有独特之处。黄宗羲指出:“当乾道、淳熙间,朱、张、吕、陆皆谈性命而辟功利。学者各守其师说,截然不可犯。陈同甫崛起其旁,独以为不然。"①不仅如此,陈亮的事功之学还为南宋浙学的形成奠定了重要的基础,并使"浙学"突破了地方性知识的意义,不但在当时产生了重要的影响,而且逐渐成为一种在中国思想史上被人们所公认的可以与朱学、陆学鼎足而立的重要思想学说。全祖望认为:"乾、淳诸老既殁,学术之会,总为朱、陆二派,而水心断断其间,遂称鼎足。"②其实,正像黄百家指出的,叶适、陈亮两派的思想最为接近,"俱以读书经济为事,嗤黜空疏、随人牙后谈性命者,以为灰埃",故同被称为"浙学"。③这样看来,全祖望评论叶适的上述文字,也同样适合于陈亮,可以认为以陈亮、叶适为代表的"浙学"作为一种新的思想范式确实在南宋学术界与朱、陆之学构成了鼎足而立的格局,其重要性和影响并不亚于朱陆诸学。至于"浙学"此后在学术思想史上长期作为仅仅具有地区性、短时性意义的思想学说处于被轻视、被边缘化的状态,则是与宋明以来儒学长期占据正流的意识形态地位,从而影响到人们在学术思想史的解读上不可避免地采取以朱陆等儒学为中心的学术史观有莫大的关系。

其次,由以上分析可见,学术界长期以来把陈亮之学的思想属性归入到传统的儒学系统中去,从而在实际上有意无意地抹杀了陈亮思想所具有的独特性质和意义,这是有简单化和非历史主义嫌疑的处理思想史的方法。事实上,我们可以发现,由于受上述的儒学为中心的学术史观的影响,人们在处理陈亮之学的思想归属时常常表现出两种相矛盾的奇怪态度:一方面以轻视的态度贬低陈亮之学,如朱熹就一再地讥评永康永嘉之学"大不成学问"、"没头没尾",认为"浙学"专讲功利,应予以全盘否定。④正是在朱熹及其门徒们的诋毁、排斥下,浙学几乎被"废而不讲"(王讳语),在南宋以后的学术界逐渐地被边缘化甚至遗忘,始终处于民间的、非主流的地位。而另一方面,无论是历史上

---

① 《宋元学案》卷五十六《龙川学案》。
② 《宋元学案》卷五十四《水心学案》。
③ 《宋元学案》卷五十六《龙川学案》。
④ 《朱子语类》卷一二三。

还是现在的学者,他们大都极力地把陈亮之学仍然拉回到传统的儒学系统中予以解读,或说明陈亮之学"以程氏为本",源出于程颐理学,把程氏视为陈亮事功之学及整个南宋浙学的开山宗主;或强调陈亮思想并未超出传统儒学范围,虽与理学对立却并非"反儒学",等等。其实,这种矛盾态度的出现正在很大程度上是由陈亮之学的独特性造成的:由于其作为一种新的思想范式及思想观念的独特性,而不能被当时学术思想界的主流话语系统所接纳、认可,因而必然被排斥被贬低;也由于其作为一种新的思想范式及思想观念的独特性,毕竟在学术思想史上难以被完全抹杀掩盖,因而只好将它有意无意地拉回到传统的儒学系统甚至理学框架中来解读,以达到抹平其独特性、掩盖其锋芒的目的。而这也正是囿于以儒学为中心的传统学术史观的局限性的典型体现。实际上,只要不受偏见和固有框架的影响实事求是地去看,陈亮思想的独特性是显而易见的,以至就连其论敌朱熹也一再地表示陈亮的思想"新论奇伟不常,真所创见","纵横奇伟,神怪百出,不可正视,虽使孟子复生,亦无所容其喙"。①其同道叶适也评论说:"……(陈亮)其说皆今人所未讲,朱公元晦意有不与而不能夺也。"②陈亮学术虽然长期不为世人所理解,世道对之确是不公,但正像全谢山所说:"自陈同甫有义利双行、王霸杂用之论,世之为建安之徒者,无不大声排之。吾以为是尚未足以贬同甫,盖如同甫所云:'是其学有未醇,而尚不失为汉以后人物。'"③对此,陈亮自己还是很有了解的,他自述道:"我独从横,无所统纪;如彼扁舟,乱流而济,观者耸然,我行如砥。"④

陈亮思想的独特性不仅表现在他能以其超凡脱的见识向朱熹等理学挑战重建社会秩序和道德秩序的准则,确立新的事功主义的思想范式,而且表现在他在理论上能以非凡的勇气敢于独立、勇于创新,同时能把求真务实的可贵精神努力贯彻到底。对此,我们开始可称之为"陈亮现象"。这种"陈亮现象"实际上已构成可以对浙学传统和当代浙江精神的形塑和发展产生重要影响的基本思想资源之一。的确,在

① 《陈亮集》附录:《朱熹寄陈同甫书之二、之八》,第283、288页。

② 《陈亮集》附录:叶适《龙川文集序》,第417页。

③ 全祖望:《陈同甫论》,《宋元学案》卷五十六《龙川学案》附录。

④ 《陈亮集》,《又祭吕东莱文》。

浙江历史上,这类"陈亮现象"已成为一种普遍的社会文化现象。浙学中的许多杰出人物往往都无所师承、不傍门户、异军突起、自致通达。他们不怕孤立,敢于突破传统、批判权威,虽处非主流、非正统,甚至被视为"异端"、怪物,也仍然能以"推倒一世之智勇,开拓万古之心胸"的豪杰气概和"狂者气象",坚持创新,特立独行,提出了一系列新知卓识,从而形成为一种可贵的浙学传统。而当代浙江经济社会的较成功发展所展示出来的独立自主、勇于创新、讲求实效等浙江精神,不能不说正是这种浙学传统的一种继承和体现。

由此也可见,陈亮思想的特有意蕴和价值并没有随着时间的流逝而消失,而是早已经积淀为我们以往的思想文化传统和精神气质的一部分,始终发挥着其应有的影响。此乃真不朽也。还是陈亮自己的一首《水调歌头》词说得好:

> 我自醉眠其上,任是水流其下,湍激若为收? 世事如斯去,不去为谁留? ……但有君才具,何用问时流?①

---

① 《陈亮集》,《和吴允成游灵洞韵》。

陈亮与浪漫派历史哲学之比较

陈　锐

　　陈亮的历史哲学对于浙东学派以及中国古代历史哲学的发展均有重要的意义。但是，陈亮的历史观却包含着一些复杂的成分，它注重历史，但不同于通常意义上的史学，他对事功的强调也不等同于纯粹的功利主义。他的思想与历史上一些相反的思潮都有着联系，以至于无法被归入确定的范畴。这种理解上的困难是由于其思想在较弱的意义上包含着一种反智识主义的成分，并作为一种与朱熹的理智分析的对立面而出现的。陈亮的思想与19世纪初欧洲的浪漫主义的历史哲学有一定的相通之处，它们都消解了理性的二元论，将抽象普遍的道和具体的经验事物看成一个不可分离的变化的整体。

一

　　在陈亮的诸多思想中，尽管也许无意于系统的理论分析，其内容则往往是大致明确的，例如他的关于道内在于万物的思想，不同于朱熹的历史的观念，反对区分王与霸、义和利，强调事功，批评醇儒等都是没有多少疑义的，这些不同的思想本身也是一个不可分的整体。但是，一旦我们想要对之作出某种评价，或者按照某一种概念和范畴进行区分的时候，就会发现其中包含着某种复杂和矛盾的因素。在通常的情况下，我们会将之看成是与正统儒学不同的功利主义者，是一个关注经验和现实世界、历史的变迁并拒绝那种抽象和超越的道的思想家。但与同时，我们又明显看到他和那种纯粹强调事功的现实主义者有着某种不同,他在强调事功的时候又仍然保留了对抽象的道的追求,尽管可能是站在不同的立场上。从儒学自身的演变看来,也就如思想史家田浩所说的,即要将他放入任一传统阵营都越来越困难,"萧公权在陈亮与孟子间看到了相似点,而吴春山却将陈亮划归到荀子一路,与孟子思想直接相对立。两个看法都不完全正确,但也不完全错。"①

面对着这样的情况,一种可能的做法就是淡化那些理论上的判断,以回到事实本身。人们已越来越多地感受到那些来自西方的概念范畴,如功利主义、历史主义、理性主义、唯物主义、民族主义等有其二元论和本体论的背景,因而或者是审慎地加以界定,或者是减少它在中国哲学研究中的运用。田浩在他的著作中强调说:"我们应当注意不去使用西方的参照物,否则就会妨碍对中国特定背景之下的问题的理解。……因此,西方的观点不能用来判断或歪曲我们对问题的讨论。"②董平在《陈亮传》中,谈到陈亮的道和历史观时,也强调中国哲学与西方哲学有着基本而又重大的差异,因此陈亮的思想不同于西方的本体论形而上学,他的"道即现实这一基本观念一方面是对先秦哲学中以人类生活的现实情境为基点来理解形而上学问题之传统的继承,另一方面又表现出了更为决绝的拒斥形而上学的态度"。③

然而,这样的做法尽管可以回避一些困难,但却不能解决疑难。尽管人们承认西方哲学的概念不完全适用于中国传统,但也始终不能否认中国传统思想中的许多问题具有普遍的意义,它们在一些地方确实是和西方的思想是相通的,"基本价值问题也是现代西方所关注的问题。例如,价值与真理是普遍的还是相对于特定种族文化或特定时间点上的个人呢?"④史华兹也说:"另一方面,我们也不应武断地认定这些即使在西方背景下也具有复杂语义史的观念绝对不适合于中国

---

① [美]田浩:《功利主义儒家——陈亮对朱熹的挑战》,江苏人民出版社,1997年,第11页。
② [美]田浩:《功利主义儒家——陈亮对朱熹的挑战》,第4页。
③ 董平:《陈亮评传》,南京大学出版社,1996年,第281页。
④ [美]田浩:《功利主义儒家——陈亮对朱熹的挑战》,第4页。

思想。"①事实也是如此,无论我们如何致力于消除西方思想中参照物的影响,但完全消除是不可能的,也是不必要的。人们在分析陈亮时所用的那些概念,如说陈亮思想中隐含了"历史与逻辑发展同一性"的内容,或具有历史相对主义成分等仍然是植根于西方哲学的背景。按照近代西方的观念,真理是具有普遍性的,维柯在他的历史哲学中所要寻求的就是能适用于一切民族的理想永恒的历史。即使是按照中国思想家的观念,也是东海西海,心同理同。这个世界上不同的文化间如果不具有共通性,我们也就永远无法去认识。因此,外在的参照物永远是需要的,因为在许多情况下,比较也构成了我们认识的一个前提,尽管其中存在着差异和不足之处。

这样看来,在对待陈亮思想的问题上,尽管在运用西方的概念和范畴时存在着缺陷,但这些缺陷与其说源于西方的不同背景,倒不如说是由于我们理解上的局限性。西方的思想中也存在着各种思潮,每一种思潮是各各不同的,它们都可能会成为某种参照的背景,我们对不同参照物的选择本身也依赖于我们自己的偏好。当我们说陈亮的思想无法归入一些确定的范畴时,也要看到西方思想中有许多思潮也是表现了类似的现象,譬如维柯的历史哲学就糅合了柏拉图的哲学和塔西佗的历史双重成分,但又不等于其中任何一种。陈亮的思想之所以不能归入一些确定的范畴,是由于这些范畴本身有局限性,而不应成为我们拒绝外在的参照物和比较的借口。事实上,像陈亮这样的思想家在东西方都是广泛存在的,而不仅仅像一些人所说的是一种独创。由于陈亮的思想较多地表现在历史观的方面,我们也可以从西方的历史哲学中找到一些类似的潮流,例如19世纪初的浪漫主义运动,它们在内在的精神上确实是和陈亮的思想有共通之处。田浩在谈到民族主义时也曾提到陈亮与浪漫主义的类似之处。但除此之外,它们在历史观上则表现了一种被忽视的更深刻的思想联系,由此也许可以加深我们对于陈亮思想及整个浙东学派的认识。

---

① ［美］田浩:《功利主义儒家——陈亮对朱熹的挑战》,第7页。

二

对于陈亮的思想来说,历史的观念乃是其主要之点。他的关于道的思想,对王霸义利的看法皆是与此密切相关的。从陈亮思想的特征来看,他代表着一种与正统儒学不同的潮流,但是在具体分析的时候却存在着某种复杂性。一般来说,我们在认识思想史的时候,总是容易按照理智的分析,将世界划分为二元。在西方,我们看到那些为人们所熟知的对立,如柏拉图哲学中的理念世界和现象世界,中世纪的灵魂和肉体、彼岸和此岸,近代哲学中的思维和存在、本体和现象、唯理论和经验论等。在中国哲学中,尽管不同于西方,但也在较弱的意义上隐含着那种对立,如儒学中的孟荀之对立,在朱熹哲学中,更是如余英时所说,体现着一种理智主义的倾向,如区分理和气、道和器、形而上和形而下等,这种二元对立尽管有局限性,但也为人的认识所必需。对于朱熹哲学中的这种倾向,尽管有人强调其东方的色彩,但在总体上则是偏向于理智的分析,并接近于近代西方的二元论,否则陆象山和王阳明就不会批评其析心与理为二了。当这种二元论的观念体现在哲学和历史等领域中的时候,我们就明显地看到人们由此将哲学和历史区分开来,哲学的概念属于普遍和抽象的领域,历史则属于变动不居的现象世界。

从这样的角度,也就可以帮助我们理解陈亮的历史观与正统儒学的差异。朱熹的思想明显包含着一种理性主义的成分,偏好普遍恒常的道德价值,他心目中的道,是仁、义、礼、乐之总名,而历史则属于经验的领域,并展现了人的恶的方面,这些从朱熹对于历史的轻视就可以看出来。在朱熹看来,"看史只如看人相打,相打有甚好看处?陈同父一生被史坏了"。①在西方,我们也总是看到类似的对哲学与历史的区分,在维柯看来,柏拉图的哲学推崇普遍的概念,变贬低变动不居的经验现象,而塔西佗的历史又展示了人性中恶的一面,展现了

---

① 朱熹:《朱子语类》,中华书局,1986 年,第 2965 页。

人与人的斗争、阴谋和死亡。在维柯自己的时代,笛卡儿的二元论也和朱熹的思想一样,贬低历史的意义,认为历史不能表现普遍的本质。当然,理性主义者也未必完全否定历史,就像柏拉图也不完全否定经验现象一样。但它们用二元论的方法将历史和经验置于较低的领域,并且要受理性的规范和引导。朱熹对待历史的态度也是如此,他尽管贬低历史的意义,但也曾建议在科举中增加史学和时务的内容,主张学者要了解古今盛衰存亡治乱的缘由,在历史中体现某种道德价值,读史的目的是要明理,是要劝善惩恶,就事物上见得本来道理,而与那些讨论制度,较计权术者完全不同。"《春秋》大旨,其可见者,诛乱臣,讨贼子,内中国,外夷狄,贵王贱霸而已。"①"孔子但据直书而善恶自著。"②这种理性主义的历史观与在西方 18 世纪的历史哲学有很多类似之处,那时是以理性与文明作为普遍的标准来看待历史而已。

由此可见,从传统的理智分析出发,哲学和历史、道与器属于不同的领域。按照这样的划分,朱熹的思想偏重于普遍与恒常的道,陈亮及浙学则偏于经验现象领域,偏重于功利和历史中那些恶的方面,而忽视了恒常的道及伦理价值。从朱熹开始到后代的研究者大都是沿着这样的道路,将陈亮归入事功学派。朱熹认为陈亮所强调的是经验、功利和历史的领域,而忽视了普遍的理,"江西之学只是禅,浙学却只是功利。"③"陈同父读书,譬如人看劫盗公案,看了须要断得他罪恶,及防备禁制他,教做不得。它却不要断它罪,及防备禁制他;只要理会得许多做劫盗的道理,待学他做。"④从许多方面来看,这样做是有其合理性的。陈亮的思想是起于对理性主义的批判,而偏重于经验和现实的领域。理性主义在看待世界时,偏好恒常的秩序和精密的分析,但是也会有一种危险,即走向僵化和教条主义,或导致后世学者所常见的那种学院派的倾向,而忽视了感性的和运动变化的现象世界。在他看来,那些理学家"耻言文章、行义,而曰'尽心知性';居官者耻言政

----

① 朱熹:《朱子语类》,第 2144 页。
② 朱熹:《朱子语类》,第 2146 页。
③ 朱熹:《朱子语类》,第 2967 页。
④ 朱熹:《朱子语类》,第 2166 页。

事、书判,而曰'学道爱人'。相蒙相欺以尽废天下之实,则亦终于百事不理而已。"①那些理学家类似子夏氏之贱儒,是"气不足以充其所知,才不足以法其所能,守规矩准绳而不敢有一毫走作"。②这些学院派知识分子在繁琐的理论分析中走向教条和僵化,而忽视了现实世界,丧失了英雄气概。反之,正由于这种特点,朱熹也批评陈亮的思想缺少文采,"同父才高气粗,故文字不明荧,要之,自是心地不清和也。"③"若永康永嘉之说,大不成学问。"④与对纯儒的否定相一致,陈亮在思想上则否定那脱离现实世界的道,朱熹认为道可离事而独存,陈亮则认为道是内在于天地万物和历史的变迁中。陈亮关于道的观念构成了他历史观的基础。

三

到这里,仅仅从字面上来看的话,陈亮的思想和历史观似乎并没有多少疑问,陈亮反对朱熹那种普遍和独立存在的道,认为道不脱离现实世界,道在历史的变化中具有相对的意义。这样,按照那种传统的二元论的模式,朱熹近于唯理论,陈亮则与从荀子到顾炎武的外王的路线较为接近。将陈亮划为唯物主义也有若干依据。但是事实上,人们明显感到陈亮的思想与它们都有所不同,在陈亮的思想中保留了对普遍的道的追求。陈亮说道即现实,但与荀子、顾炎武等的注重现实有很大区别。有人说陈亮拒斥形而上学,但也与西方那些拒斥形而上学的实证主义、后现代主义表现出相当的差异。至于说陈亮兼有哲学和历史双重成分也并不是很清楚,因为很多思想家也是兼有二者的,即使是朱熹这样偏重理性和哲学思考的人,也并没有完全忽视历史,只不过他对历史的理解建立在与陈亮不同的立场上。假如说在陈亮的心中,朱熹说他是"义利双行,王霸

---

① 陈亮:《陈亮集》,河北教育出版社,2004 年,第 216 页。
② 陈亮:《陈亮集》,第 270 页。
③ 朱熹:《朱子语类》,第 2965 页。
④ 朱熹:《朱子语类》,第 2957 页。

并用"是一种误解的话,那我们今天说陈亮兼有哲学和历史也可能是一种误解,因为在陈亮的心中,哲学和历史是不可分割为二的,陈亮所理解的历史是与后世许多理性主义史学或者是偏于史料和考证的历史家有所不同的。

我们在理解上之所以出现这样的困难,主要是由于我们在许多时候实际上仍然是像朱熹那样执著于理智的分析和二元论,所以才会像朱熹那样简单地将之归于功利主义或"义利双行、王霸并用"等。陈亮的思想中那些成分之所以难以理解,正在于它致力于对二元论和理智分析的批评。陈亮的历史观也正是建立在这样的基础之上。陈亮的思想代表着一种与上述的二元论不同的思潮,而且这种思潮在东西方的历史上都具有普遍的意义,而不仅仅是像有些人所说的是一种独创。我们只有将陈亮的思想放在这样的整体背景之上,才能理解其意义,因为真正独创和特殊的东西是很难理解的。

尽管东西方都在不同的程度上存在着那种类似于陈亮的思想,但为了认识的方便,我们还是暂且从西方选取某种代表,这主要是一些潮流在西方表现得较为充分,概念更为清晰,更容易起到参照的作用。在西方也存在着许多思潮,它们也往往是像陈亮一样无法归入那些二元对立的范畴,例如西方的许多历史哲学的潮流。当然,西方的历史哲学也包含了不同的趋向,历史主义这个词也是复杂和歧异的。在这里,与陈亮的历史观较为接近的是 19 世纪浪漫主义和黑格尔的历史观,田浩在谈到民族主义时也曾提到陈亮与浪漫主义的类似之处。当我们回顾欧洲从 18 世纪到 19 世纪的浪漫主义史学的转变之时,便看到了一些类似的现象。我们知道,17 和 18 世纪是一个唯理论的时代,是崇尚理性、普遍的科学知识和秩序,它们同朱熹的思路多少是有点类似的。在这样的意义上,它们的思想都多少有点反历史的特征,而且它们即使研究历史,也是要替历史设定一个普遍的价值标准,历史要有助于某种普遍的目的。启蒙思想家伏尔泰研究历史,但其目的却是要像朱熹那样提供某种惩恶扬善的作用,在历史中,"过去各种重大错误至今仍然很起作用。人们不会在自己的眼前过于容忍这些罪恶和灾难:不论怎么说,它们会加以预防。这种思想以许多不同的用语被人重述,在当时有关史学理论的全部著作中都可以找到。"①当按照这种道德和进步的标准去看待历史的时候,"从此,赤裸裸的理性以它所固有的名称受到了尊敬,它继承了希腊人和罗马人的范例和权威,把理性看成是和未开化的文化和风俗相对立的。"②这样,在看待过去的历史时,那么自古代的辉煌以后,中世纪则是一个黑暗和愚昧的时代,在这之后,才迎来了新时代的光明。这种对中世纪的贬斥和朱熹对汉唐霸道的批评具有类似的意义,因为这些时代不符合那种理性的标准,就像朱熹认为汉唐不合道统一样。

在这样的背景上,浪漫主义的历史观则代表着对上述启蒙运动的理性主义的反抗,就像陈亮批评朱熹的正统史学一样。浪漫主义继承了维柯的历史观,开始以一种公正和客观的态度去看待历史。在浪漫主义史学中,有一个最重要的观念,即把自然和历史都看成是上帝的作品,上帝内在于万物之中,就像陈亮说道内在于万物之中一样。在这样的基础上,浪漫主义去反对那种唯理论的二元论思想,反对那种将普遍的真理与变化的具体事物、将文明和野蛮对立起来的观点,"浪漫主义运动的成果,不仅是历史研究的繁荣,而且也是一种文化观念。这种观念在突出知识的各种理论上引起了十分重要的变化。一种文化的各个不同方面,看成是单一精神的种种表现。"③当以这样的态度去看待历史的时候,中世纪的历史就不再是完全的野蛮与黑暗。这样,人类文化的每一个阶段,每一种形式都重又获得了它的意义,"这样去反对那种以抽象理性的名义对过去肤浅地加以蔑视的做法。他并进一步认为没有一个人类时代是不对的,因为每一个人类时代都有它自己的力量和美。"④此外,浪漫主义由于在这样的立场上恢复了历史的意义,因此也就到达了哲学和历史的某种统一。

很明显,在陈亮的历史观中存在着一种类似浪漫主义那样的东西,他像浪漫主义那样反对那种唯理论的二元论,反对将一种普遍的

---

① [意]克罗齐:《历史学的理论与实际》,商务印书馆,1986 年,第 198 页。
② [意]克罗齐:《历史学的理论与实际》,第 193 页。
③ [美]哈多克:《历史思想导论》,华夏出版社,1989 年,第 133 页。
④ 徐鹤森:《启蒙运动与西方文明的勃兴》,吉林人民出版社,2003 年,第 215 页。

道和具体事物分离开来,每一个时代都是道的体现,因而也都包含着合理的意义。他之兼有哲学和历史不是那种两者之间的中道和平衡,而是因为他相信两者之间本来就不可分。同样,他也不是纯粹的功利主义者,也不等于法家的霸道或唯物主义,而是相信这些表面上对立的东西乃是不可分离的。在历史的变化中每一个时代均有其意义,我们不可能抬高三代而贬低汉唐。汉唐不可能均是人欲,也不仅仅是与道暗合而已,在其中必定体现了一种必然的观念。同样,在陈亮的思想中也有一种类似浪漫主义那样的英雄热情,因为它们的共同之处是以热情去反对僵化的理智,或者是纯儒而已。当然,陈亮的思想中尽管存在这些类似于浪漫派之处,但也并不完全等同,有许多观念表现得并不完全突出。而且相对而言,陈亮的思想尽管反对纯儒和理智的分析,但仍然保留了一些理性的成分,就像他始终保持着与政治和学术界的联系,并最终得中状元一样,而西方的浪漫主义则是完全走向某种极端和疯狂了。在文明和野蛮的态度上,尽管陈亮多少也包含了一些历史相对主义的成分,而在根本的立场上则始终维持了夷夏之辨,这同浪漫派完全取消文明和野蛮的差别也是有很大不同的。

四

在一些深受传统影响的人看来,将陈亮的思想与浪漫派作比较也许过于强调了那些表面上的类似,但在实际上,这种共通性无可否认的存在,它可以使我们避免孤立地看待陈亮的思想,将其放在一个更为广阔的文化背景之上,而不是仅仅将之看成是特例和独创。事实上,相信这种共通性不仅是西方的观念,在中国传统的精神中也是根深蒂固的一个信念。贺麟在《文化的体与用》中说文化只有一个,马一浮说东方文化与西方是不一不异,而且这实际上也是陈亮自己的信念,就像它反对区分王与霸、义和利一样。只有世界的本质是相通的,这个世界才是可以认识的。在这个意义上,我们可以发现陈亮的历史观与浪漫主义一样,都无法按照那种二元论的模式加以分类,它既不是唯理论,也不同于西方的经验论和功利主义伦理学,既不是抽象的哲学和本体论,也不同于 19 世纪的实证主义史学或乾嘉考据,不等于纯粹的外王和事功,而且在反对二元论的意义上兼有二者。假如说浪漫派运动在西方的历史哲学中曾成为重要的思想源泉,那么我们也许就可以更好地理解了陈亮的历史观在中国思想史上的意义了。同样,我们也可以理解韦政通在《中国思想史》中对陈亮的英雄热情的质疑,他认为陈亮的英雄热情不过是小人物的幻想而已,在这点上确实是和浪漫派有相通之处的,浪漫派对天才的歌颂也是如此。当然,无论在中国还是西方,具有类似特点的思潮决不仅仅限于陈亮和浪漫派,只是以往难以引起注意而已。我们在考察思想史的时候,往往在不自觉的学术训练中重复了朱熹的二元论立场,因而对类似陈亮这样的思想家就难免产生种种误解,或者是在那些二元论的范畴前感到困惑,或者是忽视其存在的意义。

王阳明的良知说

杨国荣

朱熹曾肯定了二程的如下看法,即良知"乃出于天,不系于人"(《孟子集注·尽心上》)。不系于人而出于天,意味着赋予良知以超验的性质。与程朱不同,王阳明着重强调了良知系于人这一面,并由此转换出主体的德性与人格,从而使之区别于超越的天理。在如上转换之后,蕴含着德性伦理与理念伦理的某种对峙。

一、知识与德性

如何在日用常行中为善去恶,是理学所关心的问题之一。为善去恶以分别善恶为前提,而善恶之分则表现为一个知的过程(知善知恶)。道德行为与道德认识的这种关联,早期儒家已有所论析,所谓"未知,焉得仁?"(孔子)便蕴含了此点。程朱对二者的关系尤为关注,并由此进而强调了知当然对行当然的逻辑在先:从程朱以穷天下之理为进路,就不难看到这一思维趋向。这里似乎内含着某种乐观的信念:通过穷所当然之理,便可逻辑地引向为善去恶的道德实践。

王阳明并不否认知当然对行当然的意义。不过,对他来说,知识与道德似乎具有更为复杂的关系。在谈到知恶与止恶时,王阳明写道:

> 凡人之为不善者,虽至于逆理乱常之极,其本心之良知,亦未有不自知者,但不能致其本然之良知。是以物有不格,意有不诚,而卒入于小人之归。[1]

---

[1] 《与陆清伯书》,《王阳明全集》,上海古籍出版社,1992年,第1011页。

　　此所谓致,有推行之义。当人为恶时,其内在的道德意识未尝不处于明觉状态,换言之,他未尝不知何者为善,何者为恶,然而,这种善恶之知,并没有自然地使之导向为善去恶。在这里,道德知识(知善)与道德行为(行善)之间显然存在着某种距离,而如何为善去恶的问题则具体地转换为如何从知善知恶到为善止恶。

　　知善知恶属于广义的理性之知,它所面对的,主要是"是什么"的问题,包括善恶的分辨,道德规范的理解,伦理关系的把握,等等。这种道德认识虽不同于一般的事实认知,但却仍以实然(道德领域中的既成规范、准则、人伦关系等)为对象。与此相对,道德行为则首先涉及应当做什么的问题。从逻辑上看,是什么(实然)的认识与应当做什么的要求之间,并不存在蕴含关系:实然并不规定应然。①如何沟通实然与应然? 这是道德哲学难以回避的问题。王阳明认为自知善恶并不必然导向行善止恶,亦从一个方面突出了知实然与行当然之间的逻辑张力。

　　如何由知善到行善? 在王阳明那里,这一问题的进一步追问,便引向了格外在之物与诚自家之意的关系。如前所述,程朱以穷理为入手处,其中多少蕴含着知识优先的思路。相形之下,王阳明关注的首先是如何诚自我之意:

　　　　先儒解格物为格天下之物,天下之物如何格得? 且谓一草一木亦皆有理,今如何去格? 纵格得草木来,如何反来诚得自家意?②

　　所谓诚自家意,也就是成就德性,与之相对的格天下之物,则更多地表现为成就知识;前者指向当然之域:成就德性展开于行其当然的过程,后者则以明其实然为目标。按王阳明的理解,成就知识与成就德性是两个不同的序列,知识的积累并不能担保德性的完成,所谓"纵格得草木来,如何反来诚得自家意",便以反诘的形式突出了二者的逻

---

　　① J.R. Searl 曾试图从"是"(is)中推出"应当"(ought),但他所做的,无非是一种基于语义分析的形式推论,其立场似乎未超出元伦理学,这种形式的推论并未对现实的伦理关系提出真正有效的说明。(参见 How to Derive Ought From Is, Philosophical Review Vol,73,1964,以及 Theory of Ethics Edited by P. Foot, Oxford University Press,1967,PP101_114.)

　　② 《传习录下》,《王阳明全集》,第 119 页。

辑距离。在此,问题的关键不在于如何穷尽天下之理,而是如何由成就知识到成就德性(诚自家意)。

成就德性(诚自家意)与当然之域的切近关联,使之在知实然与行当然的转换中具有了特殊的意义:从知善知恶到为善止恶的逻辑前提,乃是化知识为德性。正是在此意义上,王阳明一再强调:"道问学即所以尊德性也。""且如今讲习讨论,下许多功夫,无非只是存此心,不失其德性而已。"①"君子之学以诚身。"②"所以尊德性""以诚身"云云,点出了为学之指归即成就德性。作为行当然的前提,成就德性(诚意、诚身)展开为一个实有诸己的过程:"良知即天理。体认者,实有诸己之谓也,非若世之想象讲说者之为也。"③所谓实有诸己,即是通过自身的体察与践履,使道德意识成为主体的内在德性。从如下辨析中,可更清楚地明了此意:

> 夫道必体而后见,非已见道而后加体道之功也;道必学而明,非外讲学而复有所谓明道之事也。然世之讲学者有二:有讲之以身心者,有讲之以口耳者。讲之以口耳,揣摸测度,求之影响者也。讲之以身心,行著习察,实有诸己者也,知此则知孔门之学矣。④

作为体认对象的道、天理,首先指当然之则,而良知之中亦已蕴含了知善知恶的道德理性。明其善恶、知其当然无疑是孔门之学的题中之意,但如果它仅仅以知识的形态存在,则仍不免具有外在的性质;惟有融合于内在德性,良知才能成为主体真实的存在:讲之口耳与实有诸己之别更深层的内涵,便是外在的理性知识与内在的真实德性之分野。

可以看到,在王阳明那里,从知善到行善的前提是化知识为德性,而这一过程同时意味着通过行著习察使良知由讲论之中的理性成为实有诸己的真实存在。作为实有诸己的德性,良知构成了主体真正的自我:"夫吾之所谓真吾者,良知之谓也。"⑤这种表现为本真之我的良

---

① 《传习录下》,《王阳明全集》,第 122 页。
② 《书王天宇卷》,《王阳明全集》,第 271 页。
③ 《与马子莘》,《王阳明全集》,第 218 页。
④ 《传习录中》,《王阳明全集》,第 75 页。
⑤ 《从吾道人记》,《王阳明全集》,第 250 页。

知已超越了知善知恶的理性分辨,而与人的存在融为一体。它不仅包含对当然的明觉,而且具有行当然的意向;知善,则同时好之如好好色,知恶,则恶之如恶恶臭,行善止恶皆自不容已。所以如此,是因为知与好恶"皆是发于真心"。①在真实的德性中,知善与行善已成为同一个我的相关向度,讲论言说与行著习察的对峙开始被扬弃。

从哲学史上看,知识与德性之辨,很早便为哲学家们所瞩目。亚里士多德已开始区分技术与德性:"技术和德性也并不相似。人工制作的东西有它们自身的优点,因此,只要它们生成有某种它们自身的性质,也就可以了。但是,合乎德性的行为,本身具有某种品质还不行,只有当行为者在行动时也处于某种心灵状态,才能说它们是公正的或节制的。"②亚氏所说的技术,主要是一种外在的知识。所谓外在,是相对于主体言:即它只具有工具价值,而没有融入自我的内在人格。德性则不同于外在的工具:它已化为主体存在不可分离的部分;当行为出于德性时,主体并不如制造器物般地"用"某种知识,而是将其作为自身存在的方式。由此出发,当代一些哲学家如 B·威廉姆斯进而对知识意义上的真(truth)与德性意义上的诚(truthfulness)作了区分。作为知识的真,首先与对象意识相联系,而作为德性的诚,则更多地涉及主体内在的反省意识、心理定势。③在这方面,王阳明的思路似乎近于上述哲学家。他之要求化知识为德性、以实有诸我的良知为真实之我(真吾),即是以外在知识与内在德性的区分为前提的。为更具体地明了此点,我们不妨看一下王阳明对世之学者的批评:

> 世之学者,业辞章,习训诂,工技艺,探赜索隐,弊精竭力勤苦终身,非无所谓深造之者。然亦辞章而已耳,训诂而已耳,技艺而已耳。非所以深造于道也。则亦外物而已耳,宁有所谓自得逢源者哉! 古之君子,戒慎不睹,恐惧不闻,致其良知而不敢须臾或离者,斯所以深造乎是矣。④

辞章、训诂、技艺属外在的知识,一味专注于此,固然可以成就知

---

① 《与黄勉之》,《王阳明全集》,第 195 页。
② 《尼各马可伦理学》中国社会科学出版社,1990 年,第 30 页。
③ B. Williams: *Ethics and the Limits of Philosophy*,London,1985,pp. 198—202.
④ 《自得斋说》,《王阳明全集》,第 265—266 页。

识,但亦仅限于工具层面的理性而已,无法成就自我。对王阳明来说,重要的是深造于道,以形成主体内在的德性:所谓自得,强调的便是化良知为自我不可须臾相离的真实存在(真吾)。

真实的德性既是联结道德知识与道德实践的内在本体,又规定着知与行的性质及作用方向。就知而言,若无内在的德性,则"知识之多,适以行其恶也;闻见之博,适以肆其辩也;辞章之富,适以饰其伪也"。①从一般意义上看,知带有某种价值中立的特点,它并不内含预定的作用方向,往往既可引向善,亦可用于恶;即使伦理之域的知(关于当然、善恶之知),也未必担保一定导向善的行为:它同样可以被用于伪善之举。相对于单纯的知识,德性已超越了价值的中立而具有善的定向,这种善的德性同时作为稳定的意识结构而逐渐凝结为主体的人格,并制约着知的作用方向。

同样,德性也规定着行为的性质。主体所作所为是否具有善的品格,取决于是否出于真诚的德性。就孝而言,"孝亲之心真切处才是天理。如真心去定省问安,虽不到床前,却也是孝。若无真切之心,虽日日定省问安,也只与扮戏相似,却不是孝。此便见心之真切,才为天理。"②所行是否为孝,不在于形式上做了什么,而在于这种行为是不是以真切的德性为本。离开真诚的德性,即使作出种种姿态,也必然形同做戏,而很难视为善的行为。

德性作为实有诸己的真实存在,并不是一种抽象的本体,在王阳明那里,它往往以良知为具体形态。如前所说,良知可以作不同理解,当程朱强调良知出于天而不系于人时,其侧重之点首先在超验的理性,在这一层面上,良知更多地表现为超验之"我",而非本真之"我"。王阳明从尊德性的角度,对良知的内涵作了理论上的转换,使之由不系于人的超验理性,向个体存在靠拢,所谓真吾即良知,即体现了此种趋向。在德性或本真之我这一维度上,良知首先取得了自家准则的形式:

> 尔那一点良知,是尔自家底准则。尔意念着处,他是便知是非便知非,更瞒他一些不得。尔只不要欺他,落落实实依着他做

① 《传习录中》,《王阳明全集》,第56页。
② 《传习录拾遗》,《王阳明全集》,第1174—1175页。

去,善便存,恶便去。①

此所谓是非,虽亦有认识论上的意义,但更多地涉及价值观之域。就后者言,是非准则所指向的便主要是善恶的评价。价值观意义上的评价当然包含认知,但它又不同于一般的知识:善恶的判断总是同时渗入了主体的权衡、选择、意愿以及价值取向。换言之,价值评价不仅以善恶之知为内容,而且为行为提供了某种导向。王阳明以良知为自家准则,同时也就确认了内在德性对行为的范导意义。

价值评价意义上的是非,自始便蕴含着情感之维,王阳明以如下论述点明了此层关系:"良知只是个是非之心,是非只是个好恶。只好恶就尽了是非,只是非就尽了万事万变。"②好即喜爱,恶则是憎厌,二者都属广义的情感。在善恶的评价中,不仅有理性的分辨,而且存在着情感的认同:好善恶恶已不单纯是理智的判断,它更是一种情感上的接受或拒斥。良知作为不系于人的超验理性(程朱),固然可以远离情感之域,但当它转换为主体的内在德性时,便难以隔绝于好善恶恶等情感。正是德性所蕴含的情感之维,从一个方面构成了向善的内在动因,并为知当然转化为行当然提供了某种契机。

除了情感之维,真实的德性还包含志的规定。王阳明很注重志的作用,认为"夫苟有必为圣人之志,然后能加为己谨独之功"。③亦即将志的确立视为道德行为的前提。在《教条示龙场诸生》中,王阳明对此作了更具体的阐释:

> 志不立,天下无可成之事,虽百工技艺,未有不本于志者。今学者旷废堕惰,玩岁时,而百无所成,皆由志之未立也。故立志而圣,则圣矣,立志而贤,则贤矣。志不立,如无舵之舟,无衔之马,漂荡奔逸,终亦何所底乎?④

此所谓立志,亦即确立行为的目标,它犹如行舟之舵,赋予主体活动以方向性。志不立则意味着茫无所适,最终势必一事无成。志的这种定向功能,亦可视为广义的意向性,当然,它具有恒定与专一的品

---

① 《传习录下》,《王阳明全集》,第92页。
② 《传习录下》,《王阳明全集》,第111页。
③ 《书汪进之卷》,《王阳明全集》,第1024页。
④ 《教条示龙场诸生》,《王阳明全集》,第974页。

格,因而又有别于一般的偶然意向。作为恒定专一的意向,志总是融于德性之中,并制约着人的行为。与道德理性主要告诉人们何者为善、何者为恶有所不同,志之所向(意之所向)进而要求人们择善弃恶,所谓"志立得时,良知千事万事只是一事",①便是强调志作为内在于本真之我(良知)的行为定式,而将人引向为善"一事"。正是通过影响人们的行为选择,志构成了由知善走向行善的另一动因。

从道德认识到道德实践的过渡,往往还面临意志软弱的问题。自我之所以虽知其善,却不能付诸于行;虽知其恶,却仍行而不止,常常便是由于缺乏坚毅的意志。这样,如何从知善知恶到为善去恶,总是涉及如何克服意志的软弱。有见于此,王阳明在考察志与行为的关系时,特别提到了进道之志的勇猛专一:

> 今时同志中,往往多以仰事俯育为进道之累,此亦只是进道之志不专一,不勇猛耳。若是进道之志果能勇猛专一,则仰事俯育之事莫非进道之资。②

专一即志的定向,勇猛则是意志努力,后者更多地体现了意志的坚毅性品格。此所谓进道,可以看作是实现道德理想的过程,如何化理想为现实,与如何由知当然到行当然本质上是相通的,而二者又都以具有坚毅的意志品格为前提。坚定的意志既经形成,往往将进而化为趋善去恶的行为定向,并赋予主体以不为外部阻力所屈的内在力量:"志苟坚定,则非笑诋毁不足动摇,反皆为砥砺切磋之地矣。"③这种为行为定向的坚毅意志,当然并非外在于自我的德性,它已凝于良知之中,并随着良知的德性化而构成了德性的内在规定。因之,志的定向,同时即体现了良知(德性)的内在力量:"依此良知,忍耐做去,不管人非笑,不管人毁谤,不管人荣辱,任他功夫有进有退,我只是这致良知的主宰不息,久久自然有得力处,一切外事亦自能不动。"④

不难注意到,在王阳明那里,化知识为德性意味着通过深造以自得而转换良知(化不系于人之超验理性为实有诸己之真实的我),作为

---

① 《传习录下》,《王阳明全集》,第 100 页。
② 《与道通书》,《王阳明全集》,第 1207—1208 页。
③ 《书维贤卷》,《王阳明全集》,第 274 页。
④ 《传习录下》,《王阳明全集》,第 101 页。

内在的德性(真吾),良知包含着自我评价的准则和能力,展开为好善恶恶的情感认同,并以恒定的意向和坚毅的努力制约着行为的选择与贯彻。这种德性既与自我存在融合为一,又构成了主体行为的动力因:从知善到行善的转换,正是以内在的德性为其自因,而为善去恶的道德实践亦相应地表现为一个基于主体自律的过程。

王阳明的如上思路与康德似乎有所不同。康德在道德之域以实践理性为主要论题,其关注之点更多地指向如何建立普遍的道德秩序,他对道德律令的普遍性之反复强调,并以"不论做什么,总应该做到使你的意志所遵循的准则永远同时能成为一条普遍的立法原理"作为实践理性的基本法则(参见《实践理性批判》第30页),都表明了此点。从某种意义上说,康德正是试图以道德法则的普遍性来担保普遍的道德秩序。以此为出发点,康德对个体道德行为的机制较少表现出兴趣,他所说的善良意志,往往是指理性化的意志(与实践理性相通),而善良意志的自我立法,则相应地表现为超验理性向自我颁布律令。可以说,在实践理性之域,康德乃是以形式因为动力因:表现为普遍法则的形式因,同时即被理解为动力因。这种推绎固然对普遍的道德秩序何以可能作了有意义的论析,但却未能对个体的道德行为何以可能作出具体说明。

较之康德之关注普遍的道德秩序,休谟更多地考察了个体的行为机制。与康德确信理性的力量不同,休谟对理性在道德实践中的作用持怀疑的立场。在他看来,道德具有实践的品格,它最终总是落实于具体行为,但理性带有静态的特点,无法影响人的行为:"理性是完全没有主动力的,永远不能阻止或产生任何行为或情感。"作为认识能力,"理性的作用在于发现真伪",[1]但发现真伪并不必然导向行善(激发道德行为)止恶(抑制不道德的行为)。因此,结论便是理性不能成为动力因:

理性是完全不活动的,永远不能像良心或道德感那样,成为一个活动原则的源泉。[2]

---

[1] 休谟:《人性论》,商务印书馆,1981年,第497—498页。

[2] 休谟:《人性论》,第498—499页。译文根据英文版略有改动,参见 D. Hume: *A Treaties of Human Nature*, Oxford, 1978, p458。

不难看到,在理性的静与道德的动之间,似乎存在着一道鸿沟,而在这种鸿沟之后,则是"是"与"应该"的对峙:理性的对象是"是",而道德所面临的则是"应该"。[①]

如何跨越动与静、"是"与"应该"之间的鸿沟? 理性既然在此显得"完全无力",[②]目光便自然转向了非理性之域。休谟正是由此将情感之维提到了突出地位,以此为人的最本源、最真实的存在。在他看来,道德行为应以情感为动力因,理性惟有通过情感才能影响人的行为,[③]换言之,从道德原则到道德行为的过渡并非仅仅基于理性之思或理性的形式因,无论就发生抑或过程而言,道德行为都离不开情感等非理性的因素。对道德实践的这种理解,与王阳明无疑有相近之处,事实上,王阳明的良知(实有诸己的德性)便包含了休谟所说的道德感。不过,休谟往往不适当地强化了情感等非理性因素的作用。对他来说,善恶等道德区分最终乃是以情感为其依据,道德行为的动因亦可完全还原为经验层面的情感:"对我们最为真实而又使我们最为关心的,就是我们快乐或不快的情绪,这些情绪如果是赞成德而不是赞成恶的,那么在指导我们行为和行动方面来说,就不再需要其他条件了。"[④]这种看法不免带有某种经验论与非理性主义的色彩。相对于此,王阳明在坚持理性原则的前提下协调知与情意、理性与非理性,似乎又表现了不同的立场。

二、化德性为德行

德性作为实有诸己的人格,是一种内在的本真之我。但成于内并不意味着封闭于内。人格往往有其外在展现的一面,德性亦总是体现于现实的行为过程。与化知识为德性相关联的,是化德性为德行。有鉴于此,王阳明在肯定道问学所以尊德性的同时,又一再要求"以成其

① 休谟:《人性论》,第509—510页。
② 休谟:《人性论》,第497页。
③ 休谟:《人性论》,第503页。
④ 休谟:《人性论》,第509页。

德行为务"。①

就其现实过程而言,成就德性与成其德行并非彼此隔绝,我们固然可以在逻辑上对二者分别加以考察,但在现实性上,二者又统一于同一自我的在世过程。作为内在的人格,德性总是面临着如何确证自身的问题,所谓德性的自证,并不仅仅是一种精神上的受用,它更需要在德行中确证自身。王阳明以孝悌为例,对此作了阐释:

> 就如称某人知孝,某人知弟,必是其人已曾行孝行弟方可称他知孝知弟,不成只是晓得说些孝弟的话,便可称为知孝弟。②

懂得孝悌并且有孝悌的意向,无疑表现了善的德性,但这种德性又必须实际地体现于行孝行悌的过程:正是行孝行悌的德行,为主体是否真正具有孝悌的德性提供了外部确证。

德性的外部确证过程,同时也就是德性的外化过程。如果德性是真实的,那末它就总是既凝于内,又显于外。在解释格物致知时,王阳明亦兼及了德性之显于外的问题:

> 若鄙人所谓致知格物者,致吾心之良知于事事物物也。吾心之良知,即所谓天理也。致吾心良知之天理于事事物物,则事事物物皆得其理矣。③

这里的事事物物,主要就道德之域而言,如人际之间的伦理关系等,格、致则皆涉及道德实践。与事事物物相对的良知,既以天理为内容,又融合于吾心,因而已可视为实有诸己的内在德性。所谓致吾心之良知于事事物物,也就是将道德意识运用于道德实践(化德性为德行),而事事物物皆得其理,则是内在的德性展示并体现于伦常世界。从心与理的关系看,这一过程表现为通过心的外化而建立理性化的道德秩序;就德性与德行的关系言,它则可以看作是德性通过德行而对象化于现实的伦理关系。

德性的外化或对象化并不是一种远离日用常行的过程,所谓推行(致)良知于事事物物,即已蕴含了德性的外化与日常生活世界的联系。王阳明在另一处更具体地阐述了这一点:"君子之行也,不远于微

---

① 《传习录中》,《王阳明全集》,第54页。
② 《传习录上》,《王阳明全集》,第4页。
③ 《传习录中》,《王阳明全集》,第45页。

近纤曲,而盛德存焉,广业著焉。是故诵其诗,读其书,求古圣贤之心,以蓄其德而达诸用,则不远于举业辞章,而可以得古人之学,是远俗也已。公以处之,明以决之,宽以居之,恕以行之,则不远于簿书期会,而可以得古人之政,是远俗也已。"①化德性为德行不一定表现为惊天动地之举,相反,它更多地内在于微近纤曲的所谓俗行。道德关系总是展开于社会生活的各个方面,而每一主体又往往处于某种既定的社会环境之中,这种环境常常并不是主体能任意选择的。这样,道德实践必然涉及如下两重关系,即环境的不可选择性与行为的可选择性,而德性的力量即在于:在既定的环境中,不断通过渗入日用常行而使行为获得新的意义,从而达到日用即道之境。

化德性为德行,主要侧重于以德行确证德性。德性与德行的关系当然不限于这一方面。德行属于广义的道德实践,它在王阳明那里常常被归入功夫之列;以实有诸己之良知为内容的德性,则被理解为本体。按王阳明的看法,本体原无内外,后者既指本体由功夫而展现,又意味着功夫不能离开本体:"功夫不离本体,本体原无内外。"②从德性与德行的关系看,功夫不离本体,即是指德行总是以德性为其内在的根据。主体在日常世界的所遭所遇常常并不相同,其所行所为也难以一一预设,但行为不管如何千差万别,都是出于同一自我,所谓"虚灵不昧,众理具而万事出",③便是就此而言。

德性作为内在的本体,往往以主体意识的形式呈现,不过,这种内在的意识结构不能混同于一般的意念。王阳明通过区分良知与意,对此作了解说:

> 意与良知当分别明白。凡应物起念处,皆谓之意。意则有是有非,能知得意之是与非者,则谓之良知。依得良知,则无有不是矣。④

意在王阳明那里有不同层面的含义。在广义上,它与心相通;而在较狭的层面上,它则近于念,此处之意,是就后者言。意念作为应物

---

① 《远俗亭记》,《王阳明全集》,第893页。
② 《传习录下》,《王阳明全集》,第92页。
③ 《传习录上》,《王阳明全集》,第15页。
④ 《答魏师说》,《王阳明全集》,第217页。

而起者,带有自发和偶然的特点。所谓应物而起,也就是因境(对象)而生,随物而转,完全为外部对象所左右,缺乏内在的确定性。与意念不同,作为真实德性的良知并非偶然生成于某种外部境遇,也并不随对象的生灭而生灭。它乃是在行著习察的过程中凝化为内在的人格,因而具有专一恒定的品格。惟其恒常而内有主,故不仅非外物所能移,而且能自我立法,自我评价,并判定意念所涉之是非。

意念与良知之辨,旨在强调主体不能执着于某种外部境遇,而应着重于本体(德性)对功夫(德行)的统摄。对象世界林林总总,难以穷尽,人所处的境遇也往往变动不居,如果逐物而迁,滞泥于具体境遇或境遇中的偶言偶行,则往往不仅不胜纷劳,而且亦难以保持行为的一贯性。惟有立其本体,以德性(良知)为导向,才能使主体虽处不同境遇而始终不失其善:"盖天下之事虽千变万化,至于不可穷诘,而但惟致此事亲从兄、一念真诚恻怛之良知以应之,则更无遗缺渗漏者,正谓其只有此一个良知故也。"①德性(良知)作为真诚的人格,表现了自我的内在统一,在此意义上,德性为"一",所谓"只有此一个良知"即是就此而言;德行则是同一德性在不同社会关系与存在境遇中的多方面展现,故亦可视为"多",这样,以德性(良知)统摄德行,亦可说是以一驭多。

德行作为德性在具体境遇中的多样展现,属节目时变(在不同时空中分化展开的行为),德性(良知)则是行为之纲;以一驭多是就形式言,从更内在的层面看,德性(良知)之于行为,则犹规矩之于方圆:

> 夫良知之于节目时变,犹规矩尺度之于方圆长短也。节目时变之不可预定,犹方圆长短之不可胜穷也。故规矩诚立,则不可欺以方圆,而天下之方圆不可胜用矣;尺度诚陈,则不可欺以长短,而天下之长短不可胜用矣;良知诚致,则不可欺以节目时变,而天下之节目时变不可胜应矣。②

以规矩尺度定方圆长短,具有衡量取舍之意。德性(良知)对行为、本体对功夫的制约,如同规矩尺度对方圆长短的规范,亦含有选择规定的意义:它总是肯定和鼓励合乎德性的行为,否定和拒斥与之不

---

① 《传习录中》,《王阳明全集》,第85页。
② 《传习录中》,《王阳明全集》,第50页。

相容的行为。这种选择取舍既与良知内含的自我评价之维相应,又是其情感认同与志之定向功能的具体体现。德性正是通过这种内在机制以统摄不同境遇中的行为,并赋予不可预定之节目时变以内在的统一性。

从中国哲学的历史演进看,早期儒家已开始注意到德性对行为的制约作用。孔子把成人(人格的培养)提到了十分重要的地位,以达到完美的人格之境为价值目标。这种人格既表现为内在的德性,又外化为具体的行为过程,而后者总是受到前者的范导。孔子说:"苟志于仁矣,无恶也。"(《论语·里仁》)志于仁,即追求并确立以仁道为内涵的人格,在孔子看来,一旦做到了这一点,那末,在日常行为中即可以避免不道德的趋向(无恶)。反之,如果缺乏这种稳定的人格,则往往很难一以贯之地保持行为的善:"不仁者不可以久处约。"(同上)王阳明要求以本体制约功夫,以德性(良知)统摄节目时变,无疑上承了这一思路。如前所述,每一个体都是特定的历史存在,他所处的社会关系、所面对的环境往往各异,所从事的活动也常常变换不居,带有不可重复的特点。如何使不同境遇中的行为保持统一性或一贯性? 逐一地为每种行为规定苛严的细则显然行不通,就道德领域而言,内在的德性和人格无疑有其不可忽视的作用。相对于行为的不可重复性与多变性,主体(行为者)的德性作为实有诸己的真诚人格,具有绵延的统一性(在时间中展开的统一),它使主体在各种境遇中都能保持道德的操守,并进而扬弃行为的偶然性,避免自我在不同情景中的变迁分裂,超越道德与非道德之间的徘徊动荡。与孔子对仁和具体行为关系的界定一样,王阳明对本体和功夫、良知和节目时变关系的考察,似乎已有见于此。①

不过,与知识和德性的区分相联系,王阳明在强调以德性统摄行为时,对知识在化德性为德行中的作用未能作出适当的定位。按王阳明之见,在知识与内在心体(德性)中,重要的是首先成就内在心体:

① B. Williams: *Ethics and the Limits of Philosophy*, London, 1985, pp. 198—202. 1. 当代不少哲学家亦开始对内在德性与行为的关系予以较多的关注,如 B. 威廉姆斯便认为,社会的影响往往通过个体的意向而起作用,在此意义上,"社会或伦理生活总是存在于人的内在心理定式(dispositions)中。"(*Ethics and the Limits of Philosophy*, p. 201)

"人只要成就自家心体,则用在其中。如养得心体,果有未发之中,自然有发而中节之和,自然无施不可。苟无是心,虽预先讲得世上许多名物度数,与己原不相干,只是装缀,临时自行不去。"①名物度数即泛指一般的知识,从道德实践的角度看,离开德性的培养而仅仅追求外在的知识,往往容易使这种知识成为虚文。然而,王阳明由此进而认为,"大端惟在复心体之同然,而知识技能非所与论也。"②这就又走向了另一极端。成就德性(心体)固然有别于成就知识,但不能因此将二者加以分隔。这不仅在于德性本身虽不限于知但又包含着知,而且在于从德性到德行的转换亦不能撇开知识技能。若仅有善的意向,而无必要的知识准备,则德性往往易流于良好的动机,难以向现实的德行过渡。尽管王阳明并不否认德性与实践理性或伦理理性的联系(实践理性始终是良知的内在规定之一),但工具理性意义上的知识技能却常常在其视野之外,所谓"非所论",便明显地表现这一趋向。从这方面看,王阳明对化德性为德行这一过程的理解,无疑又有其理论上的局限。③

三、德 性 与 规 范

化德性为德行和以德性统摄德行,涉及的是德性与行为的关系。从道德实践看,行为往往还关联着当然之则或普遍规范。与德性内含人格意蕴不同,当然之则(规范)带有无人格的特点:它作为普遍律令而超越自我(个体)。在哲学史上,不同的哲学家对行为、德性、规范的关系往往作了不同的定位,并相应地形成了不同的伦理学思考方向。以此为参照,可以进一步把握王阳明德性论的深层内涵。

---

① 《传习录上》,《王阳明全集》,第 21 页。

② 《传习录中》,《王阳明全集》,第 55 页。

③ 冯友兰曾认为,应办某事而即去办某事,这固然体现了物来顺应的德性,"但如何去办这件事,这中间一定有许多知识技术问题"。他由此批评"有些道学家,一切工夫都要用在求物来顺应上,似乎以为,对于无论干什么事,都可以物来顺应,以至成为空疏无用。这是宋明以来道学家的大毛病"(《三松堂全集》第四卷,第 662—663 页)。这一批评亦可说兼及王阳明的如上之蔽。

从理学的演变看,与心性之辨上提升性体相应,程朱一系的理学更为注重天理对行为的制约。天理既有其本体论意义,又是伦理学之域的普遍规范,在程朱看来,后一意义上的理即构成了道德行为所以可能的条件:"要须是穷理始得,见得道理合用凭地,便自不得不凭地。"①合用凭地即应当如此。由穷理而不得不凭地,意味着道德实践即在于明其当然,依理而行。作为普遍的规范,理具有超验的性质:

> 说非礼勿视,自是天理付与自家双眼,不曾叫自家视非礼,才视非礼,便不是天理;非礼勿听,自是天理付与自家只双,不曾叫自家听非礼,才听非礼,便不是天理。②

"天理付与"也就是天之所命,在界定仁道规范时,朱熹更明确地点出了此意:"仁者,天之所以与我,而不可不为之理也。"(《论语或问》卷一)在此,作为行为者的我(自家)与作为普遍规范的天理,构成了相互对待的二极,而我的行为则表现为对普遍规范的自觉服从。

作为天之所命,规范已不仅仅是一种当然,而且同时具有了必然的性质:所谓"不可不为",便已含有必须如此之意。事实上,朱熹确实试图融合当然与必然,从如下所论,便不难看到此种意向:"君臣、父子、夫妇、长幼、朋友之常,是皆必有当然之则,而自不容已,所谓理也。"(《大学或问下》)自不容已,表现为一种必然的趋势,将当然之则理解为自不容已之理,意味着以当然为必然。作为自不容已的外在命令,天理同时被赋予某种强制的性质:遵循天理并不是出于自我的自愿选择,而是不得不为之,所谓"孝悌者,天之所以命我而不能不然之事也"(《论语或问》,卷一),即表明了此点。这种出于天之所命的行为,显然带有受制于他律的特点。

当然,在天之所命与自我的外在对峙之外,朱熹亦曾从另一角度讨论当然之则与自我的关系,在道心与人心说中,便可看到这一点。就表层而言,道心作为主体之中的理性之维,已取得了某种内在的形式,它对人心及行为的制约,也相应地似乎具有了主体"自律"的意义。不过,若作进一步的考察,便不难看到,朱熹所谓道心,并不是本真的自我,作为天理的内化,它更多地带有超我的性质:道心与人心之分,

---

① 《朱子语类》卷二十二。
② 《朱子语类》卷一一四。

同时也表现了超验之理与个体存在的对峙。朱熹要求"必使道心常为一身之主,而人心每听命焉",意味着以内在化的普遍之理主宰人的行为选择;尽管规范的作用方式有内在与外在之别,但在肯定行为应出于普遍规范之命(外在的天之所命或内在的道心之命)这一点上,二者又似乎并无二致。

与朱熹所突出的天理及道心不同,作为德性的良知和个体存在无疑有着更为切近的联系。良知既内在于个体,又包含情意等维度,它在某种意义上已扬弃了超我的形式,而王阳明也正是着重从真实的自我(真吾)这一角度对其加以规定。良知与天理(道心)的这种不同规定,蕴含了对道德行为的不同理解。如前所述,天理与道心可以看作是二种不同形式的理性规范,要求行为出于普遍的理性规范,无疑注意到了道德行为应当是自觉的。这种看法避免了将道德实践混同于自发的冲动或感性的活动,并从一个方面凸现了道德的崇高性及其尊严。然而,规范作为普遍的律令,又带有超验的性质,仅仅强调以普遍规范"命"我,不仅无法避免道德实践的他律性,而且往往容易使行为趋于勉强而难以达到自然向善。事实上,在天之所命或道心之命的形式下,道德规范常常便成为一种强制性的律令,而出于规范则不免给人以服从异己律令之感。

较之超验天理的异己之命,作为德性的良知似乎更多地表现为主体的自我要求。良知固然也包含理性之维:良知的自我评价便未尝离开理性的权衡,但这种理性已与情意等相融合,成为实有诸己的存在。由天理或道心颁布命令,行为往往与自我相分离:主体之服从天理,并非出于自我的选择和要求。以良知引导自我,则意味着扬弃对行为的外在强制:出于良知并不不是一种外在的命令,它与出于自我的意愿具有内在的一致性。

正是基于德性论,王阳明对行为的自愿性质予以了相当的关注,以为行其良知(依良知而行)的过程也就是一种求自慊的过程:

> 心得其宜之谓义。能致良知,则心得其宜矣,故集义亦只是致良知。君子之酬酢万变,当行则行,当止则止,当生则生,当死则死,斟酌调停,无非是致其良知,以求自慊而已。①

① 《传习录中》,《王阳明全集》,第73页。

宜即应当,主要体现为一种理性的要求,"当行则行,当止则止",指行为应合乎理性的准则;"自慊"则是由于行为合乎主体意愿而产生的一种愉悦感和满足感,这种愉悦又称自快:"君子之学,求尽吾心焉尔。故其事亲也,求尽吾心之孝,而非以为孝也;事君也,求尽吾心之忠,而非以为忠也;……吾心有不尽,是谓自欺其心,心尽而后吾之心始自以为快也。"①自快吾心既是意志的自我选择,也是情感的自我投契;以为孝、以为忠,则是仅仅以某种抽象的道德律令(如忠、孝)为依据,为"孝"而行、为"忠"而行。在王阳明看来,行为固然应当得其宜(合乎理性的原则),但不能仅仅将其归结为对外在规范的服从,完美的行为在于"得其宜"与"求自慊"的统一。

与肯定求自慊相应,王阳明对出于人为与出于自然作了区分:"出乎心体,非有所为而为之者,自然之谓也。"②出乎心体亦即本于德性,有所为而为则是以规范约束行为,前者表现为内在德性的自然流露,后者则具有了人为努力的特征。在王阳明看来,人为的努力固然不可尽废,但相对而言,自然是一种更高的行为之境:

> 为学工夫有深浅。初时若不着实用意去好善恶恶,如何能为善去恶?这着实用意便是诚意。然不知心之本体原无一物,一向着意去好善恶恶,便又多了这分意思,便不是廓然大公。书所谓无有作好作恶,方是本体。③

这里涉及两种境界,即"着实用意"与"无有作好作恶"。着实用意亦即有所为而为,它诚然不失为初步的入手工夫,但亦仅限于初步而已,执著于此,往往不免趋于有意矫饰,所谓"多了这分意思"、"不是廓然大公"便是就此而言。与着实用意相对,无有作好作恶则是出乎心体(德性)之自然,它既非勉强服从外在规范,亦非刻意矫饰,已近于从心所欲不逾矩之境。

王阳明对自然之境的推重,已颇有孔子"吾与点"之意。《论语·先进》曾记载了孔子与其弟子的一段对话。孔子令子路、曾点、冉有、公西华各言其志,子路等所言均涉及某种社会抱负,曾点之志则是:

---

① 《题梦槎奇游诗卷》,《王阳明全集》,第 924 页。
② 《答舒国用》,《王阳明全集》,第 190—191 页。
③ 《传习录上》,《王阳明全集》,第 34 页。

"莫春者,春服既成。冠者五六人,童子六七人,浴乎沂,风乎舞雩,咏而归。"孔子听后喟然叹曰:"吾与点也!"相对于子路等人的社会抱负而言,曾点所向往的是一种自然的境界,何以孔子对曾点如此赞赏?王阳明的一些弟子对此感到无法理解。王阳明就这一问题向门人作了如下解释:"三子是有意必,有意必便偏著一边,能此未必能彼。曾点这意思却无意必。便是素其位而行,不愿乎其外,素夷狄行乎夷狄,素患难行乎患难,无入而不自得矣。"①意必亦即人为地执著,难免有勉强而行之嫌,无意必则是不思而为,不勉而中,由此即可达到无入而不自得。基于如上看法,王阳明进而对圣人之行作了规定:"在圣人分上便是自然的,在学者分上便是勉然的。"②质言之,自然与勉然,构成了圣凡两重境界。

完善的道德行为具有何种品格? 如前所述,程朱一系的理学着重突出的是行为的自觉之维,所谓出于天理或道心,不外是自觉地服从理性的规范。亚里士多德则从行为者的角度,提出了德行应当具备的三个基本要素:"第一,他必须是有所知,自觉的;其次,他必须是有意识地选择行为的,而且是为了行为自身而选择的;第三,他必须在行动中,勉力地坚持到底。"③第一点体现了理性的要求,后二点则从不同方面涉及了意志的规定:选择表现为意志的自主或专一品格,勉力坚持则体现了意志的坚毅性或意志努力;以上两个方面综合起来,道德行为便表现为自觉与自愿的统一。仅仅肯定行为应出于理性之知,往往容易使理性规范变为外在强制,在程朱那里,我们已不难看到此种倾向。相对于程朱,亚里士多德要求将理性的自觉与意志的自愿结合起来,无疑展示了更为开阔的理论视域。④

不过,理性的权衡和意志的选择在某种意义上都是有意而为之。休谟曾区分了二种德性,即人为的德性(artificial virtue)与自然的德性(natural virtue)。人为的特点在于以思想或反省为媒介,亦即有所为

---

① 《传习录上》,《王阳明全集》,第 14 页。
② 《传习录中》,《王阳明全集》,第 58 页。
③ 《尼各马科伦理学》,中国社会科学出版社,1990 年,第 30 页。
④ 原始儒学在某种意义上亦已表现出与亚里士多德相近的思路。参见杨国荣:《善的历程——儒家价值体系的历史衍化及其现代转换》,上海人民出版社,1994 年。

而为；自然的特点则是"不经思想或反省的媒介"(参见《人性论》第三卷)。借用休谟的术语，似乎可以说，理性与意志的活动仍带有某种人为的性质。对规范的理性接受和服从，总是经过权衡思考而为之，同样，道德实践中的意志活动，也往往是勉力而为：意志的选择在此意味着主体决定遵循某种规范，意志的努力则表现为自我在行为中坚定地去贯彻这种规范。在人为的形式下，理性对规范的自觉接受与意志对规范的自愿选择确乎有相通之处，也正是以此为前提，朱熹常常将自觉与自愿融合为一，甚而以自觉消解自愿。①

在理性的自觉接受与意志的自愿选择中，行为固然也可以取得自我决定的形式，但这种决定往往仍带有勉强的性质，而且如上所述，其所接受、所选择者，仍不外乎一般规范，因而它似乎也很难摆脱行为的他律性：以规范的单向认同为前提，自我的决定在某种意义上成了外在命令的转换形态(外在命令取得了自我命令的形式)。如何扬弃行为的他律性？在此显然应对行为的情感维度予以特别的关注。如果对现实的道德实践作一较为完整的分析，便可注意到，除了理性的权衡与意志的选择之外，具体的道德行为总是同时包含着情感认同。相对于理性接受与意志选择的人为倾向，情感认同更多地表现出自然的向度。休谟已对此作了反复的论述："当我们断定恶和德的时候，我们也总是考虑情感的自然的和通常的势力"；"我们的义务感永远遵循我们情感的普通的、自然的途径。"②即使在道德判断中，也同样渗入了情感之维："当你断言任何行为或品格是恶的时候，你的意思只是说，由于你的天性的结构，你在思维那种行为的时候就发生一种责备的感觉或情绪。"③换言之，对善恶的情感回应，是一种出于天性的自然过程。休谟对情感的理解当然不免有其经验论的局限，但他肯定情感与自然的联系，却并非毫无所见。就道德行为而言，情感的认同确乎不同于人为的勉强，而具有自然的趋向；正如好好色、恶恶臭总是不假思考一

---

①　朱熹曾举例说："且如今人被些子灯花落手，便说痛，到灼艾时，因甚不以为痛？只缘知道自家病，合当灸艾，出于情愿，自不以为痛也。"(《朱子语类》卷二十二)知道合当如此，是一种理性的接受，出于情愿则属意志的自愿选择，二者都是人为之举，朱熹认为知道了合当如此，同时也就是出于情愿，显然在同一人为的形式下，将自愿纳入了自觉之中。

②　休谟：《人性论》，第524页。

③　休谟：《人性论》，第509页。

样,道德行为中的好善恶恶也并非有意为之。这种自然的趋向,使道德中的情感认同表现为自我的真诚要求:见善则内在之情自然契合(恰如好好色),见恶则内在之情自然拒斥(恰如恶恶臭),这里没有勉强的服从与人为的矫饰。完善的道德行为总是理性的判断、意志的选择、情感的认同之融合。如果说,理性的评判赋予行为以自觉的品格、意志的选择赋予行为以自愿的品格,那么,情感的认同则赋予行为以自然的品格。只有当行为不仅自觉自愿,而且同时又出乎自然,才能达到不思而为,不勉而中的境界,并使行为摆脱人为的强制而真正取得自律的形式。

王阳明以德性(良知)为行为的根据,在某种意义上已注意到人为与自然的统一。如前所述,作为德性的良知既包含理性的规定,又有其情意之维,出于德性(良知),亦相应地既表现为合乎理性的规定与意志的选择,又渗入了情感的认同。王阳明一再强调好善当如好好色,恶恶当如恶恶臭,[①]其所重亦在道德行为中的情感认同。在王阳明看来,正是情感之维,赋予行为以自然的品格,而情感的认同,又本于良知(德性):"七情顺其自然之流行,皆是良知之用。"[②]这种看法,无疑已多少有见于完善的道德行为应当是自觉、自愿、自然的统一。

理性规范所体现的,更多地是一种普遍的理念,遵循理性规范,同时也就是贯彻和落实普遍的理念。就此而言,强调以一般规范制约个体行为,似乎具有某种理念伦理或规范伦理的特点。德性则总是具体化于自我的内在人格,而不同于抽象的理念,以德性为行为的根据,亦相应地呈现为一种德性伦理。从理学的演进看,程朱一系以天理为第一原理,要求行为自觉地遵循普遍之理,表现出明显的理念伦理或规范伦理趋向;王阳明以良知为本体,把道德实践(功夫)理解为一个化德性为德行的过程,则蕴含了德性伦理的向度。从程朱到王阳明,逻辑地展开为由理念伦理或规范伦理到德性伦理的转换。[③]

---

① 《与黄勉之》,《王阳明全集》,第 195 页。

② 《传习录下》,《王阳明全集》,第 111 页。

③ 在当代伦理学中,德性已开始受到不少哲学家的关注,A·麦金泰尔、B·威廉姆斯等甚至表现出回到亚里士多德的德性伦理学的趋向。后者在某种意义上表现为对启蒙主义理念及元伦理学的反叛与超越,尽管这种转换与理学的以上衍化不可同日而语,但它亦从一个方面表现了德性伦理在理论上并非毫无生命力。

王阳明的有为与无为

朱晓鹏

儒家学说一直以来以其积极入世,鼓励士人积极担当社会责任而形成与佛道两家不同的价值取向。但至宋以后,随着孟子心性论在士人中间引起了高度重视,加上禅学、道教的兴盛,对心性的探求一时间成为了当时儒家们的重要课题。这样,传统儒学的根本主张——内圣外王之道,被进一步构建于自我的"修身"或个体的"内圣"这一基本前提之下,从而就使儒家的"内圣"乃至"外王"之道充满了个体的体验性特点。但新儒家对"内圣"的偏重,终究没有导致对现世的彻底否定。即使是阳明心学讲本心良知,注重主体的心性修养,提倡"心即理",把道德本体回归到"一心"之中,并且"出入佛老三十年",其本人甚至多次隐居,至中后期仍然十分注重融摄道释,在其一生的思想性格中深受了道释的影响,也并没有因此真正隔绝"心"与外物的关系,即所谓"廓然大公,物来顺受"。所以,这种特点也决定了像王阳明这样的心学家虽然长期被当作没有经世功能和有为追求的纯粹心学或道禅之学,但实际上终究还是成为了一代大儒,而绝不会成为走进山林的方外人士。相反,从儒学固有的价值取向、阳明中后期思想的内在逻辑、性格特点以及王阳明所处的时代背景等方面来看,王阳明无疑是具有强烈的社会责任感、现实关怀和实践品格的儒者。而且阳明学中"良知"的自然展开,"知行合一"、"体用不二"、"万物一体"的理论特点又形成了其学说"立体达用"的逻辑架构。相应地,作为儒者的王阳明正是用其作为标准来对照查验其他思想学说,使之成为其展开儒道之辨、儒佛之辨的重要判据。王阳明中后期批评否定道家道教的一个重要方面,就是认为其"外人伦"、绝世务、不作为,缺乏家庭和社会责任感。可以说,王学虽在心体的发明、良知的呈现等内修问题上作出了精辟的解说和体证,但并不能掩盖王阳明积极入世、经世有为的内在性格和实践品格。

一、王学的经世有为品格

阳明学讲本心良知,注重主体的心性修养,因而极易给人只重内证主观的体验之感,误会其"心外无物"说是对一切外事外物漠不关心;又因其多次隐居、融摄道禅而有出世蹈虚之名。以至王学在明末清初备受攻击,甚至被责之为清淡误国的典型。也就是说,阳明学被视为只注重身心体验而缺乏现实关怀和实践品格的学问,被当作没有经世功能和有为追求的纯理论。但实际上,这种以为王学无裨于实际、没有经世有为的追求的看法是不符合实际的。因为王阳明不仅极重视事功和践行,而且恰恰是思想史上极少数有突出事功的儒者,被不少人看作能内圣一外王的少有"全人"。所以,王阳明的思想和人生之路,与寻常科举出身的人和其他宋明儒者都大不相同,而具有自己的突出特点,即"他的学说,与他平生经历密切相关,是他豪雄式人格的体现和概括"。[①]

从历史上看,王阳明在三十多岁"归本儒学"后,其思想转变的一个重要标志就是重新重视了人伦世务的意义,肯定了社会和家庭的责任。《年谱》载王阳明于弘治十五年筑室阳明洞天静坐修炼长久后,曾"思离世远去",只因挂念家庭的人伦之责,"复思用世";不久通过主持山东乡试,更力申其"经世之学"。[②]自此以后,阳明始终以积极入世的心态尽人伦、经世务、建事功,成就了其作为伟大的思想家、政治家、军事家、教育家的不朽功业,创造了其积极有为的人生。可以说,积极有为、阳刚进取是阳明一生思想、行为和性格的一个主调,也是其坚守儒学基本立场的一个重要表现。我们知道,儒家原本就具有阳刚和经世的特征,在其代表作《周易大传》中,儒家提出"天行健,君子以自强不息",这是儒家所主张的基本的人生态度,也是其学说的根本特征。孔

---

① 张学智:《明代哲学史》,北京大学出版社,2000年,第80页。
② 《王阳明年谱》,《王阳明全集》卷三十三,浙江古籍出版社,1992年,第1226页。

子所称颂的"刚毅",曾参所提倡的"弘毅",孟子所倡导的"浩然之气",都体现了一种刚强有为、自强不息的文化精神。另外,儒家的大同思想,内圣外王、正人正己、成己成物等主张,以及"达则兼济天下,穷则独善其身"的人生态度,都是经世进取思想的反映。这种思想影响了一代又一代的知识分子与下层民众,使他们身上也都具有积极有为、自强不息的精神特质。王阳明作为"归本儒学"的儒者,必然要求其思想具有推重经世有为的实践品格。

另一方面,从阳明思想自身的内在逻辑上来看,王学经世是其良知学说的自然展开和应用,是符合其内在性格的要求的。可以说,王学不仅是可以经世的,良知学与经世致用本来一体,不能打为两橛,而且经世有为正是王学重要的内在特质,从这个角度正可以揭示阳明学研究中过去只由内证本心良知去认识阳明学的不足,看到王学所蕴含的多向度价值。

事实上,王阳明的"良知学"是彻头彻尾地将具体的"事"放到首位加以思考的。王阳明力倡"知行合一",就是讲为学须切实,"知"不能脱离"行":"知者行之始,行者知之成。圣学只一个功夫,知行不可分作两事";①"区区格致诚正之说,是就学者本心日用事为间体究践履,实地用功,是多少次第、多少积累在!正与空虚顿悟之说相反";②"路歧之险夷,必待身亲履历而后知,岂有不待身亲履历而已先知路歧之险夷者邪?"③因此阳明的"知行合一"论在本质上就是强调"知"应具有"行"的品格、一切知识、道德、观念和理论都应具有能践行、有为的经世功能。比如"王阳明所言及的'知行合一'的知,是现实所需实践的对象的'知',是对于对象的观察、分析、综合、归纳所取得的'知'。这与朱子仅从读书取得的'知'相比,更具实践性,更具真切的客观性"。④因而,王阳明才能讲事上磨炼之类的话。"人须在事上磨炼做工夫,乃有益,若只好静,遇事变乱,终无长进,那静时功夫亦差,似收敛而实放溺也"。⑤不

① 王阳明:《传习录》上,《王阳明全集》卷一,第13页。
② 王阳明:《传习录》中,《王阳明全集》卷二,第41页。
③ 王阳明:《传习录》中,《王阳明全集》卷二,第42页。
④ 徐复观:《徐复观先生全集》卷七,第503—504页。
⑤ 王阳明:《传习录》下,《王阳明全集》卷三,第92页。

言而喻,在王阳明道德主义的主体性里面,事实上,基奠着极其强烈的社会责任意识。

王阳明活动的弘治、正德、嘉靖年间,正是明朝内忧外患极其严重的时候。面对这些严重的社会危机,特别是整个社会显现出士风不竞、道德沦丧的局面,素有高远之志的王阳明不能不生出强烈的救世之心。王阳明说:

> 圣学既远,霸术之传积渍已深,虽在贤知,皆不免于习染。其所以讲明修饰,以求宣畅,光复于世者,仅足以增霸者之藩篱,而圣学之门墙,遂不复可睹。于是有训诂之学,而传之以为名;有记诵之学,而言之以为博;有词章之学,而侈之以为丽。纷纷藉藉,群起角立于天下,又不知其几家,千径万蹊,莫知所适。世之学者如入百戏之场,欢谑跳踉,骋奇斗巧,献笑争妍者,四面而竞出,前瞻后盼,应接不遑,而耳目眩瞀,精神恍惑,日夜遨游淹息其间,如病狂丧心之人,莫自知其家业之所归。时君世主亦皆昏迷颠倒于其说,而终身从事无用之虚文,莫自知其所谓。间有觉其空疏谬妄,支离牵滞,而卓然自奋,欲以见诸行事之实者,极其所抵,亦不过为富强功利五霸之事业而止。圣人之学日远日晦,而功利之习愈趋愈下。其间虽尝蛊惑于佛老,而佛老之说卒亦未能有以胜其功利之心;虽又尝折衷于群儒,而群儒之论终亦未能有以破其功利之见。盖至于今,利功之毒沦浃于人之心髓。而习以成性也几千年矣。[①]

王阳明这一长段对当时社会潮流和士人风习的沉痛描述,正是他的思想学说,特别是其经世有为之志所以产生的背景,也是他的"拔本塞源论"欲拔之本,欲塞之源。正因此,与那些对现实社会的种种问题漠然视之,缺乏把社会之命运系于自己之心的责任感的士人不同的是,王阳明为了消除明王朝的危机,挽救封建政权的命运,不顾天下之非议,不计个人之得失,力平宁王之叛,力倡良知之说,致被世人目为"病狂丧心"者或被诬为包藏野心者。但他对此毫不计较,说自己"每念斯民之陷溺,则为之戚然痛心,忘其身之不肖而思以此

---

① 王阳明:《传习录》中,《王阳明全集》卷二,第55—56页。

(即良知说)救之,亦不自知其量者;天下之人见其若是,遂相与非笑而诋斥之,以为是病狂丧心之人耳。呜呼!是奚足恤哉!吾方疾痛之切体,而暇计人之非笑乎!"①这种强烈的社会责任感和勇于挺身担当的精神,不仅庄禅缺乏,大部分儒者也缺乏。所以从人格类型上看,阳明虽然时常有隐逸之志,但与庄子、陈白沙等人追求从容自适的隐者风度不完全相同,他本质上仍属于具有强烈进取精神的豪杰之士,他曾说:"昔之君子,盖有举世非之而不顾、千百世非之而不顾者,亦求其是而已矣,岂以一时毁誉而动其心邪!"②这种不顾毁誉的"昔之君子"不妨可视为就是阳明自己所追求的理想人格。在王阳明看来,只有具备这种理想人格,才不但可以保证士人在艰难困苦的境遇中保持自我的独立和超然,而且还可以此担负起救世济民的儒者责任。王阳明在本体论上坚持体用不二观,主张良知之学的体用一如、明体达用:"圣人大中至正之道,彻上彻下,只是一贯",③其实阳明这种形上学的最终目的还是为了以体用不二的思想武器来挞伐像道释、俗儒那些在现实人生中体用剖二、只顾内修不管家国天下的行径,因为他们如此无疑是"有了上一截,遗了下一截",④"失之虚罔空寂,而无有乎家国天下之施者"。⑤为此,阳明还进一步批评了士人专好名而不务实之风,他认为,"为学大病在好名"⑥道德修养和做事、做学问都须经年累月,脚踏实地去用力,切戒好虚名而不务实。当弟子薛侃因"只闻誉而喜,闻毁而闷",为了克服这个毛病来请教他时,他说:"最是名与实对,务实之心重一分,则务名之心轻一分,全是务实之心,即无务名之心。若务实之心如饥之求食、渴之求饮,安得更有工夫好名?"⑦总之,王学并不缺乏现实关怀和实践品格,而是有着其突出的经世有为的追求。阳明在事功方面的巨大作为,无疑是有诸如"知行合一"等其内在的思想和修养作为基础的。王学对中国近现

---

① 王阳明:《传习录》中,《王阳明全集》卷二,第 80 页。
② 王阳明:《与陆原静》,《王阳明全集》卷五,第 188 页。
③ 王阳明:《传习录》上,《王阳明全集》卷一,第 18 页。
④ 王阳明:《传习录》上,《王阳明全集》卷一,第 18 页。
⑤ 王阳明:《亲民堂记》,《王阳明全集》卷七,第 251 页。
⑥ 王阳明:《传习录》上,《王阳明全集》卷一,第 30 页。
⑦ 王阳明:《传习录》上,《王阳明全集》卷一,第 30 页。

代哲学思想甚至政治社会变革都产生过巨大的影响,并正是由此而被很多人认为是一种充满了强烈的主体性精神的"践行哲学"、"力行哲学"。另外,据不少学者的看法,王学在近代日本的巨大影响,很大程度上也是如此。如张君劢就认为,阳明学在日本促成了其明治维新。日本学者高濑武次郎也认为,"我邦阳明学之特色,在其有活动之事业家,藤树之大孝,蕃山之经纶,执斋之薰化,中斋之献身事业,乃至维新诸豪杰震天动地之伟业,殆无不由于王学所赐与。日本之明阳学……带有一种憬然之生气,能使懦夫立,顽夫廉"。[①]

二、立体达用的逻辑构架

基于王学所具有的经世有为的品格,王阳明对老、佛便有了他自己的看法和批评。王阳明说:

> 只说明明德而不说亲民,便似老、佛。[②]

儒者一向认为,老、佛只注重自己的修养、追求个人的解脱,而不管君臣父子这类人世间的事情,所以阳明有此说。阳明这种对老、佛的批评,与一般儒者相比并没什么新鲜之处。倒是这里对"明明德"的理解,显示了阳明自己的理论特色。由于阳明心学用"心"来解说一切现象或概念,与程朱理学用"理"来解说一切现象或概念有原则不同。他认为,不仅《大学》"八条目"(格物、致知、诚意、正心、修身、齐家、治国、平天下)可以归结为"明明德",即使是"三纲领"(明明德、亲民、止于至善)中的"亲民"也可以归结为"明明德"。意谓"明明德"必然要"亲民","亲民"不到位就意味着"明明德"不到位。这样便突出了人心,实际上也就是突出了人的地位、责任和主体性。阳明说:

> 自格物致知至平天下,只是一个明明德,虽亲民亦明德事也。

明德是此心之德,即是仁。"仁者以天地万物为一体",使有一物

---

① 高濑武次郎:《日本之阳明学》,转引自蔡仁厚:《王阳明哲学》,三民书局,1988 年,第 249 页。

② 王阳明:《传习录》上,《王阳明全集》卷一,第 25 页。

失所,便是吾仁有未尽处。①

程颢所谓的"仁者,以天地万物为一体"②颇为阳明所认同。在阳明看来,仁者将天地万物都看作自身的一部分,自然就没有了物我之别、人己之分,普天下之人皆如一家,天下之物皆如一身,形成一个和谐有机、休戚与共的存在整体:

> 故其精神流贯,志气通达,而无有乎人己之分,物我之间。比之一人之身,目视耳听,手持足行,以济一身之用。目不耻其无聪,而耳之所涉,目必营焉。足不耻其无执,而手之所探,足必前焉。盖其元气充周,血脉条畅,是以痒呼吸,感触神应,有不言而喻之妙。此圣人之学所以至易至简,易知易从,学已能而才易成者,正以大端惟在复心体之同然,而知识技能,非所与论也。③

事实上,王阳明追求的根本理念,正是使社会有机地整合为一个和谐的共同体。从整体上讲,王阳明特别强调的就是"天下之人皆相亲如一家之亲"。④在这个社会里,所有的人就像一家人一样,几乎没有疏远遗漏之处,仁者均能以良知之心将仁爱关切达于所有人。阳明说:"大人者,以天地万物为一体者也,其视天下犹一家,中国犹一人焉。若夫形骸而分尔我者,小人矣。大人之能以天地万物为一体也,非意之也,其心之仁本若是,其与天地万物而为一也。"⑤

因此,他告诫弟子们:"良知也者,是所谓天下之大本也;致是良知而行,则所谓天下之达道也。"⑥把"良知"和"致知"结合起来,这就是"致良知"了。由于"人心中各有一个圣人",把天理从心外移入心内,"化天理为良知",所以"致良知"的结果是"人皆可以为尧舜。"而如果每一个人都能做到"致良知","破心中贼",社会就能形成人人相亲,各安其分、各勤其业、各效其能的理想局面。他描绘道:

> 天下之人熙熙暤暤,皆相亲如一家之亲。其才质之下者,则安其农工商贾之分,各勤其业,以相生相养,而无有乎希高慕外之

---

① 王阳明:《传习录》上,《王阳明全集》卷一,第 25 页。
② 程颢、程颐:《二程遗书》卷二,《二程集》,第 15 页。
③ 王阳明:《传习录》中,《王阳明全集》卷二,第 55 页。
④ 王阳明:《传习录》中,《王阳明全集》卷二,第 54 页。
⑤ 王阳明:《大学问》,《王阳明全集》卷二十六,第 968 页。
⑥ 王阳明:《书朱守乾卷》,《王阳明全集》卷八,第 279 页。

心；其才能之异，若皋夔稷契者，则出而各效其能。①

由己之"良知"推及于人、及于物、及于自然、社会，就是：

> 君臣也、夫妇也、朋友也，以至于山川、鬼神、鸟兽、草木也，莫不实有以亲之，以达吾一体之仁，然后吾之明德始无不明，而真能以天地万物为一体矣。②

> 盖天地万物与人原是一体，其发窍之最精处是人心一点灵明。风雨露雷、日月星辰、禽兽草木、山川土石与人原只一体，故五谷禽兽之类皆可以养人，药石之类皆可以疗疾，只为同此一气，故能相通耳。③

正是由此，阳明建立了万物一体的整体观和一体论，以此作为其"明明德"——"亲民"理论的根基。可以说，王阳明正是从存在本体论的形上学高度，来展开论证了"亲民"的内在必要性。

于此，阳明由人的"良知"之"心"统摄万物于一体，得出了以"明明德"为体、"亲民"为用的"天下一家"的逻辑构架及其反映的理想社会模式。他说：

> 明明德者，立其天地万物一体之体也；亲民者，达其天地万物一体之用也。故明明德必在于亲民，而亲民乃所以明其明德也。④

王阳明这样一个逻辑构架，可称之为"立体达用"的构架。这个构架实际上在很大程度上可以被我们看作是阳明哲学思想的一个基本构架。一方面，如前面所述，它是由阳明哲学通向其经世事功的一座主要桥梁，阳明据此将道德理想、道德修养与实践事功、亲民践行统一了起来，通过立"明明德"之体，以达"亲民"之用，实现体用不二、知行合一、内圣外王的最高理想。这样，儒者所追求的"内圣"的道德诉求就必然地内涵了"外王"的经世有为的实践指向。这一点可以在王阳明和朱熹阐述《大学》首章"大学之道，在明明德，在亲民，在止于至善"之字义时的区别上得到进一步体现。我们知道，朱熹和王阳明在《大学》首章的文字上有不同看法。朱熹认为《大学》传本首章文字"大学之道，在

---

① 王阳明：《传习录》中，《王阳明全集》卷二，第54—55页。
② 王阳明：《大学问》，《王阳明全集》卷二十六，第969页。
③ 王阳明：《传习录》下，《王阳明全集》卷三，第107页。
④ 王阳明：《大学问》，《王阳明全集》卷二十六，第968页。

明明德,在亲民,在止于至善"有误,应改为"大学之道,在明明德,在新民,在止于至善"。而王阳明则反对这种修改,认为应该恢复古本书字。在王阳明看来,这不是简单的文字区别,而是涉及意义上的根本不同。朱熹讲的是"全体大用",朱熹的"明德"与"新民"之间,存在着一个内外对应的结构,实际上是把它们看作两截;而王阳明讲的是"立体达用",强调"明明德"本身就包含有"亲民"之义,两者不可分为两截。这样朱熹、王阳明二人的观点在结构上是颇为不同的。王阳明对他们的这种区别是有着明确认识的,所以他批评朱熹说的:"先儒以明明德为本,新民为末,两物而内外相对也。……是盖不知明德亲民之本为一事,而认以为两事。"①韩国学者金守中也认为他们两者所说在内容上的确是有根本差异的。②故阳明说:"自格物致知至平天下,只是一个明明德,虽亲民亦明德事也。"又说:"以言乎已,谓之明德,以言乎人,谓之亲民。"③阳明处处讲一体论、有机整体论,讲"圣人大中至正之道,彻上彻下,只是一贯",讲知行合一,反对以内外、"上一截""下一截"来区分圣学,这些都是其"立体达用"的哲学构架的具体体现。

另一方面,阳明用这一"立体达用"的逻辑构架作为标准来对照查验其他思想学说,使之成了其展开儒道之辨、儒佛之辨的重要判据。阳明说:

> 固有欲明其明德者矣,然惟不知止于至善,而骛其私心于过高,是以失之虚罔空寂,而无有乎国家天下之施,则二氏之流是矣。固有欲亲其民者矣,然惟不知止于善,而溺其私心于卑琐,是以失之权谋智术,而无有乎仁爱恻怛之诚。则五伯功利之徒是矣。是皆不知止于至善之过也。④

阳明依据其"立体达用"的构架,强烈要求把内心的道德修养与淑世济民的实际活动结合在一起,要求将"明明德"体现在"亲民"上。而在阳明看来,老、佛虽然极重视个人的道德修养,但把它仅限于个体的和内

---

① 王阳明:《大学问》,《王阳明全集》卷二十六,第 970 页。
② 参见金守中:《王阳明与大同社会》,《王阳明的世界》(王阳明学术思想国际研讨会论文集),浙江古籍出版社,2008 年,第 39 页。
③ 王阳明:《大学古本序》,《王阳明全集》卷七,第 243 页。
④ 王阳明:《大学问》,《王阳明全集》卷二十六,第 969 页。

心的范围,"不知止于至善",不能用之于国家天下之施,乃"骛其私心于过高"的表现,"是以失之虚罔空寂"。这是阳明之学与老佛只求个人解脱的出世思想的根本不同之处,也是阳明对老、佛的一个最大批评。当然,阳明讲经世、务实,不离日用,并不是要像世俗之徒一样去一味地追求功利,因为如此则会"溺其私心于卑琐,是以失之权谋智术,而无有乎仁爱恻怛之诚",并非儒者作为。

于是,根据立体达用、体用不二的原则,阳明批评老、佛只重视个体和内在的道德修养、甚至只重视单纯的"养生"而不重视淑世济民的实际活动,实际上是犯了体用相离、分别内外等毛病,因而未能得"真知"(真知须真行)、得圣学之大全(如此才没有"见偏")。在《传习录》中记载了一段好谈仙佛的阳明弟子王嘉秀阐发阳明观点的话:

> 王嘉秀问:"佛以出离生死诱人入道,仙以长生久视诱人入道,其心亦不是要人做不好,究其极至,亦是见得圣人上一截,然非入道正路。如今仕者,有由科,有由贡,有由传奉,一般做到大官,毕竟非入仕正路,君子不由也。仙佛到极处与儒者略同,但有了上一截,遗了下一截,终不似圣人之全。然其上一截同者,不可诬也。后世儒者又只得圣人下一截,分裂失真,流而为记诵、词章、功利、训诂,亦卒不免为异端。是四家者终身劳苦,于身心无分毫益,视彼仙佛之徒清心寡欲,超然于世累之外者,反若有所不及矣。今学者不必先排仙佛,且当笃志为圣人之学。圣人之学明则仙佛自泯,不然则此之所学,恐彼或有不屑,而反欲其俯就,不亦难乎!"[①]

对弟子的这种阐述,阳明表示基本认可:"所论大略亦是。"他们认为,在注重个人修持上,仙佛自有其值得肯定之处,"其心亦不是要人做不好","仙佛到极处与儒者略同"。只是仙佛不能将此个人的修持工夫应用于淑世济民的事功,"终不似圣人之全"。不过,王阳明不赞成当时一般人包括王嘉秀认为的孔子之学可以分为两部分即上下两截,上一截是谈性与天道的,下一截是讲究治国平天下的这种看法,

---

① 王阳明:《传习录》上,《王阳明全集》卷一,第18页。

认为"圣人大中至正之道,彻上彻下,只是一贯,更有甚上一截、下一截?"认为这种把圣人之道分为两截的看法是"见得偏了"才造成的弊病。①总之,王学所坚持的基本原则是,要修养身心但不能像老佛那样陷入空虚境界中去,要从事日常事务但不能像俗人那样陷入功利主义。这正是造成圣学"养心"可以治天下而老佛"养心"不可以治天下的重要原因。《传习录》中说:

> 或问:"释氏亦务养心,然要之不可以治天下,何也?"

> 先生曰:"吾儒养心,未尝离却事物,只顺其天则自然就是功夫。释氏却要尽绝事物,把心看作幻相,渐入虚寂去了,与世间若无些子交涉,所以不可治天下。"②

此处所说的释氏之弊,在王学看来很大程度上也可以包括老氏。所以阳明对他们的批评,常常是混而不分的:③

> 先生曰:"仙家说到虚,圣人岂能虚上加得一毫实?佛氏说到无,圣人岂能无上加得一毫有?但仙家说虚,从养生上来,佛氏说无,从出离生死苦海上来,却于本体上加却这些子意思在,便不是他虚无的本色了,便于本体有障碍。圣人只是还他良知的本色,更不着些子意在。良知之虚便是天之太虚,良知之无便是太虚之无形。日月风雷,山川民物,凡有貌象形色,皆在太虚无形中发用流行,未尝作得天的障碍。圣人只是顺其良知之发用,天地万物俱在我良知的发用流行中,何尝又有一物超于良知之外,能作得障碍?"④

阳明认为,儒家与释老一样,也认为本体是虚、无,但它并不包含自私自利的欲望,因而是本真的、廓然大公的虚无。这意味着,作为本体的良知,不能像释老那样拒绝外接万事万物,而是要容纳、顺应它们。因此依靠良知,既可保持自我高尚的道德境,又可处理好一切世俗事

---

① 　王阳明:《传习录》上,《王阳明全集》卷一,第 18 页。
② 　王阳明:《传习录》下,《王阳明全集》卷三,第 106 页。
③ 　中国的佛禅已是中国化的佛教,受了道家道教的很多影响,其中就含有很多道家道教的思想成分,两者也有不少相通之处。所以一般人对它们常不作细分,只泛泛地以"老释二氏"、"佛道"、"庄禅"并称。实际上,在王阳明那里,他对佛道的评论和批评也大都是不作细分的。这里为了简便起见,也大都姑且从之。
④ 　王阳明:《传习录》下,《王阳明全集》卷三,第 106 页。

务。近世的佛教提出"以出世的精神,做入世的事业",对传统佛教做了改进,与阳明思想颇为一致,值得赞许。当然,王阳明对老佛外人伦、遗世务、自私自利的批评基本上囿于一般儒者之见,因为老佛虽然有如上倾向,但其中也并不都是如此。且不说大乘佛教有普渡众生之义,佛禅外人伦实有割绝小我之亲,以便更无牵挂地接纳众生、普渡济世之旨,单就道家来说,尽管道家思想在绝大多数时间都是作为非正统的民间思想存在和发生着影响,但它始终保持着可贵的时代忧患意识和社会批判意识,表现了其强烈的社会关怀和社会参与的思想传统。这些表明道家并不是简单地消极避世,而是坚持以独特的方式入世,其思想的基调往往是积极的。而王阳明所标举的道德理想固然突出了个体的社会责任、强化了群体认同的取向,从而拒斥自我中心主义的价值原则,但是,"圣人之学,以无我为本",①这种"无我"通过"克己"、"去私",以达到"无一毫人欲"之后,其"我"的现实性内涵不仅会被弱化,而且会被抽剥成一个完全抽象化的存在,这样就又不免过分强化了个体的社会责任,使个体重新淹没在群体的普遍价值之中。这也意味着,对于王学来说,人我、群己关系的如上阐述梳理还存在一定的理论盲区,对它们的合理定位依然是一个有待化解的理论难题。

总之,就王学中的儒道关系来看,如果说王阳明早期对道家道教是抱着基本肯定和仰慕态度的,那么中后期的王阳明已从儒家的基本立场出发对道家道教树立起了一种批判的审视态度,但这种批判主要是对道教的成仙、长生、个人解脱及道家的消极无为等的否定。王阳明后期明确主张"养生"与"养德"的统一,认为"大抵养德养身只是一事",主张通过对作为德性自我的"真己"的养护达到养生,这就是"吾儒自有的神仙之道",并进一步提出了道德与生命的统一问题,体现了其儒家道德主义的基本立场。此外,王阳明还具有强烈的社会责任感、有着突出的现实关怀和实践品格。阳明学中"良知"的自然展开,"知行合一"、"体用不二"、"万物一体"的理论特点又形成了其学说"立体达用"的逻辑架构,体现了其把内心的道德修养与淑世济民的实际活动结合在一起的价值追求。然而,王阳明终究"出入佛老三十年",

---

① 王阳明:《别方叔贤》,《王阳明全集》卷七,第232页。

甚至在中后期还有多次隐居经历,仍然十分注重融摄道释,在其一生的思想性格中深受了道释的影响,因此,王阳明淑世济民的这些"有为"追求也未尝不体现了王阳明人生观上儒家的"有为"与道家的"无为"的一种互补结构。可以说,王学会通儒道释,在道德价值上归本儒学,在人生志趣上富有隐逸情结、深契道家人格,融合成了其思想史上独特的"这一个"。

蕺山学派的经世特质及其效应

陈永革

一

刘宗周(1578—1645)是明代一位历经万历、天启、崇祯、弘光四朝的儒学名臣。他一生在山阴城北蕺山讲学 15 年,世称蕺山先生,并开创了宋明儒学体系中的最后一个学派——蕺山学派。他作为明末最后一位儒家大德,不仅被时人尊为"明季两大儒"之一(另一位是东林巨擘高攀龙),[①]而且还有许多研究者,从不同角度评价宗周的思想地位:有人称宗周是"理学(尤其是心学)的殿军"(钱穆语),是宋明理学"最后的大师"(唐君毅语);也有人称宗周是"中国 17 世纪最具原创性的思想家之一",[②]或者说"蕺山是中国 17 世纪颇具批判性头脑和创造性的哲学家"。[③]

尽管严格来说,刘宗周并不是一位政治家,而且身处乱世,其仁政理想、王道事业无以实现亦无从实现,但他职守忠诚,以救世济时为真切关怀,屡屡建言疏谏,既不乏真知灼见,益显其为明季以高风亮节而著称的名臣风范,深受时人推崇。

宗周在仕不足七年,却三遭革职(1625、1636、1642)。这种仕途际遇,不仅天启皇帝明熹宗、崇祯皇帝明毅宗以为其迂阔,而且那些趋势时臣亦多感到宗周不识时务,但这丝毫不掩其素淡名利的清正臣节。

---

① 参见容肇祖《明代思想史》第 10 章,上海书店《民国丛书》影印本。

② 杜维明:《刘宗周哲学人类学中的主体性》,《道·学·政:论儒家知识分子》,上海人民出版社,2000 年,第 94 页。

③ 李振纲:《证人之境》,人民出版社,2000 年,第 158 页。

即使是晚明的庸君们,对于宗周的臣节品行,亦不得不褒奖在加。如天启四年(1624)的一份诰命制词称:

> 其服采于朝,无往而不得其谈;即循资之擢,犹惴惴焉弗克胜是惧。斯岂非行苦志,甘介守,而卓轨者哉!……不因人热,惟适所安;素食布袍,三月不知肉味;弊车羸马,廿年犹是书生。[①]

宗周完粹的志节品行,同样获得了后世的仰崇。康熙间曾奉使浙江的汤斌,在其《蕺山先生文录序》中写道:

> (宗周)平生于寂寞凝一中,发其聪明智虑。通籍四十年,散帷穿榻,萧然布素。其立朝也,秉义据经,难进易退,自曹郎以至总宪,前后章疏数十上,大约志在振肃纪纲,敦崇廉节,重仁义而薄刑名,更欲申明祖制,寺人不得典兵预政,廷杖、诏狱悉当报罢。宁人见为迂阔,而不敢贬道以从时;宁与执政相龃龉,而不敢容默以阿世。其慎独之学,以之自修者如是,以告君者如是,以之勉寮友、诲门弟子者如是。[②]

宗周的志节品行,源于他毕生归宗且终生讲求的孔门求仁证性之教。宗周一生不只是倡言慎独之学,而且还践行慎独之学。对于宗周的一生来说,其践行儒家仁义之学,就是始于主敬而终于殉节。

乾隆时,四库馆臣在评述宗周所著的《圣学宗要》时,对宗周的学术渊源及其为学旨趣,进行了下列评论:

> 宗周生于山阴,守其乡先生之传,故讲学大旨,多渊源于王守仁,盖目染耳濡,其来有渐。然明以来,讲姚江之学者,王畿、周汝登、陶望龄、陶奭龄诸人,大抵高明之过,纯涉禅机。奭龄讲学白马山,至全以佛氏因果为说,去守仁本旨甚远。宗周独深鉴狂禅之弊,筑证人书院,集同志讲肄,务以诚意为主,而归功于慎独。其临没时,犹语门人曰:"为学之要,一诚尽之,而主敬其功"云云。盖为良知末流深砭痼疾,故其平生造诣,能尽得王学所长,而去其所短。卒之大节炳然,始终无玷,为一代人伦之表。虽宗紫阳而攻金溪(即象山)者,亦断不能以门户之殊并诋宗周也。知儒者立

---

① 《太仆寺少卿刘宗周并妻诰命》,引见戴琏璋、吴光主编《刘宗周全集》(下称《全集》)第 5 册附录,台湾中研院文哲所筹备处,1996 年,第 735 页。

② 汤斌:《蕺山先生文录序》,《全集》第 5 册附录,第 823 页。

身之本末,惟其人,不惟其言也。①

在评议《刘蕺山集》(17 卷)时,四库馆臣对宗周为学、为仕、为人则更作了一个相当完整的评议,评价极高:

> 讲学之风,至明季而极盛,亦至明季而极弊。姚江一派,自王畿传周汝登,汝登传淘望龄、陶奭龄,无不提倡禅机,恣为高论。奭龄至以因果立说,全失儒家之本旨。宗周虽源出良知,而能以慎独为宗,以敦行为本。临殁,犹以诚敬诲弟子,其学问特为笃实。东林一派,始以务为名高,继乃酿成朋党,小人君子杂糅难分,门户之祸延及朝廷,驯至于宗社沦亡,势犹未已。宗周虽亦周旋其间,其持躬刚正,忧国如家,不染植党争雄之习。立朝之日虽少,所陈奏如除诏狱、汰新饷、招无罪之流亡、恩义抚循以收天下泮涣人心、还内廷扫除之职、正懦帅失律之诛诸疏,皆切中当时利弊。一阨于魏忠贤,再阨于温体仁,终阨于马士英,而薑桂之性介然不改。卒以首阳一饿,日月争光。在明末叶,可称皎皎完人,非依草附木之人。②

对于生活在明清嬗代的世人来说,宗周一生最令人缅怀的,也许是其品节风范,其次才是其学术志业。对此,宗周的再传弟子邵廷采(1648—1711,字念鲁,浙江余姚人)评价称:

> 蕺山刘先生……性成忠孝,学述孔曾,立朝则犯颜直谏,临难则仗死节义。真清真介,乃狷乃狂。洎乎晚年,诣力精邃,揭慎独之旨,养未发之中,刷理不爽秋毫,论事必根于诚意。固晦庵之嫡嗣,亦新建之功臣。若其正合而终,犹见全归之善,死非伤勇,何从容慷慨争易难;道集大成,总玉振金声俱条贯。③

然而,究其实,宗周忠义人格与学术志业,决不可截然二分。

宗周 26 岁时,师事许孚远,以居敬存养为修身求仁之道;天启末年,即将年届知天命的刘宗周,以"慎独为学问第一义",阐论《中庸》

---

① 《四库全书总目提要》卷九十三,海南出版社,1999 年,第 486 页。另见《全集》第 5 册附录,第 833 页。

② 《四库全书总目提要》卷一七二,第 910 页。另见《全集》第 5 册附录,第 835 页。

③ 邵廷采:《请建蕺山书院公启》,《思复堂文集》卷七,浙江古籍出版社,1987 年,第 330 页。

慎独立人极之学；至其晚年，更是推尊《大学》诚意知本之教，参合《学》《庸》，力究证圣成人之境。其间，一以贯之者，即是其以孔门求仁之道为归宗的圣学道统。因此，尽管宗周思想体系，既博且精；其为学为教，一生精进不已，但这不妨碍其以孔门求仁之道为归宗的终极旨趣。

如邵思复曾评判说："先生之学出许敬庵，已人东林、首善书院，博取精研，归于自得，专用慎独，从严毅清厉中发有光霁，粹然集宋、明理学诸儒之成，天下仰其人如泰山北斗。"还认为，"蕺山先生专主诚意，以慎独为致知归宿，择执并至，而不补格致于诚意之前。合一贯之微言，审执中之极则。孔、孟以后，集诸儒之大成，无粹于此。"①

就宗周为学为教而言，无法脱离其所身处的晚明思潮。据宗周本人的判析，晚明思潮，其大端有二：其一是"姚江之后流于佛、老"；其二是"东林之后渐入申、韩"。因此，宗周立言阐教，必得回应"情识而肆"、"玄虚而荡"的姚江后学之流弊，同时也不得不充分关注"以清议格正天下"的东林学风之余绪。

正唯如此，后世之评析蕺山学者，往往以姚江之学和东林之学为背景。如较晚近的牟宗三认为"刘蕺山之学乃乘王学之流弊而起者"。②而钱穆则称"浙东有山阴刘蕺山，……亦闻东林之风而起者"。③上述识见，皆有一定的史实依据，大致不差。讨论宗周之学，决不可脱离姚江之学和东林之学的背景。但这并不意味着，评判宗周之学，必得以姚江之学或东林之学为基准。以东林之学为评判基准，学界并不多见。最为常见的是，以姚江阳明之学作为评判宗周之学的基准。其较典型者，莫过于梁启超。

梁启超在《中国近三百年学术史》中评析蕺山之学时，即以姚江之学为基准。他说：

　　　　王学在万历、天启间，几已与禅宗打成一片。东林领袖顾泾阳（宪成）、高景逸（攀龙）提倡格物，以救空谈之弊，自是第一次修正。刘蕺山（宗周）晚出，提倡慎独，以救放纵之弊，自是第二次修

---

① 邵廷采语引见《全集》第 5 册，第 578—579 页。
② 牟宗三：《从陆象山到刘蕺山》第六章，上海古籍出版社，2001 年，第 314 页。
③ 钱穆：《中国近三百年学术史》上册，商务印书馆，1997 年，第 21—22 页。

正。明清嬗代之际，王门下唯蕺山一派独盛，学风已渐趋健实。①

梁启超不仅以姚江之学为基准评判蕺山之学，认为其学是继东林之学后的第二次王学修正思潮，甚至更把蕺山直接置列于王门之下，成为王门的别派。这种评判并不契应于蕺山之学的形成脉络。蕺山早年不喜象山、阳明之学，疑其近禅，其学脉师承更不属阳明一系。中年虽始信阳明之学，但对其四句教法，一直有所辩驳。至其晚年，更是直接针对阳明良知说，辩难不遗余力。

蕺山之学所面对的，并不仅仅是姚江之学、东林之学，而是宋明六百年间所建构的庞大理学体系。蕺山之学，与其说是"乘王学之流弊而起者"，倒不如说是为对治理学支离之病而起者。宗周之为"理学殿军"，其意即在乎此。对此，其子刘汋称：

> 先生从主敬入门。敬无内外，无动静，故自静存以至动察，皆有事而不敢忽。即其中觅个主宰曰独，谓于此敬则无所不敬，于此肆则无所不肆。而省察于念虑，皆其后者耳。故中年多用慎独工夫，谨凛于一念未起之先，自无夹杂。既无夹杂，自无虚假。慎则敬，敬则诚。工夫一步推一步，得手一层进一层。晚年愈精微，愈平实，绝无笼侗虚无之弊，洵乎伊洛正脉也。②

依蕺山高足黄宗羲之见，其师宗周"发先儒所未发者"，约有四者。一是"静存之外无动察"；二是"意为心之所存非所发"；三是"已发未发以表里对待言，不以前后际言"；四是"太极为万物之总名"。③宗周上述四大思想创见，皆着眼于六百年间宋明儒学的理学建构，而非仅仅为矫正王学流弊而已。

黄宗羲曾将蕺山之学置列于明代儒学的宏大语境，而评述其地位称：

> 有明学术，自白沙开其端，至姚江而始大明。盖从前习熟先儒之成说，未尝反身理会，推见至隐，此亦一述朱，彼亦一述朱。高景逸（高攀龙）云：薛文清（薛瑄）、吕泾野（吕柟）语录中皆无甚透悟，亦为是也。殆及先师蕺山，学术流弊，救正殆尽。向无姚

---

① 梁启超：《中国近三百年学术史》，东方出版社，1996年，第47页。
② 刘汋：《刘宗周年谱》（下称《年谱》），《全集》第5册，第223页。
③ 黄宗羲：《子刘子行状》，引见《全集》第5册，第46—48页。

江,则学脉中绝;向无蕺山,则流弊充塞。凡海内之知学者,要皆东浙之所衣被也。今忘其衣被之功,徒离其流弊之失,无乃刻乎?①

而刘汋在《刘宗周年谱》所附的《道统论》中,则更是把蕺山之学纳归于宋儒继往圣开来学的道统谱系。称:

> 道统之传,自孔、孟以来,晦蚀者千五百年。有宋诸儒起而承之,濂溪、明道独契圣真,其言道也,合内外动静而一致之。至晦庵、象山而始分,阳明子言良知,谓即心即理,两收朱、陆,毕竟偏内而遗外,其分弥甚。至先君子而后合。先君子之学,以诚意为宗而摄格致于中,曰:"知本,斯知诚意之为本而本之,本之斯止之矣;知止,斯知诚意之为止而止之,止之斯至之矣。"(见《大学存疑》)即内而即外,即动而即静,体用一源,显微无间。盖自濂溪、明道之后,一人而已,其余诸子不矣及也。②

据此,我们多少可以体会到黄宗羲在《蕺山学案》中的景仰之情:

> 识者谓五星聚奎,濂、洛、关、闽出焉;五星聚室,阳明子之说昌;五星聚张,子刘子之道通。岂非天哉! 岂非天哉!③

总之,蕺山论学,规模宏大,体广而义深,如果过分局限于姚江之学、东林之学为评判依准,就难以整全地理解蕺山之学通贯天人及其统观理气、心性、意知、存发、本体工夫的义理旨趣。所以,黄宗羲断称蕺山之学"是开物成务之学"④,是统贯天地人的儒家贤圣成德之学。

二

刘宗周既是一代儒学名臣,同时也是明代最后一个纯粹的儒学派系——蕺山学派的初创者。

---

① 黄宗羲:《移史馆论不宜立理学传书》,《黄宗羲全集》第 10 册,浙江古籍出版社,2005 年,第 221 页。

② 刘汋:《年谱》,《全集》第 5 册,第 528—530 页。

③ 黄宗羲:《明儒学案》卷六十二《蕺山学案》,第 1512 页。

④ 全祖望:《梨洲先生神道碑文》,《全祖望集汇校集注》上册,浙江古籍出版社,2000 年,第 215 页。

讲学始于孔子，本属儒门重要家务之一。修德与讲学，是孔子对天下士子的两大寄望。对己而言，讲学是研究义理、讲求圣学；对人而言，讲学是身体力行、讲授圣学。明代最具影响力的儒学派系是阳明学派。阳明学所以能够迅速传播，得益于讲会这一民间讲学组织的有效机制。据学者研究，正德、嘉靖年间的阳明讲会，作为地方乡绅士人定期的学术交游活动，在性质上与文人结社相近，与传统书院教学则不尽相同。[①]

明代文人结社之习，由来已久。"洪武以后、景泰以前只是兴趣的结合，不管是窗下切磋用以攻文也好，或是林下逍遥以娱老也好，总之既无党同伐异之见，更不论及国事。这是第一期，而以后各期中仍延续着这种情形。天顺（1457）以后，万历（1573）以前，派别渐滋，门户亦立，于是始成为主张的结合。"[②]在各种因不同主张而结合的社团中，万历之前却甚少以读书、谈经，或读史为社名的团体。[③]

隆庆至万历初年，张居正柄政当国时，一度禁止士子组织民间讲学活动。万历后期，不仅以阳明后学为主导的讲学活动复振于世，而且其他类型的结社活动亦渐趋活跃。继之而来，学术论争的议题也开始更加多元。1598年，顾宪成与管志道辩无善无恶；1599年，周汝登、陶望龄共祭阳明祠，务相发明守仁遗教；1601年，周汝登会友生50余人，宴于天泉桥，并语及昔年阳明与门人证道之事；1605年，周汝登撰著《圣学宗要》，陶望龄序之。

学说思想上的新旧乃是相对而言。如正德年间的阳明心学之"新"，至宗周时代业已成为"越中之旧说"。对此，黄宗羲称："而山阴（即宗周）慎独宗旨，暴白于天下，不为越中之旧说所乱者，先生有摧陷廓清之功焉。"[④]更进而言之，宗周所摧之陷，乃针对当时儒门淡泊而丛

① 参见吕妙芬《阳明学士人社群：历史、思想与实践·导言》，台湾"中研院"近代史所，2003年，21—22页。

② 郭绍虞：《明代的文人集团》，《照隅室古典文学论集》，上海古籍出版社，1983年，第531页。

③ 参见王汎森《清初的讲经会》，台湾《史语所集刊》第68本第3分（1997年9月），第507页。

④ 黄宗羲：《刘伯绳先生墓志铭》，《黄宗羲全集》第10册，浙江古籍出版社，2005年，第306页。

林宗风炽盛之陷,而其所廓之清则在于复归儒门圣学本源之清。摧陷廓清,即是正本清源之意。蕺山讲学宗旨,其旨趣大端即在于此。

当然,蕺山一派的讲学活动,规模上远不及阳明学派的讲学,其影响力更多地限于越中地区。造成这种情形的主要原因之一,是宗周所处的明季世乱。还有一个重要原因,则来自于阳明良知之学的广泛效应。宗周身为越人,同样受其阳明良知之学的深刻影响。他曾说:"宗周,东越鄙士也。生于越,长于越,知有越人。越人之言道者无如阳明先生,其所谓良知之说,亦即家传而户诵之。虽宗周不敏,亦窃有闻其概,沾沾喜也。"①

通过力所能及的讲学活动,宗周门下汇聚了一批弟子,逐渐蔚为一派之学,不仅与浙中王门后学相抗衡,②而且有望成为继阳明姚江学派之后而兴的一大思想学派。但宗周为人端庄凝重,门墙高峻,"不特小人避其辞色,君子亦未尝不望崖而返"。③尽管这些因素都可能在不同程度上影响蕺山学派的最终形成,而且宗周本人也从未宣称意欲形成一个学派,但这未妨碍人们以蕺山学派视之,并将宗周视为蕺山学派的实际初创者。

对于宗周的讲学活动,黄宗羲在其《蕺山同志考序》中说:

> 先生讲学二十余年,历东林、首善、证人三书院,从游者不下数百人。然当桑海之际,其高第弟子多归风节。又先生在当时,不欲以师道自居,亦未尝取从游姓氏而籍之。④

据董瑒所作《蕺山弟子籍》,宗周不同时期的从学弟子,有姓名、籍贯等可考者,共计 79 位。浙东籍弟子约占五分之三,且主要集中于会稽、山阴和余姚诸地。另有"学人"66 人,其中宁波籍共有 23 人,绍兴籍有 23 人,杭州籍 14 人。⑤

私淑黄宗羲并成为清代浙东学派代表人物之一的全祖望(1705—1755),在刘宗周正命 100 周年之际(1745),倡议在蕺山学舍旧址修建

---

① 刘宗周:《明儒四先生语录序》,《全集》第 3 册上,第 761 页。

② 邵廷采在《王门弟子所知传》中称:"启、祯之际,(陶石梁)民蕺山刘子分席而讲,悦禅者皆从陶。"《思复堂文集》,第 50 页。

③ 黄宗羲:《子刘子行状》,《全集》第 5 册,第 55 页。

④ 黄宗羲:《蕺山同志考序》,《黄宗羲全集》第 11 册,第 58—59 页。

⑤ 董瑒:《蕺山弟子考》,《全集》第 5 册附录,第 719—721 页。

子刘子祠堂,其中议及配享诸高弟子,称"乃谛定其学行不愧师门者三十五人,再传弟子一人"。①这种情形,实际上反映了蕺山身后学派分化的严重情形。

如果说宗周生前的讲学活动尚有一定规模,但其殉节后,经历明清嬗代的桑海之变,蕺山一派的弟子或殉节尽忠,或归于隐居,或改换门庭、未守师说,导致了蕺山之学迅速分化。总之,"蕺山身后,弟子争其宗旨";②"子刘子既没,宗旨复裂",③由于时代际遇,未能充分彰显其学。自成一派的蕺山之学,在黄宗羲(1610—1695)之后,被清初再度复振的程朱理学所淹没。

据王汎森先生的研究,宗周死后,弟子诠释其宗旨约可分为三派。第一派是以刘汋(1613—1664)、张履祥(1611—1674,字考夫,号念芝,浙江桐乡人,人称杨园先生)和吴蕃为主,倾向于程朱理学。第二派以陈确(1604—1677,字乾初,浙江海宁人)为代表,别树一帜,根本否认《大学》、《中庸》的正当性。第三派是以黄宗羲为代表,相对严守师说。④

蕺山学派的分化,主要体现于刘汋、吴蕃、张履祥等人对宗周遗著的编辑整理及删订工作,这引起了黄宗羲一派的较大反感。吴蕃和张履祥,早在宗周殉节后不久,就转向讲求"程朱正学"。⑤认为宗周晚年对阳明辨难不遗余力,正是蕺山之学终合于朱子之学的重要表征。

把蕺山之学真正发扬光大的是黄宗羲。黄宗羲不仅敏锐地察觉到先师蕺山之学的思想创见所在,而且还加以一系列的整理阐发,客观上推进了蕺山学派的最终成立。

宗周殉节,明清嬗代。在宗周讲学的蕺山证人书院虚席30多年

---

① 全祖望:《子刘子祠堂配享碑》,《全祖望集汇校集注》上册,第443页。

② 孙静庵:《明遗民录》,浙江古籍出版社1985年版,第93页。

③ 黄宗羲:《刘伯绳先生墓志铭》,《黄宗羲全集》第10册,第314页。

④ 参见王汎森《清初思想趋向与〈子刘子节要〉——兼论清初蕺山学派的分裂》,《中央研究院历史语言研究所集刊》第68本第2分(1997年6月),第426—431页。此文后转刊于贺照田主编《在历史的缠绕中解读知识与思想》,吉林人民出版社,2003年1月版。

⑤ "癸巳(1653)后,(吴蕃)与张先生杨园及从弟志仁讲求程朱正学。"吴蕃《祗欠庵集·跋》,张钧衡编《民国适园丛书本》,第11页。转引自王汎森《清初思想趋向与〈刘子节要〉——兼论清初蕺山学派的分裂》,《中央研究院历史语言研究所集刊》第68本第2分(1997年6月),第428页。

后,黄宗羲于 1667 年 9 月决定与姜定庵恢复蕺山讲会,重申师说。由于宗羲不能久住绍兴,就请时年 75 岁高龄的宗周高弟张应鳌(字奠夫)主持教事。但绍兴重开蕺山讲会,效果不甚明显,"五年之中,时风众势,不闻有所鼓动"。①黄宗羲考虑到不能直接参与绍兴证人书院的讲会活动,就决定把证人书院移植到甬上。康熙七年(1668),甬上证人书院开讲,同样明确推崇蕺山慎独之学。此前一年,黄宗羲就至甬,开授《圣学宗要》,讲论先师慎独之学,并将原先甬上的策论之会改为"证人之会"。与绍兴证人书院相互呼应,扩大了蕺山之学的影响力。不过,就在同年,"证人之会"即改为"讲经之会"了。因为黄宗羲教人必先通经为主,称"人不通经,则立身不能为君子;不通经,则立言不能为大家"。②所以,当甬上证人书院正式成立时,就以讲经论史为主要内容了。对此,全祖望评述称:"先生(黄宗羲)始谓,学必原本于经术,而后不为蹈虚;必证明于史籍,而后足以应务;元元本本,有据可依,前此讲堂锢疾,为之一变。"③

甬上证人书院是黄宗羲阐论清代浙东学术的重要基地,把蕺山学的"证人之教"引向了"返经明教"的路向。黄宗羲以《明夷待访录》为基础,提出研经读史的方向,鼓励学者探研儒家经典和历史经验,以经史为根本依据,重建世道人心的内在合理秩序。

康熙三十三年(1694),蕺山门下的再传弟子邵廷采主讲姚江书院,其院训十则,首为"立意宜诚",立教一本宗周。自此,姚江之旨与蕺山之旨一度合流归一。

从浙江思想学派史上看,刘宗周实际开创了明末清初浙江最具影响力的学术流派——蕺山学派,堪称一代浙学宗师。在重修的绍兴蕺山书院门墙上,至今仍书写着"浙学渊源"四个大字。刘宗周所开创的蕺山学派,在中国思想史特别是儒学史上影响很大,成为继阳明姚江学派之后而兴、影响江浙的一大思想学派。刘宗周思想在 19 世纪时对于日本的阳明学派也产生过一定影响。蕺山学说及其人格风范,同

---

① 黄宗羲:《寿张奠夫八十序》,《黄宗羲全集》第 10 册,第 674 页。

② 李邺嗣:《送万充宗授经西陵序》,《杲堂诗文集》,浙江古籍出版社,1988 年,第 448 页。

③ 全祖望:《甬上证人书院记》,《全祖望集汇校集注》中册,第 1059 页。

时也可说是民族文化精神的一种象征,如牟宗三就曾指出,在宗周绝食而死后,中华民族的命脉和中华文化的命脉都发生了危机,这一危机延续至今。①

<h1 style="text-align:center">三</h1>

蕺山学派的创建,必须切实回应晚明学术思潮的急剧分化。就儒学而言,这种分化情形,简单地说,就是由弃朱(朱熹)而尊陆(陆九渊),再申朱而绌陆。此诚如清代著名学者纪晓岚(1724—1805)所论:

> 朱、陆二派,在宋已分。洎乎明代弘治以前,则朱胜陆。久而患朱学之拘。正德以后,则朱、陆争诟。隆庆以后,则陆竟胜朱。又久厌陆学之放,则仍申朱而绌陆。讲学之士亦各随风气,以投时好。②

明中叶后,王阳明致良知的心学话语针对朱熹理学形态的话语转化,更是标志着有明一代学术思想的重大变更,较大程度地改变了当时学界"此亦一述朱,彼亦一述朱"的单调学风。但随着阳明心学的风靡一时,渐失其事上磨炼的为学宗旨,把致良知教的主体性原则推向极端化,以至于"学者以任情为率性,以媚世为与物同体,以破戒为不好名,以不事检束为孔颜乐地,以虚见为超悟,以无所用耻为不动心,以放其心而不求为,未尝致纤毫之力者多矣"③。晚明学界上述率情任性、媚世矫俗的学风,在一定程度的确表明了晚明学术思想的"无根性"。后世对此曾多有评论。如全祖望(1705—1755)评述说:

> 自明中叶以后,讲学之风已为极敝,高谈性命,直入禅障,束书不观,其稍平者则为学究,皆无根之徒也。④

---

① 参见牟宗三《从陆象山至刘蕺山·序》。

② 纪晓岚:《四库全书目提要》卷九十七,《朱子圣学考略》条,海南出版社,1999 年,第 503 页。

③ 黄宗羲:《明儒学案》卷十二,《江右王门学案五》,中华书局,1985 年,第 483 页。

④ 全祖望:《甬上证人书院记》,《全祖望集汇校集注》中册,第 1059 页。

直到今日,明代学术思想仍被学者视"无根的一代"。①明代思想之所谓"无根",究其实,乃是无儒家经学之根、无儒家史学之根。这也就是说,所谓明代思想的无根性乃是基于正统儒家的五经学观和《春秋》史学观所作出的评判,更确切地说,明代思想之所以无根,正因其思想中并不突出"古"与"圣"的权威性。古则以三代为高,圣则以周孔为尊。复古当力究诸经,尊圣应效法诸经。晚明学术思潮中王学末流的异端化、禅学化的非主流反正统倾向,同时也导致晚明学风的另一转向,此即为在晚明相当注重道德经世、学以致用的学者群体(如东林学派),转为尊经、崇圣、复古与现实经世密切结合的为学取向。总之,事极则反,晚明学界针对阳明后学空谈心性既狂且荡之学风的反思、不满与批评,导致了晚明学术的变更与转向。这一变更与转向,形成了晚明学术思想中朱子理学与阳明心学并存兼行的格局,其中潜存着于尊古崇圣中注重经世实学的思想能量。这正是蕺山学派从宋明儒的心性之学转向经世之学的学术意义。

蕺山学派之所以能够介入明清之际由心性之学转向经世实学的学术走向,很大程度上源自于宗周一生注重读书、阐释经典的立场。从宗周参合《大学》、《中庸》建构其慎独立极之学、修身诚意之学以及证圣成人之学的方式来看,宗周对于儒家经典及对宋明儒学文献的诠释有着相当高超的统观解读能力,这是他之所以能够创立蕺山学理论体系的重要素质。就此而言,蕺山学的基本特质,既不在于理论的雄辩,也不在于规模的宏大,而在于经典文献阐释的精到。蕺山学之所以能够在宋明儒学的庞大阵营中占有一席,很大程度上得力于宗周的文献阐释。正是透过精致的文献阐释,宗周无处不展现其教化关怀和治道理想。在此意义上说,刘宗周是继朱熹之后,能够从经典文献的精到阐释中,重新建构理学体系的第一人。正基于此,刘宗周无愧于"理学殿军"的学术地位,无愧于明季大儒的称誉。

宗周创立蕺山学的思想体系,是理气论、心性论和工夫论的完整结构,体大而意深,涉及对心性、义理、儒佛、本体与工夫等问题的源流解析。就蕺山学的学术效应而言,无疑具有类似于阳明姚江之学的学

---

① 赵令扬:《无根的一代:从明代思想谈起》,《国故新知:中国传统文化的再诠释》,北京大学出版社,1994 年。

派建构意义。

从浙江思想学派的历史演进来看,刘宗周继王阳明后,成为明代浙学的一大思想宗师。他们都开创了各自的思想学派,一为姚江之学,一为蕺山之学,都属于明代浙东学术的重要学派。傅彩尝称:

> 吾乡自阳明子讲学姚江,而圣道复明。良知之教,实发前圣所未发,然论者谓其近于陆而悖于朱。不百年,有蕺山刘先生继起,践履笃实,矩步方行,论者又谓得力于朱,不全于王。①

而据邵思复的判析:

> 蕺山之世,教衰学微;虽其门人,亦罕独信。天下或以阳明为佛氏,或以佛氏为阳明。故如蕺山忠愤正直,而于深辨学术处则独承以谦,守之以平。使其义明,其旨不失,而我无过于先贤,斯已矣。要之,明儒虽众,必推王、刘为一代程、朱。王近明道,刘近晦庵,而功勋节义过之。朱、王之学,得刘而流弊始清,精微乃现。②

如果依准于宋明儒学的心性之学而判析阳明与蕺山,二者既有区别,亦有关联。诚如黄宗羲所说,二者"同而异,异而同也"。但如果从更广阔的浙东学术史或者是"浙学"的视野来判析阳明之学与蕺山之学,则可以得出别样的识见。章学诚(1738—1801)在讨论清代浙东学术的源流来,即据此而有所见。

据章学诚的观察,"浙东之学……通经服古,绝不空言德性,故不悖于朱子之教。至阳明王子,揭孟子之良知,复与朱子牴牾。蕺山刘氏,本良知而发明慎独,与朱子不合,亦不相诋也。梨洲黄氏(即黄宗羲),出蕺山刘氏之门,而开万氏弟兄经史之学;以至全氏祖望辈尚存其意,宗陆而不悖于朱者也"。③章学诚基于上述观察,得出了一个重要识断。他说:

> 天人性命之学,不可以空言讲也。……儒者欲尊德性,而空言义理以为功,此宋学之所以见讥于大雅也。……三代学术,知有史而不知有经,切人事也。后人贵经术,以其即三代之史。

---

① 傅彩:《康熙本人谱序》,《全集》第 5 册附录,第 837 页。
② 邵廷采语引见《全集》第 5 册,第 578 页。
③ 章学诚:《浙东学术》,《文史通义校注》上册,中华书局,1994 年,第 523 页。

近儒谈经,似于人事之外,别有所谓义理矣。浙东之学,言性命者必究于史,此其所以卓也。①

章学诚还进一步指出了明清浙东之学由于不同的历史际遇而形成的各自特点。他说:

> 浙东之学,虽源流不异,而所遇不同。故其见于世者,阳明得之为事功,蕺山得之为节义,梨洲得之为隐逸,万氏兄弟得之为经术史裁。授受虽出于一,而面目迥殊,以其各有事事故也。②

章学诚所指出的清代浙东学术"绝不空言德性"的经世务实性格,根植于其"言性命之理必归于史"的学术立场。这种立场的形成,与宗周蕺山学之间有着直接关联,因为他开启了一种新的、可称之为"人格列传"的写法。正如蒋年丰先生所说:"自有《史记》以来,中国史学即重列传。但经过刘蕺山与黄梨洲之影响的列传,即强调为体道的人格列传。换句话说,经此影响,列传转型为'仁人志士的列传'。历史真理表现在仁人志士的节操之中。"③刘蕺山所开启的这种史学新精神,对于清代浙东学派黄宗羲等人的史学导向,有着实质性的影响,进而影响到清代的史学精神。如唐君毅曾经指出:"从万氏兄弟之修《明史》,亦谓依黄梨洲之史法。由此而开清代之史学之风。《明史》重列传、重人物。"④

蕺山一生推重读书明道,相信"读书是儒者之业"。他曾先后撰有两篇《读书说》,或以示学者,或以为家训。他在《读书说(示儿)》中称:

> 夫书者,指点之最真者也。前言可闻也,往行可见也。多闻,择其善者而从之;多见而识之,所以牖吾心也。先之以《小学》以立其基,进之以《大学》以提其纲,次《中庸》以究其蕴,次《论语》以践其实,终之以《孟子》以约其言,而所谓恍然于心者,随在而有以得之矣。于是乎读《易》而得吾心之阴阳焉,读《诗》而得吾心之性情焉,读《书》而得吾心之政事焉,读《礼》而得吾心之节文满,读《春

---

① 章学诚:《浙东学术》,《文史通义校注》上册,第523—524页。

② 章学诚:《浙东学术》,《文史通义校注》上册,第524页。

③ 蒋年丰:《从朱子与刘蕺山的心性论分析其史学精神》,《国际朱子学会议论文集》下册,第1137页。

④ 唐君毅:《中国哲学原论·原教篇(下)》,第688页。

秋》而得吾心之名分焉。又读《四子》以沿其流,读《纲目》以尽其变,而吾之心无不自得焉。其余诸子百家泛涉焉,异端曲学诛斥之可也。于是乎博学以先之,审问以合之,慎思以入之,明辨以晰之,笃行以体之。审之性情隐微藏之地,致之家国天下之远,通之天地万物之大,而读书之能事毕矣。儒者之学,尽于此矣。故曰:"读书,儒者之业也。"①

宗周推崇读书,亦善于读书,这着实体现了宗周崇经重史以指点心性的思考进路。将崇经重史纳归于指点本真心性,固然表明宗周不脱于心性之学的思维模式,但崇经重史的为学取向,必然把心性义理之学落实到人伦日用常行的历史事件中,以此来检讨人之历史发展的进程。从而把儒家经旨的价值意义融汇于通过历史事件所具体展现的人心秩序中,把圣学道统通过经史一体统观的方式加以呈现。正是在此意义上,杜维明认为"一部《人谱》正是宗周思想中经、史相融,亦经亦史的典范"。②

其实,王阳明亦曾同样表达过经史贯通为一体的思路。他在《传习录》中曾说:"以事言谓之史,以道言谓之经。事即道,道即事。《春秋》亦经,五经亦史。"③在经史贯通的进路上,阳明与宗周有其共同之处。不过,阳明主张尊吾人心性之道所以尊经;而宗周则反其道而行之,主张尊经所以尊吾心之天道。尊崇圣学经典,在蕺山学系统中更具有优先性。

蕺山学系统中崇经重史的为学取向,对于崇尚经史之学的浙东学术(或者说"浙学")在明代的第二期发展有着奠基性意义。

姚名达在其所著的《刘宗周年谱》前编中,曾引述何柄丞对浙东学术二期发展的阐释,以说明蕺山学对浙东学术的深远影响:

> 初辟浙东史学之蚕丛者,实以程颐为先导。程氏学说本以无妄和怀疑为主,此与史学之根本原理为相近。加以程氏教人多读古书,多识前言往行,并实行所知,此实由经入史之枢纽。传其学者多为浙东人。故程氏虽非浙人,而浙学实渊源于程氏。浙东人

---

① 刘宗周:《读书说(示儿)》,《全集》第 2 册,第 349 页。
② 《杜维明学术访录:宗周的哲学之精神》,复旦大学出版社,2001 年,第 126 页。
③ 王阳明《传习录上》,《王阳明全集》上册,上海古籍出版社,1992 年,第 10 页。

之传程学者有永嘉之周行己、郑伯熊及金华之吕祖谦、陈亮等，实创浙东永嘉、金华两派之史学，即朱熹所目为功利之学者也。金华一派，又由吕祖俭传入宁波，而有王应麟、胡三省等史家辈出，金华本支则曾因史而文，现中衰之象。至明初宋濂、王祎、方孝孺诸人出，一时乃为之复振。惟浙学之初兴也，盖由经入史，及其衰也，又往往由史入文。故浙东史学自南宋以至明初，即因经史文之转变而日就衰落。此为浙东史学发展之第一个时期。迨明代末年，浙东绍兴又有刘宗周其人者出，"左袒非朱，右袒非陆"，其学说一以慎独为宗，实远绍程氏之无妄，遂开浙东史学中兴之新局。故刘宗周在吾国史学上之地位实与程颐同为由经入史之开山。其门人黄宗羲承其衣钵而加以发挥，遂蔚成清代宁波万斯同、全祖望及绍兴邵廷采、章学诚等之两大史学系；前者有学术史之创作，后者有新通史之主张，其态度之谨严与立论之精当，方之现代西洋新史学家之识解，实足竞爽。此为浙东史学发展之第二个时期。①

姚名达在转引何柏丞的阐论后，指出：

> 自来谈浙东史学，未有若柏丞先生之深切著明者也。其所给予于宗周先生之位置，尤确定而不可易。观乎宗周先生祀尹焞于证人社，目为程颐之正传，拳拳服膺，备致推崇，可以知其思想渊源之所自矣。观乎清代浙东诸史学家莫不师承黄宗羲，以推本蕺山，可以知其学术影响之所届矣。②

总之，蕺山论学，规模宏大，体广而义深，如果过分拘限于姚江之学、东林之学为评判依准，就难以完整地理解蕺山之学通贯天人及其统观理气、心性、意知、存发、本体工夫的义理旨趣。所以，黄宗羲断称蕺山之学"是开物成务之学"，③这是相当有见地的判识。

刘宗周通过崇经重史以指点心性的思考进路，将崇经重史纳归于指点本真心性，固然表明宗周不脱于心性之学的思维模式，但崇经重史的为学取向，必然把心性义理之学落实到人伦日用常行的历史事件

① 姚名达：《刘宗周年谱》前编，《全集》第5册，第67—68页。
② 姚名达：《刘宗周年谱》前编，《全集》第5册，第68页。
③ 全祖望：《梨洲先生神道碑文》，《全祖望集汇校集注》上册，第215页。

中,以此来检讨人之历史发展的进程,从而把儒家经旨的价值意义融汇于通过历史事件所具体展现的人心秩序中,把圣学道统通过经史一体的统观方式加以呈现。这无疑对清代的浙东学术实学化有着导向性的启迪意义。

从明末四大高僧看永明延寿
对晚明佛教的深刻影响

黄公元

延寿禅教律净诸宗融合汇归净土的思想与修行路线,在明末得到大力倡扬,对晚明佛教的一度复兴及其基本走向产生了广泛深刻的影响。晚明是延寿影响得到特别彰显的时期,并由此而影响到清代至今佛教的基本走向。而延寿对明末佛教的影响体现在许多方面,晚明的禅宗诸老、台贤及唯识诸教家,都在不同程度上受到延寿的影响。如对临济门下的云谷法会与雪峤圆信等禅师,曹洞门下的无明慧经、无异元来、永觉元贤与湛然圆澄等禅师,教下的雪浪洪恩等法师,编撰《永明道迹》,重建永明塔院的"永明骨孙"大壑玄津禅师,以及李贽、袁宏道、冯梦祯、陶望龄、虞淳熙等居士名流,都有不小的影响;而有晚明四大高僧之称的云栖莲池、憨山德清、紫柏真可、灵峰蕅益,虽然各有特色,但在融会诸宗、归向净土这一当时佛教的基本趣向方面,则有许多共同之处,他们都受到延寿的深刻影响。晚明四大高僧的出现,是明末佛教复兴的突出表现,他们对延寿思想的继承与发扬,进一步对晚明及清代与近现代佛教产生了巨大影响,规定了清代及近现代佛教发展的基本形态。故本文集中以明末四大高僧为例,来反映与凸现延寿对中国佛教发展演变巨大而深远的影响。

一、延寿对莲池大师云栖袾宏的影响

袾宏(1535—1615),是晚明四大高僧中的第一位,字佛慧,别号莲池。他早年习儒,因连遭父母去世、亡妻失子的厄难而悟人生无常,毅然出家。他先习禅,受具戒后,遍参名师,禅悟以后,在杭州五云山麓云栖坞精进苦修,感得众人协力为其营造云栖寺,他遂在此高树法幢。他痛切于宗门积弊之深,故融会诸宗,教依华严,严持戒律,行重持名念佛。晚明四大师中,继其而后起的三位对其皆十分尊崇。他著述颇丰,后人集为《云栖法汇》。

莲池的思想与行持,受到延寿深刻影响,可以说莲池是延寿思想在晚明这一特定历史条件下的继承与发展。这一点不仅在袾宏言行中可以找到依据,也可以在他人评论中得到证明。

对禅教关系,袾宏与延寿持有一脉相承的观点,认为禅教不仅没有矛盾,还应相互促进。他说:

> 参禅者藉口教外别传,不知离教而参是邪因也,离教而悟是邪解也。饶汝参而得悟,必须以教印证,不与教合悉邪也。是故学儒者必以六经四子为权衡,学佛者必以三藏十二部为模楷。①

这是强调参禅者必须藉教悟宗。而学教、听教,亦应不忘禅观。他开示曰:

> 以后听教,切须细心,虽在讲筵,无忘禅观。庶使心光内灼,而临文之辨益精;圣教外熏,而资神之力弥固。学悟兼济,定慧交通,入理妙门,无越于此矣。②

这类禅教一致、禅教相资的开示,在莲池著述中时可见到。而延寿禅教一致的思想显然是莲池思想的重要渊源之一。

莲池对延寿可谓推崇备至,其《永明寿禅师赞》曰:

> 永明佩西来直指之印,而刻意净土。自利利他,广大行愿,光照于万世。其下生之慈氏欤! 其再生之善导欤!③

把延寿视作慈氏菩萨下生,多么高的评价! 说延寿是善导再生,乃基于莲池特重净土法门而作出的评价,莲池对延寿的思想行持有全面的认识和把握,但特别注重延寿禅净会通、万善同归的思想与行持,故特赞延寿"佩西来直指之印,而刻意净土"。

莲池曾因净慈寺住持筠泉性莲根据四众意愿,持香跪请,于万历

① 《竹窗随笔·经教》,《莲池大师全集》第 6 册,第 3696 页。
② 《云栖法汇遗稿三·杂问一章》,《莲池大师全集》第 8 册,第 4791 页。
③ 见(明)大壑《南屏净慈寺志》,第 192 页,杭州出版社,2006 年。

二十三年(1595)元宵起,亲临寿祖道场讲经说法达 53 天,演说内容就是延寿非常重视的《圆觉经》和延寿名篇《心赋》,法会盛况空前,"听者日数万指,如屏百匝"①。法会结束后,袾宏有一首《乙未春日,净慈讲圆觉疏钞,承刘方伯设供,以诗寄谢》,其中有句曰"现身宛是初玄度,弘道惭非旧永明"。这虽是袾宏自谦之词,亦反映了他以延寿为榜样,深受延寿思想的影响。

莲池对延寿的尊崇,还表现在这样的细节上,他不仅设像供奉华严宗与净土宗祖师,②体现了他教宗华严、行归净土的特色;而且云栖寺莲堂中间供无量寿佛与观音、势至两菩萨,左为智觉寿祖,右为净土列祖,突出了延寿的特殊地位。后来云栖寺莲堂的这种范式,还反过来影响到延寿根本道场净慈寺内无量寿忏堂的规制。③

在净土念佛与其他各宗的关系上,莲池融通诸宗,会禅净教律于一体,而专提净土,这是其一大特色。他不仅重点破斥以禅排净、否定禅净兼修的谬见,将禅与净无碍地融通起来,还以延寿等禅师的思想与行持为例予以论证:

> 古谓参禅不碍念佛,念佛不碍参禅。有云不许互相兼带。然亦有禅兼净土者,如圆照本、真歇了、永明寿、黄龙新、慈受深等诸禅师,皆禅门大宗匠,而留心净土,不碍其禅。故知参禅人虽念念究自本心,而不妨发愿,愿命终时往生极乐。……念佛不惟不碍参禅,实有益于参禅也。④

他不仅主张禅净一致、禅教一致,还适切指出有些人在念佛与看经关系上的偏颇,苦口婆心指出不仅参禅应不废经教,念佛亦应不废经教:

> 有自负参禅者,辄云达摩不立文字,见性则休;有自负念佛者,辄云止贵直下有人,何必经典。此二辈人,有真得而作是语

---

① 憨山《古杭云栖莲池大师塔铭》,见《莲池大师全集》第 8 册,第 5123 页。

② "华严之祖,马鸣逮圭峰而七;莲宗之祖,匡山逮永明而七;师皆设像供焉。"见吴应宾所撰之莲池塔铭。

③ 际珍《无量寿忏堂记》述曰:"仿云栖莲堂之制而增广之。中供无量寿佛、观音势至两菩萨,左为智觉寿祖,右为净土列祖。"见际祥《敕建净慈寺志》卷二,明文书局影印本,第 1 册,第 197 页。

④ 《竹窗二笔·念佛不碍参禅》,《莲池大师全集》第 6 册,第 3860—3861 页。

者，且不必论。大都不通教理，而护惜其短也。予一生崇尚念佛，然勤勤恳恳劝人看教。何以故，念佛之说何自来乎？非金口所宣明载简册，今日众生何由而知十万亿刹之外有阿弥陀也？①

莲池融通诸宗、力行万善、导归净土的思想与行持，与延寿如出一辙。憨山曰："历观从上诸祖，单提正令，未必尽修万行。若夫即万行以彰一心，即尘劳而见佛性者，古今除永明，惟师一人而已。"②蕅益亦言："云栖宏大师，极力主张净土，赞戒，赞教，赞禅，痛斥口头三昧……乃真救世菩萨。"③

清初集人王与法王为一身的雍正帝也注意到了莲池与延寿在思想上的联系，故其虽最推崇延寿，但在盛赞延寿同时，对莲池也颇多赞赏。他不仅亲编《宗镜录大纲》，还在《御选语录》最后专列一"外集"（卷十三"云栖莲池宏大师语录"），并在"御制序"中论述教、禅、净的关系后，特别指出："曹溪十一传而至永明寿禅师，始以净土提示后学，而长芦、北磵诸人亦作净土章句，及明莲池大师专以此为家法，倡导于浙之云栖……故择其言之融会贯通者，刊为《外集》，以示后世。"④

可见，延寿深刻影响了莲池，进而通过莲池对明末及以后的中国佛教的演化发展产生了重大影响。

不仅莲池自己主持的云栖寺如此行化，莲池许多弟子也都在各自的道场禅教净律融合，以净土为归，尤其在杭州一带，更是蔚然成风。杭州城内及周边地区，有不少深受莲池影响的寺院庵堂，有的还由莲池直接指导，城内如孝义庵、长寿寺等，城外西溪诸梵刹如法华寺（又名云栖别院）、秋雪庵、曲水庵等，明末清初更有莲池好多出家弟子及受莲池影响的居士名流栖隐念佛。这种风气，虽然直接影响者是莲池，但从渊源而言，也受到了延寿等先德的影响。试举一例，曲水庵古德法师即是莲池弟子，颇有声望，秉承云栖道风，吸引了缁素不少信众。其中有一位净光禅师，从其行录中可以明显看到曲水庵等道场的

① 《竹窗随笔·经教》，《莲池大师全集》第6册，第3695—3696页。
② 德清：《古杭云栖莲池大师塔铭》，见《莲池大师全集》第8册，第5128页。
③ 《儒释宗传窃议》，《灵峰宗论》卷五，《蕅益大师全集》第17册，第11035页。
④ 史原朋主编《雍正御制佛教大典》之《御选语录》（上），第621页，中国社会科学出版社，2004年。

道风与延寿之间的联系：

> 净光禅师世居杭郡，系出昌黎。……翻然欲究无生，就西溪曲水庵礼古德大师。古师传云栖心印，宗教俱通，专弘净土。师入门即称上座，深得指归。昼阅教乘，夜课净业，摄心已专凝矣。彼时曲水缁流云集。虽少林面壁，尽扫文言，然白马传经，系佛慧命，智灯不绝，全藉三藏十二分教。遂于丁丑岁（1637）鸠工印造方册藏经全部，永供德云楼上，实庄严佛果之弘法义也。古师常赴教席，即随侍发愿，昼夜持十万弥陀。三年不语，精进超群。念末法像教，无非如来三身显化，乃发宏愿，募装西方丈六金躯三座。甲申（1644）间鸠工湖墅要衢，愿毕功成，又庄严佛界功德义也。栖水朱继居士慨施宅为鹿苑，上供三佛金躯，安集十方禅侣，修持净业，绍慧远而继永明，接待往来云水，俨然东南一大丛林也。……①

古德法师"传云栖心印，宗教俱通，专弘净土"，曲水庵"缁流云集"，足见曲水庵与云栖寺道风关系密切且影响不小。净光"昼阅教乘，夜课净业"，印造方册藏经，持弥陀名号与造西方圣像，具体反映了其禅教净融合会通兼修而归向净土的行持，而这种行持正是"绍慧远而继永明"的表现。西溪的曲水庵与净光、朱继于湖墅所建的道场，皆是秉承与发扬了这一传统，而且在当时皆颇有影响，这正反映了延寿思想行持经由莲池及其弟子们的努力，在明末及后世产生了巨大而深远的影响。

二、延寿对憨山大师澄印德清的影响

德清与真可，是宗门尊宿中晚明最有影响的两位，他们也十分推崇永明，受到延寿很深的影响，这在德清身上表现得更为明显。

德清（1546—1623），号澄印，又号憨山。他相继随云谷法会学禅，从无极明信习华严学。亦曾在五台山与莲池会晤，与真可关系甚密。

---

① 顾豹文：《净光禅师行录》，见吴本泰《西溪梵隐志》卷四，第126—127页，杭州出版社，2006年。

他一生经历坎坷,但百折不挠,为复兴曹溪祖庭作出了不可磨灭的贡献,其真身像与六祖慧能的真身像同在南华寺被供奉,世代受到人们瞻礼,可见其在禅宗中的尊隆地位。他著述甚多,后人集为《憨山老人梦游集》。

德清对延寿极为尊崇,他曾择历代先德中的佛门龙象撰有《八十八祖道影传赞》,延寿自然名列其中,《延寿道影赞》曰:

> 乘大愿轮,出为法瑞,总持门开,众行毕备。
>
> 悬一心镜,朗照万物,佛日中天,无幽不烛。①

除此简短赞偈外,德清还有独立的一篇《永明大师赞》(有序),序文与赞语曰:

> 清幼读《心赋》《唯心诀》,即知师为光明幢也。既而从云谷先师,闻说大师日行一百八件方便行,将谓寻常勤劳事耳,窃慕而行之。因是寓目无遗法,以为善用其心矣。及垂老,至西湖净慈,入宗镜堂,礼大师塔影,访其行事。弟子大壑,出《自行录》,清展卷默然自失。叹曰:此广大无边微妙法门,诚非金刚心、普贤愿,不能持其万一也。况揭心宗而镕教海,示法性而摄群情,非称法界三轮,何能臻其阃阈哉。清感叹难思,稽首为之赞曰:

> 稽首大师光明幢,普照法界清净藏。乘大愿轮示三业,特为群生开正眼。
>
> 亲传佛祖秘密印,融通教海归一心。陶镕圣凡非比量,顿入实相三昧海。
>
> 百千妙行显唯心,万善同归一真谛。思惟自有三宝来,此土唯师能护法。
>
> 是故华夷悉归仰,尽入慈悲心念中。飞潜动植摄无遗,即以己身代受苦。
>
> 若非寂灭平等观,何能了无彼此相。悲哉末法诸愚蒙,不知尽被愿力摄。
>
> 悬此宗镜照万法,目前无法非佛事。即此放生一种德,便入毗卢法界门。

---

① 见《八十八祖道影传赞》卷四,《卍续藏经》第147册,第982页;亦见《憨山老人梦游集》卷三五"诸祖道影略传赞",《卍续藏经》第127册,第□□□页。

自心先入众生心,众生何能逃净土。我以湖山为笔研,不能写师一毛孔。

普愿随喜见闻者,同证吾师大心力。①

此序文和赞语,充溢着德清对延寿的崇仰与赞扬之情。"思惟自有三宝来,此土唯师能护法",这是崇高而恰当的评价,充分肯定了延寿在中国佛教史上的重要地位。"我以湖山为笔研,不能写师一毛孔",这是他对延寿功绩的衷心赞颂。"亲传佛祖秘密印,融通教海归一心","百千妙行显唯心,万善同归一真谛",反映出他对延寿思想精髓与深远影响的如实领悟与准确把握,从中可以感受到延寿对憨山的深刻影响。虽然时隔六百多年,憨山和永明两位大师,却超越时空,心心相印。

德清到杭州祭吊莲池期间,还特地去净慈寺礼拜永明大师塔,驻锡于宗镜堂长达旬日,并应大壑禅师请求,撰《宗镜堂记》②,除简述宗镜堂"因(《宗镜录》)以颜堂"的缘起外,还对延寿编集《宗镜录》的背景、过程、意义等作了精辟的分析。他指出,佛灭后,西域诸师以唯心、唯识,立性相二宗,即已出现"冰炭相攻,以至分河饮水,破坏正法"的情况;而佛教传入中国不到三百年,达摩西来,遂有教外别传之禅宗,六传至曹溪而下,南岳、青原之后,五宗竞起,"由唐至宋,其道大盛,于是禅教相非,如性相相抵,是皆不达唯心唯识之旨,而各立门户。自梁唐而宋,四百年来,海内学者,翘翘竞辨,卒不能以大觉,以折中之。于是大师愍佛日之昏也",即延寿深知当时佛门之弊,悲法运之衰,为续佛慧命,使佛日重辉,遂集三宗义学僧,博阅义海,更相质难,以心宗衡准而成百卷《宗镜录》。他充分肯定延寿"撤三宗之藩篱,显一心之奥义。其犹悬义象于性天,摄殊流而归法海。不唯性相双融,即九流百氏,技艺资生,无不引归实际。又何教禅之不一,知见之不泯哉","世尊入灭二千年矣,自非大师蹶起而大通之,窃恐终古翘翘,究竟了无归宁之日也",赞扬延寿"厥功大矣。集吾法之大成,使释迦复起,功亦无越于此者。岂非夫子贤于尧舜远耶"。可以说很难有更高的评价,可

---

① 《憨山老人梦游集》卷三五,《卍续藏经》第 127 册,第 717 页。

② 《西湖净慈寺宗镜堂记》,《憨山老人梦游集》卷二五,《卍续藏经》第 127 册,第 565—567 页。

越于此赞矣！德清指出"毁相者不达法性,斥教者不达佛心",正是因为不明"以一心照万法,泯万法归一心"之宗旨;若了此旨,"性相、教禅,皆显一心之妙","则何法而非祖师心印,有何性相、教禅之别乎"。由此可见,德清的思想与延寿一脉相承,受到延寿极为深刻的影响。

德清虽系一代大禅师,但他没有门户之见,他以一心融会诸宗,与延寿、莲池等一样,主张禅教一致、性相融贯、禅净会通。

对于禅教关系,德清曰:

> 佛祖一心,禅教一致。宗门教外别传,非离心外别有一法可传,只是要人离却语言文字,单悟言外之旨耳。今禅宗人动即呵教,不知教诠一心,乃禅之本也。……今无明眼善知识印证,若不以教印心,终落邪魔外道。但不可把佛说的语言文字及祖师玄妙语句,当作自己知见,必要参究做到相应处。[1]

这里他不仅强调了禅教一致,而且结合明眼善知识缺乏的实际,特别突出了以教印心的必要性及真参实究的功夫。

对于性相关系,德清批评"禅教相非"、"性相相抵"。他指出:对性相之执,西域马鸣已"力破之",而对"此方教禅之偏执,圭峰著《禅源诠》以一之,永明又集《宗镜》百卷,发明性相一源之旨,如白日丽天。而后学竟不一觑,此岂真究大事者哉"。[2]肯定并赞扬了延寿《宗镜录》在这方面的特殊贡献。

引导德清学佛并出家、对其有深刻影响的云谷禅师,即是"阅延寿《宗镜录》,大悟唯心之旨。从此一切经教及诸祖公案,了然如睹家中故物"。[3]德清为师作传时还特别提到这一点。而在五台山等地修学时与德清关系密切的妙峰禅师,也是以延寿《宗镜录》印心的,德清也对此作了专门的记录:妙峰在中条山最深处"诛茅吊影以居,辟谷饮水三年,大有发悟。即以《宗镜》印心,深入唯心之旨"。[4]德清悟后,以《楞伽经》印心,这亦与云谷、妙峰的悟缘及印证方式,颇有相同之处,与初期

---

① 《示径山堂主幻有海禅人》,《憨山老人梦游集》卷六,《卍续藏经》第 127 册,第 287 页。

② 《刻"起信论直解"序》,《憨山老人梦游集》卷十九,《卍续藏经》第 127 册,第 487 页。

③ 《云谷先大师传》,《憨山老人梦游集》卷三十,《卍续藏经》第 127 册,第 632 页。

④ 《五台山大护国圣光寺妙峰登禅师传》,《憨山老人梦游集》卷三十,《卍续藏经》第 127 册,第 636 页。

禅宗"藉教悟宗"的传统恰相吻合。

而于禅净关系,德清亦反对禅净相斥,而主张会通禅净,身体力行提倡兼修净土。他谪居广州时,曾集众结社,立有规制,授以念佛三昧,教以专心净业。他开示曰:"今所念之佛,即自性弥陀,所求净土,即唯心极乐。诸人苟能念念不忘,心心弥陀出现,步步极乐家乡,又何必远企于十万亿国之外,别有净土可归耶?"①"参禅念佛看话头种种方便,皆治心之药耳。……念佛参禅兼修之行,极为稳当法门。"②他圆融地会通了西方净土与自性净土,这与延寿思想可说是一脉相承的。他晚年居匡庐法云寺,虔修六时净业,其精进自行颇有延寿之遗风。其开示中多次明确提到延寿,如"永明会一大藏,指归一心,亦摄归净土",③"永明大师审实念佛的公案,最为稳当",④"佛说修行出生死法,方便多门,唯有念佛求生净土,最为捷要。如华严、法华,圆妙法门,普贤妙行,究竟指归净土;如马鸣、龙树,及此方永明、中峰诸大祖师,皆极力主张净土一门。此之法门,乃佛无问自说,三根普被,四众齐收,非是权为下根设也"。⑤复兴曹溪祖庭的一代禅门尊宿如此精诚地践行并倡导净土法门,对后世的感召力可想而知。

吴应宾在《塔铭》中评价德清:"纵其乐说无碍之辩,曲示单传,而熔入一尘法界,似圭峰。解说文字般若,而多得世间障难,似觉范。森罗万行,以宗一心,而归无生往生之土,又似永明。"⑥指出了德清的思想行持与宗密、惠洪、延寿等先贤古德之间的渊源关系与相似之处,明确肯定了延寿一心为宗,万善同归,趣向净土的思想对德清的影响。

蕅益更是对德清的禅净兼修及其影响,给予极高的评价,将其视作莲宗祖师:

> 憨山清大师,扩复曹溪祖庭,晚年掩关念佛,昼夜课六万声。
> 故坐逝后二十余年,开龛视之,全身不散,遂与六祖同留肉身,人

---

① 《示优婆塞结社念佛》,《憨山老人梦游集》卷二,《卍续藏经》第 127 册,第 234 页。
② 《示刘存赤》,《憨山老人梦游集》卷五,《卍续藏经》第 127 册,第 267 页。
③ 《示西印净公专修净土》,《憨山老人梦游集》卷八,《卍续藏经》第 127 册,第 320 页。
④ 《示履初崇禅人》,《憨山老人梦游集》卷九,《卍续藏经》第 127 册,第 329 页。
⑤ 《示修净土法门》,《憨山老人梦游集》卷九,《卍续藏经》第 127 册,第 324—325 页。
⑥ 吴应宾《憨山大师塔铭》,见《憨山老人梦游集》卷五五附录,《卍续藏经》第 127 册,第 983—984 页。

天瞻仰。得非莲宗列祖乎！①

三、延寿对紫柏尊者达观真可的影响

真可(1543—1603)，字达观，晚号紫柏。他曾潜心研习唯识、华严，继而遍访禅门诸师，发心复兴禅宗。但他也不固守一宗，对禅、教诸宗乃至儒、释、道三家，取会通调和态度。他不仅关心佛教自身命运，有救世济民抱负，且具禅侠气概，不惜为法为民献身。真可与德清关系特别密契，两人引为知己，心心相印，为弘法救世而相互护持，他曾将德清遭诬流放而不能归视作他"三大负"之一，②而德清在真可圆寂后，为其撰写塔铭，审阅《紫柏老人集》并为之作序。其著作后人编成《紫柏尊者全集》。

真可认为不立文字之禅与不离文字之教是一致的，不应割裂开来。他说："即文字语言而传心"，"即心而传文字语言"，禅与文字两者好比是水与波的关系："文字波也；禅水也。如必欲离文字而求禅，渴不饮波，必欲拨波而觅水，即至昏迷，宁至此乎？故曰：性宗通，而相宗不通，事终不圆。相宗通，而性宗不通，理终不彻。……终性相俱通，而不通禅宗，机终不活。"③"贫道虽宗门种草，若论见地，未始不以教乘为据证。"④

他认为教是佛语，宗是佛心，佛语与佛心，必不相违。如他说：

> 宗教虽分派，然不越乎佛语与佛心。传佛心者谓之宗主，传佛语者谓之教主。若传佛心，有背佛语，非真宗也。若传佛语，不明佛心，非真教也。故曰：依经解义，三世佛冤，离经一字，即同魔说。⑤

故他认为学佛者必须教精宗明方是，他如是说：

> 解得佛语，祖语自然现前……教不可不精，宗不可不明。教

---

① 《儒释宗传窃议》，《灵峰宗论》卷五，《蕅益大师全集》第17册，第11035页。
② 紫柏曾叹曰："老憨不归，则我出世一大负；矿税不止，则我救世一大负；《传灯》未续，则我慧命一大负。"
③ 《礼石门圆明禅师文》，《紫柏尊者全集》卷十四，《卍续藏经》第126册，第887页。
④ 《书·与王与泰》，《紫柏尊者全集》卷二四，《卍续藏经》第126册，第1057页。
⑤ 《法语·示法属》，《紫柏尊者全集》卷六，《卍续藏经》第126册，第738页。

精则佛语我语也,宗明则祖心我心也。到此田地,即儒入佛,即佛入儒,终不相入,无可无不可。①

他坚持以禅为本位,既将延寿直指人心的说法偈与百卷《宗镜》之文字言诠统一起来,又强调需具慧眼,不为文字所障。这可从他所作的《永明寿禅师赞》中得到集中体现:

> 古今禅教相非、性相相忌久矣。唯寿禅师《宗镜录》,括三藏,会五宗,故其卷以百计,学者多望洋观。师升座,直拈西子一湖,掷向当台,风动波起,日照明生。道是禅是教,是性是相,比量非比量,唯识非唯识?一涉拟议,便入黑山鬼窟,非永明旨矣。况诸宗义学筌蹄乎。后之览《宗镜》者,具只眼始得。②

这是真可融会禅教的思想源出延寿的一个重要佐证。正因为有这样一层渊源关系,稍迟于真可的蕅益谈自己的思想渊源时有"宪章紫柏可,祖述永明寿"③的说法。

真可重视佛教典籍的刊刻流通,他发起与组织将大藏经由传统的梵箧本易为方册本(即《径山藏》或曰《嘉兴藏》),以便于更多的人能读到大藏经,对大藏经的普及流通作出了重大贡献,这也正是他禅教一致思想的具体落实。

对于真可的圆融思想,顾大韶在《紫柏尊者全集》的跋文中有这样一段文字:"达观可大师,真末法中龙象也。……于佛法中不以宗压教,不以性废相,不以贤首废天台,盖其见地融朗,圆摄万法。"④

对于净土念佛法门的倡导,他虽没有另外三位大师那样热心,但也不排斥。这与他主要致力于复兴禅宗的定位有关,他更多地强调归于唯心净土(自性净土),但他对见地透彻,真心念佛求生西方者,亦予以赞扬,如对精进念佛的豆佛禅师就颇为推崇,曾为其寂后起龛、停龛、藏龛等作偈。⑤在真可的著述中也有《净土偈》与一定数量的赞扬无量寿佛的文字。当然他对见地不明、心口不相应的所谓念佛,亦有所批评。

---

① 《法语·示圣坚》,《紫柏尊者全集》卷三,《卍续藏经》第 126 册,第 696 页。
② 见(明)大壑《南屏净慈寺志》,第 192 页,杭州出版社,2006 年。
③ 《自像赞三十三首》,《灵峰宗论》卷九,《蕅益大师全集》第 18 册,第 11623 页。
④ 《跋紫柏尊者全集》,《紫柏尊者别集·附录》;《卍续藏经》第 127 册,第 152 页。
⑤ 《豆佛禅师起龛偈》、《豆佛禅师悬真偈》、《豆佛禅师停龛偈》、《豆佛禅师撒沙藏龛偈》,《紫柏尊者全集》卷十九,《卍续藏经》第 126 册,第 976 页。

四、对灵峰大师智旭蕅益的影响

　　蕅益(1599—1655),是明末四大高僧的最后一人,名振之,又名素华,法名智旭,别号八不道人,西有沙门等。他少年习儒,曾著《辟佛论》,后因读莲池《自知录》及《竹窗随笔》,深受教益,遂焚辟佛之文,皈信佛教。从德清门人雪岭法师剃度出家。曾到云栖作务,径山参禅,住过多所寺院,北天目灵峰寺是其根本道场。他目睹当时佛门种种流弊,"每每中夜痛哭流涕"。曾着力弘传律学,以求扭转颓势。但响应者寥寥。他深入经藏,智慧如海,以古时永明等先贤和袾宏、真可、德清等时贤为榜样,融贯禅教、性相各宗,教依天台(但不愿为台宗子孙),行归净土。他勤于著述,著作等身,是中国佛教史上著作最多的高僧之一。他是明末四大高僧中唯一住世到清初的一位,其思想既是对前三位大师的综合和集成,也是对延寿思想在新的历史条件下的继承与发扬。他可以说是继智者、延寿之后中国佛教第三位集大成者。

　　延寿是蕅益最为推崇的古德先贤,对蕅益有极为深刻的影响,两人有不少相似之处。延寿对蕅益的影响,以及蕅益对延寿及其思想的崇敬,蕅益常有提及。如其《自像赞》多次提到延寿及其思想,开头一首就明确称自己在思想上"祖述永明寿":

　　　　谓尔为禅,门庭弗专;谓尔为教,瓣香弗宣;谓尔为律,标榜弗虔。形骸枯槁兮神情自丰;资性钝拙兮诠辩自雄。触着渠兮猛虎毒龙,识得渠兮和气春风。据尔一状自首,漫云宪章紫柏可,祖述永明寿。仔细检点将来,不免万年遗臭。①

　　"八不道人"的思想特色、行事风格在此体现得活灵活现。这里既有自谦之词,也有自我调侃,又有禅家机锋,蕴含着不可言说的无限深意。其中有一点是直白而明确的,那就是他"宪章紫柏可,祖述永明寿"。可见,延寿的圆融会通思想给了蕅益极为深刻的影响。

　　蕅益十分重视经教,曾多次阅藏,他阅藏结束后的偈中这样写道:

----

① 《自像赞三十三首》,《灵峰宗论》卷九,《蕅益大师全集》第18册,第11623页。

佛语何尝离佛心,禅流义学枉沈吟。百千公案水洗水,八万
修多金博金。

阅尽始知无一字,拍盲安可透稠林。马鸣龙树虽难企,智觉
芳踪庶许寻。"①

这是蕅益精心研读并深刻领悟佛教藏经以后的心得,联系前引的
《自像赞》第一首,可见,蕅益不单明确表示自己"祖述永明寿",还自信
地认为自己"马鸣龙树虽难企,智觉芳踪庶许寻"。其中的"智觉"即延
寿,是吴越忠懿王对延寿的赠号。蕅益自信他所追随奉持的正是释
迦、马鸣、龙树、延寿一脉相承的佛教正法,他虽谦言难以企及马鸣与
龙树,但当仁不让地自许堪与智觉相比拟。

上引的赞与偈,基本思想无不是强调佛语与佛心不二,禅与教律
圆融无碍,并批评宗门与义学末流割裂禅教之弊端。他的这一思想,
显然与延寿的思想路线有密切关系,因此,蕅益与延寿一样,致力于对
佛教诸宗各派乃至儒释道的融合会通。

要融合会通,前提自然是克服分宗立派的种种弊端,所以蕅益在
另一首《自像赞》中说自己"踢破性相两宗界限,翻到南宗北教藩篱"②,
这与延寿的思想十分吻合。他曾以达磨、智者为例,说明禅教本无二
致,并批评后世末流禅教互谤之弊,蕅益曰:

道不在文字,亦不离文字。执文字为道,讲师所以有说食数
宝之讥也。执离文字为道,禅士所以有暗证生盲之祸也。达摩大
师以心传心,必藉楞伽为印,诚恐离经一字,即同魔说。智者大师
九旬谈妙,随处结归止观,诚恐依文解义,反成佛冤。少室天台,
本无二致。后世禅既谤教,教亦谤禅,良可悲矣!③

蕅益坚持参禅者必须学教,以教理为指导。他明确指出:"离弃教
而参禅,不可能得道","若不受黄卷尺牍经典之指导,不能悟入胜义之
法性"。蕅益之所以教依天台,他如是说:"予二十三岁即苦志参禅,今
辄自称私淑天台者,深痛我禅门之病,非台宗不能救耳。"并感叹道:
"奈何台家子孙犹固拒我禅宗,岂智者大师本意哉?憾予为虚名所累,

① 《阅藏毕偶成二偈》,《灵峰宗论》卷十,《蕅益大师全集》第18册,第11760页。
② 《自像赞三十三首》,《灵峰宗论》卷九,《蕅益大师全集》第18册,第11629页。
③ 《示如母》,《灵峰宗论》卷二,《蕅益大师全集》第16册,第10577—10578页。

力用未充,不能彻救两家之失。"①"后出入禅林,目击时弊,始知非台宗不能纠其纰,台教存,佛法存,台教亡,佛法亡,诚不我欺也。"②他批评禅教两家各执一端互相指责的弊端(尤其是禅僧视教为葛藤的谬见)时,即引用延寿观点以鞭辟之:"永明大师云:得鸟者网之一目,不可以一目而废众目;收功者,棋之一著,不可以一著而废众著。法喻昭然,胡弗思也。"③

蕅益曾作《十八祖像赞并序略》,简要介绍每位祖师的生平事迹,并作赞词。这十八祖是他从十八个方面为自己所立的宗依之祖,他首先说明择祖之目的及标准:

> 佛一心灯,百千分炷,苟可照长夜者,皆佛光也。不藉兹光觉自他,迺于灯檠分彼此,愚矣。夫火之所传,虽不知其尽,推厥元始,各有攸承。傥知熟食除冥,功用无别。勤身等事,又奚择焉。然欲广祠,不胜其夥。由是每事止宗一人,依戒次为先后,不唯尚名专尚实,不唯崇先亦崇盛。庶几慧照炽然,永烁昏窈云尔。④

从十八个方面列十八祖,表明了蕅益圆融会通的思想和宽广博大的胸怀。而他的择祖标准是很严格的"每事止宗一人","不唯尚名专尚实,不唯崇先亦崇盛",因此这十八位乃是蕅益特别景仰、最为心仪的古师与先贤,延寿即位列其中,标为"会归宗镜·永明大禅师"。足见影响之非同一般,而且对他影响最大的恰恰是会归宗镜的融合会通思想。他在简要介绍延寿生平事迹后又赞曰:

> 法法本唯心,何同复何异。哀哉罔殆流,执语迷实义,各随偏计情,争立我人帜。吾师集大成,万善归同智,向上最玄机,日课百八事,高登上品莲,幽冥亦翘盼。宗镜照大千,生盲罕知利,安得师再来,重闻天乐瑞。⑤

这些发自肺腑的赞语,既把他对延寿的崇敬缅怀之情表现得淋漓尽致,也将延寿对他产生深刻影响的主要方面提示得清清楚楚。这里

① 《示如母》,《灵峰宗论》卷二,《蕅益大师全集》第16册,第10578页。
② 《然香供无尽师伯文》,《灵峰宗论》卷八,《蕅益大师全集》第18册,第11470页。
③ 《教观纲宗》,《蕅益大师全集》第15册,第10139页。
④ 《十八祖像赞并序略》,《灵峰宗论》卷九,《蕅益大师全集》第18册,第11600页。
⑤ 《十八祖像赞并序略》,《灵峰宗论》卷九,《蕅益大师全集》第18册,第11617—11618页。

他明确地赞扬延寿是"集大成"者,而且热切盼望延寿再来,从某种意义上说,蕅益不就是延寿再来吗?

为了继承与发扬延寿的思想,蕅益曾四次研读《宗镜录》全书,并针对法涌等编校的元祐版《宗镜录》"擅加增益"、"支离杂说"的问题,作了认真甄别和重新校定。百卷《宗镜录》洋洋八十余万言,通读一遍亦非易事,自古至今通读过的人估计为数不多,而认真研读四次者除蕅益外虽不能下绝无仅有的断语,即使有也是凤毛麟角。蕅益研读四次并作细致的甄别校定,实在很不容易,这一事实本身即有力地说明蕅益对《宗镜录》是何等重视,延寿对他的影响是何等深刻。这也是蕅益继承并发扬光大延寿思想的有力证明。

尽管蕅益校定的《宗镜录》已佚失,但其校定后的四则跋还在,使我们得以窥见校定的情况和蕅益相关思想以及延寿对蕅益影响之一斑。

"跋一"开头,蕅益极赞延寿集《宗镜录》之巨大功绩:

> 圣贤示现出世,觉悟群迷,不得已而有言,言此无言之旨,即文字非文字,不离文字而说解脱,岂非实相观照三般若,本非一异并别可思议哉。永明大师,相传为弥陀化身,得法于韶国师,乃法眼嫡孙,宗眼圆明,梵行清白,睹末运宗教分张之失,爰集三宗义学沙门,于宗镜堂,广辨台贤性相旨趣,而衡以心宗,辑为《宗镜录》百卷,不异孔子之集大成也。[①]

赞延寿为"弥陀化身","宗眼圆明,梵行清白",《宗镜录》"不异孔子之集大成也",这是极高的评价。"集大成"之说也符合实际,恰如其分,延寿为继智者后中国佛教第二位集大成者,现在已为教界和学界普遍认同。

"跋二"则明示,只有宗说兼通,方能续佛慧命,绝不能禅教相非,性相角立,台贤互讪:

> 西土诸祖,宗说兼通,故能续佛慧命,普利人天。此土如北齐、南岳、智者、杜顺,未尝不以禅关为本;达磨六祖、五宗诸老,未尝不以圣教为印。断未有师心自是可名禅,算沙数宝可名教也。

---

① 《较定"宗镜录"跋四则》,《灵峰宗论》卷七,《蕅益大师全集》第 18 册,第 11313 页。

降至唐末五季,禅教相非,性相角立,台贤互讪,甘露反成毒药矣。永明大师,于是乎惧,爰成《宗镜》百卷,以昭后人。虽被法涌杂糅,然具眼者观之,金沙可立辨也。……后贤未获差别法眼,慎勿于先圣著作,妄自增益也哉。①

蕅益在这里特别指出"永明大师,于是乎惧,爰成《宗镜》百卷,以昭后人",充分肯定了延寿不忍释迦一代时教衰落、续佛慧命的慈心悲怀和历史使命感。蕅益不顾自身严重病痛,四次研读《宗镜录》,多次深入藏海,并写下那么丰硕著述,也是同一种慈悲情怀和高度责任感。

"跋三"赞延寿为"释迦末法第一功臣",剖明读经与悟心之辩证关系:

古人云:依文解义,三世佛冤;离经一字,即同魔说,盖至言也。自禅教分门,佛冤魔说,遍海内外,非古佛现身,实未易救。细读《宗镜》问答引证,谓非释迦末法第一功臣可乎?然唯彻悟无言之宗,乃能曲示有言之教。今人须藉其言,以契无言,始不死于言下。傥直以是为宗,而不知离指得月,纵解悟了了,仍是三世佛冤耳。……读《宗镜》不悟心,吾恐遇阎老时,其为愕然者多矣。然设使弃而不读,又何异因噎废饭也。②

世上的佛冤魔说何其多,"非古佛现身,实未易救",他又一次赞延寿为"古佛现身",恭敬之情昭然可见。他更赞延寿为"释迦末法第一功臣",可见,延寿禅教融合会通的思想,不仅在五代宋初应运而生时意义重大,而且在蕅益所处的明末清初,更是极富现实意义,故他认真研读,大力倡扬。今天佛教界面临的问题也许更多、更严峻,延寿、蕅益之教导也更有针对性,更具现实意义!

"跋四"适切指出,禅教相斥者,除师之过外,亦因未发大菩提心,并赞延寿著《宗镜录》可谓"彻底慈悲":

教下人不肯坐禅,与坐禅人不肯学教,虽其师匠之过,亦由人

---

① 《较定"宗镜录"跋四则》,《灵峰宗论》卷七,《蕅益大师全集》第18册,第11313—11314页。

② 《较定"宗镜录"跋四则》,《灵峰宗论》卷七,《蕅益大师全集》第18册,第11315—11316页。

未发真正大菩提心也。夫大菩提心，未有不知生死大事者也，安肯以文义相封，以暗证自守乎！……《宗镜》一录，既示厥道，复加痛策，可谓彻底慈悲。[1]

诚者斯言！延寿"可谓彻底慈悲"，蕅益俨然"永明再来"，也"可谓彻底慈悲"矣。

蕅益的等身著述中，有其在深入经藏的基础上呕心沥血写出的《法海观澜》和《阅藏知津》两部著作，为后世学者和行者提供了畅游法海很好的向导和方便，这不正是如延寿一样"彻底慈悲"的表现吗？

蕅益曾于丁亥（1647）春述成《成唯识论观心法要》，会通性相，不仅延寿《宗镜录》中所保存的唯识学资料成为其援引的重要依据，而且延寿的思想对其有深刻的启示。这在他自撰的"缘起"与"跋语"中都有明确的说明。

他在"缘起"中云：

> 夫万法唯识，虽驱乌亦能言之；逮深究其旨归，则耆宿尚多贸贸。此无他，依文解义，有教无观故也。然观心之法，实不在于教外。试观十卷论文，何处不明心外无法，即心之法。是所观境，了法唯心，非即能观智乎？能观智起，则二执空而真性现，所以若境、若教、若理、若行、若果，皆名唯识。而五位五观，一以贯之，纷而不杂，赜而不乱者也。慨自古疏失传，人师异解，文义尚讹，理观奚赖？钝者望洋而退，利者复篾裂而求。四分之旨未谙，一心之宗徒设；三性之理未究，二谛之致安归？赖有《开蒙》、《问答》，梗概仅存；《大钞》、《宗镜》，援引可据。……[2]

"跋语"中蕅益先不厌其烦地引述了《宗镜录》中三段有关性相一致、教观齐运、因教发明、凭教印可的论述，而后大发感慨曰：

> 呜呼！永明大师，以法眼嫡孙，悟齐诸祖，而苦心苦口劝诫若此。谁谓《成唯识论》，非佛祖传心之要诀耶？予自恨障深惑重，不能折服现行烦恼，深负出家初心，而性相源头，颇窥一线，诚哉佛祖本愿冥加。故亦不敢自私自秘，聊竭隙明，和盘拈出。……

---

① 《较定"宗镜录"跋四则》，《灵峰宗论》卷七，《蕅益大师全集》第 18 册，第 11316—11317 页。

② 许明《中国佛教经论序跋记集》（三），第 1808 页，上海辞书出版社，2002 年。

伏愿见闻随喜,不退菩提。若信若疑,咸成妙种,同生极乐净邦,先觐阿弥陀佛,还入龙华初会,影响弥勒世尊。尽未来时,广度含识。众生皆悉度尽,方证无上涅槃。①

由此可见,延寿对唯识学的见解以及性相圆融、禅教净会通、导归弥陀净土的思想对蕅益影响之大。

特重持名念佛,一心归向极乐净土,这是蕅益契合明末清初的时节因缘,继承延寿诸宗融合、归向净土的圆融思想与普世化趣向的突出表现。他撰《弥陀要解》,编《净土十要》,在理论与实践上摄诸宗归于净土,将净土法门提升为渗透以至囊括佛教一切法门的最胜行门,极大地推动了中国佛教大众化的进程。他不仅如此教人,亦如此自行,理事圆融,解行并进,言行一致,他与延寿之行持也是颇为吻合的。蕅益晚年自号"西有沙门",一意西驰,他在诙谐深刻、妙趣横生的《自像赞》中,就多次归结于此。如第五首中云:"……孟浪过一生,究竟结何局? 不是生西方,便是堕地狱。单提极则正令,不堕今时窠窟。……且道向上一句,毕竟是个什么? 合掌称云:南无阿弥陀佛!"第六首曰:"不度德,不量力。妄欲砥柱中流,谁道连身汩没。努力爬将起来,未免筋疲骨仄。赖有金刚种子,从来不受侵蚀。弥陀一句作津梁,阿鼻直达安乐国。"第八首云:"不愿成佛,不求作祖。不肯从今,不敢畔古。念念思归极乐乡,心心只畏娑婆苦。六字弥陀是话头,千磨百难谁能阻? 天下元非手可援,且学颜渊权闭户。直待西方去复来,普与尘沙击法鼓。"②

蕅益是明末四大高僧中的最后一位,跨越明清两代,是明清之际对后世最有影响一位高僧。他的思想既是对前三位的继承、总结与发扬,又远承七百年前的延寿,明末四大师虽都不同程度地受到延寿的不小影响,但蕅益所受的影响是最大、最深刻的,反映这种深刻影响的文字在其著作中也是最多、最集中的,对延寿思想的继承与发扬也是最着力、最全面的。延寿的圆融思想与圆修行持,通过蕅益也进一步深刻影响了有清一代及清以后中国佛教的发展演化。蕅益的佛教

①　许明《中国佛教经论序跋记集》(三),第 1809—1810 页,上海辞书出版社,2002 年。
②　《自像赞三十三首》,《灵峰宗论》卷九,《蕅益大师全集》第 18 册,第 11625—11627 页。

思想及其宗教实践,集中体现了延寿奠基的入宋以后中国佛教发展的基本趋势,开辟了清代佛教的基本走向,甚至指出了向近代佛教过渡的基本方向。

通过上面关于延寿思想对明末四大高僧的深刻影响,及他们对延寿思想的继承发扬的简要叙述与分析中,不仅可以明显看到延寿思想对晚明佛教的深刻影响,还可以窥见延寿思想对入宋以后直至今天中国佛教发展演变基本走向巨大而深远的影响。

黄宗羲政治思想的民主启蒙性质

朱晓鹏

　　黄宗羲作为公认的杰出的思想家,也是清初浙学的突出代表,尤其是在其《明夷待访录》等著作中所反映的深刻独特的政治思想,更是具有透过黑暗的历史隧道而光芒四射的启蒙精神。但就黄宗羲政治思想的具体认识和评价来看,则尚存在着较多较大的分歧。许多人把黄宗羲赞之为"中国的卢梭",认为他是一位已具有朴素的民主性的早期启蒙思想家;有的则认为他的思想仍没有超越儒家传统的民本思想范围,展示了儒学民本思想的终级视域。我认为,黄宗羲的政治思想在中国思想史上是一个全新的形态,它十分明确地以确认人的自然权利为逻辑起点,层层推演,反复论证,已构建起了具有类似于西方近代民主思想的许多基本理念和理论框架,正像张岱年先生所说的:"黄梨洲是中国过去民主思想的一个伟大的代表。"[①]他的政治思想已经超越了以儒家为代表的传统民本思想的藩篱,体现了具有全新的思想范式意义的早期民主启蒙特色,是其一生注重经世致用、追求实学的浙学学术精神在政治理论形态上的成功体现,堪称 17 世纪中国启蒙思潮的典范。尤其值得肯定的是,黄宗羲的以上政治和社会理想还标志着当时中国先进的知识分子已开始从制度上来认识社会、政治和历史,开始重视对腐朽的专制制度进行改革和新型民主制度的设计,预示了中国以后社会政治进步的基本方向。因此,其政治思想已不仅具有民主性,而且具有可贵的科学性。无论在历史的语境中还是当代语境中,无疑都具有重要的意义。这里就试图从黄宗羲思想与以近代西方为代表的民主思

---

　　① 张岱年:《黄梨洲与中国古代民主思想》,《张岱年全集》,第六卷,石家庄:河北人民出版社,1996 年,第 245 页。

想和以儒家为代表的传统民本思想的比较分析中对上述观点予以说明,并求教于大家。

一、人性论假设和"自然权利"

民主思想具有一些最基本的假设作为其理论前提,即人性论假设和"自然权利"假设。首先,民主思想基于以下的人性假设:人是一种有限的存在,人作为人会有人性的缺陷,这种缺陷有时会进一步导致人性恶的一面的膨胀作用。例如,不受约束的欲求和权力就会把人引向对他人和社会为害作恶的深渊。亚里士多德说:"人间互相依仗而又互为限制,谁都不得任性行事,这在实际上对各人都属有利。人类倘若由他任性行事,总是难得不施展他内在的恶性。"[①]因此,民主政治的一个出发点就是基于这种对人性的不信任,以限制人性恶的一面的膨胀作用、消除不受制约的绝对权力为目的。卢梭的"自然状态"、"社会契约"等理论就表现了对人性恶的理解和制约设计。黄宗羲在《明夷待访录》的《原君》中开篇就指出:"有生之初,人各自私也,人各自利也";"好逸恶劳,亦犹夫人之情也"[②]。黄宗羲认为,在人类的原初状态中,人类都是自私自利的,也可以说,每个人天生都是一个"自私自利"的存在,甚至连帝王也往往利用天下万民所赋予的社会公共权力为一己牟取私利:"荼毒天下之肝脑,离散天下子女,以博我一人之产业";"敲剥天下之骨髓,以奉我一人之淫乐。"[③]这就是人的本性。显然,这种对人性的认识已超脱了传统儒家"性善性恶"的争辩,为个人私利争得了一个"与生俱来"的地位,这一方面肯定了人性中个人私利的合理性;另一方面也为人们在政治活动中有效地防范和规避人性之恶的膨胀作用的发生作了警示。

民主思想的另一个基本假设是"自然权利"假设。卢梭有一句名

---

① 亚里士多德:《政治学》,吴寿彭译,商务印书馆,1996 年,第 319 页。

② 黄宗羲:《明夷待访录·原君》,《黄宗羲全集》第一册,浙江古籍出版社,2005 年,第2 页。

③ 黄宗羲:《明夷待访录·原君》,《黄宗羲全集》第一册,第 2 页。

言:"人是生而自由的,但却无往而不在枷锁之中。"①卢梭认为,在"自然状态"中,每个人都是生而自由、平等的,这是所谓的"天赋人权",是人人具有的自然权利。人的不自由、不平等,都是进入"社会状态"后出现的异化现象。而国家等权力机构正是为了恢复和保障人们的这些自然权利通过协议订立契约而设置的。因此,就民主来说,自由、平等既是每个人应有一项基本的自然权利,也是实现民主的基本前提和应有内涵。亚里士多德指出:"民主制度的一个基本原则是自由。"②自由意味着一个人可以按照自己所喜欢的方式来生活。民主的第二个基本原则是平等,即人人拥有平等的权利,特别是尽可能地不受任何人的统治或至少是轮流地实施统治的权利。当然,这一条原则是以第一条原则为基础的,因为一个人若没有自由、不能按自己所喜欢的方式生活则往往意味着受奴役,不可能有平等的权利。这种人人享有生存、自由、平等和财产权利的自然权利观念,构成了近代人权学说的基本理念,是西方近代民主思想的重要基石。比较而言,黄宗羲并没有直接提出"天赋人权"、"自然权利"等概念,但有关这方面的思想却是丰富而明确的。如前所述,黄宗羲认为"有生之初,人各自私也,人各自利也",这既是黄宗羲对人性的基本看法,又是对人的自然权利的肯定,它突破了"罕言利"这一儒家的基本人生价值观,承认了个人天生是一个"自私"、"自利"的存在,从而有利于人人为自己的私利而斗争,为维护自己的权利而活动,为人人有权利去追求自己的美好生活提供了一个理论基础。所以黄宗羲又说:"后之人君者则不然,……使天下人不敢自私,不敢自利,以我之大私为天下之大公。"更为耐人寻味的是,黄宗羲接下去又说:"然则为天下之大害者,君而己矣。向使无君,人各得自私也,人各得自利也。"③这里他已俨然以反对君主专制制度、保卫此种"人各得自私,人各得自利"的"自然权利"为根本目的,我们从中可以看出黄宗羲启蒙思想之理论基础与思维模式,与西方从洛克、孟德斯鸠、卢梭,到杰弗逊等民主思想家是何等相似!正因此,黄宗羲的"有生之初,人各自私也,人各自利也"表达了中国式的"天赋人

---

① 卢梭:《社会契约论》,何兆武译,商务印书馆,1980年,第8页。
② 亚里士多德:《政治学》,第311页。
③ 黄宗羲:《明夷待访录·原君》,《黄宗羲全集》第一册,第2—3页。

权论",如称它为中国版的《人权宣言》也未尝不可。

与此同时,黄宗羲又提出:"有生之初,人各自私也,人各自利也,天下有公利而莫或兴之,有公害而莫或除之。"①这实在是承认"公利"、"公害"本来都是与各人无关的东西。在人类生存的最初起点上,人人都是独立、自由的人。因此人与人之间也是没有差别的,人们是在一个平等的世界中生存的。"贵不在朝廷也,贱不在草莽也。"②根据这种平等观念,黄宗羲的启蒙思想虽没有明确提出"平等"的概念,但其平等的精神已随处可见。《明夷待访录》中这方面最为突出之处是其明确提出的关于君臣、君民的平等观。黄宗羲认为,"君与臣,其曳木之人也";"君与臣,名异而实同"。③把君与臣,看作是一起合力拉木头的人,实在是把君臣放在了同一平等的地位上。正因此,"故我之出而为仕也,为天下,非为君也;为万民,非为一姓也"。④黄宗羲的此种"君与臣"、"君与民"等等关系的思想已接近于近代民主制度中的"分工合作"思想,是政治文明史上的巨大进步。因为这种初步的自由平等观念显然已把人从专制等级社会的种种身份关系等控制人的罗网中挣脱了出来,认识到了个人及其权利的存在。总之,黄宗羲上述有关人的自然权利的观念虽较之近代西方的天赋人权思想还有一定的差距,但从思想史上看,仍具有振聋发聩的作用。黄宗羲所向往的"人各自私也,人各自利也"的社会,正体现了新兴的工商业者或市民阶层的社会历史观,它无疑将成为新的工商业者或市民阶层上升时期进步的人文主义范畴下的个人权利、个性、自由、平等等民主思想的基础。

二、否定君权、张扬民权

现代民主制的核心内容是对统治权力的无限性、至上性予以否定,并对其形成有效的监督和制约,保证实现"人民主权"的政治原则。

---

① 黄宗羲:《明夷待访录·原君》,《黄宗羲全集》第一册,第 2 页。
② 黄宗羲:《明夷待访录·原法》,《黄宗羲全集》第一册,第 6 页。
③ 黄宗羲:《明夷待访录·原臣》,《黄宗羲全集》第一册,第 5 页。
④ 黄宗羲:《明夷待访录·原臣》,《黄宗羲全集》第一册,第 4 页。

张岱年先生曾很好地概括说,民主思想"至少包含两个问题,一个是为谁服务的问题,就是统治者与人民谁为谁服务;一个是最高权力的问题,就是最高权力应该由谁掌握"。①黄宗羲的政治思想以对现实的人性和天下人皆有的自然权利为逻辑起点,深入探讨了民主政治中的上述基本问题,并构建起了与近代民主政治理论极为相似的理论框架。

黄宗羲首先揭露和剖析了专制集权制度的严重弊端,批判否定了专制君主的绝对地位和权力。具体表现为以下几个方面

一是对"君权神授"论的否定。

国家的起源及最高权力的产生是近代政治哲学中的一个重要问题。洛克、卢梭等启蒙思想家认为,在人类最初所处的自然状态中,人人都享有生存、自由和财产的自然权利,为了保护这些自然权利不受侵犯,人们经过协议才设置了国家,推选出代行权力的统治者。因此国家及其统治者的最高权力来自"契约",即来自人民的授予,人民是统治权力的最终源泉。这种国家观和权力观是西方近代民主政治的重要基石。但中国传统的主流政治观是建立在"君权神授"这一基础上的。长期以来,无论是专制统治者还是占主流地位的意识形态都把君主美化为"居天下之至中,有天下之纯德",足以为"至极之标准"的"圣王"。②不仅如此,他们还进一步宣扬专制集权的君主为"天子",其权力来自于上天,是代表上天在人间的象征。既然权力来自上天或"神授",那么其权力的予夺自然也归于上天或神而不是人民。黄宗羲根据其"各得自私、各得自利"的自然权利观,认为人们只是为了自身的生存和利益才组织起社会,建立起国家,所以君主或国家的责任就在于"使天下受其利"、"使天下释其害"。但实际上,后来的君主却"以为天下利害之权出于我,我以天下之利尽归于己,以天下之害尽归于人",并且更"使天下之人不敢自私,不敢自利,以我之大私,为天下之大公","视天下为莫大之产业,传之子孙,受享无穷"。③黄宗羲明确地指出天下之所以不太平,人民之所以苦难不已,皆是君主"家天下"的结果:"今也以君为主,天下为客,凡天下之无地而得安宁者,为君也!"

① 张岱年:《黄梨洲与中国古代民主思想》,《张岱年全集》,第六卷,第241页。
② 朱熹:《皇极辩》。
③ 黄宗羲:《明夷待访录·原君》,《黄宗羲全集》第一册,第2页。

正因此,这样的君主不仅不是"圣王",反而是"独夫"、"寇仇"、"民贼",君主专制成为一切祸害的根源:"为天下之大害者,君而已矣。"①黄宗羲对君主"家天下"行为的批判否定,已不是针对君主专制权力的某一方面进行的否定,而是对整个君主专制制度的神圣合法性的否定。

二是对以血缘宗法关系为纽带的"家天下"君主专制制度的批判。

中国传统政治结构的基本特征是以血缘宗法关系为纽带的君主专制集权制度。在这种制度下,整个国家的统治权就集中掌握在一家一姓手中,其国家和社会的统治秩序就是由这一家一姓扩展而来,君主为整个国家的主宰,一切权力都集中在君主及其血缘宗族系统中,臣、民都是遵从君主的号令,为君主服务的。正像唐代韩愈对君主专制和封建法统所作的阐述一样:"是故君者,出令者也;臣者,行君之令而致之民也。民者,出粟米麻丝、作器皿、通货财、以事其上者也。"②这种君主专制制度不仅实行了几千年,而且还在其发展过程中发明了一套以"三纲五常"为中心的宗法伦理作为其理论基础。孔颖达疏引《礼纬·含文嘉》云:"君为臣纲,父为子纲,夫为妻纲。"这是从确立血缘宗法秩序的角度对封建君臣父子关系的明确表述,实际上是把维护专制集权制度的宗法伦理合法化。所以,虽然所有的权力和利益都集中掌控在一家一姓的专制君主及其血缘宗族系统中,但他们总要极力掩饰这一点,把它说成是体现和代表"天下的公利"、人民的"公意"的权力和利益。但是,这正像马克思所深刻揭露的,这只是一种统治者的欺骗,这样的国家只是一种"虚幻的共同体",并不能体现人民的普遍利益和意志。③黄宗羲对此也已有了深刻的认识和批判,他说:

> 古者以天下为主,君为客,凡君之所毕生而经营者,为天下也。今也以君为主,天下为客,凡天下之无地而得以安宁者,为君也。是以其未得之也,荼毒天下之肝脑,离散天下之子女,以博我一人之产业,曾不惨然!曰:"我固为子孙创业也。"其既得之也,敲剥天下之骨髓,离散天下之子女,以奉我一人之淫乐,视为当

---

① 黄宗羲:《明夷待访录·原君》,《黄宗羲全集》第一册,第 2 页。
② 韩愈:《原道》。
③ 马克思:《德意志意识形态》,《马克思恩格斯选集》第一卷,人民出版社,1995 年,第84 页。

然，曰："此我产业之花息也。"然则，为天下之大害者，君而已矣！

黄宗羲进而痛斥专制统治者以虚伪的"公"来掩盖其一己之私利，痛斥"小儒"粉饰专制政治、助纣为虐的罪恶：

> 彼之为君者，以天下之利尽归于己，天下之害尽归于人；……使天下之人，不敢自私，不敢自利；以我之大私为天下之公；……视天下为莫大之产业；……

> 天下之人，怨恶其君，视之为寇仇，名之为独夫，固其所也，而小儒规规焉以君臣之义无所逃于天地之间，至桀纣之暴，犹谓不当诛；……欲以如父如天之空名，禁人窥伺。①

黄宗羲还指出："其所谓法者，一家之法，而非天下之法也。"②专制制度下的法制也是帝王为了维护其特权者的利益、满足其私欲，并使其子孙后代能永享特权而创立的，因此这种所谓"法"乃是其一家之法，"家天下"之法，而非天下之法，说穿了，是"非法之法"，并没有真正的合法性。这样，黄宗羲也进一步反对血缘宗法专制政治中把君臣关系视同于"父子"关系的传统观念，提出"臣不与子并称"，"君臣之名，从天下而有之者也。吾无无天下之责，则吾在君为路人"。③这无疑是对传统政治中的"君臣父子"、"君为臣纲"等专制集权的宗法伦理的彻底否定。总之，黄宗羲揭露了专制统治者所标榜的"天下之公"实为"一己之私"，同时把批判的矛头直指专制宗法伦理中的"君臣之义"，揭露后世儒家"以如父如天之空名"来维护"家天下"的专制统治的实质，强调了"天下之治乱，不在一姓之兴亡，而在万民之忧乐"，④肯定了人民奋起反抗君主专制统治的合理性。黄宗羲的这些政治思想已力求打破传统政治及其观念中以"血缘关系"为纽带的宗法伦理秩序和专制结构，使血缘宗法关系与实际政治相剥离，从而解开了传统政治走向近代民主政治中的一个死结，为实施民主政治提供了一个重要的基础。

三是黄宗羲通过阐述"民主君客"、"公天下"等主张，肯定了主权

---

① 黄宗羲：《明夷待访录·原君》，《黄宗羲全集》第一册，第2—3页。
② 黄宗羲：《明夷待访录·原法》，《黄宗羲全集》第一册，第6页。
③ 黄宗羲：《明夷待访录·原臣》，《黄宗羲全集》第一册，第5页。
④ 黄宗羲：《明夷待访录·原臣》，《黄宗羲全集》第一册，第5页。

在民的思想。

黄宗羲在批判否定君主专制制度的同时,提出了以天下万民为主,君为客的思想,他说:"古者以天下为主,君为客,凡君之所毕世经营者,为天下也。今也以君为主,天下为客。"①以天下为主,就是指以天下百姓万民为主,使"天下利害之权"在民而不在君,君只是服从于天下万民,为天下万民服务的,而不能实行专制独裁。不单是君主要为民服务,而且臣子也要为天下万民办事,而不是服务于君主:"为天下,非为君也;为万民,非为一姓也。"②正因此,黄宗羲要求以"天下之法"取代"一家之法","藏天下于天下",建立一个能实现公平公正的"公天下"。在这样的"公天下"里,那些掌握了由万民所赋予的社会公共权力的领导人不仅不能借此谋取一己之私利,"以我之大私为天下之大公",拥有额外的特权,而且与臣属万民完全是平等的,如前面所引述过的"贵不在朝廷,贱不在草莽也","君与臣,共曳木之人","名异而实同"等说法,都表明黄宗羲否定君主专制独裁、等级分明的社会秩序,希望建立一个民主、平等的社会。正因此,黄宗羲甚至进一步提出了"天下为公"的理想社会:"向使无君,人各得自私也,各得自利也。"③在这个理想社会里,黄宗羲已明确否定了君主存在的必要性,提出了"无君"的主张,同时充分肯定了人民大众"各得自私、自得自利"的权利的合法性,具有了鲜明的近代民主启蒙思想的性质,它与传统上的民本思想是有着性质上的区别的。因为传统的民本思想尽管也强调"民为贵、君为轻"、"民为邦本"等理念,但其根本的立足点还是为了维护和改善现有的统治秩序,是为"君"服务的。而黄宗羲的政治思想,不论在讨论什么问题,都莫不以人民的福祉为先,以天下之公利为终极目的,处处体现了民主、民有、民享的近代民主原则,在中国思想史上具有石破天惊的划时代意义。有些人认为黄宗羲只是批判了"恶"的君主专制,但并未要求废除君主制,因而其思想还未达到近代民主思想的程度。我认为,从上述所论来看,其实黄宗羲张扬民权、削弱直至否定君权的思想还是十分突出的。何况在近代西方民主政治框架

---

① 黄宗羲:《明夷待访录·原君》,《黄宗羲全集》第一册,第 2 页。
② 黄宗羲:《明夷待访录·原臣》,《黄宗羲全集》第一册,第 4 页。
③ 黄宗羲:《明夷待访录·原君》,《黄宗羲全集》第一册,第 3 页。

内,不废除君主制也可以搞君主立宪制,所以"无君"也不是衡量民主的绝对标尺。

三、权力的制约

在中国传统政治思想史上,黄梨洲不仅民主启蒙思想十分突出,并也还有不少其他伟大的思想或政治理想。那么,为什么这些理想都不能实现呢? 这个问题,关系到民主政治中最根本的一个问题,对于这个根本问题,梁启超就曾有过明确的批评,他说:"我先民极知民意之当尊重,惟民意如何而始能实现,则始终未尝当作一问题以从事研究。故执政若违反民意,除却到恶贯满盈、群起革命外,在平时更无相当的制裁之法,此吾国政治思想中之最大缺点也。"[1]没有制裁之法,使帝王的权力无法给予一客观而合法的限制,以至成为无限的或绝对的权力,遂必然造成有治人无治法的现象。传统的做法是,这个时候人们往往对政治上握有最高权力者,只寄望于其道德操守,希望他们在道德上能自我抑制。其实,这些都是对权力与人性缺乏深刻认识的天真想法。黄宗羲大大超出前人的地方在于,他没有朝这方面去想,而是提出了一个实现其政治理想的具体构想,为克服传统政治思想中的"最大缺点"做了一回认真的研究。

首先,黄宗羲提出了一个具有民主因素的"法治"理论,并有具体的论述。

第一,黄宗羲批判了专制法制的"一家之法",认为立法必须体现"以天下为主",保障天下人的利益和万民的平等权利。中国传统政治是特权人治的政治,其法制只是维护专制统治者的利益、桎梏和剥夺民众的自由和权利的工具。黄宗羲认为"三代以上之法也,因未尝为一己而立也"。而三代以后,"其所谓法者,一家之法,而非天下之法也。……此法何曾有一毫为天下之心哉! 而亦可谓之法乎?"它们实在是并不具有普遍合法性的"非法之法"![2] 按照黄宗羲的看法,立法

---

① 梁启超:《先秦政治思想史》,天津古籍出版社,2003 年,第 40—41 页。
② 黄宗羲:《明夷待访录·原法》,《黄宗羲全集》第一册,第 6 页。

的根本宗旨是为了"公利",即为了防止统治者无限地扩张自己的特权和私欲,协调"公利"和"私利"的关系,维护百姓的权利和利益,建立"天下之法"。这样,黄宗羲把几千年来"君为天下之主"的传统颠倒了过来,宣布要"以天下为主",立"天下之法"。这不仅是完全否定了专制集权统治的根本秩序和合法性根基,而且开辟了一条建立近代新型国家和法制形态的理路。

第二,黄宗羲批判否定了传统政治中的"人治",力倡"有治法而后有治人"的"法治"。近代西方民主思想的一个重要特点是强调法治,通过法律保障人人都享有的"天赋人权",做到在"法律面前人人平等",一切都按照法律、规则办事,任何人都不能拥有法外的特权,更不能随意跨过或破坏法律规则。但中国传统政治以儒家的"仁政"、"德治"为标榜,如《中庸》说:"为政在人,取人以身,修正以道,修道以仁。"最终强调的是人治。即使有所谓的"法",也如黄宗羲所批判的,只是帝王的"一家之法",即是私法而不是公法,没有公平公正的制度合法性可言,故不足为"法"。因此,黄宗羲要求坚决摒弃传统专制制度中的这种"非法之法",对"法"作根本性的改革,而不能满足于无济于事的小修小补。"苟非为之远思深览,一一通变……虽小小更革,生民之戚戚终无已时也。"黄宗羲又提出"有治法而后有治人"的看法,不同意"有治人无治法"的看法。[1]他说:"自非法之法桎梏天下人之手足,即有能治之人,终不胜其牵挽嫌疑之顾盼……使先王之法而在,莫不有法外之意存于其间;其人是也,则可以无不行之意;其人非也,亦不至深刻罗网,反害天下。"[2]梨洲这段话表明了他已深刻地认识到了在"法"与"人"的关系中"法"应有的优先地位:在"非法之法"的桎梏之下,即使有"治人",最后也会被"非法之法"牵制而不胜其苦;但如果有作为不是"一家之法"的"天下之法",由于这种法律涵盖一切,没有能超越法律的人和事物,所以在这样的法律之下,只要依法而治,确认法律的权威性和优先性,"治人"就可以最大限度地发挥作用,即使是"歹人"也不会"反害天下"。显然,黄宗羲的这些富有启蒙精神的思想是在对中国传统社会的全部历史进行批判性总结基础上得出的理性反思的

---

[1]　黄宗羲:《明夷待访录·原法》,《黄宗羲全集》第一册,第 7 页。
[2]　黄宗羲:《明夷待访录·原法》,《黄宗羲全集》第一册,第 7 页。

结果,表现了鲜明的近代法治思想,它与传统的以"人治"为基础的民本思想是有着不同性质的。因为民本思想是建立在道德情感上的,是一种哲人的道德理想,所以它的逻辑是"应该是……",表达的是一种道德判断。把这种"应然"的逻辑施行于社会政治的治理方案上,必然是采取理想化的"仁政"、"德治"的人治模式。而黄宗羲的民主思想是建立在理性反思上的,所以它不是一种道德理想,而是普遍的立法原则,它的逻辑是"必须是……",表达的是一种理性判断。把这种"实然"逻辑应用于社会政治的治理方案上,必然是要采取法律至上、规则优先的法治模式。可见,这种由道德理想到普遍立法原则的转变决不是简单的形式上的转变,而是实质内容上的飞跃。

其次,黄宗羲已初步形成了一个以分权来限制君权、伸张民权的权力制约机制构想。

在黄宗羲设计的政治改革方案中,针对传统政治中君主拥有高度集中的专制独裁大权而缺乏有效制约的情况,他提出了"公是非于学校"、"置相"等一些重要的制度设计,以力图形成一种权力的制约机制,详说如下。

第一,"公是非于学校"。

黄宗羲肯定和继承了中国历史上知识分子积极参政议政的优秀传统,但他又突破了以往士人议政囿于传统的"君臣之义"的局限性,极力主张使学校议政制度化为决定国是、对皇权和行政权力具有制约作用的民意机关和权力机构。他认为,学校不仅是培养人才的场所,更重要的,"必使治天下之具皆出于学校,而后设学校之意始备。"[①]虽然学校不同于古代政教不分、官师合一的辟雍,它并不承担行政机构的职能,但它要起着决定国家大政方针的作用,是具有指导和监督政府职能性质的代议机构。同时,通过学校议政形成决策也是为了培养普遍的民主空气,以形成对皇权的制约力量:"盖使朝廷之上,闾阎之细,渐摩濡染,莫不有诗书宽大之气,天子之所是未尽是,天子之所非未必非。"[②]也就是说,通过学校议政,可以使上至朝廷命官,下至里乡平民,都逐渐地养成普遍的议论国家政治是非的社会风气,造就不以

① 黄宗羲:《明夷待访录·学校》,《黄宗羲全集》第一册,第10页。
② 黄宗羲:《明夷待访录·学校》,《黄宗羲全集》第一册,第10页。

天子之是非为是非的独立人格。在这样的民主氛围之下,也就使得"天子亦不敢自为是非,而公是其非是于学校",①学校遂成为制约皇权,决定国是的民意机关。为此,黄宗羲还具体规划了用学校去限制君权的种种措施。如推举当代大儒担任中央和地方的学官,作为批评和监督从中央到地方各级政府舆论的代言人。显然,这样的"学校"已经不是一般的学校了,而是具有近代代议制性质的议会雏形。近代早期改良派积极鼓吹议院制度,虽还并不完全是近世各国的资产阶级议会,但其主要目的也是为了对君权实行某种约束和限制,显然是受到了黄宗羲上述思想的影响。

当然,黄宗羲提出的"公是非于学校"的命题还有一个非常具有现代色彩的意义,即张岱年先生所揭示的"政治和学术的关系问题:是应该由政治来领导学术呢? 还是应该由学术来领导政治?"②而且这个问题,实在是专制政治与民主政治的根本区别之一。中国的专制政治历来把帝王打扮为全知全能的"圣明",自然可以裁断一切包括学术,而根本不可能让学术来引导其政治。各级官僚也是奉行官大学问大的原则,不会让学术来引导政治的。然而,黄宗羲却主张"公是非于学校",以学校"所非为是非是",这"不仅包含了改变天子决定天下是非的专制政体,使政治决策民主化的要求,而且还蕴涵着使政治决策跟着科学的学术研究走的强烈愿望。由于学校是传授知识、研究学术的机构,集中了各类专门人才,所以'公是非于学校',也就是希望将国家的大政方针交由硕学鸿儒和各方面的专家来讨论决定,这正是现代精英民主政治以学术指导政治的思想。精英民主与普遍的民主制原则并不矛盾,而是为了使民主决策科学化"。③

第二,通过分权、职权分立等措施对君主进行权力制约。

黄宗羲设想以相权制约君权。他追述远古时天子禅位传贤不传子的风俗,感于后世传贤之风在君主承嗣上已是不能,而宰相之选尚有传贤之遗意,于是提出恢复设立宰相职(明洪武以后废宰相位),在君主昏暗时,宰相可以补救君主之不贤。他认为,无论国家的大政方

① 黄宗羲:《明夷待访录·学校》,《黄宗羲全集》第一册,第10页。
② 张岱年:《黄梨洲与中国古代民主思想》,《张岱年全集》,第六卷,第242页。
③ 萧萐父、许苏民:《明清启蒙学术流变》,辽宁教育出版社,1995年,第309页。

针还是日常政事都不能由君主一人独断,而应由君臣共商。总之,要使君主、宰相、学校等在处理国事时相互制约,君主不能专制独裁,宰相也不能无原则地听命于君,要与君共治天下,把君臣当作平等地合力共同"曳木之人",认为"缘夫天下之大,非一人之所能治,而分治之以群工"。①加上有独立的"天下之法",不论朝廷、官衙、百姓之事,都应一断于法,这样就能从权力制衡机制上对专制君权形成约束。除此之外,黄宗羲还主张在地方设方镇以去除集权之弊。黄宗羲认为应当在边疆各地设立方镇,并给方镇以充分的自主权,使得方镇有一定的力量制衡中央权力。黄宗羲所设想的这些措施,尽管还带有一些旧的思想痕迹,但其核心是变集权为分权,变专制为自治,其总的精神还是体现了近代民主制中的权力制衡原则的。

总而言之,黄宗羲的政治思想,在中国思想史上是一个全新的形态,它十分明确地以确认人的自然权制为逻辑起点,层层推演,反复论证,已构建起了具有类似于西方近代民主思想的许多基本理念和理论框架,堪称 17 世纪中国启蒙思潮的典范。尤其值得肯定的是,黄宗羲的以上政治和社会理想,实现了中国思想史的一个划时代的进步,因为它标志着当时中国先进的知识分子已开始从制度上来认识社会、政治和历史,开始把"治国平天下"的途径,从单纯地重视"修身"的道德祈求,而发展为进一步重视对腐朽的专制制度进行改革和新型民主制度的设计,预示了中国以后社会政治进步的基本方向。难怪在三百多年后黄宗羲的民主精神仍对后来的戊戌维新运动和辛亥革命都曾起到过巨大的思想启蒙作用,梁启超和孙中山都曾秘密印刷过《明夷待访录》,广泛散发,深为推崇。黄宗羲思想的这些广泛深刻的影响,正说明了它自身蕴含十分丰富的现代性精神,而不是简单的历史"误读"。正像当年梁启超所说的:"梨洲有一部怪书,名曰《明夷待访录》,这部书是他的政治理想。从今日青年眼光看去,虽像平平无奇,但在三百年前——卢梭民约论出世前数十年有这等议论,不能不算人类文化之一高贵产品",又称道黄宗羲的言论"的确含有民主主义的精神——虽然很幼稚——对于三千年专制政治思想为极大胆的反抗"。②

①　黄宗羲:《明夷待访录·原臣》,《黄宗羲全集》第一册,第 4 页。
②　梁启超:《中国近三百年学术史》,东方出版社,1996 年,第 52—53 页。

论黄宗羲的哲学思想

张宏敏

　　明代中后期作为官方主流意识形态的程朱理学呈现僵化之势,而发轫于浙东的阳明心学则迅速崛起,《明史·儒林传》谓:"姚江之学(王阳明心学),别立宗旨,显与朱子背驰,门徒遍天下,流传逾百年,其教大行,其弊滋甚。"我们知道,任何一种哲学理论形态要想长葆青春活力,必须与时俱进即随着社会历史发展的进程而主动进行调整与变革以适应时代主题。在明清"天崩地坼"的时代大背景下,无论程朱理学的客观"天理",抑或阳明心学的主观"良知",都无法迎合时代发展的大趋势,难以担当起"为往圣继绝学"的学术使命。

　　而明清之际杰出的启蒙思想家、哲学史家黄宗羲(1610—1695)则深刻地意识到宋明七百年理学(包括心学)危机的严重性:"奈何今日言心学者,则无事乎读书穷理;言理学者,其所读之书不过经生之章句,其所穷之理不过字义之从违。……封己守残,摘索不出一卷之内。其规为措注,与纤儿细士不见长短! 天崩地解,落然无与吾事,犹且说同道异,自附于所谓道学者,岂非逃之者愈巧乎?"[①]时代在呼唤着新的哲学理论形态的出现,但是任何一种新的哲学理论体系的产生决不是空穴来风:它必须建立在对以往哲学理论成果(哲学史)批判总结的基础之上,以便认识到前哲学理论形态的弊端即阻滞其理论创新的"瓶颈",才能有所前行与创新,即王夫之所论说的"推故而别致其新"。[②]

　　对于黄宗羲在哲学上是否建立了独具特色的思想体系,目前学界尚有分歧,比如张君劢就认为"(黄宗羲)没有建立自己新的思想体

---

　　① 黄宗羲:《留别海昌同学序》,载《黄宗羲全集》第 10 册(沈善洪主编、吴光执行主编,浙江古籍出版社 2005 年修订版,下引版本同),第 645—646 页。

　　② 王夫之:《周易外传》,中华书局,1977 年,第 63 页。

系"。然而在笔者看来,作为广义阳明学者的黄宗羲已经建立了属于自己那个时代的哲学体系即以"本体—工夫"为内核的力行实践哲学。[①]在哲学体系的建构上,黄宗羲已经自觉地承担起整个宋明理学体系进行"解构"的学术使命(编纂《宋元学案》、《明儒学案》就是说明),沿着其师刘宗周所开创的批判程朱理学、修正陆王心学的路子继续前行,同时又汲取了张载、王廷相等气学论因子,建立了以理气心性相统一为范式,以心学倾向为特征、以力行为宗旨的实践哲学体系。正如全祖望所云:"公(黄宗羲)以濂、洛之统,综会诸家,横渠之礼教,康节之数学,东莱之文献,艮斋、止斋之经制,水心之文章,莫不旁推交通,连珠合璧,自来儒林所未有也。"[②]"有明以来学术大坏,谈性命者迂疏无当,穷数学者诡诞不精,言淹雅者贻讥杂丑,攻文词者不谙今古。自先生(黄宗羲)合理义、象数、名物而一之,又合理学、气节、文章而一之,使学者晓染于九流百家之可以返于一贯。"[③]如此看来,黄宗羲既是阳明学的终结者,也是最后一位为王学辩护的大学者,故有"清代王学唯一之大师"(梁启超语)之誉,同时又是整个七百年宋明理学的终结者,即"宋明理学的殿军"(刘述先语)。

详而言之,黄宗羲的哲学思想主要体现在《孟子师说》、《南雷诗文集》以及《明儒学案》、《宋元学案》的案语之中。[④]其哲学理念的根本前提有二,即一方面反对程朱理学僵化教条思维;另一方面,批判陆王心学空谈玄虚本体论。其哲学体系基本特征有二:批判性总结宋明理

---

① 笔者此种提法,主要参考浙江学者吴光先生与梁启超、张君劢的观念而有:吴先生的提法见《"以力行为工夫":黄宗羲新民本思想哲学基础》(《浙江学刊》2005 年第 4 期);张君劢的观点见《新儒家思想史·黄梨洲》,《中国现代学术经典·张君劢卷》,河北教育出版社,1996 年,第 438 页;梁启超的主张见《中国近三百年学术史》,天津古籍出版社,2003 年,第50 页。

② 《梨洲先生神道碑文》,《黄宗羲全集》第 12 册,第 8 页。

③ 《二老阁藏书记》,《黄宗羲全集》第 12 册,第 212 页。此外,这段话也可以看作是对黄宗羲"一本而万殊"、"会众而合一"这一辩证学术史观与方法论的概括及总结。

④ 目前学界对《明儒学案》、《宋元学案》的研究与利用主要集中在学案体、学术史观的检讨尤其是宋元明三代学者文献史料的征引层面,对于其中所涉黄宗羲的学术思想的系统研究相对欠缺。究其原因,主要在于《明儒学案》、《宋元学案》内容丰富、卷帙庞大,从中直接辨析、检录黄宗羲案语不便所致。鉴于此,笔者与宁波学者王维和先生合作以《黄宗羲全集》本为蓝本,采用简体横排形式对两部学案中所涉黄宗羲案语全盘予以编校整理,成《〈明儒学案〉〈宋元学案〉之黄宗羲案语汇辑》(杭州出版社,2012 年)。

学,沿着乃师刘宗周开创的批判程朱理学并修正阳明心学的路子继续前行,此其一;顺应哲学形态转型的需要,方法论上侧重实证经验的理路,强调"有用之学"的重要性,此其二。其哲学体系方法论亦有二:第一,极力沟通"形而上"与"形而下"之分野,提倡"道器合一"、"知行合一"、"下学上达",即提倡本体工夫二者有机结合,应该承认,这是一种辩证的思维方式;第二,力主为学须"经史并重","受业者必先穷经,经术所以经世,故兼令读史",应该指出,黄宗羲的这种为学路径也符合马克思主义哲学史观与方法论所提倡的"逻辑与历史的一致"的哲学研究态度。

一、哲学本体论:"理气心性合一"

黄宗羲哲学本体论主要是侧重于建构有阳明心学倾向的心学体系,从而提出自己的心学体系,我们也可以称其为"良知"本体论的宗羲版:"阳明提致良知为宗,一洗俗学之弊,可谓不遗余力矣。……夫良知之体,刚健中正纯粹精者也。"[1]作为阳明心学修正派,黄宗羲对"良知即天理"的心学命题赞许有加,"阳明谓良知即天理,则天性明觉只是一事,故有功于圣学"。[2]

(一)"心"本论

当代新儒家学者张君劢认为,"黄宗羲致力于修正阳明学说,是对王畿及泰州门人求体于无善无恶的狂禅的反动";"最能显示黄宗羲修正工作的,莫过于《明儒学案》中《姚江学案》一章。他的第一步工作是批评有名的天泉证道,……第二步工作是重新解释阳明思想,以便保存其中最好的部分"。[3]新儒家另一位学者杜维明则以为,"从陆象山的'本心'概念到阳明的'良知'概念再到宗周的'意体'、'独体'概念,这是一个大发展、大转进,也是一个大超越"。[4]笔者接着杜氏的话头,认

---

① 《黄宗羲全集》第 10 册,第 148 页。
② 《黄宗羲全集》第 10 册,第 201 页。
③ 张君劢:《中国现代学术经典·张君劢卷》,河北教育出版社,1996 年,第 436—437 页。
④ 杜维明、东方朔著:《杜维明学术专题访谈录》,复旦大学出版社,2001 年,第 62 页。

为宗羲之心学可谓此"大超越"中之再"超越"。为使读者对宗羲的心学本体思想有清楚了解,笔者在此拟通过对王阳明"良知"→刘宗周"诚意慎独"→黄宗羲的"心"本论这一学理线索进行一番文献资料梳理与分析,以论证黄宗羲的"心"本论命题如何可能。

第一,王阳明良知本体论

我们知道,王阳明继承并发挥了孟子的"良知"说,提出"致良知"的为学大旨。在王阳明心学体系中,"良知"既是先天的道德天理,也是七情的自然流露;"致良知"便是推致实行良知的工夫,做到知行合一,此即本体即工夫。那么阳明先生"从百死千难中得来"的"良知之说",其究竟义是什么呢?[①]笔者在此拟从《王阳明全集》中采撷数条,兹录于下,以"参"其作为"真吾圣门之正法眼藏"[②]的"究竟话头":

(1)良知是尔自家底准则:"尔那一点良知,是尔自家底准则。尔意念着处,他是便知是,非便知非,更瞒他一些不得。尔只不要欺他,实实落落依着他做去,善便存,恶便去。"[③]

(2)良知乃千古圣贤相传之理:"此理简易明白若此,乃一经沉埋数百年。……我此良知二字,实千古圣贤相传一点骨血也。"[④]又,"千圣皆过影,良知乃吾师"。

(3)良知乃天理之昭明灵觉:"夫心之本体,即天理也。天理之昭明灵觉,所谓良知也。"[⑤]并,"心者身之主也,而心之虚灵明觉,即所谓本然之良知也"[⑥]。又,"良知是天理之昭明灵觉处,故良知即是天理"。[⑦]

(4)良知乃是非之心:"所谓良知,即孟子所谓'是非之心,知也'。人孰无有?但不能致此知耳。能致此知,即所谓充其是非之心,而知不可胜用矣。"[⑧]

---

① 王阳明著,吴光、钱明等编校:《王阳明全集》,上海古籍出版社,1992年,第1170页。
② 《王阳明全集》,第178—179页。
③ 《王阳明全集》,第92页。
④ 《王阳明全集》,第1179页。
⑤ 《王阳明全集》,第1181页。
⑥ 《王阳明全集》,第47页。
⑦ 《王阳明全集》,第72页。
⑧ 《王阳明全集》,第1207页。

(5) 良知即是独知：“良知即是独知时，此知之外更无知。谁人不有良知在，知得良知却是谁？知得良知却是谁？自家痛痒自家知。若将痛痒从人问，痛痒何须更问为？”①

(6) 良知即是乐之本体：“乐是心之本体。仁人之心，以天地万物为一体，欣合和畅，厚无间隔。……谨独即是致良知。良知即是乐之本体。”②

(7) 良知之外别无知：“良知之外，别无知矣。故‘致良知’是学问大头脑，是圣人教人第一义。”③

(8) 良知是造化的精灵：“良知是造化的精灵，这些精灵，生天生地，成鬼成帝，皆从此出，真是与物无对。人若复得他完完全全，无少亏欠，自不觉手舞足蹈，不知天地间更有何乐可代。”④

(9) 良知还是你的明师：“道即是良知。良知原是完完全全，是的还他是，非的还他非，是非只依著他，更无有不是处。这良知还是你的明师。”⑤

(10) 人的良知就是草木瓦石的良知：“人的良知，就是草木瓦石的良知。若草木瓦石无人的良知，不可以为草木瓦石矣。……天地无人的良知，亦不可为天地矣。盖天地万物与人原是一体，其发窍之最精处，是人心一点灵明。”⑥

在这里，我们不难发现，王阳明的良知本体论已经包含着丰富的内涵：既有外在超越义，又有内在主体义；既体现了“本源—生成”思维模式，又有本体论之依据；从而坚持了一种以即体即用、主客合一为特征的辩证理性思维方式。更为重要的是，良知本体高扬了人的主体精神，凸显了人的价值与尊严。在王阳明的良知本体世界之中，“心”、“意”、“知”、“物”四者还有“合一”的倾向，“身之主宰便是心，心之所发便是意，意之本体便是知，意之所在便是物”。一言以蔽之，“心意知物，便是一物”。

---

① 《王阳明全集》，第 791 页。

② 《王阳明全集》，第 194 页。

③ 《王阳明全集》，第 71 页。

④ 《王阳明全集》，第 104 页。

⑤ 《王阳明全集》，第 105 页。

⑥ 《王阳明全集》，第 107 页。

第二,刘宗周"诚意慎独"教

刘宗周对王阳明良知说之"皈仰"也有一个转变的过程,黄宗羲指出,"先生(刘宗周)于新建(王阳明)之学凡三变:始而疑,中而信,终而辩难不遗余力,而新建之旨复显"。[①]为修正阳明心学,刘宗周曾经"作《阳明传信录》"[②]、"《良知说》"[③]等阳明学著作。关于"诚意慎独教",刘宗周在架构过程中和王阳明创立自己的良知学体系一样,对《大学》作出了创造性诠释与发挥:《大学》之道,一言以蔽之,曰慎独而矣"[④];"《大学》之道,诚意而已矣。诚意之动,慎独而已矣。"[⑤]还有一点十分重要,那就是刘宗周的"慎独"说较之王阳明的良知本体论,统摄了"本体"与"工夫":(1)"独之外,别无本体;慎独之外,别无工夫"。(2)"圣贤千言万语,说本体,说工夫,总不离'慎独'二字"。应该承认,刘宗周的"慎独"体系之建构亦对程朱理学因子有所摄入。析而言之,刘宗周的"独体"论,一方面吸收了阳明"良知"体中之"知"体义,而去其"良"义;同时批判性的继承了朱熹"独知"论。论据如下:

> 阳明先生言良知,即物以言知也,若早有格物义在,即止言致知亦得。朱子言独知,对睹闻以言独也。若早知有不睹不闻义在,即止言慎独亦得。[⑥]

> 朱子曰:"人心之灵,莫不有知。"即所谓良知也。但朱子则欲自此而一一致之于外,阳明则欲自此而一一致之于中,不是知处异,乃是致处异。[⑦]

刘宗周对王阳明心学的继承,主要体现为刘宗周完全开悟了阳明先生"天下无心外之理,无心外之学"之心学元命题,撰《心论》一文;并且提出了"一心万化"之观念:"只此一心,散为万化,万化复归一心。"[⑧]

---

① 《黄宗羲全集》第 1 册,第 254 页。
② 《黄宗羲全集》第 1 册,第 256 页。
③ 《明儒学案·蕺山学案》,《黄宗羲全集》第 8 册,第 974—976 页。
④ 《明儒学案·蕺山学案》,《黄宗羲全集》第 8 册,第 980 页。
⑤ 《明儒学案·蕺山学案》,《黄宗羲全集》第 8 册,第 982 页。
⑥ 《明儒学案·蕺山学案》,《黄宗羲全集》第 8 册,第 898 页。
⑦ 《明儒学案·蕺山学案》,《黄宗羲全集》第 8 册,第 910 页。
⑧ 《子刘子学言》,《黄宗羲全集》第 1 册,第 263 页。

刘宗周对王阳明"心"、"意"、"知"、"物"合一论同样予以继承发挥,①
"心只是一个","意为心之所存,非所发。……盖心无体,以意为体;
意无体,以知为体;知无体,以物为体。物无用,以知为用;知无用,以
意无用。工夫结在主意中,方是真工夫"。②"心"、"意"、"知"、"物"之
间"显微无间"的关联、"本体"、"工夫"之"体用一源"关系由是而见。
我们认为,刘宗周的心本论采用了"一体通贯(观)"的思维模式:"一
心也,统而言之,则曰心;析而言之,则曰天下、国家、身、心、意、知、
物。惟心精之合意知物,粗之合天下国家与身,而后成其为觉。若单
言心,则心亦一物而已。"③显而易见,刘宗周、王阳明二人的思维方式
有着惊人的相似,这也影响到黄宗羲哲学体系"一元的倾向"的思维
方式。

　　刘宗周对王阳明"良知不假外求"说予以发挥,"夫圣人之道,
反身而具足焉,不假外求,学之即是"。④对于宗周的慎独说,黄宗羲
指出:"先生之学,以慎独为宗。儒者人人言慎独,惟先生始得其
真。……慎之工夫,只在主宰上。"⑤黄宗羲在评论乃师"独"(本
体)、"慎独"(工夫)论时,重申了"即独即慎独"的说教:"先生宗旨
为慎独。始入主敬入门,中年专用慎独工夫。慎则敬,敬则诚。晚
年愈精微、愈平实,本体只是这些子,工夫只是这些子。仍不分此
为本体,彼为工夫。亦无这些子可指,合于无声无臭之本然。"⑥这
里可以看出,刘宗周在"本体工夫辨"上,已经有了本体工夫融合为
一的致思理路。

　　黄宗羲对业师宗周之"意"/"独"、"诚意"/"独体"与阳明"良
知"、"致良知"曾作比较解读:"余谓先师(按:刘宗周)之意,即阳明
之良知;先师之诚意,即阳明之致良知。"⑦为便于理解,笔者认为可
图解如下:

---

① 《子刘子行状》,《黄宗羲全集》第 1 册,第 250 页。
② 《子刘子行状》,《黄宗羲全集》第 1 册,第 251 页。
③ 《子刘子学言》,《黄宗羲全集》第 1 册,第 287 页。
④ 《明儒学案·师说》,《黄宗羲全集》第 7 册,第 12 页。
⑤ 《明儒学案·蕺山学案》,《黄宗羲全集》第 8 册,第 890 页。
⑥ 《黄宗羲全集》第 1 册,第 250 页。
⑦ 《黄宗羲全集》第 10 册,第 476 页。

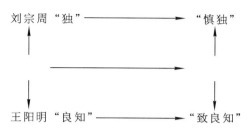

其实,早在宗周、宗羲以前,阳明先生已经对"慎独"作出了"慎独即是致良知"的解读①,宗周作为回应,曾经在《证人会约》中提及,"慎独一着即使致良知"。

第三,黄宗羲的"心"本论

作为阳明心学的"修正派",黄宗羲在"心学"体系的重建过程中,对"心"充满自信,"圣学须以心求证":"……然吾心之所是,证之朱子而合也,证之数百年来之儒者而亦合也。"②笔者认为,黄宗羲自己努力修证的"新心学"体系之宗旨就体现为一句话:"盈天地皆心,变化不测,不能不万殊。"③这就是说,天地间宇宙万物都是大化流行、变动不居、生生不已,从而表征出生动活泼、千差万别的景象,即"苟日新,日日新,又日新"。然而,这些万殊的景象作为客观实在世界之存在即"自在之物",只有在进入主体世界("心")才能凸显其存在的意义与价值,成为"为我之物"。

与此同时,黄宗羲对于"理一分殊"这一理学命题作出了"创造性转化",提出了以"一心"统"万殊"的理论:"自其分者而观之,天地万物各一理也,何其博也;自其后者而观之,天地万物一理也,理亦无理也,何其约也。泛穷天地万物之理,则反之约也甚。散殊者无非一本,吾心是也。"④一言以蔽之,"心"可以融摄天地间之"万殊"事物与景象,"心"抑或"良知"的存在意义得以完成:"千圣相传者心也"⑤并"盈天地皆心"的命题亦由此而有。

① 陈来:《〈明儒学案〉所见阳明言行录佚文》,《中国近世思想史研究》,商务印书馆,2003年,第645页。

② 《黄宗羲全集》第10册,第5页。

③ 《黄宗羲全集》第7册,第3页。

④ 《黄宗羲全集》第1册,第110页。

⑤ 《黄宗羲全集》第1册,第113页。

(二)"理、气、心、性"四者合一

本文开篇提到由于黄宗羲乃是七百年宋明理学的批判性总结者,其哲学思想体系又呈现出一种理、气、心、性四者"内在一元的倾向"(刘述先语),进一步说,乃是以陆王心学为宗,融摄和会张载气论。我们知道,陆王心学以"心—性—理"三者合一为创派之根本理论依据:

> 君子之学,惟求得其心。虽至于位天地,天地,育万物,未有出于吾心之外也。……心外无事,心外无理,故心外无学。①

> 心之体,性也,性即理也。……理也者,心之条理着也。是理也,发之于亲则为孝,发之于君则为忠,发之于朋友则为信。千变万化,至不可穷竭,而莫非发于吾之一心。②

> 夫物理不外于吾心,外吾心而求物理,无物理矣。遗物理而求吾心,吾心又何物邪? 心之体,性也。性即理也。……理岂外于吾心耶?③

> 心外无物,心外无事,心外无理,心外无义,心外无善。④

通过对以上四种阳明心学材料的分析,可以说明:"物"、"事"、"理"三种理学范畴皆为"一心"所统摄;心学主张以心为宗,观照外在世界万事万物及其内存之理,发显内在心体之性理。黄宗羲作为阳明心学的修正派,在建构自己的哲学体系时,自然格外重视陆王心学"事—物—理—性"合于"一心"这一显著特征。另外,黄宗羲的高明之处还在于,融摄张载所创之气论于心学,讲求"理、气、心、性"四者合一。通过考察黄宗羲之哲学论著,挖掘史料,笔者认为,黄宗羲"理、气、心、性"四者合一关系之阐发主要涉及三个层面的问题。

第一,理气合一如何可能?

黄宗羲反对程朱"理生气"的宇宙生成论模式及理、气二分论,黄宗羲有云:"造化之有一气流行,流行之不失其则者,即为主宰。非有一物主宰夫流行。"⑤黄宗羲在《孟子师说》中也对朱熹《四书集注》表示

---

① 《王阳明全集》,第239页。
② 《王阳明全集》,第277页。
③ 《王阳明全集》,第42页。
④ 《王阳明全集》,第156页。
⑤ 《黄宗羲全集》第7册,第381页。

不满:"《集注》以'无是'之'是',指气而言,若无此气,则其一时所为,虽未必不出于道义,然其体有所不充,则亦不免于疑惧,而不足以有为矣。如是,则道义是道义,气是气,终成两样,朱子所以认理气为二也。"① 从中可以看出,宗羲是反对"理生气"说的,提出了"气不离理"、"理不离气",强调"理在气中"之观点,即理气二者具有"内在一元的倾向"。对于"理"、"气"概念之界定,黄宗羲指出:

> 盖大化流行,不舍昼夜,无有止息,此自其变者而观之,气也。消息盈虚,春之后必夏,秋之后必冬,人不转而为物,物不转而为人,草不移而为木,木不移而为草,万古如斯,此自其不变者而观之,理也。②

> 理气之名,由人而造,自其浮沉升降而言,则谓之气;自其浮沉升降不失其则而言,则谓之理。③

如此说来,气乃是大化流行之载体与原动力,气也是变动不居的;大化流行只有遵循一定的法则,才可以"万古如斯",生生不息,这就是不变之"理"。换言之,黄宗羲认为气是变动不居的,"理"则是气之"本然",即"气之流行而不失其则者"。

鉴于"理"、"气"如是界定,黄宗羲进而提出"通天地,亘古今,无非一气而已"的论断,指出理与气乃"一物而两名,非两物而一体"④,"理为气之理,无气则无理"。⑤ 黄宗羲关于"理"、"气"观念之界定及其关联表述,还集中体现在其对罗钦顺"论理气"的评价之中:

> 盖先生(按:罗钦顺)之论理气,最为精确,谓通天地、亘古今,无非一气而已。气本一也,而一动一静,一往一来,一阖一辟,一升一降,循环无已。积微而著,由著复微,为四时之温凉寒暑,为万物之生长收藏,为斯民之日用彝伦,为人事之成败得失,千条万绪,纷纭胶葛,而卒不克乱,莫知其所以然而然,是即所谓理也。⑥

这里,我们不难看出:"本一"之气所生成、造就的"循环不已"的四季更

---

① 《黄宗羲全集》第 1 册,第 62 页。
② 《黄宗羲全集》第 7 册,第 22 页。
③ 《黄宗羲全集》第 8 册,第 355—356 页。
④ 《黄宗羲全集》第 8 册,第 356 页。
⑤ 《黄宗羲全集》第 7 册,第 121 页。
⑥ 《黄宗羲全集》第 8 册,第 408 页。

迭、万物生灭、民伦日用、人事成败,皆由一种看似外在实属内含的规则所支配,"是即所谓理也"。"理气合一"的命题亦"水到渠成"("气"到"理"成)。黄宗羲对"理气合一"命题的典型提法即是"气外无理":

> 无气外之理,……然气自流行变化,而变化之中,有贞一而不变者,是则所谓理也性也。①

以上便是黄宗羲对"理"、"气"二者关系即"理气合一"的阐释;接着,宗羲由"理气合一"推演出"心性合一"。

第二,心性合一如何可能?

理气关系的"内在一元的倾向",同样适用于心性关系的表述:

> 夫在天为气者,在人为心,在天为理者,在人为性。理气如是,则心性亦如是,决无异也。人受天之气以生,只有一心而已,而一动一静,喜怒哀乐,循环无已。当恻隐处自恻隐,当羞恶处自羞恶,当恭敬处自恭敬,当是非处自是非,千头万绪,感应纷纭,历然不能昧者,是即所谓性也。②

可见,在黄宗羲的哲学体系中"理气"、"心性"是二组具有同等序列的观念:"自在之物"("天")涵摄"气"与"理","为我之物"("人")涵摄"心"与"性"。既然"理气"已经"合一",那么"心性亦如是",即"心性合一"也就显得顺理成章。与在本体论意义上强调"气乃理之本"一样,"心"、"性"二者之中,黄宗羲认为,"心"比"性"更具有本体论意义,"性者心之性":

> 夫心只有动静而已,寂然不动,感而遂通,动静之谓也。……凡动静者,皆心之所为也,是故性者心之性,舍明觉自然、自有条理之心,而别求所谓性,亦犹舍屈伸往来之气,而别求所谓理矣。③

"动"、"静"作为"心""性"两大要义,皆由一心"所为":"条理之心"与"心之性"由此关联、统摄,"性者心之性"的命题由是成立,可谓"水到渠成"("心"到"性"成)。

第三,"理、气、心、性"四者合一之如何可能?

在论证"理气"、"心性"二组范畴具有"内在一元的倾向"的基础之

① 《黄宗羲全集》第1册,第133页。
② 《黄宗羲全集》第8册,第408—409页。
③ 《黄宗羲全集》第8册,第409页。

上,黄宗羲继续沿着这一"辩证的理路"前行:"儒者之道,从至变之中以得其不变者,而后心与理合一。"①综前所论,"理气合一"、"心性合一"、"心理合一",从逻辑上,我们不难推演出"理"、"气"、"心"、"性"四者关系亦具有"内在一元的倾向":

> 初非别有一物,立于心之先,附于心之中也。先生以为天性正于受生之初,明觉发于既生之后,明觉是心而非性。信如斯言,则性体也,心用也。性是人生以上,静也,心是感物而动,动也,性是天地万物之理,公也,心是一己所有,私也。明明先立一性为此心之主,与理能生气之说无异,于先生理气说无异,于先生理气之论,无乃大悖乎?岂理气是理气,心性是心性,二者分,天人遂不可相通乎?②

> 天地之间只有一气充周,生人生物。人禀是气以生,心即气之灵处,所谓知气在上也。心体流行,其流行而有条理者即性也。犹四时之气,和则为春,和盛而温则为夏,温衰而凉则为秋,凉盛而寒则为冬,寒衰则复为春。万古如是,若有界限于其间,流行而不失其序,是即理也。理不可见,见之于气;性不可见,见之于心。心即气也。心失其养,则狂澜横溢,流行而失其序矣。养气即是养心。然言养心,犹觉难把捉;言养气,则动作威仪,旦昼呼吸,实可持循也。③

这里,黄宗羲重申了"内在一元倾向"的辩证思维方式,不仅再次强调"理气合一"、"心性合一",而且还印证了传统儒家一以贯之的"天人本不二"的思维方式,如是而论,"理、气("天")心性("人")合一"便通过层层铺垫,和盘推出,即"由可能成为现实"。另外,刘宗周心性学说之思维方式亦具有"内在一元倾向"的特征,"心性之名,其不可混者,犹之理与气,而其终不可得而分者,亦犹之乎理与气也"。④从某种意义上来说,刘宗周、黄宗羲师徒二人在理气心性关系上的思维方式是一致的。

---

① 《黄宗羲全集》第7册,第22页。
② 《黄宗羲全集》第8册,第409页。
③ 《黄宗羲全集》第1册,第60—61页。
④ 《黄宗羲全集》第7册,第18页。

有论者谓黄宗羲乃是心、气二元论者,应该指出,这种观点有一定的片面性;也有论者认为,心学与气学在晚明表现了一种合流与统一的倾向,合流的最初代表者就是黄宗羲。①笔者认为后一观点具有学理依据,因为宗羲在论及"理"、"气"、"心"三者关系时,认定"气"是沟通"理"与"心"的中介与过渡桥梁②:

> 太虚中无处非气,则以无处非理。孟子言万物皆备于我,言我与天地万物,一气流通,无有碍隔,故人心之理,即天地万物之理,非二也。……故曰:理在心,不在天地万物,非谓天地万物竟无理也。③

> 气未有不灵者,气之行处皆是心,不仅腔子内始是心也,即腔子内亦未始不是气耳。④

我们不难发现,在宗羲那里,"气"是沟通外在客观世界与内在主体世界之中介,是实现"物我一体"、"心理合一"的沟通环节,也正是因为"大化流行之气"使得"天人本无二"成为可能,"理气心性合一"成为可能。易言之,黄宗羲在主客体关系问题上则力图建立他的"理气心性统一"论,说:"在天为气者在人为心,在天为理者在人为性,理气如是则心性亦如是,决无异同。"⑤又说:"盈天地皆心也。人与天地万物为一体,故穷天地万物之理,即在吾心之中。"⑥还说:"夫吾心之知,规矩也,以之齐家治国平天下,犹规矩以为方圆也,必欲从家国天下以致知,是犹以方圆求规矩也。"⑦合而言之,黄宗羲的哲学本体论是一种较之陆王心学更为成熟完善的"心"本论:因为黄宗羲的"心"本论不仅有严密的逻辑推证与浑厚的学脉渊源,更重要的是它建立于"理气心性合一"的基础之上;从某种意义上讲,"心"学体系之建构到此已经"圆融无碍"了。

---

① 冯达文、郭齐勇主编《新编中国哲学史》(下册),人民出版社,2004 年,第 200 页。
② 侯外庐等主编《宋明理学史》(下册),人民出版社,1987 年,第 814—815 页。
③ 《黄宗羲全集》第 7 册,第 593 页。
④ 《黄宗羲全集》第 7 册,第 145 页。
⑤ 《黄宗羲全集》第 7 册,第 408 页。
⑥ 《黄宗羲全集》第 7 册,第 3 页。
⑦ 《黄宗羲全集》第 10 册,第 151 页。

二、本体工夫论:从工夫中见本体

本体工夫之辨,这是阳明先生本人以及后学经常论及的一个哲学命题。王阳明在自己建构的良知心学体系中,十分强调"即本体即工夫"的"本体工夫合一"说。阳明有"见得真时,戒慎恐惧是本体,不睹不闻是工夫",河北学者孙奇峰认为这是"合本体工夫而一之也"。[①]我们知道,在王阳明的心学体系中,"本体"与"工夫"相比,"本体"更为根本,没有"本体"作为前提,"工夫"就如无源之水、无本之木,无从谈起。"功夫不离本体;本体原无内外。只为后来做功夫的分了内外,失其本体了。如今正要讲明功夫不要有内外,乃是本体功夫"。[②]同时,"工夫"又是成就"本体"的唯一路径,舍"工夫"谈"本体",无异于纸上谈兵、舍本逐末。

至于阳明后学对本体、工夫论之分歧,笔者认为可以追溯于阳明晚年提倡的"王门四句教":"无善无恶心之体,有善有恶心之动,知善知恶是良知,为善去恶是格物。"王阳明的及门弟子王龙溪、钱德洪对阳明先生这一教法之理解有歧义。王龙溪认为,"(四句教)恐未是究竟话头。若说心体是无善、无恶,意亦是无善,无恶的意,知亦是无善、无恶的知,物亦是无善、无恶的物矣。若说意有善、恶,毕竟心体还有善、恶在"。[③]王龙溪的提法史称"四无说"。德洪对此有疑义:"心体是天命之性,原是无善、无恶的。但人有习心,意念上贝有善恶在,格致诚正修,此正是复那性体功夫,若原无善恶,功夫亦不消说矣。"[④]钱德洪的提法史称"四有说",或"一无三有"说。

行文至此,我们知道,对于"无善无恶心之体"一句,钱、王二氏并无分歧,对后三句理解则有分歧:钱德洪认为"心体"虽然是"无善无恶"的,但是,人心在后天受到各种"习心"熏染,需要通过格致诚正的

---

① 孙奇逢:《夏峰先生传》,中华书局,2004 年,第 64 页。
② 《王阳明全集》,第 92 页。
③ 《王阳明全集》,第 117 页。
④ 《王阳明全集》,第 117 页。

功夫来恢复"性体",即由工夫达本体。王龙溪不以为然,二人发生分歧,遂请教乃师阳明先生,"是夕侍坐天泉桥,各举请正",史称"天泉证道"。应该指出,天泉证道乃是王门一大公案,梁启超以为"王学末流纷争,皆道源于此"。

王阳明通过阐释二人之分歧,重申了"四句教法"。阳明指出自己的教法有两种:一是针对"利根之人",应该"直从本原上悟入",因为"利根之人一悟本体即是功夫,人己内外一齐俱透了"。①这是阳明对王龙溪"四无说"的开示,强调的是即本体即功夫。另一种针对"中根以下人",因"不免有习心在,本体受蔽,故且教在意念上实落为善、去恶,功夫熟后,渣滓去得尽时,本体亦明尽了"。这是针对钱德洪"四有说"("一无三有说")而有,这种教法强调功夫的重要性。阳明先生对于这两种教法即"即本体即工夫"、"由工夫达本体",并未作出孰是孰非的定论,而是指出这两种教法应该"相资为用",因材施教,互相补益;反对"各执一边"的做法。与此同时,阳明先生再次重申"四句教法"原是"彻上彻下功夫"。析而言之,一方面,"利根之人,世亦难遇。本体功夫一悟尽透,此颜子、明道所不敢承当,岂可轻易望人"!另一方面,"人有习心,不教他在良知上实用为善,去恶功夫,只去悬空想个本体,一切事为俱不着实,不过养成一个虚寂"。②通过对比阳明先生对两种教法的态度,笔者认为王阳明对钱氏的看法是彻底首肯的,对王龙溪的"四无说"既有肯定的一面,对他又提出了忠告,以防"本体"流于"虚寂"。易言之,王阳明为了使自己的"四句教"宗旨得以嘉惠后学,亦采取了折衷主义的态度,"洪甫须识汝中工夫,汝中须识洪甫工夫"。

通过对"天泉证道"记的梳理与剖析,笔者试图得出这么一个结论,阳明先生本人的"合本体工夫而一"之说包含有两个思维向度:即"一悟本体即是功夫"和"由工夫见本体"。另外,阳明先生对本体工夫之辨的态度:支持由工夫达本体的为学、修证(致良知)路径,亦即"下学上达"的为学之方。易言之,在尊德性与道问学的关系处理上,阳明先生的态度不同于自己的前辈心学宗师陆九渊,已经采取了调和折衷的态度与方式。阳明晚年编《朱子晚年定论》,就可以作为佐证。

---

① 《王阳明全集》,第 117 页。
② 《王阳明全集》,第 118 页。

我们不可否认,黄宗羲与乃师刘宗周均对王门"四句教法"尤其是王龙溪的"四无说"持怀疑态度,疑其非阳明先生本人真传。(1)刘宗周指出,"愚(按:刘宗周)按四句教法,考之《阳明集》中,并不经见,其说乃出于龙溪";①并且认为,王龙溪"四无"说得根本旨趣乃是"蹈佛氏之坑堑",②实际上已经"坏师门教法",③批评"龙溪直把良知作佛性看,悬空期个悟,终成玩弄光景,虽谓之操戈入室可也"。④刘宗周依照自己的慎独诚意教,对"四句教"作出了自己的诠释:"有善有恶者心之动,好善好恶者意之静,知善知恶者是良知,有善有恶者是物则。"⑤(2)黄宗羲认为:"斯言也,于阳明平日之言,无所参考,独先生(王龙溪)言之耳!"⑥"'天泉证道',龙溪之累阳明多矣!"⑦此外,为了消除"四无"说即"龙溪谈本体而讳言工夫"的弊端,⑧黄宗羲把"无善无恶心之体"直解为"无善念无恶念耳,非谓性无善无恶也。下句意之有善有恶,亦是由善念恶念耳。……所谓知善知恶者,非意动于善恶,从而分别为之知,致亦诚意中之好恶,……为善去恶,只是率性而行,自然无善恶之夹杂"。⑨通过这几条材料,我们可以读出刘宗周、黄宗羲师徒二人的真实意图是在否定王龙溪"直悟本体"的"一悟本体即是功夫"说;这从一个侧面可以看作是对钱德洪"工夫中复本体"("用为善去恶工夫以渐复其本体")论的支持与肯定,即以工夫彰显本体。

黄宗羲的业师宗周为了纠正阳明后学王龙溪、周海门这一派"舍工夫谈本体"的"病痛",开创了一条由工夫达本体的路径,"工夫愈精密,则本体愈昭荧":

> 独之外,别无本体,慎独之外,别无工夫,此所以为中庸之道也⑩。

---

① 《黄宗羲全集》第7册,第16页。
② 《黄宗羲全集》第7册,第16页。
③ 《黄宗羲全集》第8册,第946页。
④ 《黄宗羲全集》第7册,第17页。
⑤ 《黄宗羲全集》第8册,第896页。
⑥ 《黄宗羲全集》第7册,第269页。
⑦ 《黄宗羲全集》第8册,第733页。
⑧ 《黄宗羲全集》第7册,第369页。
⑨ 《黄宗羲全集》第7册,第198页。
⑩ 《明儒学案·蕺山学案》,《黄宗羲全集》,第8册,第971页。

> 本体只是这些子,工夫只是这些子,并这些子仍不得分此为
> 本体,彼为工夫。既无本体工夫可分,则亦并无这些子可指。①

> 学者只有工夫可说,其本体处,直是着不得一语。才着一语,
> 便是工夫边事。然言工夫,而本体在其中矣。大抵学者肯用工夫
> 处,即是本体流露处,其善用工夫处,即是本体正当处。非工夫之
> 外,别有本体,可以两相凑泊也。②

我们可以发现,宗周在诚意慎独教中,论及本体工夫关系时,多强调以
工夫会合本体,从慎独、诚意的修养工夫之中流露本体:本体自在工夫
中,工夫之外无本体。另外,刘宗周在阐释王阳明心学体系两大核心
观念"良知"与"致良知",亦即知行关系时,提出"即知即行,即心即物,
即动即静,即体即用,即工夫即本体,即下即上,无之不一"③的论断。
应该指出,刘宗周关于本体工夫辨的思想来源有多方面,既有王阳明
"知行合一"说,又有《中庸》"天命之性"、"率性之道、修道之教",还有
"虞廷十六字心传"。析而言之,刘宗周对阳明心学体系诸范畴关系之
论述,体现了一种辩证理路即"内在一元倾向"的思维方式,"人心道
心,只是一心;气质义理,只是一性。识得心一性一,则工夫亦可一。
静存之外,更无动察;主静之外,更无穷理。其究也,工夫与本体亦一,
此慎独之说也"④;是对阳明之"心即理"、"知行合一"、"本体工夫合一"
的范畴关联所体现的致思路径的继承与发挥。毋庸置疑,"即工夫即
本体"、"即下即上"的提法,已说明宗周在其努力构建的哲学体系中,
其论述重心已经由"本体"下移到"工夫",着力突出"行"的重要性,"异
时阳明先生讲良知之学,本以重躬行,而学者误之,反遗行而言知"。⑤
这是一种重实践、重经验的实学学风。

黄宗羲将王阳明、刘宗周的本体工夫学说结合自己的时代背景
进行了消融性扬弃,厥有"心无本体,工夫所致,即其本体",⑥以及
"夫求识本体,即是工夫,无工夫而言本体,只是想象卜度而已,非真

---

① 《明儒学案·子刘子学言》,《黄宗羲全集》,第 1 册,第 302 页。
② 《明儒学案·蕺山学案》,《黄宗羲全集》,第 8 册,第 945 页。
③ 《明儒学案·师说》,《黄宗羲全集》,第 7 册,第 14 页。
④ 《明儒学案·蕺山学案》,《黄宗羲全集》,第 8 册,第 971 页。
⑤ 《明儒学案·师说》,《黄宗羲全集》第 7 册,第 19 页。
⑥ 《黄宗羲全集》第 7 册,第 3 页。

本体也"的论断。①易言之,纯粹的本体即"虚寂"是不存在的,存在的只是工夫中的本体,离开工夫,本体便无从着落。另,宗羲尚有"必须工夫,才还本体"②、"无工夫即无本体"、"工夫即本体"之论。③这是一种提倡工夫的为学理路。一方面是为了反对阳明后学逃禅倾向,以救心学末流"高蹈虚无,空谈心性"之弊;另方面是为了强调经世应务的实学精神,提倡在工夫实践即"道问学"中去实现"儒者之学,经纬天地"的理想。

承前所论,宗羲所处的"明清之际"乃是一个"天崩地解"的时代,王学末流,不事"下学"而只求"上达",不务"工夫"而奢谈"本体"。高蹈虚空、空谈本体对于"救世启蒙"的时代主旋律已经毫无任何意义与价值可言。重视工夫、躬行实践,抑或"从工夫中见本体"乃是救世启蒙时代的主旨。与黄宗羲、李二曲并称"明末三大儒"的孙奇逢就提出了"无工夫是无本体"的命题:"初学未能合一,须认得本体分明,实实下手作工夫,久之方得融成一片。不睹不闻,人人有此本体,而真实作戒惧工夫,须是至诚至圣之人。无工夫是无本体也。"④与此同时,孙奇逢强调"躬行"对"学问之事"的重要性,"学问之事,患无下手处,故无得力处。知在'躬行'二字上着手,便一了百当矣"⑤,因为"口里说一丈,不如身上行一尺"。

无怪乎,侯外庐先生在评价黄宗羲"工夫所致,即其本体"的论断时,指出"宗羲反对空虚焦绝的'本体',主张在万殊中证得'物自身',而实践(行)证得的工夫,即为把握物自身的过程,这论断近似于真理。……所以宗羲就在生活内容中强调'致即行'之义。……揭开了逃避于现实之外的云雾,迎接历史的'天崩地解',是启蒙思想家的特色"。⑥一言以蔽之,黄宗羲的工夫论与本体论紧密地联系在一起,是一种"以工夫见本体"的工夫论,因为"工夫积久",方能"见本体",所以说:"夫圣学之难,不特造之者难,知之者亦难。其微言大义,苟非工夫

①　《黄宗羲全集》第 8 册,第 843 页。

②　《黄宗羲全集》第 1 册,第 138—139 页。

③　《黄宗羲全集》第 8 册,第 844 页。

④　孙奇逢:《夏峰先生集》,中华书局,2004 年,第 64 页。

⑤　孙奇逢:《夏峰先生集》,中华书局,2004 年,第 79 页。

⑥　侯外庐:《中国早期启蒙思想史》,人民出版社,1956 年,第 183—184 页。

积久,能见本体。"①

三、认识修养论:"行良知"

我们知道,"致良知"宗旨乃阳明晚年极力提倡的教法,亦系阳明
"一生之精神"。②王阳明生前曾明示,"吾生平讲学,只是'致良知'三
字","诚爱测怛之心即是致良知"。③阳明先生对"良知"与"致良知"之
间关系揭示为:"……是良知也者,是所谓'天下之大本'也。致是良知
而行。则所谓'天下之达道'也。"④

近代启蒙思想家严复指出,"夫阳明之学,主致良知。而以知行合
一,必有事焉位其功夫之节目"。⑤笔者循严复提供的思考路径,拟通过
阳明先生"知行合一"与"致良知"两个论域出发,以论证刘宗周、黄宗
羲师徒二人之力行——实践哲学的"来龙去脉"。

王阳明在《答友人问》(丙戌 1526 年)中阐释了自己的"知行合一"
学说:"凡谓之行者,只是着实去做这件事。若着实做学问思辨的工
夫,则学问思辨亦便是行矣。……行之明觉精察处,便是知;知之真切
笃实处,便是行。……凡古人说知行,皆是就一个工夫上补偏救弊说,
不似今人截然分作两件事做。某今说知行合一,虽亦是就今时补偏救
弊说,然知行体段亦本来如是。吾契但着实就身心上体履,当下便自
知得。今却只从言语文义上窥测,所以牵制支离,转说转糊涂,正是不
能知行合一之弊耳。"⑥不可否认,"知行合一"乃是王阳明"论学最紧要
处"⑦,并且"知行原是两个字说一个工夫,这一个工夫须著此两个字,
方说得完全无弊病"。⑧析而言之,"知行合一"的"一"是指"一个工夫",

---

① 《黄宗羲全集》第 10 册,第 219 页。
② 《黄宗羲全集》第 7 册,第 377 页。
③ 《王阳明全集》,第 990、993 页。
④ 《王阳明全集》,第 279 页。
⑤ 严复:《王阳明集要三种序》,载《王阳明全集》,第 1626 页。
⑥ 《王阳明全集》,第 208—209 页。
⑦ 《王阳明全集》,第 209 页。
⑧ 《王阳明全集》,第 209 页。

但是"工夫"并不是"本体","知"、"行"合一亦即意味着本体、工夫二者"须臾不可离",这里,阳明先生的本意在于说明工夫乃是达致本体良知的平台。一言以蔽之,知、行二字一个工夫的最终归宿,乃是证得一个"活泼泼的心体"。

宗羲对阳明先生"致良知"之宗旨极为称许,"孟子言'良知',文成(按:王阳明)恐人将此知作光景玩弄,走入玄虚,故就上面点出一致字,其意最为精密"。[①]尽管如此,王阳明"致良知"毕竟乃晚年所发,"未及与学者深究其旨",但是阳明后学多"各以意见搀和,说玄说妙,几同射覆"。诸如(1)浙中王门钱德洪谓"戒惧即是良知","良知即至善也";[②]王龙溪有论,"良知即是独知,独知即是天理"。[③](2)江右王门更是不遗余力继承阳明的"致良知"之"工夫","姚江之学唯江右得其传,东廓、念庵、两峰、双江其选也;再传而为塘南、思默,皆能推原阳明未尽之意"。[④](3)南中王门,黄省曾有"良知为未发之中,本体澄然而无人伪之杂"之言;[⑤]查铎认为,"知慎即是良知",而"时时不忘有事、不为习气所蔽即是致良知"。[⑥](4)至于楚中王门、北方王门、粤闽王门虽对阳明"致良知"之"一生精神"有所师承,但大都与之相悖,或心仪张载气学(楚中王门蒋信),或"流于禅"(北方王门穆孔晖),或折入程朱理学(北方王门张后觉)。另外,像泰州学派与止修学派等王门别派,更是别立宗旨,与阳明"致良知"宗旨相离异。

黄宗羲认为阳明后学的"意见"不能代表阳明先生本人"意见",阳明本意即"致吾心良知之天理于事事物物,则事事物物皆得其理。以圣人教人只是一个行,如博学、审问、慎思、明辨皆行也。笃行之者,行此数者不已是也"。[⑦]为了更加真实地接近阳明先生的"本意",黄宗羲

① 《黄宗羲全集》,第 10 册,第 219 页。
② 《黄宗羲全集》,第 7 册,第 255、262 页。
③ 《黄宗羲全集》,第 7 册,第 294 页。
④ 《黄宗羲全集》,第 7 册,第 377 页。
⑤ 《黄宗羲全集》,第 7 册,第 677 页。
⑥ 《黄宗羲全集》,第 7 册,第 679 页。
⑦ 《黄宗羲全集》,第 7 册,第 197 页。笔者在通读《王阳明全集》的过程中亦发现阳明生前已经强调"致良知"就是"行工夫"的过程,指出"致良知便是必有事的工夫"(《王阳明全集》,第 123 页)。

对阳明"致良知"作出了"行良知"的阐释：

> 先生(按：王阳明)致知于事物，致字既是行字，以救空空穷
> 理，只在知上讨个分晓是非。乃后之学者测度想象，求见本体，只
> 在知识上立家当，以为良知，则先生何不仍穷理格物之训，先知后
> 行，而必欲自为一说邪！①

> 先生(按：王阳明)以圣人之学心学也，心即理也，故于致知格
> 物之训，不得不言"致吾心良知之天理于事事物物，则事事物物皆
> 得其理"。夫以知识为知，则轻浮而不实，故必以力行为功夫。良
> 知感应神速，无有等待，本心之明即知，不欺本心之明即行也，不
> 得不言"知行合一"，此其立言之大旨。②

"致字既是行字"，"以力行为功夫"，即是黄宗羲对阳明及宗周哲学思
想的解构与扬弃性发展。梁启超认为黄宗羲"这样解释致良知——说
致字即是行字，很有点像近世实验哲学的学风。你想认识路，只要往
前行走，便自了然，关着门冥想路程，总是枉用工夫，所以他(黄宗羲)
于本体的测度想象，都认为无益"。③此外，黄宗羲在评论程朱理学时也
强调了"力行"对于"明理体道"的重要性，说："夫程朱之明理，必力行
而得。"④

其实，刘宗周在黄宗羲的工夫——力行哲学建构以前，已经把自
己的学问与阳明学问相贯穿，"致知就是力行"，有论者称之为"一种工
夫的力行哲学"。⑤刘宗周晚年最关切的话语即是"力行"二字，崇祯十
五年(1642)三月在《答钱生钦之》的一封书信中提到：

> "力行"二字甚佳，而所该亦详以尽。如体认是力行第一义，
> 存养是力行第二义，审察是力行第三义，践履是力行第四义，应事
> 接物是力行第五义。善反之，则应事接物正是践履之实，践履正
> 是省察之实，省察正是存养之实，存养正是体认之实。归到"体
> 认"二字，只致良知足以尽之，此正所谓力行之实也。今人以致知

---

① 《黄宗羲全集》第 7 册，第 197 页。
② 《黄宗羲全集》第 7 册，第 202 页。
③ 梁启超：《中国近三百年学术史》，天津古籍出版社，2003 年，第 51 页。
④ 《黄宗羲全集》第 1 册，第 362 页。
⑤ 杜维明、东方朔：《杜维明学术专题访谈录》，第 58 页。

为一项,以力行为一项。所以便有病痛。有就其中每事都逐件看,或后先错杂,或支离纷解,愈远而愈不合矣。[①]

宗周之所以如此,就是为了纠正阳明后学王龙溪、周海门这一派"舍工夫谈本体"的"病痛";从而开创一条由工夫达本体的路径,因为"工夫愈精密,则本体愈昭荧"。另外,刘宗周在晚年开讲的"证人之社"第九讲,曾经提到:"我辈倡良知,正为力行地耳。要之,知与行总不得分。"[②]刘宗周这一言论无疑具有承上启下的学术价值:上承阳明"致良知"之宗旨,下启宗羲力行实践哲学。

宗羲的时代迫使他成为一个"行动的知识分子",一方面要为现实政治谋出路,探索社会历史发展的"治乱之故","条具未治大法",提出了以新民本思想为核心的民主启蒙学说,可谓"为生民立命","为万世开太平"。另一方面,宗羲又要担当起"为天地立心","为往圣继绝学"的宏伟使命,对宋明七百年的理学思想予以批判性的系统总结,并在此基础上发展出了一种以批判虚妄学风、提倡有用实效为主要特征的实学思潮。黄宗羲本人在这种力行哲学所强调的"经世应务"学风的感召之下,"一生无日不做事,无日不读书"。易言之,黄宗羲对于自己所确定的力行哲学,确确实实是在"身体力行之"。[③]

四、黄宗羲力行哲学的"经世"品格

通过对黄宗羲哲学体系的分析,我们不难得出这样一个结论:黄宗羲的本体论、工夫论、认识论三者是相互联系的有机统一体,具有辩证品质,是一种"一而三、三而一"的以"本体—工夫"为核心的实践哲学;"宗羲的哲学思想,已开始超越宋明理学之樊篱而走向清初实学的

---

① 刘宗周:《刘宗周全集》(浙江古籍出版社,2007 年,吴光主编,下引版本同)第 3 册,第 372 页。

② 《刘宗周全集》第 2 册,第 576 页。

③ 其实,"力行"亦是儒家道统得以延续的一条学脉,如《中庸》有"力行近乎仁"的论断。通过分析,笔者认为,儒家"力行"之用力有内、外两个方向。向内,就是要培养君子人格、塑就仁德;向外,就是经纬天地,成就齐家、治国、平天下之伟业。要之,"力行"完全可以作为儒家内圣外王("修己以治人")理想得以实现的契机与跳板,实现"内外双赢"。

新境界了"。①有论者就认为,"倡导经世致用,具有批判精神和求实精神,是明清之际进步思想家和学者的共同特征"。②

年轻时代黄宗羲之为学重心便是"实用"之学,在黄宗羲 18 岁时,黄尊素的门生徐石麟便对宗羲的学业十分关切,叮嘱其为学,"学不可杂,杂则无成。无亦将兵农礼乐以至天时地利人情物理可以佐庙谟、裨掌故者,随其性质所近,并当一路,以为用世张本"。③由于心仪"实用之学",黄宗羲对宋明理学"束书不观、空谈心性"即"游谈无根、不谙世务"之空疏学风所反映的教条主义倾向提出了强烈批评:

> 儒者之学,经纬天地。而后世乃以语录为究竟,仅附答问一二条于伊洛门下,便思厕儒者之列,假其名以欺世。治财富者则目为聚敛,开阃捍边者则目为粗材,读书作文者则目为玩物丧志,留心政事者则目为俗吏,徒以"生民立极,天地立心,万世开太平"之阔论,铃束天下,一旦有大夫之忧,当报国之日,则蒙然张口,如坐云雾,世道以是溷倒泥腐,遂使尚论者以为立功建业,别是法门,而非儒者之所与也。④

> 奈何今日言心学者,则无事乎读书穷理;言理学者,其所读之书不过经生之章句,其所穷之理不过字义之从违。……天崩地解,落然无于吾事,犹且说同道异,自附于所谓道学者,岂非逃之者愈巧乎?⑤

在此基础上,强调并提出"通经致用"、"经世应务"、"经世济民"之讲求实体、实用、实效、实行之实学,从而开启了明清实学风气之先河。

一方面,黄宗羲对汉唐以降的"词章之学"不屑一顾,⑥反对程朱后学"墨守训诂之产";另一方面,更是反对阳明心学末流"高谈性命之理",从而主张"适用"之学,提倡为学应兼综众家之长,"至诚"以得"妙义":"今夫世之讲学者,非墨守训诂之产,则高谈性命之理。……先生(按:许酉山)之学。不名一辙,以适用为是,故于六家皆取其长,而以

---

①　吴光:《清初启蒙思想家黄宗羲传》,载《黄宗羲全集》第 12 册,第 154 页。

②　王俊义:《清代学术探研录》,中国社会科学出版社,2002 年,第 111 页。

③　《黄宗羲全集》第 12 册,第 21 页。

④　《黄宗羲全集》第 10 册,第 433 页。

⑤　《黄宗羲全集》第 10 册,第 645—646 页。

⑥　《黄宗羲全集》第 2 册,第 502 页。

至诚流出金石瓦铄，镕为妙义。"①在以"有用"、"实效"为学术旨趣的前提下，黄宗羲反对蹈袭附会，"此亦一述朱，彼亦一述朱"的教条主义学风，认为"各人自用得着的，方是学问"。②对于黄宗羲经学论著的经世品格，《四库全书总目提要》在评价《易学象数论》时指出："按诸实际，推究事理，不为空疏无用之谈，略其偏颇而取其明且之学者，不为无益。"③此外，宗羲曾经提出"六经皆载道之学"④、"六经皆先王之法"⑤以及"穷经以明理"的论断："夫穷经者，穷其理也，世人之穷经，守一先生之言，未尝会通之以理，则所穷者一先生之言耳。"⑥

黄宗羲在倡导"适用"之学的基础上，反对"学道与事功分为两途"的错误观念：再次倡言"道无定体，学贵适用"的观念，主张"事功出于道，道达至事功"的辩证思维，从而提出了"为道"与"事功"合一的思想。⑦与此同时，对学界流行的"空言而无事实"之论极为厌倦，"古者儒墨诸家，其所著书，大者以治天下，小者以为民用，盖未有空言无事者也"。⑧对于黄宗羲所倡导的以"实践为主"的学风，清代学者江藩曾评价到，"宗羲之学出于蕺山，虽姚江之派，然以慎独为宗，实践为主，不恣言心性、堕入禅门，乃姚江之诤子也"。⑨黄宗羲所提倡的经世应务学风，由是亦可窥见一斑。

应该指出，经世应务之实学学风在明清之际乃思想界一种流行思潮和主旋律：吕坤的实学观念力主"实用"，"天下万事万物皆要求个实用，实用者与吾身心关损益者也。凡一切不急之物，供耳目之玩好，皆非实用也"。⑩东林党人主张"学问不贵空谈而贵实行"⑪，"学问必须躬行实践方有益"（高攀龙语）。顾炎武极力反对理学末流之"明心见性

---

① 《黄宗羲全集》第 10 册，第 480 页。

② 《黄宗羲全集》第 12 册，第 46 页。

③ 《黄宗羲全集》第 12 册，第 194 页。

④ 《黄宗羲全集》第 10 册，第 24 页。

⑤ 《黄宗羲全集》第 1 册，第 87 页。

⑥ 《黄宗羲全集》第 8 册，第 545 页。

⑦ 《黄宗羲全集》第 10 册，第 623—624 页。

⑧ 《黄宗羲全集》第 2 册，第 502 页。

⑨ 江藩：《国朝汉学师承记》，转引自《黄宗羲全集》第 12 册，第 79 页。

⑩ 吕坤撰、王国轩等注：《呻吟语》，学苑出版社，1993 年，第 275 页。

⑪ 《黄宗羲全集》第 8 册，第 796 页。

之空谈",倡"修己治人之实学";痛斥今之理学为禅学,提出"古之所谓理学,经学也"①的哲学命题。同时代的思想家方以智从经世实学角度出发亦提倡"经史并重","经以穷理,史以征事"。②

谢国桢在论述"明末清初的学风"时就称提到黄宗羲等学者之所以能够提出民主的学说,就是因为"(黄宗羲等)提出了'经世致用'的宗旨,'实事求是'的精神,对于自然界的现象和社会的情况以及政治的弊端,均作深入的调查研究"。③从这个意义上讲,黄宗羲的力行哲学也可以看作是一种"外王"哲学,"外王"哲学乃是黄宗羲所处时代的哲学元命题。

末了,对于黄宗羲的哲学思想,笔者借用当代学者龚鹏程先生的一句话作为全文结语:

> (黄宗羲)思想既承刘蕺山之传,又能切应于时代;故不独整理宋元明儒学术,为理学心学之殿军,又开清代实学之风,……巍然宗师,可称无愧!④

---

① 顾炎武:《顾亭林诗文集》,中华书局,1983 年,第 58 页。

② 方以智:《浮山文集前编》卷五《史统序》,引自《方以智评传》,南京大学出版社,2001年,第 178 页。

③ 谢国桢:《明末清初的学风》,上海书店出版社,2004 年,第 9 页。

④ 龚鹏程:《晚明思潮》,北京商务印书馆,2005 年,第 302 页。

全祖望以实求是的学术精神及其实践

杨太辛

"实事求是,经世致用",是我国学术特别是浙东学术的基本精神,对此,学术界殆无疑义。但是,对其内涵的理解,难免见仁见智,导致在实践上往往得其形似而失其精髓。其中一个突出的表现是,就事论事的实用主义及望风趋附的机会主义,借此而风行不息。

考察这一命题的内涵,实事求是乃经世致用的核心和灵魂;经世致用是实事求是的目的和旨归。实事求是,要以实心求是为前提,实学求是为基础。经世致用,良有多途,或以政治经世,或以经济经世,或以学术经世,因人因时而异;用则无论有用之用与无用之用,皆有其用。

全祖望的一生事业,就给我们提供了一个实心求是、实学求是、实事求是的,以学术经世,以无用之用而致大用的典型。

一、实心求是——真性情

南宋四明学派以心之精神为圣,明清浙东学派也主张"读书明心"。黄宗羲说:"读书不多,无以证斯理之变化,多而不求于心,则为俗学。"①作为四明后裔、黄氏私淑的全祖望,其治学为人,首求心之所安,以昭昭耿耿之心立身处世。他说:"先儒之语返之我心而不安,当博考之,深思之,力求其是。"②他又认为四明之所以多烈士义民,是因

---

① 《梨洲先生神道碑文》,《全祖望集汇校集注》,上海古籍出版社,2000 年。以下凡引该书,只注篇名。

② 《题郝仲舆读经解字》。

为"其所恃以为人者",即"昭昭耿耿之心也"。①昭昭耿耿,实心求是,以真诚恻怛之心寻真实无妄之理,以真性情求真学问,这是全祖望的最感人之处。

全祖望是位个性极其鲜明的学者,对其精神风貌最简切传神的概括是:"性伉直,负气忤俗。有节概,其学渊博无涯,于书靡不贯穿。"②鄞志的概括,出自前此的亲人弟子和通人硕士的印象和评价。他的弟子董秉纯在《全谢山年谱》中记载了这样一件趣事:"(乾隆)六年戊甲,先生二十四岁……夏患齿痛,张孺人以先生性伉直,多因事相规,笑曰:'是雌黄人物之报也,先生赋诗解嘲。'"阮元的《国史儒林传》首称:"祖望负气忤俗,有风节,其学渊博无涯涘,于书靡不贯穿。"为此后的作传者引用不绝,似可作为对祖望之评。

所谓精神,是知、情、意的总体,也就是荀子所谓的血气、知虑、志意的综合。约略言之,所谓"伉直",即刚直,属于感情气质;"忤俗",即超越流俗,属于知虑识见;"风节"或"节概",指其操守高尚坚贞,属于志向意趣问题。现试循此寻绎如下。

1. 血气:刚直清狂,性情直率显露

为全氏立传者,一般都不会忘记两个事迹:一是毁弃谢三宾、张杰之牌位;二是面折亲戚师友之过。前者说明他嫉恶如仇,后者说明他胸无城府。谢三宾是几进几出反复叛明降清的高官,乃前明太仆;张杰是死心塌地无情镇压起义的降将,清浙江提督。14 岁的少年秀才全祖望初谒学宫,见名宦乡贤祠有此二人栗主,乃怒而捶地,投诸泮池。其业师董正国师道尊严,《全谢山年谱》谓:"次欧先生最持崖岸,弟子无敢辄前者,独先生与争论经史。业师不以为忤,反而欣慰有待曰:'此吾门俊人也,惜吾老矣,不及见其大成也。'"舅氏蒋蓼崖为著名学者,曾为人作枪手,他不为尊者讳;挚友杭世骏为粤秀书院山长,却借大吏声势贩卖湖笔,他毅然贻书规戒。虽因刚正直率而见憎于人,生前毁多誉少,而不改分毫。他刚直的性格来自清狂的骨气。在其咏贺知章、虞翻的诗中真情率露无遗,"清狂忆吴语,高尚表青门"③;"肮脏

---

① 《杲堂诗文续抄序》。
② 《光绪鄞县志·人物传》。
③ 《贺秘书钓台》。

仲翔骨,清狂一世无"。①浙东多刚健勇进的狂者,如陈亮的"狂放",陈傅良的"狂率",叶适的"阳刚"和"迂阔",王阳明的"狂者胸次",黄宗羲的"逞豪南都",都曾在学术史上与吕祖谦的"平心易气",刘宗周的"慎独"和"刚介",交相辉映。狂者进取,狷者有所不为。全祖望的"清狂",乃是这种知其所为和知其所不为的狷介之狂。作为一个"狂者",他却对"清"字情有独钟,"息机消噩梦,观物寄清吟"②;"先人世德赊,七世清班贵"③;"直节在讲筵,清德垂里社;"④"公喜为诗,下笔清挺"⑤;"诸子贫甚,其清操可知也"。⑥他自命、教子、衡人,特重清心、清德、清操,这与章学诚的崇尚"清真",可谓异曲同工。刚直清狂的气质,使他的言行举止,莫不感人。

2. 知虑:忤俗逆时,不附时风众势

忤俗,即违背世俗,超越凡庸;逆时,即逆于时趋,不望风附从。无骨气的媚俗和无原则的趋时,对学术事业的戕害,可以说是众所周知,不必赘言。因此,全祖望的"负气忤俗"和逆于时趋,显得特别可贵。他的忤俗,首先表现在不附权势、不慕仕宦方面。他14岁成秀才,至23岁时还未应举,并非无人荐举,而是他不愿趋附。据《全谢山年谱》记载:"孙公(宁守孙绍)将荐先生于朝,先生上书力辞,因欲先生自署门生,先生自后遂不复往。"后经督学浙江的王公兰生,再三举荐,始携书二万卷入朝。按照当时新例,贡生可赴吏部待选,但他只投牒太学,心无旁骛,一心治学。时相张廷玉的儿子与他同学,张因慕其名,屡次致意欲收归门下。他不屑其为人,屡召不赴,其后半生的蹭蹬与此关系不小。他全凭自己的学识声望,中进士,入庶常馆,并被荐举应博学鸿词科,这是一条入相之路。张廷玉为阻其仕进之路,遂特奏:"凡经保举而已成进士、入词林者,不必再与鸿博之试。"他毫不介意,在翰林院与李绂朝夕论学,与其共读《永乐大典》,日尽二十卷。两年散馆考试,张廷玉故意将其黜入下等,归班选知

---

① 《都尉讲舍》。
② 《寄怀穆堂阁学》。
③ 《昭儿周晬,戏示荆妇》。
④ 《城北镜川书院》。
⑤ 《陈光禄传》。
⑥ 《董永昌传》。

县。他借丁母忧之机,故意守丧六年,不赴礼部诠选。其间及以后,达官大吏一再催促并推荐其入朝为官,然他矢志不涉官场,一再自命本志:"野人家住鄞江上,但见山清而水寒。一行作吏少佳趣,十年读书寻古欢";①"申辕报罢董生黜,更复谁同汲直群。自分不求五鼎食,何妨平揖大将军。"②他把学术当作终身事业,但在学术事业上同样特立独行,不肯趋附。他在论文治学中,对所谓"时风众势",避之惟恐不及。他在主讲端溪书院时,惟恐诸生不能脱拔于"时风众势"之中,谆谆告诫曰:"文亦大有差等矣,有见道之文,有经世之文,降而为词章之文。而词章之中,差等亦复不一,又降而为场屋科举之文,则本不可以文称,特以其依托遗经而推之,而数百年功名之经所自出,愚者遂以为天下文章,莫大乎是。"他认为文贵明道,并期于经世,因而对作秀弄姿的词章之文和惟求功名的场屋科举八股,深致不满,但又力纠此风。他曾记其努力的结果:"端溪诸生,前此并未能脱然自拔于时风众势之中。予至,稍以经史之学导之,其中亦多有志者,雨聚笠,宵续灯,相约不为世俗之文,而曾未几时,其文果为之一变。"③他特别钟情于乡贤中超越时风众势而卓立于世者,如甲申殉国十九忠臣之一的陈良谟,绝嗣无后,他主动为之撰写碑铭,深赞其"居官循分尽职,不与时风众势相和,于世间所谓党部、门户、流品,不晓也"。④他在《宁波府儒学进士题名碑》中,感慨"吾乡由南宋以暨于今,抡大魁者不一……彼其生前荣进之阶,几如飘风好鸟之过",惟独赞赏"不至为时风众势所局"的袁甫,"有会于本心之旨"而不忘"千里生民之业"。当时先后执政的宰相,都是他的同乡,他却"前后无一语阿私者,其于史弥远言其老当还政,于郑清之言其履亩害民,于史嵩言其不可为相"。全祖望与他真可谓同声相应,同气相求。

3. 志意:崇尚气节,不求富贵利达

气节,主要指人的志气和操守。浙学之重气节砥砺和操守躬行,史不绝书。王棻说:"气节之大者,在于出处去就、辞受取予之间,盖粗

---

①　《鹿田太守问予不出之意何其决也,笑而答之》。
②　《临川先生病中犹商古人出处之义,漫呈绝句五首,兼柬胡抚军复斋》。
③　《帖经小课题词》。
④　《明四川道御史陈公神道碑》。

之为义利之辨,精之在生死之交……然而其道,唯在守己。"①全祖望之倾力表彰明季忠义,已可看出他对气节的衷心推崇。不过,他所处的时代,已与明末清初不同,他生于康熙四十四年(1705),卒于乾隆二十年(1755),对于气节的考验,主要不在生死之际,而在如何对待出处去就、辞受取予之间。盛世的隐忧,在于不重义利之辨,人怀富贵利达之心,待到气节消尽,则必盛极而衰,这也是古今难逃的一个历史循环。全祖望对此有清醒的认识:"自讲学之风盛,学者自负其身心性命之醇,而气节其粗焉者也。夫'善养吾浩然正气',孟子之言也;'临大节而不可夺',孔子之言也。此不过懦夫借此以掩其趋利避害之情状,其流弊至于无君无父而不可挽,非细故也。"②他之所以赞誉赋性刚强、志节崭崭的真儒罗伦,而贬斥号称正学大宗的真德秀,是因为其怀有"富贵利达之心"而"晚节颇有惭德"③。全氏则念念不忘以气节自砺,他对于出处去就的严肃,已见上文,现再就其对于辞受取予的慎重略述一二。据其弟子董秉纯回忆:"先生自辛酉(乾隆六年)以后极贫,饔飧或至不给,冬仲尚衣袷(夹)衣,赖维扬诗社岁上庖廪,然典琴书,数岁齿,曰皇皇也。蕺山之俸,颇得中人之产数家,竟以避色不赴。"(按:全氏曾应聘蕺山书院,以太守失礼拂袖而归,诸生欲筹千金,挽留先生。他说:"夫吾之不往,以太守之失礼也,礼岂千金所可货乎?"目睹此情景的董秉纯,"心服先生之言,而终忧先生之贫",不禁由衷敬佩:"是时选部之檄岁至,友朋之车频催,先生不为贫窭动心久矣,区区千金,腐鼠耳。"(《全谢山年谱》)又全氏主端溪书院时,"自束修外,一介不取,虽弟子以时物相饷,亦峻拒之"。④除去富贵利达之心,方谈得上真学问。)

全祖望的人格精神与他的学术精神是完全一致的。所谓学术精神,是指人们在觉道效术过程中的指导原则、感情气质和心理倾向。浙学各派和浙东学者,虽因宗主有别和个性不同而学术风貌各呈异彩,但有一个共同遵循的基本原则和基本倾向,这就是求真务实。一本而万殊,浙东学术求真务实的基本精神,在全祖望身上的特殊体现

---

① 《台学统·气节之学序》。
② 《罗文毅公画象记》。
③ 《题真西山集》。
④ 徐时栋:《烟屿楼文集》。

是：一是真修实悟，虚实相生。真与假对，以假乱真的根子，不外于富贵利达之心，他反对趋时攀缘的附会之风和媚俗阿世的乡愿之态，以真心治真学，真情求真知，但是下的却是文理密察的实学工夫。清儒莫晋说得好："学贵真修实悟，不外虚实两机，病实者救之以虚，病虚者救之实。"①全氏之学，正是这种求真为先、务实为本的虚实相生之学。二是知通统类，源远流长。统是学术的统绪，类是学术的门类。他对于传统学术文化的源流本末以及经学、理学、史事、文词各个门类，无不通晓。他知通统类，因而渊源深远，其学一得之于累世家学；二得之于黄宗羲、刘宗周；三得之于王应麟、黄震；四得之于朱、吕、陆及永康、永嘉之学，其中特别与吕祖谦的中原文献之学灵犀相通；五得之于胡学和洛学；由近及远，最后上溯于孔孟荀之正学。三是博学无涯，融洽无滞。他融宋学的义理、汉学的考证、浙学的经济为一体，而以情挚理晰的文章达之于众，其学真可谓义理、考据、辞章、经济合一之学。四是崇尚气节，躬行实践。他论学衡人，首重气节践履，这既是他的学术批评原则，又是他身体力行的准则。全祖望的学术精神，既得浙东学术精神的真髓，又充实了浙东学术精神的内涵。

二、实学求是——真知见

学求其是，文期明道。"其学渊博无涯，于书靡不贯穿"，这是前人对全祖望的一致评价。所谓渊博无涯，是指其学术规模而言，阮元说"经学、史才、词科三者，得一足以传，而鄞县全谢山先生兼之"；所谓靡不贯穿，是指其学术深度而言，如他三笺《困学纪闻》，七注《水经注》，特别是对宋以后的儒学源流及明季的忠义事迹梳理缜密，考证精实，堪称绝学。学问之径，有顿悟渐积两途，洞悉个中三昧的阮元又说："吾观象山、慈湖诸说，如海山神山，虽极高妙，而顷刻可成；万、全之学，则如百尺楼台，实从地起，其功非积年工夫不可。"②脚踏实地，实学求是，因而真知灼见，层出不穷。现择其要者，略述其下。

---

① 《明儒学案序》。
② 《经史问答序》。

1. 整理四明学统

四明之学得以与金华、永康、永嘉之学并称于世，这得归于全祖望的精心梳理和致密考证。他知通统类，文理密察，以南宋为重点，以庆历五先生、淳熙四先生、同谷三先生及有明三先生为经，以四明之学与胡、洛、陆、吕、朱学的关系为纬，彰显了四明之学的宗旨源流、发展轨迹和精神气质。他以高明之见和沉潜之功，使我们对四明之学知其名义，有所向往。他的梳理成果主要见诸于他的有关书院的碑记及《宋元学案》中的《士刘诸儒学案》、《慈湖学案》、《絜斋学案》、《广平定川学案》、《深宁学案》、《东发学案》、《静清学案》、《静明宝峰学案》等，卷帙浩繁，厥功斯伟。现择要略述如下：

首先理清了四明之学的源流统绪。南宋的四明之学被称为四明心学，盖出于黄宗羲对明州四先生的评价："杨简、袁燮、舒璘、沈焕，所谓明州四先生也。慈湖（杨简）每提'心之精神为圣'一语，而絜斋（袁燮）之告君亦曰：'古者大有为之君，所以根源治道者，一言以蔽之，此心之精神而已。'可以观四先生学术之同矣。"①但四明之学前有源头，后有流变，四明心学不足以赅之。全祖望则对四明之学的源流演变成了更为全面详尽的探索。

（1）北宋：庆历五先生（杨适、杜醇、楼郁、王致、王说），为四明之学的草昧期。当时濂、洛之学方萌芽而未出，五先生之学与胡瑗相应。胡瑗苏湖教法，设经义、治事两斋讲明正学，五先生亦以讲学授徒为毕生事业。全祖望说，"五先生皆隐约草庐，不求闻达"。杨适"治经不守章句"，"善言治道，究历代治乱之原"；为人醇厚介特，"毁誉不以动其心"，"非义之馈一介不取"，因而后世莫不师之。杜醇，王安石任鄞县令时，再三礼聘为县学师，后慈溪立学，亦聘其为师，"二邑文风之盛，自先生始"。楼郁，掌教县学、郡学三十余年，"学行笃实，信于士友，一时英俊皆在席下"。王致，"乐道安贫"，以致"妻收遗秉，子拾堕樵"，他的道义及高行，化及乡里。王说，王致从子，亦教授乡里三十余年。②他们都曾与王安石相交，王安石执政时，楼郁、王说尚健在，但均"不肯一出以就功名之会"。全祖望认为他们功在培育士子，养成好学风气，使

---

① 《宋元学案·广平定川学案·按语》。

② 《宋元学案·士刘诸儒学案》。

"吾乡遂称邹鲁,丘樊缊褐,化为绅缨"。他们虽无著作流传于世,但陶铸了一个正气凛然的学人名宦群体:"排奸诋奄,谠论廪廪,丰清敏(稷)之劲节也;急流勇退,蘘月苹风,周银青(锷)之孤标也;再世兰芽,陜南弗替,史冀公父子(史简、史诏)之纯孝也;婴儿乐育,以姓为字,陈将乐(摅)、俞顺昌(伟)之深仁也;杀虎之威同于驱鳄,姚夔州(孳)之异政也;于公治狱,民不自冤,袁光禄(毂)之神明也;一编麟经,以绍绝学,汪正奉(洙)之丰畜也";"金桔不知萧然诗,王望春(该)之清贫也。"①

(2) 南宋:淳熙四先生(杨简、袁燮、舒璘、沈焕),为四明之学的中兴期。全祖望说:"淳熙四先生者出,大昌圣学于句余间,其道会通于朱子、张子、吕子,而归宿于陆子,四明后进之士,方得了然于天人性命之旨。"②他的这个论断,对我们全面了解以四先生为代表的四明心学,至关重要。所谓四明心学,前有所承,承自"庆历五先生"所传的胡瑗的经义、治事之学和童持之、高闶所传的洛学;旁有所依,即会通朱、吕、张之学;学有所归,即归宗于发明本心的陆学。因此,他们与陆氏嫡传的"槐堂诸子"不同,"顾四先生皆源于家学,其积力已非一日,及一见陆子即达其高明广大之境,相与神契而无间"。③他们与陆氏"神契"而非依附,对陆学创发而不株守,是使陆学趋于笃实的功臣而非空疏不学的门徒。杨简,是笃行君子,全祖望认为发明本心,"陆氏但以为入门,而文元遂以为究竟",他的《己易》和《绝四记》把陆氏心学发挥到了极致;他的行为则"齐明严恪,其生平践履,盖涑水(司马光)、横渠(张载)一辈人,曰诚,曰明,曰孝弟,曰忠信,圣学之全,无以加矣"。④杨简之为陆学功臣,不仅在于发挥陆氏本心之说为"心之精神为圣",更在于使陆学播于南北和传之久远。全祖望《石坡书院记》说:"慈湖弟子遍于大江……若其昌明师门之绪者,莫如鄞之正献袁公絜斋(甫),侍郎陈公习庵(埙),及慈之宝章桂公石坡(万荣)。"袁甫累官至兵部尚书,陈埙曾为国子司业,使慈湖之学达于朝政国学。桂万荣则创石坡

① 《庆历五先生书院记》。
② 《淳熙四先生祠堂碑文》。
③ 《四先生祠堂阴文》。
④ 《碧沚杨文元公书院记》。

书院世守慈湖家法,"石坡讲学之语,实本师说,曰明诚,曰孝弟,曰颜子四勿,曰曾子三省,其言朴质无华,盖以躬行为务",使慈湖之祀垂六百年不绝。袁燮,曾任国子祭酒,每延见诸生,必告以"反躬切己,忠信笃实为道本"。他既以心为道本,又力主深思竞业,本体功夫并重。全祖望说:"正献有言曰:'学贵自得,心明则本立。'是其入门也;又曰:'深思而得之,竞业而守之。'是其全力也。槐堂弟子多守前说,以为究竟,是以稍有所见,即以为道在是,而一往蹈空,流于狂禅……使其如正献之教,宁有是乎。"①他还曾师从吕祖谦,"接中原文献之正传";与"明旧章、达世变"的陈傅良"从容考订,细大靡遗",因而文献功底深厚,治学功夫扎实。②舒璘,虽归宗陆学,但渊源广博,他自序其学曰:"南轩开端,象山洗涤,老杨先生(杨简之父杨廷显)琢磨。"③全祖望更详考其学术渊源及造就曰:"舒文靖公之学,得于其妇翁童公持之,故杨文靖公(时)高弟也。又受业于张公南轩,因遍求益于晦翁、东莱,而卒业于存翁(陆九渊)。四先生之中,莫若文靖之渊源为最博,其行亦最尊,其生平所著《诗说》、《礼说》皆为经学之宗;《广平类稿》则其文也。"④他曾上溯洛学,旁及张、朱、吕学,其成就不仅在于心学,而且涉及经学和文章之学。沈焕,师陆九渊,其父沈铢系程门私淑弟子,他有得于家学,更有得于东莱之学。他曾在明招山中,与吕祖谦"极辨古今,以求周览博考之益,凡世变之推移,治道之体统,圣君贤相之经纶事业,孜孜讲论,日益深广,期以开物成务而后已";又在月湖,与时任监仓官的吕祖俭交往多年,朝夕讨论。⑤因此,他为人则"立大本"和"明大义",资禀刚劲,居官刚正不阿,"面攻人之过"而"退扬人之善";治学则"周览博考"和"孜孜讲求",袁燮认为其如蒙进用,"必能震朝廷之纲,折奸回之萌,屹立中流,为世砥柱"。⑥由上可见,四先生之学,虽宗陆氏,实溯洛学而兼采朱、吕、张及永嘉诸学之长,既能创发陆学宗旨,又能弥补其空疏之失。

① 《城南书院记》。
② 《宋元学案·絜斋学案》。
③ 《四先生祠堂碑阴文》。
④ 《广平先生类稿序》。
⑤ 《竹洲三先生书院记》。
⑥ 《宋元学案·广平定川学案》。

在"甬上四先生"之前,洛学亦由高闶、焦瑷等传入四明。高闶,其兄弟五人及童持之、赵庇民等皆在太学师从二程弟子杨时,众人中高闶造诣最深。全祖望说:"吾乡学派导源庆历诸公,至于伊洛世系,则必自宪敏始。而宪敏为司业,其时王氏(安石)之学虽替,然而尚有如陈公辅辈,未能尽绝。宪敏以其师说,日与诸生发明之,其有功于伊洛,尤为不浅。"①焦瑷,山东人,程颐门人,南渡后隐居鄞县大函山讲学,朝臣屡荐不出。他操守谨严,议论过人,高闶曾向他请业,甬上子弟"皆愿附讲席"。沈焕之父沈铢是其高弟,遵焦瑷之教诲人育才。因此,全祖望说:"推轮为大辂之始,甬上乾淳之盛,孰非先生所首导哉。"②

(3) 宋元之交:同谷三先生(陈埙、王应麟、黄震),乃四明之学的综合期。这个时期,陆、吕、朱三学在四明各有传者,综合发展。陈埙,杨简高弟,为学昼夜不怠,于转运司解试及礼部两试,均获第一。居官守正,论政切直,其舅氏史弥远为当时宰相,拟为其谋优职,他坚拒之,结果长期任地方官;任处州教授时,宋理宗求直言,他上封事反对纳贾似道之女为贵妃说:"乞去君侧之蛊媚,以正君德。"史弥远骇而问之:"吾甥殆好名邪?"陈埙答曰:"夫求士于三代以上,唯恐其好名;求士于三代以下,唯恐其不好名耳。"其子陈蒙及弟子张端义、全谦孙、全鼎孙、全颐孙皆名节昭然:陈蒙因上书言贾似道执政阙失遭贬;张端义屡次上书直言,因震动朝廷而被安置地方;全氏三兄弟,系祖望先辈,眼看宋室将尽,置义田以赡宗族,以保后人名节。王应麟,淳祐元年进士,宝祐元年中博学鸿词科,其弟王应风亦于开庆元年中是科,兄弟连捷制科,堪称科举佳话。他累迁起居舍人兼权中书舍人,官至礼部尚书兼给事中,为朝廷重臣,因屡言修攘大计,遭奸相贾似道忌恨。入元,抗节不仕,专心著述。所著有《深宁集》100 卷、《玉海》200 卷、《困学纪闻》20 卷等,系百科全书式的大学者,《四库全书》曾著录其著作 14 种。关于其学术统绪有三说:一是朱学说,黄百家引清江贝琼言:"自厚斋尚书倡学者以考亭朱子之说,一时从之而变,故今粹然皆出于正,无陆氏偏驳之弊。"③二为吕学说,全祖望《同谷三先生书院记》说:"王尚书

---

① 《长春书院记》。
② 《大函焦先生书院记》。
③ 《宋元学案·东发学案》。

深宁独得吕学之大宗。或曰深宁之学得之王氏野、徐氏凤,王、徐得之西山真氏(德秀),实自詹公元善之门。而又颇疑吕学未免和光同尘之失,则子之推为吕氏世嫡也何欤?曰:深宁论学,盖亦兼取诸家,然其综罗文献,实师法东莱,况深宁少师迂斋(楼昉),则固明招之传也。"三为综合说,全氏《深宁学案序录》则谓:"四明之学多陆氏,深宁之父亦师史独善以接陆学。而深宁绍其家训,又从王氏子文以接朱氏,从楼迂斋以接吕氏。又尝与汤东涧游,东涧亦兼治朱、吕、陆之学者也。和齐斟酌,不名一师。"(按:全氏的《书院记》在前,而《序录》在后,当以其最后论定为是,即王氏乃兼综朱、吕、陆之学的大儒。)黄震,度宗时为史馆检阅,参与纂修宁宗、理宗两朝《国史》、《实录》。轮对时言当时之大弊:曰民穷,曰兵弱,曰财匮,曰士大夫无耻,并乞置给度僧人度牒,度宗怒而批降三级,即出国门,幸谏官论救,出判广德军。在广德时,贾似道之子贾蓄世为郡守,骄纵不法,他一再与之争论,被诬解官。宋亡后,坚守不出,饿死于宝幢。著作有《东发日抄》100卷。全祖望《东发学案序录》云:"四明之专宗朱氏者,东发为最。《日抄》百卷,躬行自得之言也,渊源出自辅氏之门(广)。晦翁生平不喜浙学,而端平以后,闽中、江右诸弟子,支离、舛戾、固陋无不有之,其能振之者,北山为一支,东发为一支,皆浙产也。"黄震之所以能重振朱学,是因其能博学深思。全祖望认为其与一般朱学门徒的墨守家法不同,"先生则独得之遗籍,默识而冥搜,其功尤巨。试读其《日抄》,诸经说,间或不尽主建安旧讲,大抵求其心安而止,斯其所以为功臣也"。①

入元以后,四明最著名的学者是程端礼、程端学,而程氏兄弟学于史蒙卿。史蒙卿与黄震同是朱学在四明的传人,全祖望说:"静清为独善孙,始由巴陵杨氏以溯朱学,当时只轮孤翼,莫之应和。而黄提刑东发出焉,遂稍稍盛。朱学之行于吾乡也,自静清始,其功大矣。"②程端礼,入元后,历任建平、建德、铅山、台州等县学或州学教授,稼轩、江东书院山长。他的主要贡献是根据朱子的六条读书法(循序渐进、熟读精思、虚心涵咏、切己体察、著实用力、居敬持志),编制了《读书分年日程》。这个日程,规定了不同年龄段的学者的学习内容、步骤、方法,全

---

① 《同谷三先生书院记》。
② 《甬东静清书院记》。

面周到,详密无遗,实际上起到了朱学的教育大纲和教学计划的作用,为历代的书院遵循不替。

(4) 明代:黄润玉、杨守陈、张邦奇,为四明之学的变易期。全祖望说:"吾乡之学,朱陆二派并行,而明初如桂王傅清溪(彦良),乌高士春风(本良),向献县遵博(朴),皆出宝峰赵氏(偕),宗主慈湖先生,始为朱学。"①赵偕,慈溪人,宋宗室之后,学者称宝峰先生。尝习举业,后因其"是富贵之梯,非身心之益",弃而不习,遂与同邑时观、王约共读慈湖遗书,认为"道在是矣,何他求为"。他虽隐居山林,但仍忧世事,县令陈文昭执经请业,作《治县权宜》授之。桂彦良,慈溪人,元乡贡进士,先后任包山书院山长、平江路学教授,后罢归。明洪武年间,应征入朝,授太子正字,后迁晋王府右傅。常以二帝三王之业、孔孟之道格君王之心,并上万世太平治要十二策,朱元璋称"江南儒者,惟卿一人"。乌本良,宝峰弟子,穷经博史,精诗词书法,为一邑之望。向朴,宝峰弟子向寿之子,入明任献县令,有惠政于民。②祖望认为他们宗主慈湖而始为朱学。实际上,真正继袁甫、黄震而后系"吾乡朱学大宗"的是黄润玉。全祖望说:"吾乡朱学三家,宋则果斋、东发,明则先生,宗朱而不尽合于朱,倘自今世之迂疏陈腐者观之,殆将以为信道之不笃也。"③四明之学,为什么要由陆变朱? 其原因主要是由于科举考试,一以朱学为主,同时也因为任何学派传久必有变化。黄宗羲说:"学问之道,盖难言哉。无师授者,则有歧途亡羊之叹;非自得者,则有买椟还珠之诮。所以哲人代兴,因时补救,视其已甚者而为之一变。当宋季之时,吾东浙狂慧充斥,慈湖之流弊极矣,果斋、文洁不得不起而救之。"④入明,则黄润玉等以朱子救陆学之弊,但又不株守朱子,于其"经传补注多有不合,至于《大学》古本以及格物之义,则实开新建(王阳明)之先"。⑤杨守陈,则"兼收朱、张、吕、陆之长,不墨守一家,要其胸中深思所造,以求自得,不随声依响以为苟同"。在锢人神思的科举时风

---

① 《横溪南山书院记》。
② 《宋元学案·静明宝峰学案》。
③ 《横溪南山书院记》。
④ 《宋元学案·东发学案》。
⑤ 《横溪南山书院记》。

中,他惟求"心之所安"的创见,常使人怪异。然而,时风众势,掩盖不了他的声望:"公之雄文满馆阁,直节在讲筵,清德垂里社,子弟禀承家学,俱为名臣。"①张邦奇,弘治中期举进士高弟,改庶吉士,授翰林检讨,后提学湖广、四川、福建,召还后先后任国子祭酒、翰林院掌院学士,升礼部尚书。全祖望称其在阳明学与甘泉之学之间"岸然不阿",特别是在姚江学派声势极盛时,"苦口折难,而卒不肯少变其主张"。在他的影响下,除黄宗明、万表外,鄞人著录于姚江者很少。他不满于阳明的,主要是顿悟和行先于知两说。他说:"今之为异论者,直欲糟粕六经,屏程、朱诸子之说,置之不用,犹欲其通而窒之窍也";"学必先知而后行,圣行愈熟,则知愈精,原未尝相离,而特不可谓行先于知。"对于他们的分歧,全祖望认为"是阳明之救弊,即其门人所以启弊者也",阳明才高而言有所偏,邦奇"其说最平"。②黄宗羲则认为"因阳明于一先生之言,便谓其糟粕六经,不亦冤乎?此先生为时论所陷也"。③明代中叶以后,则四明之学趋向衰息,"隆(庆)、万(历)诸公,大半为乡衮所锢,党论所排,富贵之溺人如此"。④

(5)清初:则为四明之学的转进期,以黄宗羲在甬上证人书院的讲学为转折关键。全祖望满怀激情地回忆:"自明中叶以后,讲学之风已为极敝,高谈性命,直入禅障,束书不观,其稍平者为学究,皆无根之徒耳。先生始谓:学必原本于经术而后不为蹈虚,必证明于史籍,而后足以应务;元元本本,可据可依,前此讲堂锢疾,为之一变。"他钦敬地认定:"吾乡自隆、万之后,人物稍衰,自先生之陶冶,遂大振。至今吾乡后辈,其知从事于有本之学,盖自先生导之。"⑤自黄宗羲之后,四明之学与绍兴之学合为一体,成为明清时浙东学术的中坚。

其次,彰显了四明学术的特色风貌。从全祖望梳理的四明学统中,我们可以看到四明学术的鲜明特色:一是开放性。这里的山环水绕、面向大海的地理环境,以及刚健朴质、自由放任的人文特色,适宜

---

① 《城北镜川书院记》。
② 《槎湖书院记》。
③ 《明儒学案·诸儒学案本传》。
④ 《槎湖书院记》。
⑤ 《甬上证人书院记》。

于发展思想比较解放的学说,故四明心学生焉。然而,它又胸怀宽大,兼容并纳,因而洛学、胡学以及朱、吕、陆、张的学说,都获得了良好的发展环境。四明学者无论研治何学,都坚持以"心之精神为圣",充分发扬"心之精神"和力求"心之所安"。二是创造性。四明心学宗陆而不空疏,博学深思而为陆学功臣;四明朱学三贤史蒙卿、黄震、黄润玉宗朱而不墨守,使朱学重新焕发精神;吕氏的中原文献之学则在此根蔓枝茂,成为各学的底蕴,而各学都为吕学不断增添亮色。三是致用性。四明之学或使缊褐化成绅缨,造就了大量名宦贤吏,致用于廷议国政;或使经师变为人师,如高闶为南宋制定的经义、子史论、时务策的科考课目,致用于科举考试,为学者成长和学术发展提供了政策保证;或通过精研治体本末,致用于实际事功;或通过书院义塾,致用于化民成俗。四是家族性。全祖望不止一次地指出,四明的史、丰、袁、杨等家族,既是簪缨世族,更是文化世族,他们的屡世积学对四明学术文化发展的作用,不可忽视。

2. 修补《宋元学案》

全祖望的另一项巨大的学术工程是修补《宋元学案》。黄宗羲"晚年于《明儒学案》外,又辑《宋儒学案》、《元儒学案》,以志七百年儒苑门户",但未成而卒,仅成十七卷。虽经其子黄百家修补,但离预期目标仍很遥远。工部尚书汤公斌曰:"黄先生论学,如大禹导山,脉络分明,吾党之斗杓也。"①全祖望为实现黄宗羲的遗愿,以十年之功,补足百卷,以成全帙。王梓材说:"梨洲原本无多,其经谢山续补者十居六七。"②全氏晚年,贫难自存,不得不奔走衣食,他是在青灯黄卷和舟车劳顿中,完成对宋元几百年学术的导山分脉的。我们今天抚卷如见指向北斗,且能按图索骥,不能不感念前贤的丰功伟绩。

根据王梓材的《校刊宋元学案条例》,全祖望的补修,主要做了以下工作:一是为各学案写了序录,这是全书的大纲凡例。"是书创自梨洲黄氏,标举数例,未尽发凡。至谢山全氏修补之,乃有百卷《序录》之作。今欲校理是书,舍《序录》无以得其宗主"。二是全书现有学案八十六个、党案二个、学略三个,宋元的各个学派和学术要案,可以说搜

---

① 《梨洲先生神道碑》。
② 《校刊宋元学案条例》。

罗无遗,此乃谢山续补之功。三是各个学案所采的语录、文集,虽有的为梨洲原本所有,但大量为谢山所采择。各学派的学者小传,有梨洲有传,而谢山修之加详者;有梨洲无传,而谢山特补之者。四是精心撰写按语。宋元儒诸派传授,纷然错杂,各为学案,不得细为标目,并标其门人、私淑与再传、二传、三传。"初观是书,似有门户之见。细阅梨洲、主一(黄百家)以及谢山诸案语,往往和会诸家,总归圣道之一"。五是此书的修补,谢山兼为重修宋史而作。故有的别传为《宋史》所略而他特加精详,且采择经济事功,以全孔门四科之意。

　　清儒李慈铭评书论人,尺度甚严,而对谢山的《鲒埼亭集》及其续补的《宋元学案》则赞赏备至。他对《宋元学案》的佳评甚多,综合起来,有以下几点:一是综核微密,多足补《宋史》所未逮。二是态度公正,"虽意非左祖朱学,而于象山非亦谓其自信过高,每多语病";"又于甬上一隅,如袁韶及史氏兄弟皆列入,而仍以韶为史氏私人。即于慈湖之学,亦不回护,虽列赵与筹于弟子,而讥其聚敛,亦不失是非之心"。三是功力深沉,"其节录诸家语录、文集,皆能择其精要。所附录者,剪裁尤具苦心,或参互以见其人,或节取以有其概,本末咸赅,真奇书也"。四是发人神智,"谢山所撰《序录》八十九首,犀分烛照,要言不烦,宋儒升降源流,大略皆具,学者尤不可不读"。①

　　近现代以来,西学东渐,研究方法和著作体裁也都效法西方,章节体遂成思想史类著作的主要形式。但是仍有人青睐"学案体",如曾执教京师大学的唐晏撰《两汉三国学案》,曾在北洋军阀时代当过大总统的徐世昌主持编纂《清儒学案》,杨向奎作《清儒学案新编》。钱穆先生著作,其早年的《中国近三百年学术史》,虽采取章节形式,但内容编排深得学案体神韵,晚年则倾心编撰《朱子新学案》。杨向奎先生认为黄宗羲的《明儒学案》"上绍庄、荀",起到了学术思想史和学术思想史料选编的双重作用,②其实,还可加上一重作用,即学术批评的作用。黄、全的《宋元学案》一身三任,其特色是否可用荀子的"知通统类"、"文理密察"赅之。从学术分类言,它如黄宗羲所谓"分源别派,宗旨历然";从学术统绪言,正如章学诚所谓"辨章学术,考镜源流";从学识而言,

---

① 《越缦堂日记》。
② 《清儒学案新编缘起》。

其具有学术批评性质的《序录》和《按语》，真如李慈铭所谓"犀分烛照，发人神智"；从取材而言，对各派学者的生平行状和语录文集，综核严密，选择精要，真足当荀子的"文理密察"之称。一句话，与一般学术思想史之作的"授人以鱼"，即贡献作者个人的研究成果不同，《宋元学案》既"供之以鱼"，又"授人以渔"，兼具学术思想史、史料选编、学术批评的三重作用，足能"发人神智"。

3. 表彰明季忠义

明清之交，四明乃节义之区、忠义之邦，除钱肃乐、张煌言等抗清领袖外，还涌现了"六狂生"、"五君子"、"三义士"等大量烈士义民，他们或洒血战场，或毁家纾难，或坚守山寨，或从军海上，其忠义气概和民族气节，理应彪炳史册。为此，黄宗羲有《南雷文定》之作，刻意表彰残明碧血；殉难的文人学者，也大都撰有诗文，留下了珍贵史料。但是，由于文字狱等霜摧雪剥，这类著作或已消磨于鼠牙鱼腹，或仍埋之而不敢出，致使烈士义民的事迹隐没不彰，明季起义的历史真相传闻失实。有鉴于此，全祖望决心续承《南雷》遗旨，以竟宗羲未成之业。他广泛搜集先民遗作，深入调查先烈事迹，纪实存真，写成信史。《鲒埼亭集》中有碑铭 95 篇、状略 9 篇、传 14 篇，大都为表彰忠义而作，他所编的《续甬上耆旧诗》中，也收有大量殉难烈士和隐居遗民的诗作。此外，他还为不少有关文集精心撰写序跋。

全祖望为什么如此热衷于表彰明季忠义？对其史学价值，迄无异议；对其著述动机，至今仍仁智互见。其实，通过他的著作，不难明其心曲：他虽无"反清复明"的意愿，但有深挚的"故国之思"；他名曰倡导"君臣大义"，而意在褒扬"故国大节"即民族气节；他名曰存史，实是传心，传此"昭昭耿耿"之心即民族精神；他表章"忠义"，实欲树立一种尽己尽责的价值观念和合宜合理的行为规范。这方面的例证很多，兹略举如下：他的《华氏忠烈合状》说："检讨（指华夏）欲以精卫之力，填淤海波，亦何可得，即令是时所图得遂，浙河如破竹，亦岂足延西崦之祚。乃一掷不中，至再至三，卒以丧元，可谓愚矣……然而欲存君臣之大义于天地之间，则小腆虽顽，终贤于箪笥壶浆之辈。"华夏是首倡城隍庙聚义的"六狂生"之一，又是谋借山寨、海上义军的合力再夺甬城的"五君子"之一，是举即使成功，以宁邑这个弹丸之地，也难敌天下之滔滔，难挽明祚之西落,故全祖望称之为"愚"。但这个愚,是孔子所称赞的宁武子的"愚不可及"之"愚",①也就是司马迁所说的"柴也愚"之"愚",即一般人难以企及的坚定执著的精神和知其不可为而为之的戆直。他认为论时度势,反清复明不可为,而华氏夫妇为之,谋虽未成,但他们的"凛然大节",使"故国故家,均为有光"。全祖望出身于入清后一日弃诸生籍二十四人的世家大族,其祖辈曾隐居山岙著书讲学,他在表彰明季忠义时与之心犀相通,不免寄寓其深挚醇厚的家国之思,这原是人之常情。但他标举的是"君臣大义",且在其他碑状序跋中屡屡言之,这里当然不免有时代的局限,但更多的是应对朝廷禁忌的智慧。他是借"君臣大义"之名,行坚持"故国大节"之实。他说:"近世吾乡后学,茫然于乡梓典型之望,如先生者,不过谓其能书,岂知其诗古文词。纵稍耳食其诗古文词,要不知其经学、史学之深沉博大,至于故国大节,足以丽日星而降霆电者,则几无一人能言之。"②李文缵,系全家世交,少以诗古文词著名,且工书画,时称三绝。他首从钱肃乐起兵,继欲从亡海上,后涉"五君子"之难。出狱后,遨游四方,博学经史群籍,沿途吟诗不绝,寄寓故国之思,有《赐隐集》,收诗不少于五六千首。全氏《续甬上耆旧诗》选其诗二百六十八首,且为之立长传,其表章李氏的"故国大节"即民族气节之情,甚为殷切显露。他存史是为了传心:"诸公之可死者,身也;其不可死者,心也。昭昭耿耿之心,旁魄(磅礴)于太虚,而凄泊于虞渊、咸池之间,虽不死,而人未易足以知之。其恃以为人所见者此耳。"③他又说:"忠义之人,皇天后土,鉴其心曲,所谓'留吾血三年而化为碧'者,海枯石烂,永不磨灭。"④可见,他之所以收集遗文轶事以存史,目的就在于传此"昭昭耿耿之心",即发扬属于"天地正气"的民族精神。再者,他表彰忠义气节,重点虽在明季,但总的来说,不分时代,不限族类,如他曾为李邺嗣的《西汉节义传》作序,为残元遗民戴良、张宪、丁鹤年作记。原来他所谓的忠义,不仅是局限于一朝一代的愚忠愚义,而是一种尽己尽责的价值原则和合宜合理的行

---

① 《论语·公冶长》。

② 《碧樵先生集序》。

③ 《杲堂诗文抄序》。

④ 《王评事家状》。

为规范;他所谓的气节,是正确对待出处进退和生死之际的操守准则。这样的忠义气节,具有超越时地局限的永恒久远的价值和意义,也是我们当今社会急需的思想资源。

全祖望的著作使后人感奋不已的正是这种充沛洋溢的爱国情操和民族精神,坚贞不屈的民族气节和正直不枉的人生准则。继先贤,启后昆,全祖望在这方面对后人的教益多矣。李慈铭《越缦堂日记》说:"终日阅《鲒埼亭集》。予最喜国朝朱、毛、全、钱四家文集,所学综博,纂计不穷。谢山先生尤关心乡邦文献,其文多忠义,读之激发,自十八、九岁时即观之忘倦。平生坎坷,一无树立,惟风节二字,差不颓靡,诚得力于《后汉书》、《刘蕺山集》、谢山此集耳。"平步青则引《听松庐文抄》曰:"谢山先生博洽淹通,勤于搜讨,乡邦文献尤所究心。《鲒埼亭集》中,每遇忠臣义士,名卿硕儒,其行文顿挫激昂,自有不可磨灭、不可遏抑之气。"[①]梁启超则说:"若问我对古今人文集最爱读某家,我必举《鲒埼亭集》为第一。所作南明诸贤之碑志纪传等,真可谓'情深文明'。其文理曲折尽情,使读者会起同感,所以晚清革命家受他暗示不少。"[②]

三、实事求是——真践履

全祖望中进士后,除在词馆二年外,未任一职,终生讲习、著述。然而,他也办了几件令人惊叹之事,说明他不但是个见识超凡的知者,也是践履笃实的行者,充分显示了他卓越的办事能力。实学求是与实事求是的统一,是全氏的又一亮色。

1. 修举历代书院

为了彰显四明学统,使四明的历史文化精神得以延绵不绝,他恢复、倡建、标举了十六个书院。事后,他不无欣慰地说:"呜呼,吾乡自宋元以来号为邹鲁,予修举诸先师故址,始于大隐(杨适)、石台(杜醇),讫于槎湖(张邦奇),说者以为皋比已冷,带草已枯,虽有好事,徒

---

① 《樵隐昔呓·鲒埼亭集跋尾》。
② 《中国近三百年学术史》。

然而已,岂知诸先师之灌灌也。吾乡立德、立功、立言之士,出其中者,盖十之九,山川之钟秀,随乎儒苑,不可谓函丈之中无权也。"①乡居以来,他常饔飧不继,且逆于时风众势,何以能成此事业,至今仍难索解,盖只得归诸于诚敬而已。现将其修举各书院的情况略述如下:

(1)他修建或恢复的书院九所。其中庆历五先生乃卜地新建:"五先生之讲堂皆已不存,即鄞江(王致)、桃源(王说)二席,亦非旧址。予乃别卜地于湖上而合置之。"②属于洛学的大函焦先生书院,乃购得旧址修治:"吾观大函之墟,其山嶒宏以秀,其水清越以长,固应为高人所托足。自予得先生讲堂,重为修治,而学统攸旧,不得仅以遗世之洞天目之。"③祀高闶的长春书院亦在原址恢复:"宪敏之力肩正学,乃与同学诸公议,仍改为书院,以奉宪敏之祠,而配之以季庄、庶几诸生得为讲业之地。"④祀沈焕、沈炳、吕祖俭的三先生书院则建于祖居竹洲:"先宫詹之得竹洲也,拟为端宪(沈焕)筑书院而未成,其后竹洲屡易主,而后归于予,乃遂事焉而记之。"⑤城南书院原为袁燮家塾,"甬上四先生"的讲堂之一,已荡然无存,他寻访原址复之:"五百年来,三书院(慈湖书院、广平书院、南山书院)虽衰,尚有存者,而城南之址独圮。予既遍举先贤故迹,乃访其地而复之。……书院既成,即使袁氏后人司之。"⑥他又在西湖碧沚建杨文元公(简)书院:"先公欲建书院于鄞,以复当年肆业之盛,且以志文元发祥之地。初拟在三江之口,文元之故宅也;顾其地嚣,不如碧沚之清胜,文元暮年所开讲也。"⑦同谷三先生书院则由全氏山间读书草堂改作:"城东之四十里,有同谷山……予家父子兄弟多读书山中者,先世有草堂三:曰瞻云馆,曰来鹤庄,曰阿育王山房。今惟瞻云馆无恙,先公尝于其中剪纸为三先生神位,令予祀之。予因请改作三先生书院,配之以先侍郎,而以其余为学舍。"⑧首传朱学于四

①　《槎湖书院记》。
②　《庆历五先生书院记》。
③　《大函焦先生书院记》。
④　《长春书院记》。
⑤　《竹洲三先生书院记》。
⑥　《城南书院记》。
⑦　《碧沚杨文元公书院记》。
⑧　《同谷三先生书院记》。

明的史蒙卿无专祀书院,全祖望访得已变为菜园的甬东书院旧址。这个书院原是丞相郑安晚祀其先师楼昉的,及"郑氏之衰,鞠为蔬圃"。全氏"访而复之",前堂祀史蒙卿,配以程端礼兄弟;后堂兼祀楼昉。①最后建槎湖书院,以祀"岸然不阿"的学者张邦奇。全祖望的尽心竭力,遍建各书院,既为实现先人遗愿,更为全面传承四明学统。

(2) 作记标举的书院五所:他撰有《石坡书院记》、《杜州六先生书院记》、《翁洲书院记》、《城北镜州书院记》、《甬上证人书院记》等篇,或述其学术源流,或标其讲学宗旨,或考其兴废始末,或举其深远影响,表彰不遗余力。

(3) 拟复和倡建的书院二所:他拟复的是南山书院:"先生(黄润玉)之后人甚微,书院亦丛废不治,予将为重新之,而刻其著述之幸存者,庶吾乡之学者犹知有儒林之典型也。"②他参与倡建的有泽山书院:"元至正中,学者建泽山书院以祀,其行馆十里,不久而毁。黄氏(震)后人礼之复建焉,今废矣。《日抄》蛰藏于院中,亦不复存。予谓当复行馆,而以泽山书院名之,以从先生之旧,定海诸公皆以为然,请予记之。"③

2. 探索水利事业

明末清初,在经世致用思想指导下,事关国计民生的水利、地理,成了学者关注的重点。全祖望也属于开这种风气之先的学者,他的七注《水经注》、六卷《汉书地理志稽疑》,代表了其这方面的成就。谢国桢先生说:"全氏研治《水经注》,是为了疏通沟渠,发展江浙水利事业。"④诚是的言。在他研究《水经注》的过程中,曾连续写了五篇《水经渐江篇跋》,对浙水的源流走向,考证极为精详。他尤其关切家乡的水利事业,通过实地踏勘和考证文献,撰写了《东四明地脉记》、《增修广德湖白鹤庙祀典碑》、《万金湖铭》、《吴丞相水则碑阴》、《广德湖地租考》等十多篇文章,概述四明山脉水势,总结历代水利事业得失,擘画治理和改善方案。他的治水主导思想是顺应自然,因地制宜,兴利除弊,有利民生,至今仍有指导意义。

---

① 《甬东静清书院记》。
② 《横溪南山书院记》。
③ 《泽山书院记》。
④ 《全祖望集汇校集注序》。

　　其中特别能发人深省的,是他关于东钱湖与广德湖存废利弊的考证论辩。宁波水利资于三湖:小江湖、广德湖、东钱湖,其中小江湖天作地成,广、钱两湖开自人力。这两湖的存废问题,历来成为争论的焦点,目光短浅的郡守为增收赋税,唯利是图的乡绅为扩展田亩,都主张废湖变田;而关怀民生的贤吏和顾念乡里的良绅,则竭力主张存湖溉田。双方较量之后,东钱湖存而广德废,结果利弊立见。逢旱,东乡则赖钱湖灌溉;西乡则往往庄稼失收。全祖望认为广德湖虽废,但湖畔的白鹤庙不可废。原来白鹤庙是纪念历代有功于广德湖的郡守官员的专祠。他说:“湖虽不可复,而庙必不可绝。……故议重新其庙,增定而列祀之。”于是,他通过细致考证,分辨是非,主张将自唐至宋于兴湖卫湖有功的郡守官员列入祀典,而将楼异等废湖之辈逐出专祀。他这样做的目的有:一是“将使今人为民牧者,瞿然知遗爱之所在,虽其陈迹,而尚有思而报之者,则彼欲废东钱湖而田之,其亦可以返矣”;二是“将使今之为民牧者,瞿然知遗爱之所在,或不至坐视小江湖之废而莫之救,将广德湖尚可波及焉”。①他的意思甚明,这就是警示地方官员,要以爱民为本,确保东钱湖,挽救小江湖,以济原广德湖灌溉之田。可惜,这样的教训,并没有被后人接受,违反自然、废湖为田的“政绩工程”,一再重现。有鉴于此,全氏的警世之语,似应长远铭记。

　　此外,他还遍历宁波的碶闸堰坝,提倡一种因时制宜的碶闸精神。他说:“吾乡水利,阻山控海,淫潦则山水为患,潮汐则海水为患,故必资碶闸之属以司启闭。……牧守之贤者,大率以治碶闸为先务。”但是,由于各地高低不平,碶闸启闭往往不能及时有效。宋宝祐年间,吴潜以丞相判府,出知宁波。他积劳三年,遍度城外水势,刻篇记之,归而在城内四明桥勒石为准,上面大书“平”字,水过平字则启碶门,不过平字则闭闸,此石称之为水则。他则朝夕过往验视,调度准确及时,并立碑以告来者。全祖望根据自己体会,极其赞赏这种因地制宜的利民举措:“吾读丞相碑记,以为碶闸者,四明水利之命脉;而时其启闭时,四明碶闸之精神。美哉言乎!夫水利之命脉,即斯民之命脉,而碶闸

────────────

①　《增定广德湖白鹤庙祀典碑》。

之精神,乃牧守所注之精神。今牧守之精神,其与斯民之命脉漠不相关,无惑于碶闸日荒,而水利日减。"①

3. 珍护自然人文生态

他在探索四明的人文化成历史和考察自然山水状态之后,顺理成章地想到了两者的结合。他极其珍惜四明的自然和人文融和一体的良好的生态环境。他的《湖语》、《剡源九曲辞》、《桓溪旧宅碑文》、《紫清观莲花塘记》及《重修三江亭记》、《重修众乐亭记》、《重修十洲阁记》等文章,反映了他对自然与人文和谐境界的追慕和对恢复历史文化生态的努力。

他在探究四明心魂和甬城精神过程中,发现了自然山水和历史人文的密切联系。他的《湖语》是综罗文献、深入体察的博厚深沉之作。此文在历述了两湖(西湖、南湖)之胜景、宅第、物产、水利、人物之后,突出了自然佳胜对人文情怀的陶冶熏染之功:"湖水之静深,足以洗道心;湖水之澄洁,足以励清节;湖水之霏微,足以悟天机。是故湖上理学之传,文章之聚,官箴乡行,交修并举。"全氏此语,殆非虚言,他举证甚多,令人信服。如"庆历五先生"之嫡系楼氏及其高弟丰氏,均世居于此,学者辈出;宗师伊洛的高氏五兄弟,亦居此湖,特别是高闶在湖上首传正学,其后影响遍及南宋一代;"甬上四先生"之讲堂俱在湖上,其中沈焕更是湖上"三老"之一;"同谷三先生"中的王应麟,宋亡后"幅巾潜踪",在此"六经百氏,旁推交通",与其弟应凤,同为湖上"名德之盛"。此外,如史氏袁氏,名宦硕儒,连绵不绝;更有"天台三老"(胡三省、舒阆风、刘正仲),宋元之交,避地湖上,胡三省之重注《资治通鉴》,即在此地。他的《桓溪旧宅碑文》则从另一角度说明山川之美必赖人文发扬。他先写桓溪山水之秀:"溪上之水,发源四明山中,及放乎兰浦而下,它泉汩汩,蕙江环其背,春深而绿荫夹岸,秋老而绛叶满沚";再写人物之盛,自唐宋以来,贺知章、丰稷、楼郁、王应麟等皆曾先后卜居于此。然后点出,"四明灵淑之所荟萃"的"山川之秀",必赖"人物以发之,不然则亦寂寥拂抑而不自得"。自然和人文的和谐,也就是所谓"天人合一",这是一种令人向往的境界。

①《吴丞相水则碑阴》。

为了恢复人与自然融和的历史生态,他首先重修了三江亭。他说:"吾乡之水凡三条:其自剡中而下者,奉化江之源也;其自杖锡诸峰而下者,鄞江之源也;其自蜀冈而下者,慈溪江之源也;胥会于城东以入海,故曰'三江之口'。旧有亭焉,宋建炎之兵火,无复存者。"南宋绍兴中期,集英殿学士潘良贵因反对秦桧议和,出守宁波,集众绅相助,重建此亭,"此岂徒夸游观之乐,盖亦稍为灰烬之余,略振其气"。惜潘良贵在宁只有一年,返朝也只有八十余日而不用,其亭亦风华消歇。全祖望认为"以城东之胜,重之以大贤之所营,可以听其风流之歇绝耶?是以重修而记之"。①接着,他又重修了西湖的众乐亭,这是因为"吾乡湖上故迹得见于诸宿老集中者,盖自是亭始"。此亭原是宋嘉祐年间的宁守钱公辅所建,司马光、王安石等都曾题诗于亭。钱公辅系胡瑗弟子,学有本原,其建亭本在宣明牧守独乐乐不如众乐乐,忧民之忧才能乐其乐之意,后世之牧守多数不过自求其乐,故其亭鞠为茂草。明万历中,全氏先祖曾复之,后又倾毁。全祖望自京师归来后,重新修缮此亭,并将销蚀过半的诗文,另外磨石勒刻,"以存先人意"。他还有重修西湖十洲阁之举,欲复湖上之盛,惟《重修十洲阁记》有目无文,不知其详。他的《剡源九曲辞》,则在描绘了源自奉化的六朝艳称的剡源九曲风景后,拟制了一个配以人文内涵的修建计划。其拟增置的祠宇有四:一曰小万竹山居,祀佐钱肃乐起兵的罗梦章(蜀人),配以有保卫东钱湖之功的鄞令袁州佐;二曰楮树湾草瓢,祀在此逃禅的前明遗臣周齐曾、王玉书、周元初;三曰莲峰茅庵,祀在此募兵的"六狂生"之一的陆宇鼎及其同志舒璘后人舒坤翁;四曰高吞听瀑草堂,祀逃禅的儒士张廷宾和邵得鲁。他欲使九曲剡源的秀丽风光与烈士遗民的忠义气节相互辉映。

全祖望对四明山水风貌的生动描绘,对四明人文精神的传神勾勒,使我们透过三百年的历史风尘,如睹其状,如见其人。他的关于自然和人文和谐共生、相得益彰的深邃思想,对于今天的历史文化名城建设,有何启益,诚宜三思。

---

① 《重修三江亭记》。

　　全祖望实心求是、实学求是、实事求是,为我们树立了一个学术经世的典型。社会批评和学术批评,一般来说有四个标准:治乱(政治标准),是非(真理标准),曲直(道德标准),天人(审美标准或终极标准)。政治家一般以治乱论是非、曲直;学术界一般以是非、曲直论治乱,两者各有其长,不能偏废。全祖望作为学者,主要以学术经世,他明辨源流本末以求真,表彰忠义气节以求善,珍护自然文化生态以求美。对于实际事功来说,看似无用,实有大用,它与有用之用,互相滋益,方能共臻其治。这是更高层次的实事求是,具有更深意义的经世致用。对于建设社会主义和谐社会来说,全祖望的学术精神及其实践,是一份不能忽视的思想文化遗产。

章学诚与维柯历史哲学之比较

陈　锐

章学诚和维柯皆是中西历史上重要的历史哲学家,他们的思想中都包含着一种真正的历史主义的态度,其目的是要消解理性的二元论所导致的僵化的差别,把历史理解成变化和循环的过程,他们对历史所作的整体的思考对于当代的文化研究具有重要借鉴意义,可以弥补理性主义的不足。

一

在中国的传统中,具有系统理论的历史哲学本不多见,而且其历史观在气质和价值取向上也与近现代西方存在差异。在这方面,章学诚似乎是一个例外。这个曾经被自己的时代"视为怪物,诧为异类"①的人物,在 20 世纪却变成了集中国史学理论之大成,同时又跻身于世界最伟大的史学家之行列的思想人物。梁启超曾以夸张的笔调说:"最近德国才有几个人讲历史哲学;若问世界上谁最先讲历史哲学,恐怕要算章学诚了。"②法国汉学家戴密微(P. Demieville,1894—1979)认为章学诚与欧洲最伟大的史家相比也毫不逊色。当代史家余英时也曾将章学诚与柯林伍德的历史哲学相提并论。

不过推崇毕竟只是推崇,就像在历史上,推崇永远不能等同于真正的理解一样。人们总是立足于自己特定的时代和环境去见仁见智。对于 20 世纪中国来说,自从人们接受了近代西方的进化论以后,对中

---

①　《章学诚遗书》,卷二十二,《与族孙汝楠论学书》,文物出版社,1985 年。

②　夏晓虹:《梁启超文选》(上册),中国广播电视出版社,1992 年,第 663 页。

国传统的历史哲学就不再有多大兴趣了。历史家沉浸于实证的考察，对抽象和宏观的哲学思考感到厌烦，哲学家则燃烧着道德和政治的热情，并假定自己有能力去品评和裁剪历史，在历史面前也很难有那种冷静和历史的态度了。这样，章学诚的历史哲学为哲学家所忽视，为历史家所误解也就是很自然的了。在历史学家的笔下，《文史通义》的主要价值被分解为一些具体的史学方法，至于其中的灵魂，即对中国文化和历史所作的整体的思考却被不自觉地放在一旁了。

不管如何，在人们对传统和历史表现出如此兴趣的今天，我们有必要重新认识章学诚对中国文化所作的那些思考，他的历史哲学决不仅仅是一些具体的史学方法，诸如对"六经皆史"的提倡，方志学中对文献史料的重视，以及如何成一家之言等等。在这方面，我们不妨将他与西方的历史哲学家作一些比较，或许可以更好地认识其中所包含的价值。当然，西方的历史哲学本身就存在各种差别和对立。就章学诚的气质及思想倾向来看，或许与意大利的维柯有更多的共鸣。他们都是 18 世纪的人物，在个人经历、性格、坎坷贫穷的学者生涯，为自己的时代所忽视并为后世所误解的程度上都存在值得比较之处。他们的历史哲学都源于对理性主义二元论的批评，维柯批评了笛卡尔理性主义的二元论，章学诚则处处针对从朱熹到戴震的理智的思考和辨析。这样，他们都在某种程度上达到了哲学和历史的统一，在维柯那里是兼有哲学和语言学，柏拉图和塔西佗双重成分，在章学诚那里则是宋学的义理和汉学的考据并不对立，两者都是道的外在显现。此外，他们也都包含着较多的历史循环的成分，并对文明社会的消极方面表现出不同程度的怀疑和批评。当然，他们也有相当的差别，除了不同的宗教文化背景和侧重点外，章学诚的《文史通义》是中国传统史学中最后一部有系统的著作，而维柯的《新科学》则成为近现代西方历史哲学的先驱。

二

在人类思想史上，理智、逻辑和历史往往处于某种对立的状态。

理智的分析把混沌和整体的世界打碎,寻找并确定事物之间的差别和界限,使世界变得更明确、清晰和容易把握,但历史的运动、变化和生命也消失了。人类历史上许多以理性著称的时代,如从朱熹到戴震的道问学传统,欧洲 17 世纪的笛卡尔主义,18 世纪的启蒙运动,其内容与思维方式都往往是与历史不相容的。但是,当理智的分析逐渐僵化下去时,就往往出现一种潮流去消解这种理智的分析所导致的二元对立,并在同时孕育出历史的运动和变化的观念。章学诚与维柯的历史哲学都源于类似的历史背景。

当代思想史家余英时在研究清代学术的时候,指出从朱熹到戴震存在着思想史上的内在联系,即智识主义和道问学的倾向。朱熹喜欢区分理和事、道和器、形而上和形而下,有点类似欧洲理智的二元论。当这种思想用到经和史的关系时,两者必定是分离的。《朱子语类》卷一二一云:"或问《左传》疑义。曰:公不求之六经《语》、《孟》之中,而用功于《左传》,《左传》纵有道理,能几何?"这样,在朱熹那里,六经作为不易之常道被凌驾于变易的历史之上,它和笛卡尔理性主义对历史的轻视具有类似的意义。戴震尽管批判了朱熹的"理在事先",但实际上正是朱熹理智主义和道问学的进一步发展,"理者,察之而几微必区以别之名也"。[①]这种对差别的坚持在章学诚的时代导致了复杂和僵化,学者或是离器而言道,空谈性命,抬高六经的权威和固守门户之见;或者是"然议文史而自拒文史于道外,则文史亦不成为文史矣"。[②]

毫无疑问,章学诚的"六经皆史"上承陆王心学,与上述的理智主义潮流正处于相对立的状态。王阳明处处反对朱熹析心与理为二,在经与史的关系上也必然反对析经与史为二,"以事言曰史,以道言曰经。事即道,道即事。《春秋》亦经,五经亦史"。[③]王阳明六经皆史思想的直接目的是反对将不易之常道和变化之事物判为两橛,是反对理智的思考和辨析,"析理愈精,学益支离"。[④]章学诚的"六经皆史"正是这

----

① 戴震:《孟子字义疏证》,见安正辉《戴震哲学著作选注》卷上,中华书局,1979 年,第 61 页。

② 《章学诚遗书》,卷二十九,《姑孰夏课甲编小引》,文物出版社,1985 年。

③ 王阳明:《传习录》上,吴光等:《王阳明全集》,上海古籍出版社,1992 年。

④ 王阳明:《别湛甘泉序》,吴光等:《王阳明全集》卷七,上海古籍出版社,1992 年。

种反理智倾向的进一步发展,"朱子求一贯于多学而识,寓约礼于博文,其事繁而密,其功实而难"。①章学诚在自己的时代中看到了到处是机械、僵化和差别,道与器、官与师、经与史、知与行都无不处于歧异和对立之中。他倡导"六经皆史",也正是和王阳明一样去消解理智的分析和差别,他在《文史通义》中反复强调古人不著书,古人官师不分、治教不分、经和史不分,"且古人之于经史,何尝有彼疆此界,妄分孰轻孰重哉?"②他认为宋学是空谈性命,离器而言道,汉学是离道而言器,这样实际上是把经和史判为两橛,把不易之常道和变易之历史分离开来。因此,"记诵名数、搜剔遗逸、排纂门类、考订题目、途辙多端,实皆学者求知所用之功力尔。即于数者之中,能得其所以然,因而上阐古人精微、下启后人津逮,其中隐微可独喻,而难为他人言者,乃学问也"。③

维柯的历史哲学在语言、题材、风格诸方一面都与章学诚存在很大差异,但若透过其外表,就可看到在内在的思想线索上有很大的类似之处。维柯思想的出发点同样是要将普遍的真理和具体的事实、神和人、哲学和历史统一起来。他身处笛卡尔理性主义的氛围中,却无法接受其理性的思考和二元论。笛卡尔对历史的轻视与朱熹是类似的,他们都推崇普遍永恒的真理,贬低具体变化的事物,"笛卡尔和伊壁鸠鲁在这一点上是一致的,凡是物体的变化有无限的种类;凡是物体的形态都是物体实体的变相;而形态本身却并没有实体性的存在"。④此外,维柯也不满意 16 世纪以来的人文主义史学,因为人文主义者把目光投注在世俗人物的活动和偶然事件的记录上,这种缺少普遍必然性的历史就成了琐碎的没有意义的汇编。总之,维柯心目中关注的是神和人、芝诺的命运和伊壁鸠鲁的偶然性、哲学和历史的分离,并希望寻找一种原则将分离的双方统一起来。

由于章学诚和维柯都批判了理智的二元论和后世学者们的虚骄偏见,因此他们的思想中都包含若干非理性的因素,并且出现了历史

①　《文史通义》,《朱陆》,文物出版社,1985 年。
②　《章学诚遗书》,卷二十八,《上朱中堂世叔》,文物出版社,1985 年。
③　《章学诚遗书》,卷二十九,《又与正甫论文》,文物出版社,1985 年。
④　维柯:《新科学》,人民文学出版社,1986 年,第 630 页。

的运动和变化的观念。在章学诚那里,六经不再是脱离了器的不易之常道,不再具有至高的权威和永恒的价值,它本身就是历史的产物,是有限和特殊的,所以六经皆史也,六经皆先王之政典也。历史中一切都在运动和变化,"文有一时体式,今古各不相袭"。①古代不同于后代,官师之分、经史之分、门户之见都是后来才出现的。在维柯那里,也是既要消除那种认为古人有无比智慧的偏见,也要避免从已开化的人类状况去评价古人,"在历史中不存在理性主义所相信的确定不变的真理,一切都处于发展变化之中,而人类的起源,就事物的自然本性来说,都一定是渺小、粗陋的而且很渺茫幽暗的"。②在维柯看来,由于学者的自负,以致把古代历史中的东西都夸大为普遍的真理,古人粗糙的"诗性智慧"被看作某种崇高原因的结果,埃及的神话故事性历史被高级祭司们翻译成崇高的自然神学,希腊的神话故事性历史也被哲学家解释成哲学。因此,维柯宣称"诸天神的寓言就是当时的历史",③就像章学诚倡导"六经皆史"一样。

三

在章学诚和维柯的历史运动变化中,理性主义的不易之常道和古人的权威都被消解了。但是,这究竟是一种什么样的变化呢？他们的共同之处是都将之描述为一个循环的过程。它在维柯那里,是从神的时代、英雄时代到人的时代。在章学诚那里,是从天道到人事,由简单到复杂,由经史不分到经史有别。两人的描述在术语和侧重点上各有不同,但从内在进程看,都是由形而上到形而下,由天道到人事,由质到文的过程。而且,他们都将古代的循环论大大扩展了,古代的循环论侧重于社会和政治的盛衰,但章学诚和维柯都将之扩展于学术文化史中。

章学诚认为,古代社会质朴无文,官师治教合一,即使有文字,也

---

① 《章学诚遗书》,外编卷第一,《信摭》,文物出版社,1985 年。

② 维柯:《新科学》,人民文学出版社,1986 年,123 段。

③ 维柯:《新科学》,人民文学出版社,1986 年,7 段。

是存在于实际的社会生活之中,没有一个独立的知识阶层,也没有人离事而言理,未尝有著述之事和经史之分,六经不言经,三传不言传,社会生活简单易行。到后来,社会生活逐渐发生变化,三代之衰,治教既分,开始出现一个独众的知识阶层,社会由质趋文,"后儒即器求道,有师无官,事出传闻而非目见,文须训故而非质言,是以得之难也"。①战国时期,道术为天下裂,儒家者流尊奉六艺为经,文字日益繁多,古之学术简而易,后世学术曲而难。在这个由质趋文的过程中,社会山兴盛走向衰乱,东周以来的衰乱正是虚文胜而实行衰的过程。当这种虚文和衰乱走向极端时,社会就会产生一种力量,由文返质,人类的历史和文化都无不表现出这样的循环,"自结绳画像以来,由质趋文,反复变更,其不可知者则已矣"。②

在维柯的《新科学》中,一切民族都经历了从神、英雄到人的循环盛衰。在每一个民族的开端,那时宗教在社会生活中占统治地位。当民族逐渐从宗教过渡到人的时代时,抽象的理智逐渐完善,出现了文明社会,但是创造力和道德也开始退化,于是又走向衰落和解体,最后复归于野蛮或神的时代,如此反复推演。在这里,维柯所描述的从神到人的推演与章学诚心目中从天道到人事的过程是类似的,"上古详天道而中古以下详人事之大端也"。③此外,两人所描述的历史变化都同样是由质趋文。在神的时代,人寻求生活的必需品,那时风格是质朴、粗野和严峻的。当文明社会出现后,人就走向享乐、浪费和堕落,"人首先感到必需,在其中寻求效用,接着注意舒适,再迟一点就寻欢作乐,接着在奢华中就放荡起来,最后就变成疯狂,把财物浪费掉"。④总之,一切民族的历史都经历了这样由质到文的推演,"各族人民的本性最初是粗鲁的,以后就从严峻、宽和、文雅推顺序一直变下去,一直变为淫逸"。⑤

不同于古代的循环论,章学诚和维柯都将之扩展到学术文化史中

---

① 章学诚:《文史通义》,文物出版社,1985 年,《原道下》。
② 《章学诚遗书》,文物出版社,1985 年,《报谢文学》。
③ 章学诚:《文史通义》,文物出版社,1985 年,《易教中》。
④ 维柯:《新科学》,人民文学出版社,1986 年,241 段。
⑤ 维柯:《新科学》,人民文学出版社,1986 年,212 段。

去了。章学诚说:"三代忠质文之说,始于汉儒,相胜相救,司马子长言之犹断断也。余谓不特政教风俗,虽于学问亦然。"①章学诚认为古今文体的变迁实际上也是由质趋文。例如由著作到文集,正是人内在精神退化的表现,道不足而争于文,道德不修,学问无以自扭,人们遂将那些社交应酬之作充为文集,"呜呼,著作衰而有文集,典故穷而有类书,学者贪于简阅之易而不知实学之衰,扭于成易之名而不知大道之蔽"。②在维柯的著作中,从神到人的推演也被应用到民族的语言、法律和学术中去了。他说:"因此,本科学就成了既是人类思想史、人类习俗史,又是人类事迹史。"③在民族创建时期,一切都带有诗性的创造的特征,人在想象力方面最强而在推理方面最弱。到了文明时代以后,人的理智逐渐完善,抽象的概念代替了原始的想象,语言和文体也发生了相应的变迁,"由于人性的必然,诗的风格比散文的风格先起……寓言故事或想象性的共相比理性的哲学的共相先起,哲学的共相正是通过散文的手段来形成的"。④在由质趋文的历史推演中,有的风格和文体是必然在先的,而有的是必然在后的。

他们的循环论在不同程度上都包含着进化和退化双重成分。章学诚说:"人之初生,至于什伍千百,以及作君、作师、分州、画野,盖必有所需而后从而给之,有所郁而后从而宣之,有所蔽而后从而救之。"⑤这个由质到文,由官师合一到治教分离的过程无疑是一种进步。但同时又是退化,"呜呼,世教之衰也,道不足而争于文,则言可得而私矣;实不足而争于名,则文可得而矜矣"。⑥维柯的著作中由神到人的过程一方面表现出进步,"基督教的欧洲到处闪耀着人道的光辉,构成人类生活幸福的物品丰富,既带来身体方面的舒适,又带来心灵方面的乐趣"。⑦但维柯同时又说,人的时代最终导致了创造力和道德的退化,"因为原始人还显出一种宽宏大量的野蛮习性,人们对这种野蛮习性

①　《章学诚遗书》,文物出版社,1985 年,《许可型七十初度幛子题辞》。
②　章学诚:《文史通义》,文物出版社,1985 年,《文集》。
③　维柯:《新科学》,人民文学出版社,1986 年,368 段。
④　维柯:《新科学》,人民文学出版社,1986 年,160 段。
⑤　章学诚:《文史通义》,文物出版社,1985 年,《原道上》。
⑥　章学诚:《文史通义》,文物出版社,1985 年,《言公中》。
⑦　维柯:《新科学》,人民文学出版社,1986 年,1094 段。

还可以自卫、逃脱或保持警戒,而现在这批野兽却具有一种卑鄙的野蛮习性,在甜言蜜语乃至拥抱的掩护下,图谋侵害朋友乃至亲骨肉的生命财产"。①

对维柯和章学诚来说,他们都并不曾有意识地持某种进化或退化的观点,因为无论进化和退化,都是理性思维和逻辑的产物。他们两人都不喜欢理性的思维和判断,而只是冷静地描述历史中各种政治、学术的变迁,其中每一种在当时都是合理的、必然的,是非人力所为。在章学诚那里,是"盖君师分而治教不能合于一,气数之出于天者也"。②在维柯那里,则一切都是天神意旨安排好的,每一种政体都是最好的永恒的自然政体。总之,他们都承认文明社会的出现是一种进步,同时又对文明社会中的腐化和堕落表现出不同程度的批评。

四

在思想史上,哲学和历史往往是分道扬镳的,章学诚和维柯都力图超出那种理性的二元对立,都强烈地表现出哲学和历史的互相补充。维柯和当时流行的人文主义、科学和理性主义存在不和谐之处,他不喜欢机械的推理和单纯的事实收集,而是"习惯于从观察到相距很远的事物也有某种共同点或联系而感到乐趣"。③《新科学》的主要目的是要寻求为一切民族都普遍遵守的理想永恒的历史,这时维柯的态度是哲学的,与柏拉图的哲学和中世纪的精神存在共鸣。在另一方面,他又不可避免地受到其时代人文主义的影响,即像塔西佗那样去研究现实的人的事迹和生活,强调语言学和凭证的重要,这时他的态度又是历史的。维柯相信必须把哲学的真理同语言学及历史的经验事实结合起来,"哲学家们如果不去请教于语言学家的凭证,就不能使他们的推理具有确凿可凭性,他们的工作就有一半是失败的;同理,语言学家们如果不去请教于哲学家们的推理,就不能使他们的凭证得到

---

① 维柯:《新科学》,人民文学出版社,1986 年,1106 段。
② 章学诚:《文史通义》,文物出版社,1985 年,《原道上》。
③ 维柯:《新科学》,人民文学出版社,1986 年,《维柯自传》。

真理的批准"。①

在章学诚那里,哲学和历史的结合表现在将宋学和汉学统一起来。宋学类似于柏拉图的哲学,专注于普遍的义理,忽视历史和具体变化的事物,所以宋学是空谈性命,缺少维柯所说的语言学的确凿可凭性。正是在这个意义上,章学诚强调道不离器,"浙东之学,言性命者必究于史,此其所以卓也"。②章学诚对人事、考订、方志文献及史学经世的注重,与维柯注重语言学和历史具有类似的意义。在另一方面,章学诚又与维柯一样,始终对哲学的思考和普遍的真理充满了兴趣,强调一切学问本于道,那种脱离了道的史纂和考证只是"但知聚铜,不解铸釜;其下焉者,则砂砾粪土,亦目聚之而已"。③所以,章学诚希望将两者结合起来,"宋学流蔽,诚如前人所讥,今日之患,又坐宋学太不讲也"。④

值得注意的是,当我们通常说哲学和历史的结合时,往往会理解为外在的相互补充,但对于章学诚和维柯来说,他们之兼有二者却是由于其特定的思维方式。在章学诚看来,道就内在于史学和人事之中,反之,变易之人事皆是道的外在展现,这是一种来自庄子和王阳明的泛神论的思维方式,正是在这个意义上,他才兼有哲学和历史双重成分,他相信道和器、经和史,义理和考据等实际上并不真正对立,它们本身只是片面的真理,"义理必须探索,名数必须考订,文辞必须娴习,皆学也,皆求道之资也,而非可执一端以尽道也"。⑤

维柯之兼有哲学和历史也是类似。在《新科学》中,天神意旨和理想的永恒历史不是处于特殊变化的世界之上,而是体现在民族的历史发展之中,各种不同的伦理习俗和民政世界都不过是理想的永恒历史的外在展现。无论古代世界的宗教和决斗习俗,或者后来出现的抽象理智和哲学,它们在当时来说都是合理的、必要的。因此,当维柯关注天神意旨和理想的永恒历史时,他的态度是哲学的,当他用各种特殊

① 维柯:《新科学》,人民文学出版社,1986 年,140 段。

② 章学诚:《文史通义》,文物出版社,1985 年,《浙东》。

③ 《章学诚遗书》,文物出版社,1985 年,《与邵之云书》。

④ 《章学诚遗书》,文物出版社,1985 年,《家书五》。

⑤ 《章学诚遗书》,文物出版社,1985 年,《与朱少白论文》。

的民政世界和语言学凭证去证明天神意旨时,其兴趣又是历史的。

由于这种类似的思维方式,章学诚和维柯都喜欢从语言学和具体的历史事迹中寻找证据去证明那些普遍的真理。例如,维柯从荷马史诗中阿喀琉斯的盾牌上的图画找到证据,证明一切民族都是由粗野、严峻走向享乐和精巧。章学诚则从语言的演变中论证一切学术都是由质趋文,由简易趋繁密,"凡言义理,有前人疏而后人加密者,不可不致其思也。古人论文,推论文辞而已矣。刘解氏出,本陆机氏出而昌论文心;苏辙氏出,本韩愈氏出而昌论文气;可谓愈推而愈精矣"。①

值得注意的是,尽管他们在字面上要将哲学和历史、义理和考据结合起来,但实际上已与通常的史学大不一样了。他们关心民政世界、伦理风俗和人事、文体之变迁,只是用它们来为理想的永恒历史和道之变迁提供例证,假如用实证主义史学或乾嘉考据的客观性为标准的话,章学诚与维柯的著作都算不上真正的史学。章学诚被同时代人指为蹈宋人语录习气,他自己也承认是"高明有余,而沉潜不足,故于训话考质,多所忽略,而神解精识,乃能窥及前人所未到处"。②维柯的《新科学》所提供的,也主要是一种思辨的历史哲学罢了。

五

章学诚与维柯的历史哲学具有不同的外貌和文化背景,但其内在的精神确有相通之处,这一点也正是章学诚乃至整个中国文化的信念所在。陆象山说东海西海,心同理同。章学诚也说:"古人有言,先得我心之同然者,即我之言也。何也,其道同也。"③在另一方面,两者的差别仍是不可忽视的,"授受虽出于一,而面目迥殊,以其各有事之故也"。④两者具有不同的文化背景,在章学诚的著作中,历

---

① 章学诚:《文史通义》,文物出版社,1985 年,《文德》。
② 《章学诚遗书》,文物出版社,1985 年,《家书三》。
③ 章学诚:《文史通义》,文物出版社,1985 年,《言公中》。
④ 章学诚:《文史通义》,文物出版社,1985 年,《浙东》。

史的循环运动是道的展开,这个道带有中国传统中抽象和理性化、自然和无为的特征,因此章学诚的历史哲学也就较多消极无为的色彩。他反复强调在历史的循环变化中,无论古代的经史不分,还是后世的经史之别和门户之见,一切都非人力所为。圣人删述六经是不得已也,并非有意作为文章。孔子以后,弟子分立门户,道术为天下裂,也是其势不得不然也。从道的观点看来,一切学术,无有大小,皆期于道,不可说后人优于古人,也不可说古人优于后人。不同于章学诚,在维柯描述的历史变化后面,是大神意旨,它是基督教文化的产物,带有某种有意识、有目的的特点。在有些地方,维柯也相信历史在天神意旨的引导下指向一个普遍和完善的目标,所以维柯尽管"恢复了关于循环(经过和重新经过)的古代东方动机,但把经过理解为生长与发展,把重新经过理解为一种辩证的返复;在另一方面,这种返复看来并不导致进步,也不排除自由意志的自律性或偶然的例外"。①此外,章学诚心目中的古代社会是质朴自然的,后代即使有堕落,也只是道不足而争于文,这些使他描述的历史变化带有东方温和自然的色彩。而维柯致力于探讨的古代社会,则是野蛮和狂暴的,充满了诗性的、创造的力量和冲动。在人的时代导致腐化以后,那些文明人堕落成了更无人道的野兽,这种种历史变化中的狂暴、冲动和热情都是东方社会不能想象的。

不管如何,他们的历史哲学在各自的文化中都占有相当重要的位置,像他们那样无论在兴趣还是思维方式上兼有哲学和历史的性质实在是不多的。即使是一些历史哲学家,如黑格尔是偏向于哲学,历史和实证性不够,汤因比的历史研究又偏向于历史,哲学性不够,至于那些分析批判的历史哲学则满足于对历史学作纯形式的分析,从而忽视了活生生的内容本身。章学诚和维柯则都在不同程度上兼有思辨的和分析批判的历史哲学双重成分。维柯的思想对历史哲学的这两大潮流及其他学说已经产生了重要影响,成为西方历史哲学的先驱。对章学诚来说,至今为止,对后代发生影响的仍然是那些分析批判的历史哲学,即对史学的方法和体裁的分析而已。也就是说,大多数人仍

---

① 克罗齐:《历史学的理论与实际》,北京商务印书馆,1986 年,第 228 页。

然是把他当成刘知幾那样的史学家,至于章学诚特有的史意,即对中国古代文化的历史变迁所作的整体的思辨等,其影响或许还没有开始。

王国维：徘徊于"可爱"与"可信"之间

杨国荣

实证论与形而上学的对峙，制约着中国近代具有实证主义倾向的哲学家。在王国维那里，如上对峙具体展开为"可爱者"与"可信者"的内在紧张。王国维曾倾心于"可爱"的形而上学（首先是德国思辨哲学），但又难以对其产生理智的确信；他亦曾以实证论为"可信者"，并长期在史学上从事实证的研究，但又因其不可爱而未能与之形成情感上的认同。王国维的一生，始终未能解决"可信"与"可爱"的二律背反，这种现象从一个侧面反映了中国实证主义的内在特点。

一、从形而上学到实证论

王国维与严复同处于中西哲学和文化冲撞交融的时代。和严复一样，王国维相当敏锐地注意到了西学东渐这一历史趋向，并以极大的热忱了解、引入西方的思潮。不过，与严复一开始便沉浸于英国的实证主义不同，王国维最初更多地注目于康德、叔本华、尼采的哲学。他曾潜心研究过康德的《纯粹理性批判》、《实践理性批判》、《判断力批判》及叔本华的《作为意志与表象的世界》，并颇受其影响。在《汗德（康德）像赞》、《叔本华之哲学及教育学说》、《叔本华与尼采》、《释理》等文中，王国维对康德、叔本华、尼采的哲学作了多方面的介绍，推崇备至。

从西方哲学的演变看，康德哲学大致属于德国古典哲学，叔本华与尼采则已步入现代。后者尽管与实证主义差不多同时崛起，但所代表的则是一种不同于实证论的思潮。与实证主义追求哲学的科学化

不同,叔本华、尼采等更多地关注于人的存在,并将人的意志(意欲)提
到了本体的地位,从而构成了现代西方人本主义思潮的重要支流。而
当时的王国维,恰好常常为人生等问题所困扰:"人生之问题,日往复
于吾前。"①这样,德国的人本主义哲学便对他有了一种特殊的吸引力,
并很容易产生心灵上的共鸣。事实上,在其思想发展的初期,王氏确
实接受了不少康德、叔本华、尼采的观点,从他对宇宙本质的看法中,
我们便不难窥见这一点:"宇宙,一生活之欲而已。"②这种断论,与叔本
华基本上如出一辙,其思辨色彩相当浓厚。

当然,尽管王国维深契于德国哲学,但他所接触的西方思潮并非
仅止于此。早在 1898 年,王氏便已到新学颇盛的上海,并在为《时务
报》工作的同时,又到罗振玉办的东文学社学习,当时所学的科目即包
括自然科学(如数学、物理)。1901 年,他又东渡日本,并拟专修物理
学,尽管这段时间并不很长,留学日本学习物理学的计划也因病半途
而废,但这毕竟使王国维初步地对西方近代的实证科学有所了解。正
是基于这种初步的了解,王国维认为数学、物理学"为最确实之知
识"。③这种信念对王国维后来在哲学上的转向,无疑具有潜在的作用。
同时,在系统研究哲学的时期,王国维尽管把主要精力放在康德、叔本
华等人的著作上,但对英国的经验论者如洛克、休谟的著作同样有所
涉猎,并由此兼及实证主义者斯宾塞等人的思想。④这一治学背景,对
后来王国维思想的变化显然也有不可忽视的影响。

经过一段时期的哲学沉思,王国维渐渐对最初所信奉的"伟大之
形而上学"产生了怀疑。尽管在情感上,王氏对形而上学始终依依难
舍,因为困扰着他的人生问题并没有在根本上得到解决;然而,在理智
上,作为一个受过近代实证科学思想初步洗礼的学者,王国维又不能
不承认思辨的形而上学并不可信。在 30 岁时所作的《自序》中,王国
维终于得出了如下结论:

---

① 《静庵文集续编》,《王国维遗书》第 5 册,上海书店出版社,1983 年,第 20 页。
② 《静庵文集》,《王国维遗书》第 5 册,1983 年,第 48 页。
③ 《静庵文集》,《王国维遗书》第 5 册,第 1 页。
④ 当然,当时他对斯宾塞等人的思想评价并不很高,以为他们只是"第二流之作者"
(《静庵文集续编》,第 21 页)。

> 伟大之形而上学,高严之伦理学,与纯粹之美学,此吾人所酷
> 嗜也。然求其可信者,则宁在知识论上之实证论,伦理学上之快
> 乐论,与美学上之经验论。知其可信而不能爱,觉其可爱而不能
> 信,此近二三年中最大之烦闷。①

所谓不可信,并不是指形而上学没有意义,而是意味着它不能作为知识而存在,换言之,形而上学作为知识是不可能的。在可爱的形而上学与可信的实证论之冲突中,王国维的注意之点开始逐渐转向了后者。

王国维在哲学上的这一转向,有其思想发展的内在逻辑。王国维接触最早的是康德哲学。在30岁以前,他曾数次研究康德的著作,尽管他后来也常常提到叔本华的观点,并时露赞赏之意,但康德哲学对他的影响无疑更为深沉。从理论上看,康德哲学具有两重特性,一方面,与后来实证主义不同,康德尽管对传统的形而上学有所批评,但对形而上学仍采取了比较宽容的态度,在他看来,传统形而上学的偏失主要在于未能将自身与科学加以区分,并试图以科学的知性范畴去解决自身的问题;如果形而上学不超越自身的界限,那么它仍然是有意义的。正是基于后者,康德肯定了物自体的存在,并设定了灵魂(精神现象的统一体)、世界或宇宙(物理世界的统一体)、上帝(作为以上两者统一体的最高根据)三大理念。就此而言,康德显然还带有较浓的思辨哲学色彩。但另一方面,康德又表现出某种净化科学的趋向,强调知识必须建立在感性直观的基础上,先天的直观形式与知性范畴应作用于经验材料,并对先验与超验作了区分,要求拒斥一切超验的运思方式。这种看法在某种意义上将传统的形而上学逐出了科学的领域。就此而言,又可以把康德视为现代实证主义的历史源头之一。康德哲学的如上两重性,决定了从康德出发可以朝不同的方向发展。叔本华把康德的物自体理解为意志,并从意志主义的角度对康德哲学中的思辨(形而上学)倾向作了引申,这一进路主要从形上的方向发展了康德哲学。

与叔本华不同,王国维在接受康德形而上学观点的同时,对其注

---

① 《静庵文集续编》,《王国维遗书》第 5 册,第 21 页。

重经验作用、反对超验的思维方法这一面也极为关注。在研究德国哲学时期所写的文著中，他曾一再地强调直观及经验的作用：

> 夫一切名学上之证明，吾人往往反而求其源于直观。①

> 真正之知识，唯存于直观。②

> 故书籍之不能代经验，犹博学之不能代天才，其根本存于抽象的知识不能取具体的知识而代之也。书籍上之知识，抽象的知识也，死也；经验的知识，具体的知识也，则常有生气。③

对经验直观的注重，由此可见一斑。这种看法与康德拒斥超验知识的主张显然前后相承。正是从这一前提出发，王国维对谢林、黑格尔的思辨哲学提出了批评："如希哀林（今通译谢林——引者）、海额尔（今通译黑格尔——引者）之徒专以概念为哲学上惟一之材料，而不复求之于直观，故其所说非不庄严宏丽，然如蜃楼海市，非吾人所可驻足者也。"④这里已注意到了思辨哲学之弊，即在于离开经验直观而建构抽象的体系，换言之，概念的构造一旦脱离了现实的经验，便会成为空中楼阁。也正是基于同样的观点，王国维对叔本华的思想提出了责难：

> 叔氏之说半出于其主观的气质，而无关于客观的知识。⑤

在此，客观知识已被置于主观的玄思之上，它表现了王国维与叔本华的重要分歧；可以看出，在对叔本华的如上批评背后，已蕴含着某种实证的趋向。

如果说，康德对超验知识的拒斥内在地制约着王国维的思维取向，那么，近代科学思潮的影响以及对经验主义哲学的接触与涉猎，则从更广的文化背景上强化了如上趋向。二者交互作用，使王国维的学术视域逐渐由"可爱"的形而上学转向了"可信"的实证论。

① 《静庵文集》，《王国维遗书》第5册，第34页。
② 《静庵文集》，《王国维遗书》第5册，第37页。
③ 《静庵文集》，《王国维遗书》第5册，第37页。
④ 当然，当时他对斯宾塞等人的思想评价并不很高，以为他们只是"第二流之作者"（《静庵文集续编》，第32页）。
⑤ 《静庵文集》，《王国维遗书》第5册，第1页。

二、实证论的双向展开

实证主义作为一种哲学思潮,一开始即与近代实证科学的发展结下了不解之缘。对科学的本质、科学方法的基本原则的规定和解释等等,始终是实证哲学的重要关注之点。尽管实证主义对科学方法的理解往往存在种种偏失,但注重科学方法并强调其普遍有效性,确实使其不同于一般的思辨哲学。也正是如上特点,使它对追求"客观知识"的中国近代思想家具有一种"可信"的内在力量。与严复一样,王国维所理解的"实证论",首先即与其中所涉及的科学方法相联系;换言之,在"实证论"的形式之下,王氏首先引入西方的科学方法。从王国维的如下论述中,我们便不难看到这一点:"故今日所最亟者,在授世界最进步之学问之大略,使知研究之方法。"①这里既表现了一种历史紧迫感,也体现了高度的理论自觉。

那么,中国究竟需要什么样的方法?王国维通过中西思维方式的比较,对此作了考察:"我国人之特质,实际的也,通俗的也;西洋人之特质,思辨的也,科学的也,长于抽象而精于分类。"②这里所说的思辨,主要不是指形而上学的哲学思辨,而是与形式逻辑的思维方式相联系,因此,中西思维方式上的如上差异,具体便表现为名学(逻辑)发展程度的不同:

> 夫战国议论之盛不下于印度六哲学派及希腊诡辩学派之时,然在印度则足目出而从数论、声论之辩论中抽象之而作因明学,陈那继之,其学遂定;希腊则有雅里大德勒自哀利亚派诡辩学派辩论中抽象而作名学;而在中国,则惠施公孙龙等所谓名家者流徒骋诡辩耳,其于辩论思想之法则固彼等所不论而亦在所不欲论者也。故我中国有辩论而无名学。③

在王国维以前,严复已开始注意到中国人忽视形式逻辑的问题,王国

① 《静庵文集续编》,《王国维遗书》第 5 册,第 41 页。
② 《静庵文集》,《王国维遗书》第 5 册,第 97 页。
③ 《静庵文集》,《王国维遗书》第 5 册,第 97—98 页。

维的如上看法继严复之后更明确地突出了这一点。尽管断言中国无名学似乎并不十分确切,因为事实上先秦的后期墨家已经建立了一个形式逻辑的体系,但相对于西方而言,形式逻辑在中国长期没有得到应有的重视,这确实是无可讳言的。墨辩(后期墨家的逻辑学)在先秦以后几乎成为绝学,便是一个明证。就此而言,王国维认为中国人短于逻辑分析,确乎触及了中国传统思维方式的弱点。也正是有鉴于此,王氏特意迻译耶方斯的《辩学》,将西方的逻辑学系统地介绍到中国。在这方面,王国维与严复表现出同样的历史眼光。

运用逻辑分析的方法,王国维对传统的哲学范畴作了种种疏解与辨析。"性"是中国传统哲学中的重要范畴,然而,按王氏之见,以往的哲学家常常"超乎经验之上"以言性,故往往陷于自相矛盾,无论是性善说还是性恶说,都不能避免这一归宿:"孟子曰人之性善,在求其放心而已。然使之放其心者谁欤? 荀子曰人之性恶,其善者伪(人为)也。然所以能伪者何故欤?"①在此,王国维着重从逻辑上揭示了传统人性范畴的内在缺陷,这种方法确实体现了一种近代哲学的特征。"理"是中国哲学中另一重要范畴,宋明以后,理的地位进一步提升,从而在某种意义上成为理解宋明以来传统哲学的关键性范畴。王国维曾撰《释理》一文,对理的内涵作了细致的阐释。就其原始的语义而言,"所谓理者,不过谓吾心分析之作用及物之可分析者而已矣"。②展开来说,理又有广狭二重涵义。广义的理即理由,它既是指事物所以存在之故,即原因,又是指逻辑推论中的论据;狭义的理即理性,亦即主体形成概念以及确定概念之间联系的思维能力。然而,在程朱理学那里,"理"同时被赋予了一种形而上的意义,并具有伦理学上的价值。③对理的内涵的这种辨析无疑是相当细致的,它不仅考察了理的原始含义及其内涵的演变,而且将认识论意义上的理与形而上学意义上的理作了明确区分,整个界说显得具体而清晰。对传统哲学范畴的如上逻辑分析,体现了与严复相同的思维趋向,它实质上从一个侧面推进了中国哲学的近代化。

---

① 《静庵文集》,《王国维遗书》第 5 册,第 1 页。
② 《静庵文集》,《王国维遗书》第 5 册,第 12 页。
③ 《静庵文集》,《王国维遗书》第 5 册,第 13—24 页。

不过,与严复基本上着重于西学的东渐不同,王国维在引入西方近代的科学方法(包括逻辑方法)的同时,又以其独具的眼光,注意到了西学与中学的沟通问题。在他看来,学问之事本无中西,因为科学追求的是真理,而真理并不因中西而异。质言之,中学与西学并非彼此排斥,而是相互统一的:

> 居今日之世,讲今日之学,未有西学不兴而中学能兴者,亦未有中学不兴而西学能兴者。①

> 中西二学,盛则俱盛,衰则俱衰,风气既开,互相推助。②

这里不仅体现了一种开放的学术心态,而且敏锐地折射了近代中西文化(包括哲学)融会的历史趋势。拒斥西方的学术与思想,固然将阻碍中国传统思想、学术的近代化;但如果完全无视传统文化,则西学也将因缺乏必要的结合点而难以立足。换言之,外来思想"即令一时输入,非与我中国固有之思想相化,决不能保其势力"。③正是基于如上的历史自觉,王国维并不限于对西方近代科学方法的介绍和运用,而力图进一步找到它与传统的结合点。

王国维在转向可信的实证论之后,其主要的注意力便开始放在史学研究之上。从戏曲史到殷周历史,从甲骨文、金文到汉晋竹简和封泥,等等,王国维都做过系统的研究。就总体而言,这种研究主要与史实的辨正考订相联系,它在某种意义上可以看作是乾嘉学派工作的继续。乾嘉学派发轫于清初,极盛于乾嘉二朝,在音韵、训诂、校勘、辨伪等方面曾取得了空前的成就,对古代文献的整理作出了难以抹煞的贡献。在治学方法上,乾嘉学派揭橥实事求是的原则,主张从证据出发,博考精思,无证不信。这种方法体现了一种实证的精神,它在本质上与近代实证科学方法彼此一致。王国维已注意到这一点:"夫学问之品类不同,而其方法则一……乾嘉诸老,广之以治经史之学。"④正是基于如上的事实,王国维在从事甲骨文、金文等实证研究的同时,又从理论上对西方近代科学方法与乾嘉学派的传统方法作了多重沟通,并以

---

① 《国学丛刊序》,《观堂别集》卷四,《王国维遗书》第4册。
② 《国学丛刊序》,《观堂别集》卷四,《王国维遗书》第4册。
③ 《静庵文集续编》,《王国维遗书》第5册,第96页。
④ 《观堂遗墨·致沈曾植七十寿序》。

此作为中西二学的具体结合点。①

在王国维以前,严复曾对近代西方的科学方法作了比较系统的介绍。不过,严复在总体上主要注重于引入西学,对传统方法则不仅有所忽视,而且多少表现出贬抑的趋向,如他曾把乾嘉考据学(清代考据学)与宋明的性理之学相提并论,以为二者皆"无用"、"无实",从而一概加以否定。这种笼统的贬弃,使严复对西方科学方法的介绍和引入带有某种游离于中国传统的特点。章太炎已注意到了严复的如上局限,曾批评严复在介绍西学时"与此土(中国)历史习惯固相隔绝"(《菿汉微言》)。与严复不同,章太炎更多地注重于对传统方法(包括乾嘉学者的治学方法)的发挥。不过,章氏由此又表现出另一偏向,即低估西方近代文化(包括实证科学方法)。按章太炎之见,中国在医学、音乐、工艺等方面都远胜于"远西",因而不必"仪刑"(效法)西方,在学术上,中国的历史学也超过他国。正是基于这些看法,章氏反对运用地下考古实物以证史。相形之下,王国维则开始将引入西学与反省传统统一起来,并由此在科学方法上对近代西学与传统中学作了会通,从而扬弃了严、章之弊。正是通过如上的结合与沟通,王国维在史学研究中取得了世所公认的成就。郭沫若曾说:"他(王国维——引者)对甲骨文的研究、殷周金文的研究、汉晋竹简和封泥的研究是划时代的工作。"(《历史人物·鲁迅与王国维》)这确系中肯的评价。

然而,在王国维那里,除了近代科学方法之外,实证论还具有另一重意义。实证论作为一种哲学思潮,固然一开始便与近代的实证科学(包括实证科学方法)有着历史与理论上的联系,但在对科学的本质及科学方法基础的理解上,却又深深地浸染着经验论及现象主义的原则。后者同样也影响着王国维:在实证论的形式下,王国维既引入西方近代的科学方法,并将其与传统方法作了种种沟通,同时又在某种程度上接受了经验论与现象主义的原则。

实证论的现象主义倾向首先表现为反形而上学的立场,王国维在接受实证论时,同样表现出类似的倾向。他曾对超验的存在提出了质疑:

---

① 参见拙作《从中西古今之争看中国近代方法论思想的演变》,载《福建论坛》,1988年第1期。

古今东西之哲学往往以"有"为有一种之实在性。在我中国则谓之曰太极、曰玄、曰道,在西洋则谓之神,及传衍愈久,遂以为一自证之事实而若无待根究者。此正柏庚(培根)所谓种落之偶像,汗德(康德)所谓先天之幻影。人而不求真理则已,人而唯真理之是求,则此等谬误不可不深察而明辨之也。[1]

与批评中西传统哲学中的超验倾向相应,王氏对理的形而上学也提出了责难:"要之,以理为有形而上学之意义者,与《周易》及毕达哥拉斯派以数为有形而上学之意义同,自今日视之,不过一幻影而已矣。"[2]这种责难无疑包含着对传统思辨哲学的否定,因而在理论上并非毫无意义。但是,由批评形而上学,王国维又把理完全划入了主观之域:"理者,主观上之物也。"[3]这就否认了存在着经验现象之外的客观规律与本质;换言之,王氏在扬弃形而上学的同时,又对作为对象真实规定的规律与本质表现出某种怀疑论的态度。

与拒斥超验之道和理相应,王国维在史学研究中所注重的主要是事实的考订,如由甲骨卜辞与《史记》等文献之参互比较,证明卜辞中的王亥即《史记·殷本纪》中的"振",并由此进而考证出殷代先王的世系;由殷周出土古文的考证,否定了"史籀"为人名的传统说法;通过金文及先秦文献的比较研究,推断鬼方、昆夷等族即匈奴,等等。这些考证诚然具有相当高的学术价值,但从史学研究的角度看,它基本上没有超出历史事实的层面,这种事实在某种意义上属于广义的现象领域。按王国维之见,这种现象领域中的事实考证,便构成了科学的主要内容,因为科学的首要目标即在于"记述事物"并"尽其真"。[4]不难看出,对史学研究与科学的如上理解,内在地带有某种现象主义的印记。

当然,王国维于事实考订之外,也要求在科学研究(包括史学研究)中"明其因果"。然而,这并不意味着他已离开了实证论的立场,此处之关键在于对因果关系的理解。与现代西方的实证主义一样,在这一问题上,王国维基本上接受了休谟和康德的看法:

---

① 《静庵文集》,《王国维遗书》第5册,第20页。
② 《静庵文集》,《王国维遗书》第5册,第19页。
③ 《静庵文集》,《王国维遗书》第5册,第18页。
④ 《国学丛刊序》,《观堂别集》卷四,《王国维遗书》第4册。

休蒙(即休谟——引者)谓因果之关系,吾人不能直观之,又不能证明之者也。凡吾人之五官所得直观者,仍时间上之关系,即一事物之续他事物而起之事实是也。吾人解此连续之事物为因果之关系,此但存于吾人之思索中,而不存在于事物。……(康德)视此律为主观的而非客观的,实与休蒙同也。①

休谟、康德的如上因果论,王国维称之为"不可动之定论"。②依据这种理解,则所谓"明其因果"不外是对现象(事物)相继关系的主观安排和整理,而并不表现为对事物内在联系的揭示。这种观点可以看作是强调"理"为主观之物的逻辑引申,它既渗入了康德哲学的因素,又在总体上明显地表现出实证主义的倾向。

三、实证论的限度:二难困境

王国维在引入西方近代科学方法的同时,又接受了经验论与现象主义的原则,从而使其"实证论"获得了双重内涵。就总体而言,无论是前者抑或后者,都表现为对其早期信奉的形而上学之扬弃。然而,扬弃形而上学并不意味着完全否定形而上学。尽管王国维在阐发实证论原则时对形而上学颇有微词,甚至略有责难之意,但这更多地表现为反对以形而上的实体为科学知识的对象。对形而上学本身的意义,王国维始终没有从根本上加以否认。从王氏的如下论述中,我们便不难看到这一点:"虽一物之解释,一事之决断,非深知宇宙人生之真相,不能为也。"③知宇宙人生,本质上属于形而上的思考,而它同时又构成了事实考察的前提之一。质言之,虽然形而上学本身并不构成科学知识的对象,但它仍可对实证的研究产生影响。对形而上学的这种容忍,在某种意义上带有康德哲学的痕迹。如前所述,王国维最初便是从康德哲学转向实证论的,康德哲学的二重性既为王国维接受实证论提供了内在契机,也决定了王氏难以完全摆脱形而上学。

---

① 《静庵文集》,《王国维遗书》第5册,第18—19页。
② 《静庵文集》,《王国维遗书》第5册,第18—19页。
③ 《国学丛刊序》,《观堂别集》卷四,《王国维遗书》第4册。

事实上,在实证研究的整个过程中,王国维一直未曾忘怀于形而上学。尽管以考释事实为主要目标,但王氏总是将求真纪实与人的存在联系起来,亦即在事实考证中渗入形而上的关怀:

> 迂远繁琐之讥,学者有所不辞焉。事无大小远近,苟思之得其真,纪之得其实,极其会归,皆有裨于人类之生存福祉。①

对存在的这种关切,与实证论的唯科学主义倾向显然有所不同。它表明,尽管王国维在理智上承认实证论的可信,并由此转向了实证的研究,但早期在情感上对形而上学的依恋偏爱始终存在于其意识的深层。

按王国维的看法,人总是有形而上学的需要,这种需要往往超乎直接的功利而与终极的存在及人的情感等等相联系;相对于物质欲望而言,它具有恒久的意义。哲学及艺术的功能即在于满足人的形而上的需要,正因如此,故它们虽不能提供当下的功用价值,却仍然是最神圣、最尊贵的:"天下有最神圣、最尊贵而无与于当世之用者,哲学与美术是已。"②对哲学功能的这种理解,与追求哲学的科学化之实证论倾向,意味相去颇远。在王国维看来,与哲学不同,科学诚然能给人以功利之便,但相对于人的超越的精神需要而言,又是一种"干燥"之物,并不能给人以形而上的慰藉。③这种观点已超越了实证论的科学主义倾向,而带有某种人本主义的色彩。

以上看法当然绝非仅仅是王国维早期思想的残痕。事实上,在王国维学术生涯的后期,它取得了更为明确的形式。1924年,也就是王氏告别人世前三年,王国维在给溥仪的信中曾这样写道:

> 夫科学之所能驭者,空间也,时间也,物质也,人类与动植物之躯体也。然其结构愈复杂,则科学之律令愈不确实。至于人心之灵及人类所构成之社会国家,则有民族之特性,数千年之历史与其周围之一切境遇,万不能以科学之法治之。④

① 《国学丛刊序》,《观堂别集》卷四,《王国维遗书》第4册。
② 《静庵文集》,《王国维遗书》第5册,第100页。
③ 《静庵文集续编》,《王国维遗书》第5册,第45页。
④ 《上逊帝溥仪书》,引自王德毅:《王国维年谱》,中华学术著作奖助委员会,1967年,第285页。

这既是其内在情感的真实流露,又是其哲学见解的自觉表述,而其中的主要观念则是科学不能解决社会人生的问题。后者在形式上主要是对科学功能的限定,然而,在这种限定背后所蕴含的乃是更高层面上对实证论的看法。它表明,以科学化为目标的实证主义,不可避免地有其自身的限度,正如科学不是万能的一样,实证论也不是万能的。

当然,强调科学的限度并不意味着拒斥科学及推崇科学的实证主义。事实上,对科学的价值王氏并无否定之意,就在上引给溥仪的同一封书信中,王国维便承认:"至西洋近百年中,自然科学与历史科学之进步,诚为深邃精密。"①同样,王国维也并未对实证论之可信表示怀疑。换言之,在一定的限度内,科学与实证主义总是有其存在的合理性。相应地,形而上学诚然能给人以情感及终极关怀意义上的满足,但这也并不意味着形而上学已进入了实证的层面,在对物理世界的解释上,形而上学同样有自身的限度。

于是,问题便再一次回到可信与可爱的二律背反。形而上学可爱而不可信,实证论则可信而不可爱。尽管王国维后来主要由形而上的沉思转向了实证的研究,但治学方向的转换并不意味着二律背反的解决;在王国维一生中,他始终未能真正超越可信者与可爱者的对峙。从近代中西哲学的演变来看,王国维的特点在于:一方面,他从形而上学出发,而又比较自觉地意识到了形而上学(亦即具有思辨倾向的形而上学)之局限,从而突破了近代人本主义的眼界;另一方面,尽管他由推崇科学而接受了实证论的立场,并从理论与实践上展开了带有实证论印记的科学方法,但同时又承认人具有终极关怀之类的形而上学需要,并相当清醒地注意到了实证论在这方面的限度,从而多少越出了科学主义的视域。可以说,正是对形而上学与实证论内在冲突的自觉揭示,使王国维成为近代中国实证主义思潮乃至整个中国近代哲学不可忽视的一环。

然而,揭示冲突并不意味着化解冲突。面对形而上学与实证论的对峙,王国维的基本思路不外乎划界。从如上的论述中,我们已

① 《上逊帝溥仪书》,引自王德毅:《王国维年谱》,第285页。

不难看到这一点。根据王氏的理解,科学主要与事实界相联系,其目标在于求真,其作用则是"利用厚生",而这一科学的领域即构成了实证论的王国;形而上学则与宇宙人生的意义相联系,其目的与作用在于探寻存在的价值并给人以精神上的慰藉,二者各有存在的根据,但又都有自身的限度。在科学知识的范围内,应当拒斥形而上学,对"道"、"太极"、"神"之否定,主要便是就这一意义而言;但另一方面,科学本身也不能越界。王氏曾批评当时一位学者"忘其科学家之本分而闯入形而上学"。[①]这样,形而上学与追求科学化的实证论便成为壁垒分明的两大领域。二者之分野在宗教问题上表现得尤为明显:"自知识上言之,则神之存在,灵魂之不灭,固无人得而证之,然亦不能证其反对之说。何则?以此等问题超乎吾人之知识外故也。今不必问其知识之价值如何,而其对感情上之效则有可言焉。"[②]作为科学知识,宗教难以成立,因此,在科学的领域,应当拒斥宗教;但就形而上学的层面而言,宗教又有其意义。质言之,从科学上拒斥宗教与承认宗教的形而上学意义,可以并行而不悖。

较之西方的实证主义,王国维的如上看法无疑有自身的特点。西方实证主义往往把科学视为人类思想的最高阶段,在实证论的奠基者孔德那里,这一点便表现得相当明显。与这一观念相应,他们一般都把哲学的内容主要规定为诠释科学的本质、科学方法的基础、科学活动的过程等等;即使讨论科学之外的对象,也往往是从准科学的工具性出发。相形之下,王国维对哲学的理解则不像西方实证论那样褊狭。按照王氏的看法,哲学并不等于科学,形而上学作为科学固然不可能,但在哲学中仍然可以有其立足之地。这种看法似乎更接近康德。如果说,西方实证主义主要由康德而向休谟回溯,那么,王国维则始终没有完全摆脱康德的立场。

从中国近代实证主义思潮的演变来看,严复一方面确认了本体世界的意义,另一方面又将其归结为不可思议之域,从而展示了形而上学与实证论的内在紧张;王国维则凸显了"可爱"与"可信"的二律背

① 《静庵文集》,《王国维遗书》第 5 册,第 95 页。
② 《静庵文集续编》,《王国维遗书》第 5 册,第 44 页。

反,并苦苦地徘徊于二者之间而无法超越,从而使形而上学与实证论的内在紧张进一步外化并取得了更为尖锐的形式。如何摆脱这一理论困境?这便是王国维给后人提出的深刻哲学难题。

马一浮与现代新儒学中的神秘主义

陈　锐

神秘主义与东西方思想中的许多宗教和哲学思潮相联系,20 世纪初的现代新儒学运动中也渗透着这种成分。在这方面,马一浮的思想尤其具有代表性,他继承了中国传统的道家、佛教等,在诗歌当中表现了一种泛神论的不可言说的圆融境界。其他的新儒家,如熊十力、贺麟等,也在较弱的程度上包含了类似的成分。它们和西方思想中的一些神秘主义潮流存在共通之处,但也保留了东方文化的特色,成为现代新儒学运动的思想源泉。

一

在 20 世纪对中国传统哲学的研究中,尽管它在许多方面受到西方哲学的观念和方法的影响,诸如实证科学、理性、进步、唯物主义和唯心主义等,但这种影响仍然是有相当选择性的,也就是说,这种影响的前提也只是适应了中国社会自身发展的需要。在这样的立场上,我们也就可以理解西方哲学中的一些思潮,如基督教及相关的神秘主义等在中国学界的状况了。此外,即使是渗透于中国传统哲学中的神秘主义,也未必就符合现实社会的需要。其中,尽管也有若干的关注,例如谢扶雅在《宗教哲学》中对神秘主义的区分以及积极作用的强调,冯友兰把自己及中国传统的哲学与神秘主义相联系,余英时对宋明哲学中的反智识主义的分析,陈来对传统儒家及冯友兰思想中的神秘主义的研究,在 20 世纪末的时候又有对基督教神秘主义思潮的关注和翻译,但总的来说,就如一些人所说的:"到目前为止,中国的读书界和学术界还未能有效地、成系统地和有计划地来接触和深入了解神秘主义。"①

这种情况也是可以理解的,因为就如马克思主义所主张的,一切理论的实现都取决于现实世界的需要。20世纪的中国社会面临的是民族的存亡、国家的富强和社会的发展这些紧迫的现实问题,而不是那些超越和神秘的境界了。但与此同时,现实的需要也造成了一些局限性,至少来说,它在学理的层面上妨碍了对东西方思想的完整理解。在西方的思想中,从奥古斯丁、帕斯卡尔、黑格尔、维特根施坦、威廉·詹姆斯到海德格尔都与神秘主义相联系。就20世纪的中国思想的发展来说,在那些作为主流的社会思潮后面,仍然在相当程度上渗透着神秘主义的影响,例如在20世纪前期的宗教复兴以及一些新儒学的开创者那里,都可看到类似的成分,它们在一些时候尽管可能只是作为一种潜流而存在,但仍然在相当的程度上构成了20世纪思潮的一个重要部分。

当然,西方对神秘主义的定义以及相应的研究和评价仍然是分歧多义的,而且作为一个概念来说在中国仍然具有一些消极和负面的含义。但不管如何,从这样的角度也许可以帮助我们对现代新儒学发展中的一些现象提供更好的解释,像文化保守主义这样一些概念,它可以从文化和社会的层面帮助我们认识新儒学这些思潮,但无法从哲学和宗教的深处了解其意义。我们可以看到,在现代新儒学的一些开创者那里,有一些思想成分始终是后来的人所无法接受的,或者说是很难避免批评的,其原因也就是其中渗透着那种神秘的境界,而我们以后的人则是更多地站在理性和现实世界的立场,因而也就难免产生理解上的差异了。在现代新儒学的"现代三圣"中,都曾经历了一种由佛转儒的过程,而且在它们的思想中,也都保留了不同程度的神秘和超越的成分,其中,最有代表性的也许就是马一浮了。马一浮在现代新儒家中受到较多的忽视以及更多的批评,其原因也就在于比别人更多地渗透着那种神秘和超越的境界,像王元化这样一些对儒学有好感的人会赞扬熊十力,但也无法接受马一浮。在另一方面,尽管人们站在

①　张祥龙:《感受大海的潮汐》,载[英]安德鲁·洛思:《神学的灵泉——基督教神秘主义传统的起源》,游冠辉译,中国致公出版社,2001年,第3页。

不同的角度上可以有不同的评价,但就马一浮来说,他在诗歌、书法以及思想上的成就以及所受到的批评都得益于那种神秘的境界,它们就像我们在历史上看到的那样,本身乃是不可分离的。

二

神秘主义(mysticism)在东西方不同的宗教、哲学中有着不同的含义,但共同的地方在于超越了个人有限的存在,排除了任何理性、语言的工具和中介,直接体验到那外在的、巨大的不可知的力量,例如酒神、上帝、基督、梵、佛性、道、自然和天等等,并与之融为一体。在现代新儒学的发展中,最初的一些人尽管都经历了一个由佛转儒的过程,从宗教的追求转向现实的社会,但仍在相当的程度上保留了那些宗教的体验,并构成了整个思想的基础。就马一浮来说,在从前期的隐居到讲学浙大、从主办复性书院到 1949 年后对社会主义建设的歌颂的过程中,尽管我们可以找到一些表面的变化,但内在的体验始终没有改变,这就是对宇宙自然的领悟和万物一体的境界。在他的思想中,始终有一种愿望,即跳出有限的人生,摆脱现实世界的束缚,与无限的世界融为一体。一切神秘主义都是要超越这种有限的自我,亨利·柏格森在《形而上学导论》中说,我们对待事物有两种方式,不是反复思考事物,就是参与到事物中去。在现实世界中,马一浮感到一种差别,一种不自由,"要知寥廓心无碍,始信尘中少自由",①他与现实的鸿沟愈深,在精神中就愈是强烈地要摆脱差别,以到达同一,"斯人信吾与,万物将毕同,胡为异肝胆,爱恶成相攻"。②只有在那种万物毕同的境界中,他才感到安适和自由,马一浮的整个思想,儒学、诗歌和书法等都是要到达这样的境界。

我们可以看到,这种境界与中国传统中的神秘主义是密切相关的,从孟子的"万物皆备于我",到以后的陆王心学都在不同程度上包含了这种成分。现代新儒学在很大程度上受到陆王心学的影响,因此

---

① 马镜泉等校:《马一浮集》第 3 册,浙江古籍出版社,1996 年,第 486 页。
② 马镜泉等校:《马一浮集》第 3 册,第 90 页。

存在着这种成分也就并不奇怪了。神秘主义是要消除一切差别,在庄子那里是"天地与我并生,万物与我为一",在这以后,从郭象的内圣与外王合一、禅宗的顿渐不二、定慧不二、到王阳明的心一而已、理一而已,都是要到达这样的境界。它们在现代新儒学中,便变成了体用不二、世界本无差别,差别只是人的一种幻象,"程朱陆王岂有二道,见性是同,垂语稍别者,乃为人悉檀,建化边事耳"。①

正是从这样的立场上,我们可以理解了马一浮思想中与后来人们的不同之处。在新儒学的发展过程中,那种宗教和神秘主义的成分冲淡了,理性的成分在逐渐增长,正是由于这样的情况,使得我们在研究他们的思想的时候,总是存在着某种难以解释或不可接受之处。就马一浮来说,尽管他后来宣讲儒学,强调儒学的普遍意义,但他心目中的儒学是与后人的理解有很大不同的。像梁漱溟和熊十力在倡扬儒学的时候都试图要对儒学与其他的学说作出区分和界定,但马一浮却没有这种兴趣,他心目中的儒学既不是西周的礼乐制度和那些文字典籍,也不是 20 世纪 90 年代后一些人所关注的制度化的儒学等,他所关心的实际上只是一种圆融无碍的境界。在这种境界中,儒学与其他学说的差别并不重要,"故先生有菩提涅槃是一性,尧舜孔佛是一人之说也"。事实上,一切神秘主义者也都是要跳出这些差别和限制,以洞察到那无限的存在而已。马一浮弘扬东方文化的价值,要使儒学成为普遍之真理,但东方文化和西方文化两者之间本来也没有什么差别,在他看来,"东方文化与西方文化之争、玄学与科学之争、唯心与唯物之争,……门庭虽别,一性无差"。②

马一浮所追求的"一性无差"的境界与我们在文化比较中常常看到的理智的分析是有所不同的。我们会在东方文化和西方文化间寻求连接点,或者是通过理智的分析从它们之中取其精华,去其糟粕,以到达一种后天的综合或统一。但对于马一浮来说,那种"一性无差"是先天的、无条件的,是一种超越的境界,它不依赖于我们后天的努力,那种差别倒是后天和人为的结果。我们通常总是容易从理性主义的意义上去看待马一浮的这种会通各家的思想,而忽视了这种

---

① 虞万里校:《马一浮集》第 1 册,浙江古籍出版社,1996 年,第 542 页。
② 虞万里校:《马一浮集》第 1 册,第 132 页。

会通不过是那种境界的外在表现而已。黑格尔在他的哲学中曾区别了这两种情况,一种是后天的理性意义上的综合与统一,"它主要被当作关系,是由比较,由外在的反思而发生的。因为比较在两个不同的对象中发现了同一的东西,于是便有了统一,那里的前提是:被比较的对象本身对这统一毫无相关,所以这种比较和统一毫不涉及对象本身,只是涉及在它们以外的活动和规定。因此,统一表现了完全抽象的同一。所说的对象越显出绝对与区别,听起来也就越难听刺耳。"①在这里,马一浮追求的一性无差和黑格尔的"具体的同一"确实是有类似之处的,即都带上了一种神秘主义的成分,那种"具体的同一"并不依赖理智的活动,而是在对象本身中自己产生的,"思辨真理,这里还可略加提示,其意义颇与宗教意识和宗教学说里所谓的神秘主义相近"。②

这样,马一浮所追求的那种境界就是无法用理智的方法去把握的。新儒家中的其他人物,如熊十力等尽管也反对那种理智的分析,冯友兰也会说那种负的神秘主义的方法是中国哲学的重要特色,"人必须先说很多话然后保持沉默"。③但它们在总体上还是较多理智的分析,神秘主义对于他们的思想来说只是一种成分,但对于马一浮来说,这种神秘主义却浸透了整个灵魂,这样就使他更为远离现实和接近中国的传统,同时也更多地受到一些人的批评。在这个意义上,尽管马一浮宣扬儒学,但它们只是心性之表现,一切语言文字只是僵死的工具而已,那种最高的境界是无法通过文字和概念的分析而到达的。马一浮一生读书刻书,丰子恺说他把《四库全书》都读完了,然而他却说:"无生非吾有,更何有于书,收之似留惑,此惑与生俱,书亡惑亦尽,今乃入无余。"④他在复性书院宣讲儒家学说,但又说"先儒得力处,亦不限何书,大抵就自己身心体究毕得益"。⑤各种书籍、学术和文字只是执著于闲名,执著于儒佛禅道、程朱陆王的差别,因而不能会通,因此必

---

① 黑格尔:《逻辑学》,上册,杨一之译,商务印书馆,1974 年,第 81 页。
② 黑格尔:《小逻辑》,贺麟译,商务印书馆,1982 年,第 184 页。
③ 冯友兰:《中国哲学简史》,涂又光译,北京大学出版社,1985 年,第 395 页。
④ 马镜泉等校:《马一浮集》第 3 册,第 85 页。
⑤ 虞万里校:《马一浮集》第 1 册,第 729 页。

须要超越这些限制,"六经束阁真何用,百喙争鸣只自营,收拾闲名随物性,谁知致寇是心兵"。①当到达这样的境界后,一切差异和门户之见自然就消失了,玄史禅义,拈来便用,过而存之,实无一字也。

三

在说到神秘主义的时候,必须要注意到,马一浮以及中国传统中的许多思想是以泛神论的方式表现出来的。这是托兰德所发明的一个术语,它来自希腊语 pan(一切)和 theos(神),意指神不是在万物之上,而是内在于万物之中,由于神是当作整体的宇宙,因而无须任何神圣的创造行为。在哲学和宗教的历史上,泛神论是神秘主义的一种形式,它和人们所说的那种宗教信徒通过特定的修养方法所获得的高级的神秘内心体验是有不同的,几乎所有的神秘主义者都强烈地反对让任何主义、观念和理论来主宰自己的精神追求,但泛神论(pantheism)却往往同许多宗教和哲学的运动相联系。在西方,从新柏拉图主义,波墨、浪漫派、黑格尔到美国的文化传统都与之密切相关。在东方的思想中,这种泛神论更是构成了一个基本的成分。例如冯契在《中国古代哲学的逻辑发展》中,就尤其指出了王阳明所说的"一气流通""是主观唯心论的见解,同时又具有泛神论的倾向"。②但是,泛神论对于东西方思想的意义至今没有得到很好的研究,③谢扶雅在《宗教哲学》中所说的神契和陈来在《儒学传统中的神秘主义》中所说的主要是神秘体验,而不涉及那种泛神论的思想。当冯友兰说到中国哲学中的那种负的方法和神秘主义的时候,也不等同于那种泛神论,因为他认为"神秘主义不是清晰思想的对立面,更不在清晰思想之下。毋宁说它在清晰思想之外。它不是反对理性的;它是超越理性的"。④冯友兰所说的

① 马镜泉等校:《马一浮集》第 3 册,第 300 页。
② 冯契:《中国古代哲学的逻辑发展》,下册,上海人民出版社,1987 年,第 887 页。
③ 参看陈锐《黑格尔与中国哲学精神——试论中国哲学史上的二元论与泛神论》,《社会科学研究》,1992 年第 6 期。
④ 冯友兰:《中国哲学简史》,第 394 页。

神秘主义是在理性之外的超越理性的东西,而在泛神论者黑格尔看来,一切理性的真理均可以同时称为神秘的,它们乃是不可分离的。在马一浮和现代新儒学运动中,也同样存在着不同程度的泛神论的思想,它们构成了新儒学运动中一个不可缺少的成分。

在泛神论的意义上,我们可以更好地理解马一浮思想的特征。马一浮尽管要超越有限的存在和差别,追求那种同一的境界,但这种同一不是那种与差别完全对立的抽象的同一,而是就存在于差别之中,在这方面它类似黑格尔所说的具体的同一,而不同于谢林的绝对同一。这样,我们尽管可以看到马一浮强调各家学术皆是"闲名",各种语言文字只是粗言死语,但决不是完全否定文字的重要,那种最高的境界就和庄子所说的道一样,存在于自然万物和分歧多样的各家学术中。马一浮的思想和禅宗、华言宗一样始终渗透着那种泛神论的成分,他的论证方式,以及他的诗歌都是要表达这样的境界。当他区分儒家和佛教的差别的时候,他只是在泛神论的意义上把差别当作同一的外在体现。1918 年马一浮在《与蒋再唐论儒佛义》中说:"礼主别义,即是差别万行,……乐者天地之和,礼者天地之序。和故百物皆化,无量世界海,佛身悉充遍,所谓化也。序故群物有别,一尘一毛端,各各现刹土,所谓别也。"[①]在这里,马一浮会通各家的思想不过是那种类似华严宗的泛神论的表现而已,其中同一和差别是不即不离的,"从来云月是同,溪山各异,并不相碍也"。[②]马一浮的这些思想和王阳明思想中的泛神论具有类似的意义。在王阳明看来,各家学术皆是心之本体的外在展现,钱谷兵甲,搬柴运水,子史诗文,皆是天理的外在展现;在黄宗羲那里,则是一本而万殊;在马一浮那里,则是"道术江湖并已忘,归云飞鸟各殊方,相看只有峨眉月,清夜无心到草堂"。[③]

了解这种泛神论是重要的,它可以使我们更好地理解马一浮的许多思想。例如对于他的六艺该摄一切学术的说法,我们站在现代科学的立场上总是感到难以接受。他将儒家的六艺作为一切学术的根本,墨家、名家、道家等诸子之学,以后的四部分类都源于六艺,更有甚之,

---

①　毕养赛等编:《中国当代理学大师马一浮》,上海人民出版社,1992 年,第 9 页。

②　虞万里校:《马一浮集》第 1 册,第 682 页。

③　马镜泉等校:《马一浮集》第 3 册,第 308 页。

"六艺不仅统摄中土一切之学术,亦可统摄现在西来一切学术"。①西方的自然科学、人文社会科学、文学艺术等皆包含在六艺之内。对于马一浮这样的说法,其中固然表现了对传统儒学的信念,但从现代科学的立场来看,则如有人所说,人类的文化知识以惊人的速度不断增长,学科分类日益复杂,"所以,马一浮如果着眼于'类'的方面言'统摄'或'赅遍',那么他的思想便不值一提"。②从现代科学的立场看,马一浮的说法确实有局限性。但假如我们换一个角度,即从泛神论的立场看,也许就没有什么奇怪了,因为在泛神论的立场上宇宙中的每一个事物皆是一个大全,每一粒灰尘中皆包含着无限的整体,那么说六艺之学涵盖西方一切学术就是很自然的了,宇宙中的那些特殊的事物都是彼此相通的,互相蕴涵。东方文化和西方文化并没有那种截然分明的界限,正所谓一即一切,一切即一。

四

对于马一浮来说,他思想中的那些神秘主义特征也不完全是属于他个人的,而是属于整个时代的。在新儒家的其他一些人物,如熊十力等人那里,也存在着类似的不同程度的成分和影响,只不过马一浮最为突出而已。至于冯友兰思想中的神秘主义成分,他自己已经作出了一定的认同,但他心目中的天地境界和负的方法同马一浮相比的话,在神秘的程度上明显是淡化了,就像他们的思想、成就和人格也有差异一样。马一浮的成就在于诗歌和书法,而不是像冯友兰那样在于理论的辨析、体系的建构和史料的整理。相对而言,熊十力倒是与马一浮有较多的接近之处,也同样渗透了那种泛神论的成分。在这方面,陈来认为"熊十力哲学已经以一种完全不依赖神秘体验的方法建立了自己的本体论"。③但在国内也有人认为"熊子哲学以诗意神秘主

---

① 虞万里校:《马一浮集》第 1 册,第 21 页。
② 滕复:《马一浮思想研究》,中华书局,2001 年,第 67 页。
③ 陈来:《中国近世思想研究》,商务印书馆,2003 年,第 336 页。

义为终结"。①不管怎样,完全否定熊十力思想中的神秘主义成分是很难做到的,他读陈白沙书,觉"开拓万古心胸、推倒一世之智勇",推崇陆九渊"六经皆我注脚""确然不妄,"以及"有得于孔学,也不是由读书而得的,却是自家体认所至",②这些都表明了他同儒学中的神秘主义传统的联系。

熊十力同马一浮一样,反对那种理智的分析,认为它们有碍于到达真理,"量智,是思量和推度,或明辨事物之理则,及于所行所历,简择得失等等的作用故,故说名量智,亦名理智。……以追逐境物,极虚妄分别之能事,外弛而不反,是则谓之量智"。③理智的分析把本体当作是外在于心的物体,但在熊十力看来,世界体用不二,"境和心是一个整体的不同的两方面",④这是一个生生不息的变化过程,其中"翕和辟是不可分离的整体",熊十力喜欢以大海和众沤的关系来比喻宇宙万象与体用的不可分离,各人的宇宙,都是大全的整体的直接显现。在这里,熊十力同样表现出那种泛神论的成分,在宇宙的运动变化中本体和现象、翕和辟都是不可分割为二的。"体用不二"论贯彻到人生论上,就是吾人生命与宇宙生命本来不二,"这个在我底生活的源泉,至广无际,至大无外,至深不测所底,至寂而无昏扰,含藏万有,无所亏欠,也就是生天生地和发生无量事物的根源。因为我人的生命,与宇宙的大生命原来不二"。⑤在文化的问题上,熊十力也反对把体和用分割为二,我们不能说中学有体无用,也不能说西学有用无体,他主张要跳出中西两极对立和体用割裂的思维方式,才有可能真正认识中国文化的前景。

由此可见,熊十力对中国文化的看法,本质上都是建立在一种泛神论的基础上,他之主张体用不二,与马一浮那种一性无差的境界是类似的。当然他和马一浮也有不同,马一浮的境界是和谐宁静的,这符合他那温和宁静的风格,他不喜欢冲突和变化,而熊十力所描绘的

① 毛峰:《神秘主义诗学》,商务印书馆,1998 年,第 373 页。
② 熊十力:《新唯识论》,中华书局,1985 年,第 348 页。
③ 熊十力:《新唯识论》,第 249 页。
④ 熊十力:《新唯识论》,第 260 页。
⑤ 熊十力:《新唯识论》,第 254 页。

变化中却隐含着一种对立和冲突。此外，像其他一些人在神秘主义的境界上尽管没有马一浮他们那样强烈，但仍然在较弱的程度上体现其影响。例如在贺麟的思想中，我们也看到那种来自陆王心学或者是新黑格尔主义的影响。他在《文化的体和用》中解释朱熹的"道之显者谓之文"时说："不仅文化以载道，我们还可进一步说'万物皆载道'，'自然亦载道'，因为'道在稊米'，即可说稊米亦载道。"[①]在这里，其基本的思维方式是那种来自庄子的泛神论的观念。不过也有不同，那就是道在显现万物的时候表现出低级和高级的差异，这样又与黑格尔的泛神论的观念有接近之处，而不同于马一浮和中国传统中的泛神论了。因为黑格尔的哲学保留了一个进步的观念，并将精神置于自然之上，"同是一个道，其表现于万物有深浅高下多少自觉与否之不同"，"文化与自然，皆道之等差的表现"。[②]在文化的问题上，贺麟也反对把体和用分割为二，主张把握文化的整体，在看待中西哲学的时候，贺麟说它们都是同一个精神的不同显现，就像马一浮说东方文化和西方文化不一样。当然，在总体上，它们在程度上是差别很大的。此外，像牟宗三的思想中也可看到那种类似熊十力和马一浮的泛神论的成分，当他说中国文化内在自足和完善，中国的内圣包含并可以开出新外王时，也仅仅在泛神论的意义上是可以解释的，既然宇宙万物都是道的体现，那么中国文化也是一个完整的大全，但假如我们站在理性主义的立场上的话，则很难理解和接受牟宗三的那些说法了。

不管如何，在 20 世纪中国的新儒学运动中存在着一种神秘主义的潜流，在以后新儒学的演化中，这种神秘主义的成分冲淡了，理性主义的成分在增长，这可能使我们以更加现实的态度来看待世界，但它也会使我们带来一些限制。随着时代的变化，人们也可能会对东西方思想及现代新儒学中的神秘主义，或者说对理性与神秘的关系有越来越多的认识，并从更加完整的角度去认识 20 世纪中国思想变化的轨迹，那时我们也许就会对马一浮思想中的一些东西有更多的认识。对于马一浮来说，同别的新儒家比较起来，马一浮明显不长于概念的分析，他的特长不是思想的明确，而是那种万物一体的境界。他的成就

---

① 贺麟：《文化与人生》，上海书店，1991 年，第 31 页。
② 贺麟：《文化与人生》，第 31 页。

不在于像梁漱溟等一样提出各种改造世界的方案,而是在诗歌和书法中到达那种境界,这在 20 世纪中恐怕是无人能够相比的。马一浮自己也说,后人若要知他,读其诗可矣,他的那种神秘和超越的境界正是通过诗来表现的,而不是那些理论和学术的著作了。他的诗当中包含了太多的知识,如贺麟所说的是"第一流诗人",或者如熊十力所说:"其特别之表现在诗,后人能读者几等于零也。"①

---

① 陈星:《隐士·儒宗》,山东画报出版社,1996 年,第 80 页。

后　记

　　在中国延续数千年的丰富悠久的思想文化传统中,浙江占据了十分突出的地位。尤其是自唐宋以后,浙江的经济社会文化发展逐渐成为全国的中心之一,在思想文化领域取得了辉煌成就,成为整个中国文化的重要组成部分。我们把这种与浙江这一特定的地域及相关的人文背景相关联、带有自身的独特气质和面貌的浙江学术思想称之为"浙学"。对这种"浙学"予以深入系统的整体性研究,尤其是对浙学史、浙学的基本精神、浙学对当代浙江的经济社会发展、文化建设的重要价值和意义、当代浙学的发展创新等问题展开深入研究,从思想学术史上揭示这种具有地域文化属性的浙学的精神传统及其与该区域人文社会的内在关联性,梳理出其内部演进的思想谱系和价值意蕴,探寻其在当代延续伸展的生长点和可行路径等,当是一件具有多方面意义和价值的工作。

　　有鉴于此,"浙学"一直是我们杭州师范大学中国哲学与文化研究所所从事的主要学术研究方向之一。多年来我们与浙江省社会科学院哲学研究所等合作单位一起努力开展"浙学"研究,取得了一些成果,并逐渐形成了自己的特色。如对传统浙学的研究,尤其对南宋浙学史、浙东学派、吴越文化、阳明学、黄宗羲、章学诚等浙江思想家都有重要研究及独特视角,对近现代浙学研究,尤其是被誉为"新儒家三圣"之一的马一浮研究也较为突出,对浙江地域的思想文化与社会经济发展、浙学思想传统及浙江精神之间的关系问题也十分关注。同时我们还结合浙江在历史上和现当代有极其丰富的宗教文化资源的特点,着重对浙江宗教史、宗教文化以及与当代社会及精神生活的关系进行了一些深入研究。我们还先后主办过有关王阳明、马一浮、"浙学传统与浙江精神"等国际国内学术研讨会。为了更好地总结以往、展望未来,我们特此编辑《浙学研究论集》专题论文集,希望在《浙学研究论集》这块小小的学术阵地中汇聚本研究所和相关合作单位及学界一批浙学的最重要或最新研究成果,尽可能集中地反映出迄今为止学界对于浙学及浙学传统研究方面的理论水平。本专题论文集文章在编选时不拘长短,亦不论发表与否,大凡有独特见解且持之以故、言之成理者,无论宏观论理或微观考证文章皆有入选。编者亦对各位于本专题深有研究、卓有新见的专家学者们为本专辑贡献自己的大作,深表感谢。

朱晓鹏

2012 年 4 月 12 日于杭州古运河畔信义坊

附录:本书作者简介

韦政通:台湾著名学者、思想史专家

朱晓鹏:哲学博士,杭州师范大学中国哲学与文化研究所教授、所长

吴　光:浙江省社会科学院哲学研究所研究员,浙江省文史研究馆馆员

滕　复:浙江省社会科学院哲学研究所所长,研究员

钱　明:文学博士,浙江省社科院哲学研究所研究员、国际阳明学研究中心主任

汪林茂:浙江大学人文学院历史学系教授

陈　锐:杭州师范大学中国哲学与文化研究所、马一浮研究所教授

陈永革:哲学博士,浙江省社会科学院哲学研究所副所长,研究员

杨国荣:哲学博士,华东师范大学思勉高等人文研究院教授、院长

叶　坦:中国社会科学院经济研究所研究员

黄公元:杭州师范大学宗教与社会发展研究所教授

张宏敏:浙江工贸职业技术学院人文系讲师

杨太辛:浙江省委党校哲学教研部教授

图书在版编目(CIP)数据

浙学研究论集/朱晓鹏主编. —上海：上海古籍
出版社,2012.10
(国学与现代化研究丛书)
ISBN 978 - 7 -5325 - 6635 - 8

Ⅰ.①浙… Ⅱ.①朱… Ⅲ.①哲学学派—浙江省—文
集 Ⅳ.①B2 - 53

中国版本图书馆 CIP 数据核字(2012)第 203072 号

国学与现代化研究丛书
浙学研究论集
朱晓鹏 主编
上海世纪出版股份有限公司
上海 古 籍 出 版 社 出版
(上海瑞金二路 272 号 邮政编码 200020)
(1)网址:www. guji. com. cn
(2)E - mail:gujil@ guji. com. cn
(3)易文网网址:www. ewen. cc
上海世纪出版股份有限公司发行中心发行经销 常熟文化印刷有限公司印刷
开本 635×965 1/16 印张 23.25 插页 2 字数 334,000
2012 年 10 月第 1 版 2012 年 10 月第 1 次印刷
印数:1—1,500
ISBN 978 - 7 -5325 - 6635 - 8
B·795 定价:62.00 元
如有质量问题,请与承印公司联系